JN124231

古墳壁画の解読

長尾 志朗

風詠社

口絵 図1　王塚玄門前面袖石

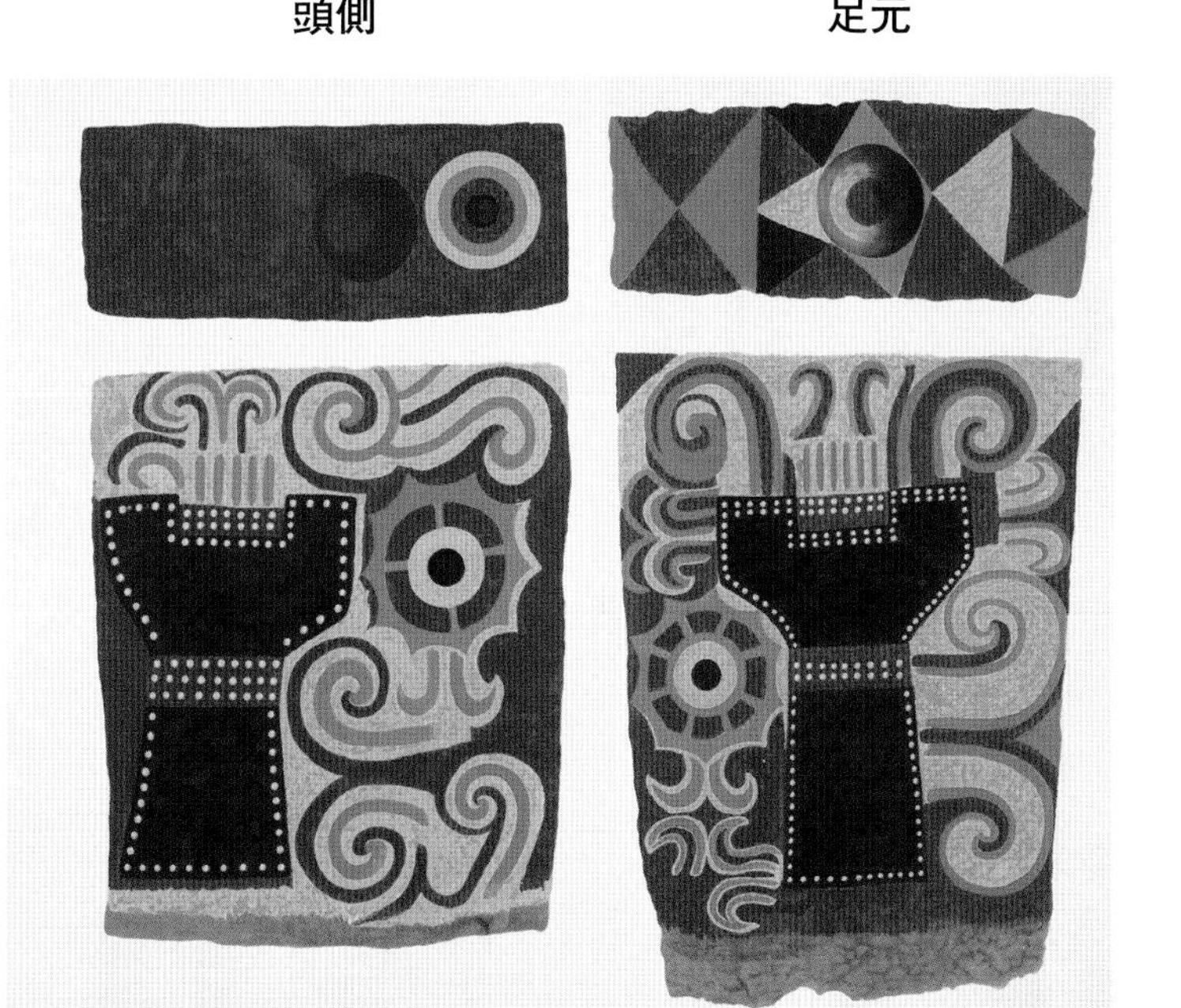

口絵 図2　王塚灯明石（左・頭側、右・足元）

口絵 図３　王塚玄門前面右袖石

口絵 図４　王塚玄門前面左袖石

口絵 図５　王塚玄室前壁袖石

口絵 図６　王塚玄室右壁

口絵 図７　王塚玄室左壁

口絵 図８　王塚奥壁と石屋形

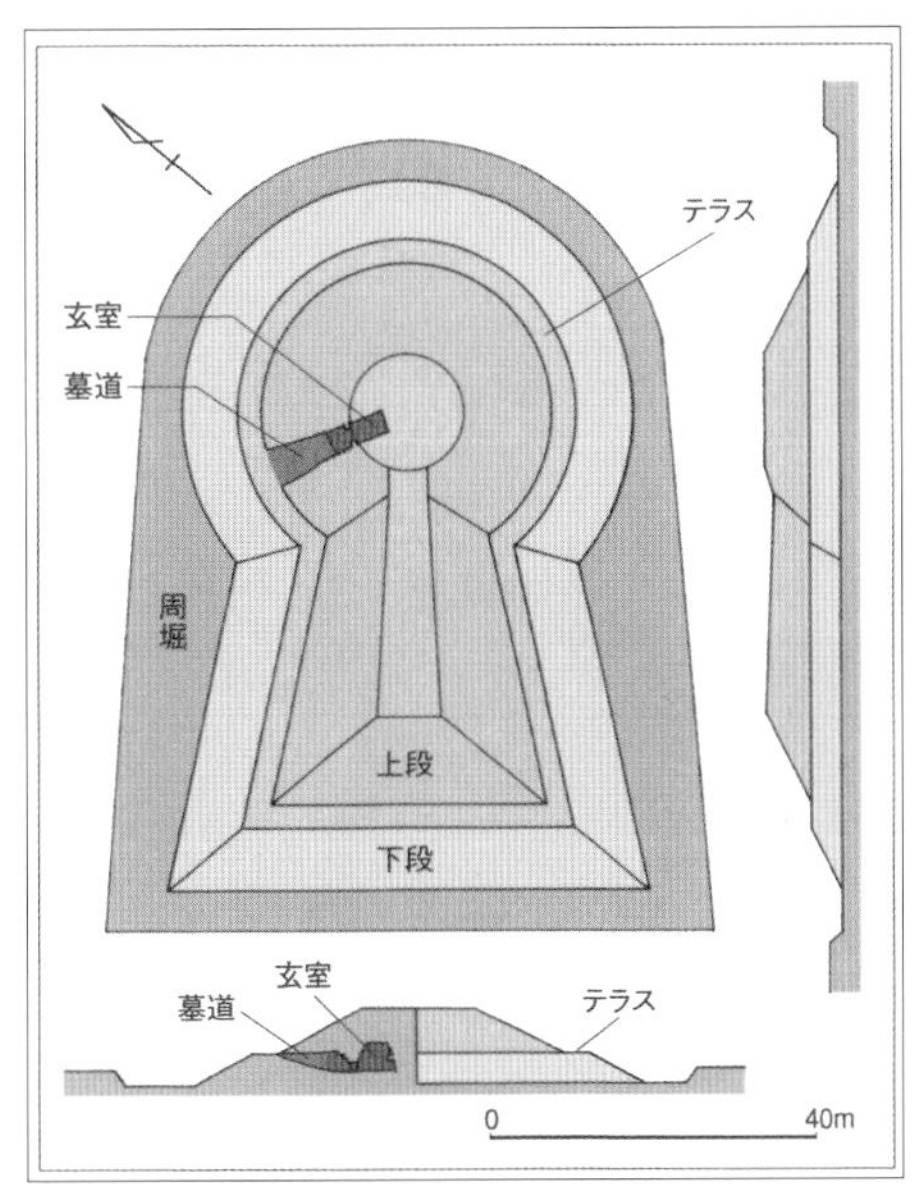

口絵 図9　王塚墳丘想定図

口絵 図10　珍敷塚古墳奥壁

口絵 図 11　五郎山古墳玄室奥壁

口絵 図 12　五郎山古墳後室奥壁（日下復元模写図）

口絵 図13　竹原古墳玄室奥壁

口絵 図14　清戸迫 76 号横穴の玄室奥壁

口絵 図15　泉崎 4 号横穴の奥壁と天井

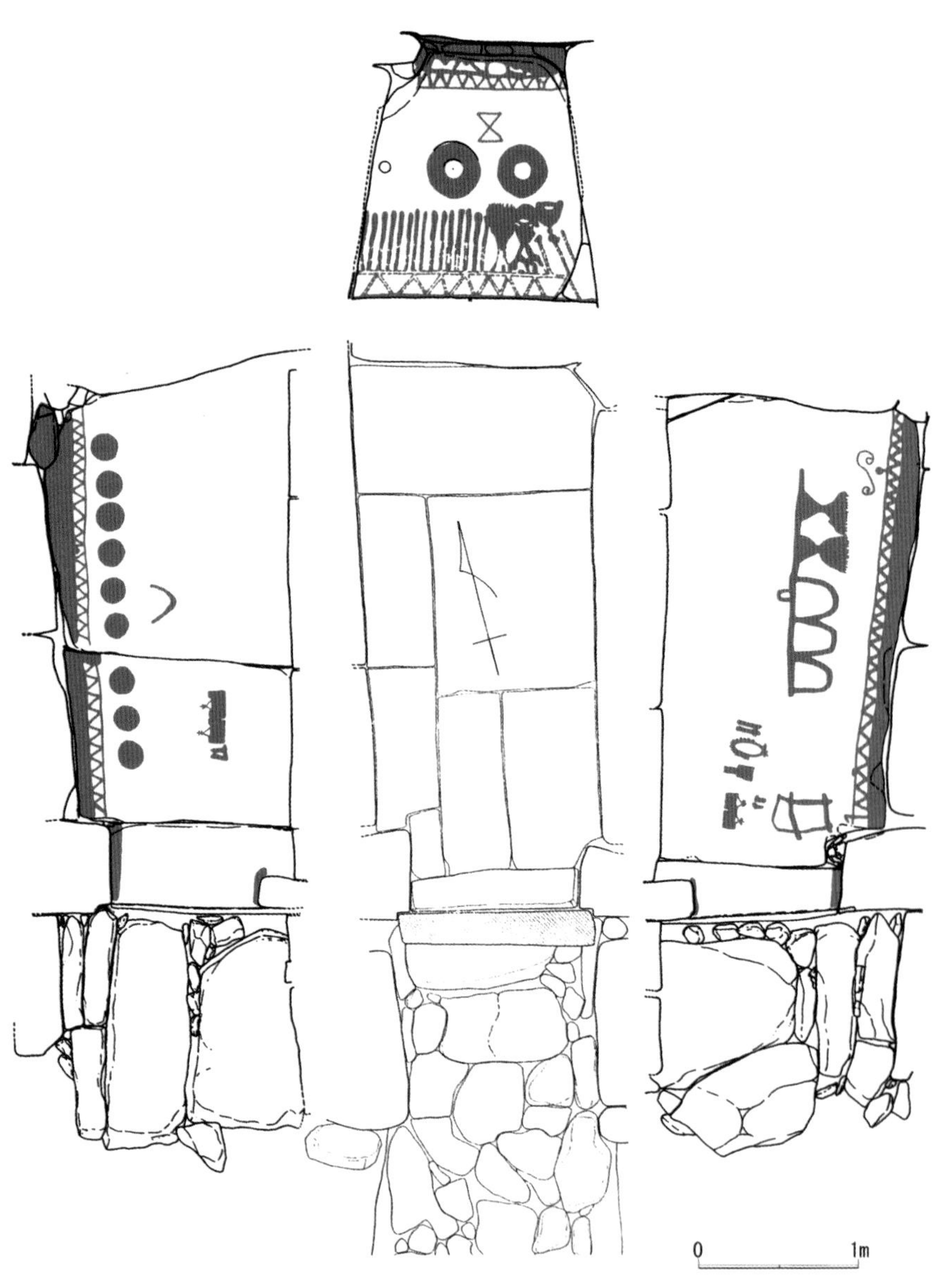

口絵 図16　虎塚古墳玄室全景（模式図）

はしがき

3世紀の後半から7世紀はじめまでの３５０年ほどを古墳時代といい、一定の形に土を盛る墓づくりが流行した。この墓を古墳といい、その数は全国で10万基とも20万基ともいわれている。古墳時代後期の６世紀になると、それまで墳丘の頂部に設けられていた埋葬施設にかわり、墳丘の裾(すそ)から出入りできる横穴式石室が普及する。壁画は横穴式石室の壁などに描かれたが、その数はきわめて少ない。

壁画の題材は、人物や家をはじめ船、馬などの運搬手段や、靫(ゆぎ)（矢を入れる武具）、弓、刀、盾(たて)など武器武具を表わした具象文がある。また円や同心円、三角形などの幾何学文もある。壁画の多くは、こうしたかぎられた文様を組み合わせていて、なかには物語風に展開することを予感させるものもある。

考古学は、例えば円や同心円などの文様に月や太陽といった具体的な意味を与えるが、そうではなく、文様を人物や場の説明符号と考えると、壁画は人物を中心とした物語になる。壁画の研究がはじまって１００年ほどになるが、議論が進展したとはいえない。学説の多くは断片的な感想にとどまり、一個の壁画の解釈にも、多くの壁画の統一的な解釈にも成功していない。そのため古墳壁画の解読は、広く国民に開かれた分野になっている。

本書でえられた結論は、古墳壁画は被葬者に対する遺族の思いを表現しているというものである。遺族は、近親者の霊魂が迷うことなくあの世へ到達し、あの世で神々に温かく迎えられ、あの世での暮らしを通じて現世の子孫に恩恵を与えてくれることを願った。壁画にはあの世が描かれていると考える説もあり、その点ではごく穏当な結論だが、論旨の過程はスリリングである。かつて銅鐸絵画の解読を試みたとき、銅鐸の製作者で描き手でもある鋳物師（いもじ）に敬意をはらった。ここでも描き手の大胆な、あるいは緻密な構想と、たくみな筆致に感心せざるをえなかった。

壁画をつくる原動力は遺族の心情にある。早世（そうせい）した子に対する切ない思いや、あの世を支配すると信じられた神への畏怖である。壁画にこめられた意思表示を読み解くことは、古墳に封印されたはずの秘事を摘出することになった。わたしの説明で描き手や遺族が納得してくれるかは自信がないが、それでも真意の一端を代弁しているはずである。

多くの壁画解釈で、日下八光（くさかはっこう）さんの模写図によった。この精細な模写図がなければ解読は不可能だった。本書が画伯の令名を損ねていないかをおそれる。

本書の編集で風詠社の藤森功一さんの、校正で富山久代さんのお世話になった。藤森さんには１００点以上に及ぶ図版の収集に骨を折っていただいた。また、本書の校正は富山さんの最後の仕事になった。記して感謝する。

２０２１年11月

目次

第2章　相対する人物埴輪……48

第3章　鳥船塚と弁慶ヶ穴古墳壁画

第4章　珍敷塚古墳壁画

第9章　神々の住む家……207

第10章　屋根裏と雨だれ落ち

第11章　祖霊と土地神の共住……286

第12章　北関東・東北の壁画　305

第13章　前方後円墳の他界観　326

第15章 埴輪群像の機能論

序章　本書の内容と構成

1　仮説の性質と信ぴょう性

本書では、ひとつの壁画の全体を解釈するとともに、いくつかの壁画の統一的な解釈を試みた。統一的な解釈が可能というためには、ひとつの壁画でえられた仮説が、他の壁画でも通用することが必要になる。古墳壁画は北西部九州に濃厚に分布し、西日本と北関東・東北に分布する。これは列島の広い範囲に描法上のルールが存在したことを意味する。

壁画を通観して〝人物が主人公になっている〟と考えた。○◎△Xなどの文様を幾何学文と呼び、靫や大刀、弓、盾などを具象文と呼べば、本書で提案する仮説は、人物の周囲に描かれた幾何学文や具象文を、人物や場の説明符号と考えるものである。この仮説では、壁画は文様によって意味を与えられた人物の物語になる。幾何学文や具象文に符号的な意味を認めると、人物がいなくても、それらを組み合わせて一定の観念を表現できる。

壁画解釈の過程で、仮説の信ぴょう性を担保するのは何かという思いが念頭にあった。それなりに根拠のある資料を提出し、合理的な推論を重ねて妥当な結論を目指すのもひとつの方法である。しかしヒトには、じぶんに都合のよい資料を集めて立証しようとする欲求があり、わたしがその誘惑から免れているとは思えない。そこで例えば、壁画の一場面と『日本書紀』や『古事記』などの文献資料が一致することを根拠に、その解釈の妥当性を補強しようとした。また、ある壁画の一場面のテーマが他の壁画の一場面と一致し、一方の解釈が動かしがたいとき、他方の解釈も動かしがたいものになる性質を利用した。こうしてえられた仮説が信ぴょう性をえるためには、文様の使用に規則性があることを立証することである。

個々の文様に符号的、規則的な意味を見いだすと、それを言葉や論理に置きかえることができる。すると壁画だけでなく、前方後円墳や人物埴輪といった同時代の遺跡・遺物に同じ論理が反映していることがわかる。古墳時代の人びとは文様の意味を共有し、論理的、体系的に思うところを実現した。その意味で壁画解釈は、描き手の知的営為を追求する作業で、当時の人間像を復元する作業でもある。

壁画には描き手の思いが満ち満ちていて、解釈はそのシグナル（合図）を発見することからはじまる。つぎに、それを論点と見立てて描き手の論理を明らかにする。シグナルを発見しても描き手の意図を明確にできなかったときは、その旨を明記した。見落としたシグナルや解読できなかった描写が、顧慮する必要のないものか、それとも破綻をもたらすものかは読者の判断をまつほかない。

壁画解釈は一面、描き手と対峙（たいじ）することでもある。描き手に敬意を表しつつ、含意を余すところなく明確にすること、それが挑戦者の本分である。わたしの解読が破綻したとしても、それはそれで意義あることというべきだろう。

2　本書の構成

（1）解読を試みた壁画

解読を試みたのは主に6世紀以降のもので、つぎの10の壁画である。描き手が何かを主張していると感じられるもので、復元図などが普及しているものにかぎった。また仮説を組み立てた経路を明らかにするため、解読は人物の登場する壁画を先にし、文様の組み合わせで構成される壁画を後にした。

「人物の窟（いわや）」（第1章）で最初の仮説（解読のルール）を立てた。当初この仮説は半信半疑の状態にあるが、「鳥船塚（とりふねづか）古墳壁画」（以下たんに「鳥船塚」などと略称する）、「弁慶ヶ穴（べんけいがあな）」（第3章）、「珍敷塚（めずらしづか）」（第4章）を経て、その解釈もありうるという予感が生まれる。そして「王塚（おうづか）」（第5章）や「五郎山（ごろうやま）」（第6章）にいたって、その予感は一定の蓋然性にかわる。西日本の壁画の最後に「竹原（たけはら）」をあてた（第7章）。それは、この壁画の図像やテーマが他の壁画と異なっているからである。そして東北の「清戸迫（きよとさく）」、「泉崎（いずみざき）」をへて北関東の「虎塚（とらづか）」（第12章）にいたると、蓋然性にある種の確信が加わることだろう。問題は、そこにいたるまで本書が読者の座右に置かれているかどうかである。

（2）本書の構成

本書は古墳壁画の解釈のほかに、その他の分野をふくんでいる。相対する人物埴輪（第2章）や土地神の実像（第8章）、神々の住む家（第9章）、屋根裏と雨だれ落ち（第10章）、祖霊と土地神の共住（第11章）、前方後円墳の他界観（第13章）、黄泉の国の物語（第14章）、埴輪群像の機能論（第15章）といった章立てである。

悲しいかな、壁画の意味は壁画を見ただけではわからない。壁画には前代や当代の常識、描き手の教養や他界観などが織りこまれていて、わたしたちはそれを知らないからである。古代の常識を復元するのは難しい。古代の常識は現代の常識の一部になっていて、古代の常識を取りだすためには現代の常識を打破しなければならないからである。壁画解釈以外の章はそのためのもので、具体的にはつぎのとおりである。

人物の窟では、登場人物の位置取りや動作の意味を解明するため、同時代の遺物である人物埴輪の解釈が必要になった。しかし、人物埴輪の意義については定説がない。そこで解釈作業の途中で章を立て、その解明にあたった（第2章）。幾何学文で頻出する三角文は、土地神を表象する（思いうかべる、イメージする）もので、起源が弥生時代にさかのぼると考えたため、弥生・古墳時代の土地神の実像にアプローチした（第8章）。

五郎山と虎塚には「家」が描かれている。この家は霊魂の住む家で、描法のルーツが弥生時代の建物絵画にさかのぼると考えたため、建物絵画の経緯をたどった（第9章）。また民俗学の収集例に、家の一部に神々が住むという観念が存在するため、それを紹介した（第10章）。

弥生時代の建物絵画に祖霊や土地神の住む家があり、壁画に祖霊と土地神の関係が描かれていると考えたため、祖霊と土地神の存在形式を伊勢神宮などの神殿建築を例にして検討した（第11章）。王塚の図像の一部は前方後円墳の構造に関係していると考えたため、前方後円墳などの墳形や構造、墳丘上の祭祀の検討に及んだ。また、壁画の描かれることのないタイプの横穴式石室が存在するため、その理念を追求した（第13章）。

珍敷塚や王塚、虎塚に不思議な描写があった。壁画の描かれた地下世界は黄泉の国と信じられ、この描写は黄泉の国の観念に関係すると思われたので、『古事記』の記す黄泉の国の解釈が必要になった（第14章）。壁画と人物埴輪の描写や造形のルールは共通し、人物埴輪は寿墓の徴候と考えたため、埴輪群像の意味と機能に関する一章を立てた（第15章）。またこれとは別に、壁画の源流を訪ねて漢墓画像石の解読に及んだ。

壁画ごとに説明を完結するという手法もあったが、わたしに資料を要領よく整理する能力がないため、結論をあとの章へ先送りすることになった。ただ推理の過程と分野を明確にしたので、読者はどこでわたしが誤ったかを追考することができる。

論旨の多くは考古学や文献史学、民俗学など先学の知見によった。独自の案も少なくないが、すでに同旨に出るものがあればわたしの見落としで、切にお許しを乞いたい。

（3）凡例

① 壁画解釈は考古学の一分野で、考古学の定説や通説を引用する場合には、文献や著者の引用を省略した。考古学の少数説や考古学以外の説を引用する場合には研究分野と著者名を記した。なお、行文の体裁上、敬称を省略した場合がある。

② 弥生時代の西暦年代による時代区分は、国立歴史民俗博物館の見解に従った。前８００年頃を弥生時代の開始期とし、前４００年頃を中期の、後１００年頃を後期の開始期とする。弥生時代の終末期と古墳時代の開始時期には議論があり、本書では便宜的に、弥生時代後期を2世紀から3世紀前半とし、古墳時代の開始を3世紀後半とする。古墳時代は3世紀後半から4世紀を前期とし、主に5世紀を中期、

6世紀を後期、7世紀前半を終末期とする。

③　遺跡・遺物などの分布をいう場合、福岡、佐賀、大分各県を「北部九州」と呼び、それに熊本、長崎両県を加えた地域を「北西部九州」と呼ぶ。また「東部瀬戸内」とは、岡山、兵庫、大阪、徳島、香川各府県の瀬戸内海沿岸地域をいうこととする。ただし、これは大まかな分布で厳密なものではない。

④『日本書紀』や『古事記』を自家の史書とする勢力を、ヤマト王権あるいはたんに王権と呼んだ。

⑤　本書では、銅鐸絵画の解読を試みた拙著『銅鐸ノート　雷神の輝く日々』（風詠社　2012年。以下「前書」という）の要旨を引用した。本書の執筆過程で前書の誤りが判明し、重要なものは本書で訂正した。前書と本書に齟齬がある場合には、本書を優先されたい。

第1章　人物の窟

1　はじめに

人物の窟は、大阪府の高井田横穴群（柏原市）と呼ばれる１６０基以上の横穴墓のひとつに描かれている。古墳時代の後期、６世紀半ばから7世紀はじめにかけて、生駒山麓の凝灰質砂岩の崖を掘りこんでつくられたもので、そのうちの30基ほどに線刻された壁画がある。

最初に検討するのは第３支群５号墳の２つの絵で、遺骸または棺を納める玄室の前の通路（前道）の右壁（図１）と左壁（図２）に描かれたものである（以下たんに「人物の窟の右壁」などと略称する）。玄室の右壁とか左壁という場合の左右は、奥から出入口を見ていうことにしよう。壁画が物語風に展開する場合には、右壁から左壁へと時間が進行する。そう解すべきことは、おって了解されるだろう。

図１には、右上方に1隻の船と人物が描かれている。船に乗る人物は３人で、中央の人物は大きく、両脇の２人は小さい。その他の人物は５人で、中央の上方と下方にそれぞれ1人、右側で船の下方に1人。左側には2人いて、下の1人は大きく、もう1人は小さい。この5人のなかには、肢体の状況がわかる者と、顔や手足の描写のない者がいる。肢体が描かれ動作もわかる人物は、中央上下の２人と船内の３人で、その他の人物は顔や手足の描写がなく、動作も明確ではない。

図2には、左上方に1隻の船、船上に2人の人物。左下方、船の下に大きく描かれた1人の人物。右上方には2人の人物の上半身が描かれている。2つの絵の特徴は、命名の由来になった人物にある。これらの人物が何をしているかを解明することが、当面の目標になる。

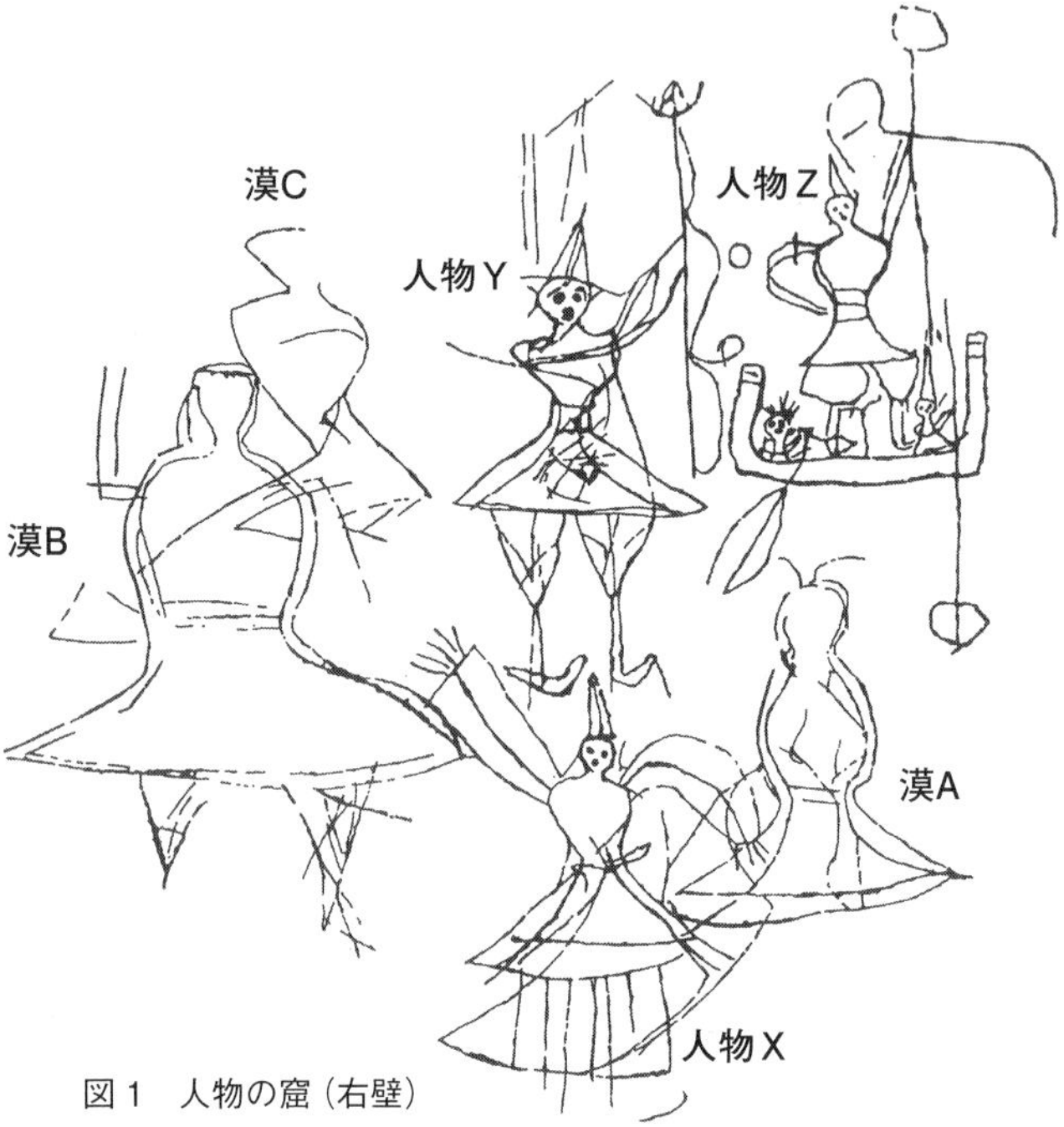

漢C
人物Z
人物Y
漢B
漢A
人物X

図１　人物の窟（右壁）

図２　人物の窟（左壁）

２　人物に符号をつける

作業は、図１の人物に符号をつけることからはじまる。符号のつけ方で人物の重要度がわかるので、これも解釈の一部といえる。中央上下の２人と船内中央の人物は、全体像が明確で動作も具体的なことから、この３人が、この絵の主要な人物と思われる。そこでまず、この３人に符号をつける。中央下方の〝両腕の動きに特徴がある人物〟をＸとし、その真上の人物をＹ、船上の人物をＺとする。

つぎは、船内の小さく描かれた２人。左側の１人は櫂（かい）を持ち、右側の１人は碇石（いかりいし）を持っていると解されている。この２人については「櫂を持つ人」、「碇石を持つ人」などと呼ぶことにしよう。最後は、動作が不明確で漠（ばく）として描かれた３人の人物である。人物Ｘの右側にいる人物を「漠Ａ」とし、左側にいる２人のうち、大きな人物を「漠Ｂ」、その右上のやや小さな人物を「漠Ｃ」とする。他方、図２の人物は、描かれた位置によって船上、船の下方、右上方などと区別できる。そこで、例えば図２の大きく描かれた人物は「船下の人物」などと呼ぶことにしよう。

３　従来の解釈

図１については先学の解釈がある。それを辰巳和弘さんの『他界へ翔る船』（新泉社　２０１１年）によって要約しよう。

①高橋健自（たかはしけんじ）説

まず人物Zが船に乗ってこちらへと近づき、人物Yは彼が上陸したさまを描き、さらに人物Xは無事上陸できて歓喜している様子を表現したものと考える。この絵のテーマについて、あるいは神武天皇が九州から東上し、河内国の草香邑（くさかのむら）の白肩之津（しらかたのつ）に上陸した場面が描かれているのではないかと想像する。

②小林行雄説

①の高橋説を紹介したうえで「もし想像をたくましくすることが許されるならば、むしろ任那（みまな）遠征の体験を表現したものとみることも、この地方にとってふさわしいであろう」（『装飾古墳』平凡社　1964年）という。

③辰巳和弘説

船に乗って他界へといざなわれる被葬者Yとその霊魂Zに対して、招魂の願いをこめて「袖（そで）を振る儀礼」を行なう女性Xの情景と考える（前掲書）。

前2説が、描かれた光景を〝すべて現世の出来事〟と考えるのに対して、辰巳説は被葬者の霊魂という目に見えない現象も描かれていると考える。3説の共通点は、漢A・B・Cと名づけた3人の人物を検討の対象としていないことである。辰巳説では、これらを未完成の図像とし、描き手や描かれた時期が異なると推測する。また辰巳説では図2の一部に解釈が及ぶものの、図1と図2の関係についてはふれられていない。3説とも、図1（右壁）と図2（左壁）の関係に言及しない点で一致している。

4　不完全な図像は未完成か

結論を先にいえば、3人の人物、漢A・B・Cは図1に不可欠で、これをふくめて解釈しないと全容が不明になる。漢A・B・Cは確かに不完全だが、だからといって未完成とはいえない。例えば幽霊を描こうとして脚を描くと蛇足になるように、不完全だからこそ完成している図像はありうる。

漢A・B・Cを不可欠の図像と解する理由は2つある。ひとつは図像の大きさと配置状況で、もしこれらをないものとすると、左側に重心がなくなり全体のバランスがくずれる。もうひとつは、漢Aの頭部についている末広がりの〝逆ハの字〟に見える描写で、これが同時に描かれたことを立証する資料になる（この点、後述する）。また図1と図2は関連していて、2つの絵を読み解くと被葬者の境遇がわかる。漢として描かれた3人は何者か、図1と図2はどのように関連するかを解明することが最終目標になる。

5　解釈の方法

はじめに、図1・2の解読結果を要約しておこう。図1の中心人物は、両腕の動きに特徴がある人物Xで、彼女はシャーマン（巫女）である。シャーマンは今、魂（たま）おろしの最中で、周囲には招きおろされた霊魂が充満している。

図1で〝生身（なまみ）の人物〟は、彼女Xとその背後にいる人物Yだけである。この2人にゆかりのある霊魂（漢A・B・C）が招きおろされ、今、2人に憑依（ひょうい）しつつあるという光景である。他方、船に乗って現世に登場した人物Zは「祖霊」で、彼はその様子を楽しげに眺め、祝福している。

しかし図2で事態は暗転する。祝福されるべき人物Yは、思いもかけず訪れた死の転帰に困惑し、他界から到来した右上方の2人の人物は、冷ややかにその光景を眺めているといった場面になる。

わたしの解釈の方法は、つぎのとおりである。

①　この絵は埋葬施設の内部に描かれているので、そこに当時の死生観が表現されていると推測する。当時の死に関する思想とは、到来間もない仏教か、祖霊信仰といえる。この絵に仏教的要素は見られないので、描かれているのは祖霊信仰と見当をつける。祖霊信仰が存在したかどうかもわからないのに、その実体が描写されていると仮定するのは恣意的である。しかし不分明な世界を説明しようとするとき、仮説を立てることはふつうに行われている。構想した仮説が有効かどうかは、その絵だけでなく他の絵を説明できるかどうかにかかっている。

②　祖霊信仰を描写するとき、目に見えない霊魂を描くこともあるという仮定のもとに、登場人物の装束や動作などから、人物を生身の人物と霊魂に分別する。すると、生身の人物は具体的に描かれ、霊魂はぼんやりと描かれるはずである。また霊魂に区別があれば、それを説明するための資料（目印・マーク・徴表・表象）が付属している可能性がある。

③　ポイントは図1・2に登場する船である。これらの船を〝到着〟したものとみるか、それとも〝出発（進行）〟を示唆しているとみるかで、このちがいは結論を左右する。

④　図1と図2は左右両壁にあって、対をなしている可能性がある。2つの絵に物語としての連続性を認めることができれば、そこに被葬者の人生を読みとることができる。この絵の全容を解明できたわけではないが、えられた結論は平明で、その発想は21世紀の今日に流通している。

6　人物の動きをみる

（1）人物Xの手の動き

まず中心人物と考えるXからはじめよう。人物Xの裾はスカート状に広がっていて、折り目（襞）の表現があることから、辰巳説では女性と解されている。Xの両腕は単線で描かれ、挙上（もち上げること）した右手に5本の指がある。左手は振りおろす動作の途中のようで、筒状の袖が風をはらんで弧を描いている。これが現実の動作を描写したもので、人物Xを生身の人物とみることに異論はない。

問題は、この身振り、手振りが何を意図しているかである。辰巳説では、人物Xは『万葉集』にみえる「袖振り」の所作を行なっていると考える。袖振りは、古代人が天高く飛翔する鳥のはばたきに生命力のみなぎりと躍動を感じとり、袖振りを生命力の活性化や再生への祈りをこめた呪術的な儀礼とする。また袖振りは招魂の目的をもった所作でもあり、人物Xは、人物Yや船に乗って去っていく人物Zに対して大きく袖を振っていると考える。

これに反論しよう。袖振りと解するには違和感がある。率直にいえば、彼女は袖を振っているのではなく、腕を振りあげたり、振りおろしたりしているのではないだろうか。彼女の左腕は、肩や肘のところで、やや内側に屈曲している。これは水泳のクロールの動きに似ていて、彼女の左手は水をかくときの形、つまり手の甲を見せていることになる。古代の袖振りの動作は不明だが、それはこの絵のように上下の動きではなく、水平の動きだったのではないだろうか。そもそも袖を振るときは、昔も今も、袖の一端をつかんで、手や腕を横に（水平に）移動させたのではないかという発想である。この点、袖振りは両手ではなく〝片手で行うもの〟だったのではないかと疑問を呈する説もある。

手指の形も気になる。彼女の両手指は開かれていて、袖をつかんでいるといった風情がない。左袖は確かに風をはらんでいるが、それは腕の動きによって生まれたもので、風をはらんだ袖に意味があるわけではなく、左手が〝上から下に〟すばやく動いていることに意味があるとみるべきではないだろうか。左手を振りおろすことに意味があれば、その行為と、振りおろした左手の側にいる人物との関係が問題になる。

他方、彼女の右手は高く挙上されている。右手がこの位置にくる直前の動作は不明だが、はじめからこの位置に停止していたわけではなく、手を振りあげた結果この位置にきたと考えるべきだろう。つまり、右手は〝下から上に〟動いた。すると（左手の場合と同じように）、右手の動きは彼女の右手の側にいる人物と関係しているという推測が生まれる。彼女の両手の動きと左右の人物が連動していると考えると、描き手の構想が見えてくる。

（2）人物XとYの関係

つぎは、人物Xの上方にいるYである。人物Yも具体的な動作がわかるので生身の人物と考えられる。絵の上ではXもYも正面を向いているが、実際には2人は相対（そうたい）していたのではないだろうか。相対しているXをそのまま描くとXの背中を描くことになるので、描き手はこれを避けてXを正面像にしたという想定である。こうした仮定は恣意的だが、ひとまずこのまま論を進めよう。

人物Yは、帯や靴、袴（はかま）（ズボン）などの装束から男性と考えられている。つまり女性Xは、この男性Yに相対する位置で手を上下に振るっている。すると、Xが今、行っている行為の効果は、相対しているY

との関係で生じると考えることになる。

（３）人物ＹとＺの関係

つぎに生身の人物Ｙと、船に乗る人物Ｚである。人物Ｙと船上の人物Ｚは装束が似ていることから男性で、辰巳説では同一人物と考えられている。しかし、似てはいるが異なる点もある。まず、手に持つモノの先端の形がちがう。人物Ｙは左手の側に棒または棹（さお）のようなモノ（以下たんに「棹」という）を持っていて、棹の上端は下に凸に弧状に開き、なかに三角形状の突起が見える。人物Ｚも左手に棹を持っているが、棹先のモノは丸みを帯びている。人物Ｚの屈曲した右肘あたりに〝小さな円文〟が描かれていることに留意しておこう。

２人の印象も異なる。人物Ｚは腰の太い帯あたりに右手を当て、頸（くび）を少し傾（かし）げ、どことなく得意げな様子である。これに対して人物Ｙは両手で棹をささえているようで、目と口は開き、真剣そのものといった風情がうかがえる。これらのちがいに着目すると、人物ＹとＺはよく似ているが別人と考えるべきだろう。描き手は別人であることを示唆するために、棹先の形などをかえたという想定である。〝別人だが、よく似ている〟という関係は、どういう関係なのだろう。

（４）人物Ｚと船

船上の人物Ｚの素姓（すじょう）を明らかにするものが、彼の脇にいる２人の小さな人物である。「櫂を持つ人」の頭部は蓬髪（ほうはつ）（ヨモギのように乱れた髪）のように、また被髪（ひはつ）（髪を結ばず冠をつけないこと）のように描かれている（解説は『角川漢和中辞典』）。辰巳説では、この人物を『三国志』（西晋の陳寿撰。3世紀末成立）の魏志倭人伝（以下、たんに「魏志倭人伝」という）にいう「持衰」とする。また右端の「碇石を持つ人」を裸体とみて、文献史学の志田諄一さんの「祖霊の被髪・裸体示現説」を引用する。持衰説を支持できない理由は後述することとし（第7章　竹原古墳壁画）、祖霊説をみてみよう。

志田さんによれば、「先秦時代の文献にみえる鬼（死者の霊魂・祖霊）の姿は、被髪（ふり乱した髪）、裸身の人間の形をとると考えられていた」とし、つぎの記事を引用する（『古代日本精神文化のルーツ』日本書籍　1984年）。

燕の人、李季は遠出が好きであった。その妻はひそかに若い男と通じていた。李が突然帰ってきた。そのとき、若い男は部屋のなかにいたので、妻は困ってしまった。召使の女が言った。「公子をして裸して髪を解き、直ちに門を出でしめよ。吾が属、見ずと佯らん」。そこで若い男は計略どおり、裸になり、髪をばらばらにして一目散に門を走り出て行った。李季は尋ねた。「是れ何人ぞや」。家の者はみな言った。「有る無し」。李季は言った。「吾、鬼を見たるか」。女たちは言った。「然り」。（『韓非子』巻十「内儲説下六微第三十一」廟攻右経）

もうひとつの例として「睡虎地秦簡」をあげることができる。秦代の地方官吏で、前262年に生まれ前217年に亡くなったとみられる喜という名の人物の墓（湖北省孝感市雲夢睡虎地）から1155枚の竹簡が出土し、そのなかに秦の法律（秦律）がふくまれていた。宗教史学の池澤優さんの『死および死者崇拝・死者儀礼の宗教的意義に関する比較文化的・統合的研究』（平成12～14年度科学研究費補助金（基盤研究Ｃ⑴）研究成果報告書　２００３年）によれば、竹簡につぎの一文があった。

　鬼の恒(つね)に羸(るい)（裸）にて人の宮に入る、是れ幼にして殤死(しょうし)し葬られざるなり、灰をもってこれに漬(ひた)せば、則ち來らず。

　この竹簡は『日書』という日取りの吉凶を占うマニュアルに分類されるもので、文意に一部不明な点があるが、「鬼の恒(つね)に羸(るい)（裸）にて人の宮に入る」とは、鬼は常に裸体で家に出現すると解することができる。この一文は、秦帝国の版図で使用された実例集に収集されているので、鬼は裸体で出現すると信じられていたことの確実な資料になる。被髪かどうかは不明だが、裸体だけで鬼と認められたと考えておこう。この点、後述する漢墓画像石（Ｐ４７３）で確認する。

「櫂を持つ人」と「碇石を持つ人」は被髪と裸体だから、人物Ｚの説明としては志田説の引用が適切で、人物Ｚは祖霊である。人物Ｚ自身が被髪裸体でないことが難点だが、２人のお供(とも)を被髪と裸体にしたのは〝祖霊への配慮〟とみるべきだろう。

　なお志田説では、被髪の具体例として茨城県猫淵9号横穴墓（常陸太田市）の人物像（図３）をあげる。また頭部だけ裸体に描く人物像もある（図47）。こうした例をみると祖霊を表現するのに、被髪か裸体か、そのいずれかで足りると考えられていたフシがある。祖霊は被髪または裸体で出現することがあると信じられていたこと、祖霊Ｚが、一方の手を腰にあて他方の手を挙上するポーズで登場したことに留意しておこう。

つぎに問題の船である。船（舟）は銅鐸に描かれたし、弥生土器にも描かれた。古墳時代になると壁画に描かれ、埴輪にもつくられた。また弥生時代から古墳時代にかけて棺（ひつぎ）（舟形木棺など）にもなった。船についてはさまざまな観点があるが、ここでの論点は、船を描くときの描法である。

描かれた船が到着を表わしているとみるか、それとも出発を示唆しているとみるかは重要である。例えば、図1では船尾で碇石をおろしているので、この船は停泊していると考える。図2では2本の櫂がついていて、舵（かじ）もあるので進行中と考える（舵は船の進行方向を決めるもので、ふつう船尾にある）。あるいは、つぎのように考えることもできる。図1では「櫂を持つ人」の前に人物Yがいて、画面の上で船はこれ以上進めないが、図2では進行方向に障害物がないので、さらに先へ進むことができる。描き手はこうした描写で、到着と出発（進行）を描き分けているという解釈である。

図３　蓬髪（被髪）の人物（猫淵９号横穴墓）

これに対して、例えば図1で「この船は人物Yの裏側をすり抜けて反対側へ行こうとしている」とか、「現在は停泊（到着）しているが、碇をあげ、反転して出発することもできる」と解すると、描き手の意図に反することになる。なぜなら、もしそうであれば、描き手が碇石を描き（図1）、また2本の櫂を描き、碇石を描かず舵を描いて（図2）、2つの場面を描き分けたことが無意味になるからである。こう考えてくると、人物Zは（志田説に従って）祖霊で、彼は船に乗ってこの場に到着したと解すべきことになる。前記3説のうち高橋健自説は、船を到着したと考えていて一理ある。

この点、辰巳説は小林説と同様、船出説をとっている。その理由として、人物Zの持つ棹の左右に交差して伸びる曲線を、長い布帛状の旗が船上の風に大きくたなびくさまと解し、これが船出を表現していると推測する。しかし、これを出発進行時の旗とすれば、旗の右端の線が下行しているのが気になる。到着して船が停止したために、今まで風を受けていた旗が船尾（右端）の側から垂れ下がりつつある光景とみることができるからである。到着説の根拠は碇石にある。降ろされた碇石は明らかに停泊を意図している。この描写を重視すれば、船は到着したことを強調していると解するほかない。

被髪と裸体に描かれた2人も到着説を補強する。志田説では、裸体などは祖霊の〝示現〟する際の姿とされている。これを船出すなわち出発に援用するのは、志田説の趣旨を超えるのではないだろうか。示現と出現の意味をほぼ同じとすれば、船に乗って示現した祖霊は、はじめてこの場に出現した（到着した）とみるのが適切である。

人物X・Y・Zと「碇石を持つ人」には共通点がある。それは辰巳説が指摘するように、頭に三角の帽子のようなモノをつけていることである。結論を先にいえば、これは土地神の支配下にある霊魂か、生者であっても霊魂を憑依する者、あるいは霊魂と交信する者（シャーマン）、さらに遺族などが着用するもので、葬儀に関与する者の目印と考えられる。三角文が土地神を表象する文様であることは後述しよう（第8章　土地神の実像）。

船上の人物Zは祖霊で、彼は一方の手を腰に当て、他方の手に旗棹を持ち、少し得意げにこの世に到来したというのが最初の仮説である。すると彼は、どのようにして現世に出現したか、何のために現世に登場したかが、つぎの問題になる。その回答は、絵のなかにある。

まず、祖霊Zは誰の祖霊かを考えてみよう。先に、人物YとZはよく似ているが、棹先の形や動作のちがいから別人と考えた。つまり人物ZはYの祖霊で、血縁関係にあるからよく似ているように描かれた。すると、祖霊Zはどのようにしてこの場に示現したかという疑問に答えることができる。それは、この絵のなかで特徴的な動きのある人物で、左腕を振りおろす女性、すなわち人物Xの行為の結果出現したと考えるほかない。では、このすばやく腕を振るう女性は何者だろう。

7　人物Xと漠ABC

(1)人物Xの生業

両腕を挙上し、手のひらを開いて仁王立ちする女性。そういうシーンは弥生土器絵画(図4)にも巫女埴輪(図5)にもある。女性Xの両手は、ある瞬間、高々と挙上されていたとすると、巫女埴輪のしぐさに似ている。女性Xをシャーマンと仮定すると、すべての人物が連動し調和する。

前書で、弥生のシャーマンには2つの任務があったと考えた。カミナリ(イナヅマ、雷、雷神。以下本書で同じ)と祖霊を招きおろすことである。この絵では、彼女(X)はYの祖霊であるZを現世に出現させている。弥生のシャーマン像(図4右下方)では両腕を挙上して、これから何かがはじまるという予感はあったが、その後の動作はわからなかった。時が移り、装束はかわっても動作はかわらなかった。数世紀を経てようやくそのしぐさが描かれるようになったといえる。ではシャーマンXは、何のために人物Y

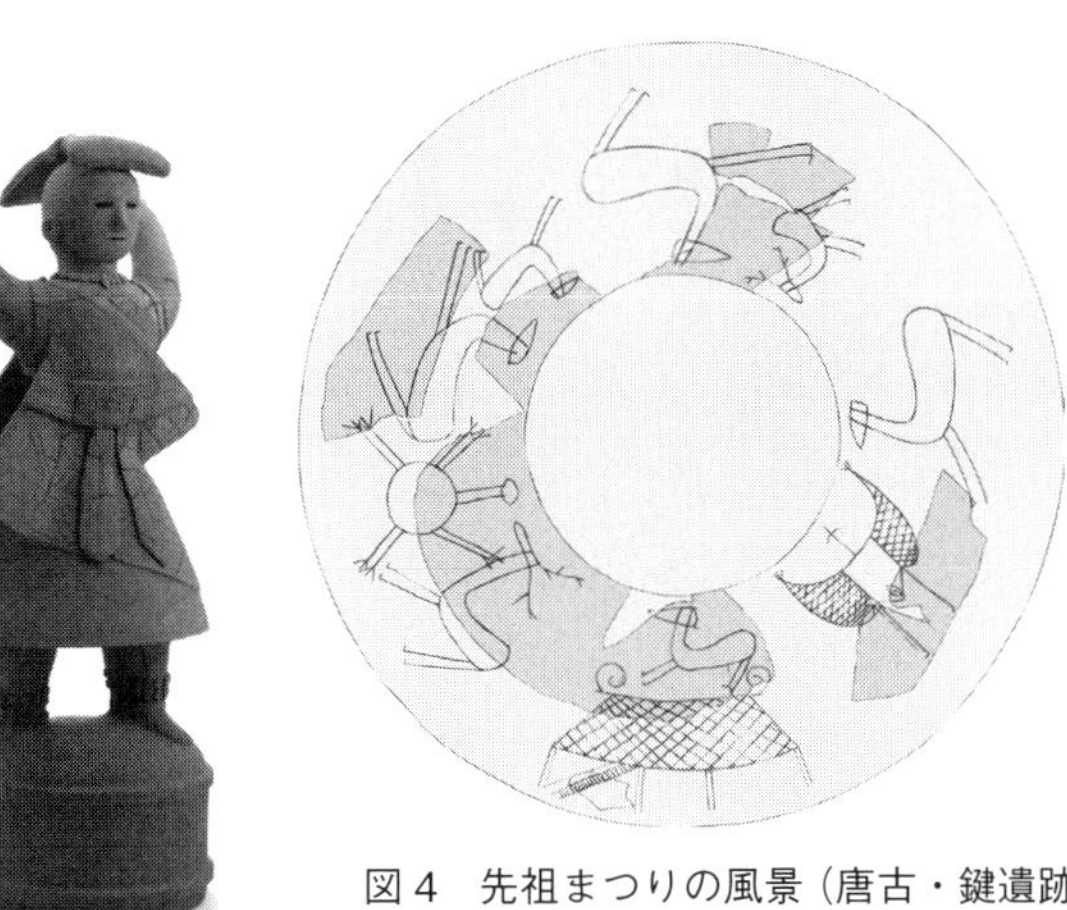

図4　先祖まつりの風景（唐古・鍵遺跡）

図5　バンザイポーズの巫女埴輪
（今城塚古墳）

の祖霊を招きおろしているのだろう。それは〝今、人物Yに起こりつつある光景〟を、祖霊Zに見てもらうためである。その光景とは、彼女が漢B・Cを人物Yに憑依（のり移る）させる作業である。

（2）漢A・B・C

3人の人物、漢A・B・Cは、漢として描かれることに意味があった。手足を描いたのでは蛇足になる存在である。3人はこのシーンに不可欠で、同時に描かれたものである。この描写を、霊魂が生身の人間に憑依する過程を描写していると考えると、すべての場面が連動する。漢として描かれた3つの霊魂は、誰かに、何らかの目的で憑依しようとしている。

こうした想定のもとに事態の推移をみると、図1は時間の推移によって、つぎの3つの場面に分割することができる。シャーマンXはすべての場面に関与する。

第1幕―シャーマンXと漢Aが関係する場面
第2幕―人物Zが船に乗って登場する場面
第3幕―人物Yと漢B・Cが関係する場面

第1幕はつぎのようになる。シャーマンXは、まずじぶんの血縁である漠Aを招きおろし、みずからに憑依する。漠Aのスカートの一部にシャーマンXの左手が重なっていて、これは、漠AがシャーマンXにのり移る過程を示している。漠Aが何者かは不明だが、シャーマンXの血縁で、鬼道に卓越した人物としておこう。シャーマンは他者の霊魂を招きおろすことを任務とするが、その作業の前に〝あらかじめ自己の能力を補完しておく〟必要があると考えられたのではないだろうか。そこで、他者の霊魂を招きおろす作業に先だって、この場面が先頭にくる。

この関係は、伊勢神宮の内宮《ないくう》（天照大神《アマテラスオホミカミ》をまつる。以下「アマテラス」などと略称する）と外宮《げくう》（豊受大御神《トヨウケノオホミカミ》をまつる）の間に存在する「外宮先祭《げくうせんさい》」の原則に通じるものがある。外宮の祭神トヨウケには内宮の祭神アマテラスに飲食を捧げる任務があるが、トヨウケ自身もまつられる存在である。こうした「（あの世で）奉仕する者もまつられる」関係にあるとき、奉仕する者を先にまつる論理に通じる。その趣旨はすでに説かれているように、奉仕する者の能力を万全にして任務に遺漏のないことを期すためである。

第2幕。こうして卓越した能力を獲得したシャーマンXは、Yの祖霊である人物Zを招きおろすことに成功した。右手を腰に当て、左手を高くかかげて棹を持つ様子は、彼が機嫌よく登場したことを示している。2人の小さなお供も、どこか陽気で、喜々として登場した様子がうかがえる。この描写は、魂おろしに成功したシャーマンの心意気を反映している。

第3幕。漠B・Cが何者で、何をしようとしているかは後回しにして、漠B・Cと人物Yとの関係を確認しておこう。漠Bの肩のあたりにL字形に見える描写がある。人物Yの頭上にも縦や斜め横に走る短線がある。これは2人の関係を説明する資料である。すなわちL字形はイナヅマのマークで（図36）、シャーマンXは、カミナリを招きおろす能力と同じ能力を使って漢Bを招きおろした。現世に登場した漢Bは、その後、等身大に縮小された漢Cに姿をかえて、同じイナヅマの背景をもつ人物Yにのり移ろうとしている。つまり漢Bと漢Cは同一人物で、描き手は、漢Bが人物Yにのり移る過程をストップモーションで表現している。後述する家屋文鏡（図50）でも、L字形のイナヅマで招魂行為が暗喩された。家屋文鏡は5世紀の作、その100年後に、かつて暗喩された招魂行為がアニメーション動画のように描かれていることになる。

（3）漢B（C）は誰か

漢B（C）が人物Yにのり移ろうとしているとすると、この2人は赤の他人ではありえない。ではどういう関係か。これは難問である。その理由は、絵のなかに手がかりがないからである。これまでにわかっているのは、人物Yは生身の存在で、漢B（C）は血縁関係にある霊魂ということだけである。しかしこれを追求しないと、ここまで読み解いてきた意味がない。漢B（C）は人物のなかで最も大きく描かれていて、描き手の関心がこの人物にあり、この絵のテーマもここにあると思われるからである。

そこで、論理の翼をはばたかせてみよう。

① まず、憑依する者と憑依される者の間に血縁関係がなくてよいとすると回答不能になるので、2人は血縁関係にあると仮定する。すなわち漢B（C）は、人物Yの亡父、亡祖父、亡曾祖父、さらに遠い祖先などに当たるという想定である。

② 血縁関係にあると信じられた祖先は祖霊と呼ばれるが、祖霊はふつう2種に区別されている。ひと

つは一家（一族）の始祖と目される人物、もうひとつは4～5代前までの具体的な祖先である。前者は遠い祖先、いわばご先祖代表で、このタイプの祖霊は具体的な姿かたちがわからないので、それなりの徴表を備えた姿で描かれたと考えておこう。すると図1でゴンドラ風の立派な船に乗り、2人の供を引き連れて登場した人物Zは、中国古典にのっとって典型的な形で出現した祖霊、すなわちご先祖代表になる。すると漠B（C）はその反射として、数世代前の具体的な祖先と考えることになる。

③　では漠B（C）は何世代前の人物か。結論を先にいえば、墓主や遺族などと同時代を生きた人物と考えるべきではないだろうか。すなわち、遺族が漠B（C）を見たとき容易に想像できる人物だった。当時の寿命は不明だが、3世代、まれに4世代が同じ時代を生きたと思われる。すなわち、子―父―祖父―曽祖父という関係のなかに、人物Yと漠B（C）を配当しようという発想である。

④　そこで、憑依される側の人物Yを考える。人物Yの姿態には、どことなく初々しさが残っていて、この人物は青年と思われる。古墳壁画や人物埴輪にはどういうわけか少年や青年像が多く、幼児や乳飲み子の例もある。そこで人物Yを「子」に配当する。すると漠B（C）は、父か祖父、曽祖父のいずれかに当たると考えることになる。

⑤　中国の戦国時代（紀元前5～前3世紀）の成立とされている経典に『儀礼（ぎらい）』があり、古代の葬送儀礼が記されていて、そのなかに祖父と孫が登場する。それによれば、死から（モガリの期間を経て）3ヵ月ほどあとに遺骸を埋葬する。そのとき〝故人の着用した服〟を墓場へ持っていくが、それは埋めずに持ち帰り、「孫」がその服を着て祖父の形代（かたしろ）になり、（喪主がいる）死者の家を訪問して飲食の饗応を受ける「虞祭（ぐさい）」という儀式がある。もしこの習俗が列島に伝播していたとすると、当時、祖父

の服を着てこの儀式に臨んだ孫がいたことになる。

事態は〝祖父と孫〟という意外な方向に展開してきた。そこで、古代における祖父と孫にかかわる現象に注目してみよう。

（４）祖父と孫

孫が幼い場合に祖父の服を着ると、大きすぎてだぶだぶになることがある。実際、その姿の人物埴輪が千葉県山倉1号墳（市原市）から出土している（図６）。この人物には特徴がある。あどけない表情のほか、右前に襟を合わせていること（右衽）、髪形が美豆良でないこと、脚帯（足結）をしていないことである。

ポイントは「襟合わせ」で、襟をV字状に重ね合わせて着る上衣では、じぶんから見て左側を、右の上に重ねる着方を右衽または右前という。衽とは着物の左右の端に縫いつけた長くて幅の狭い裂のことで、右衽は右手の側に（左の）衽がくる。襟に手を入れたとき、右手が入るのが右衽と覚えるのが早い。

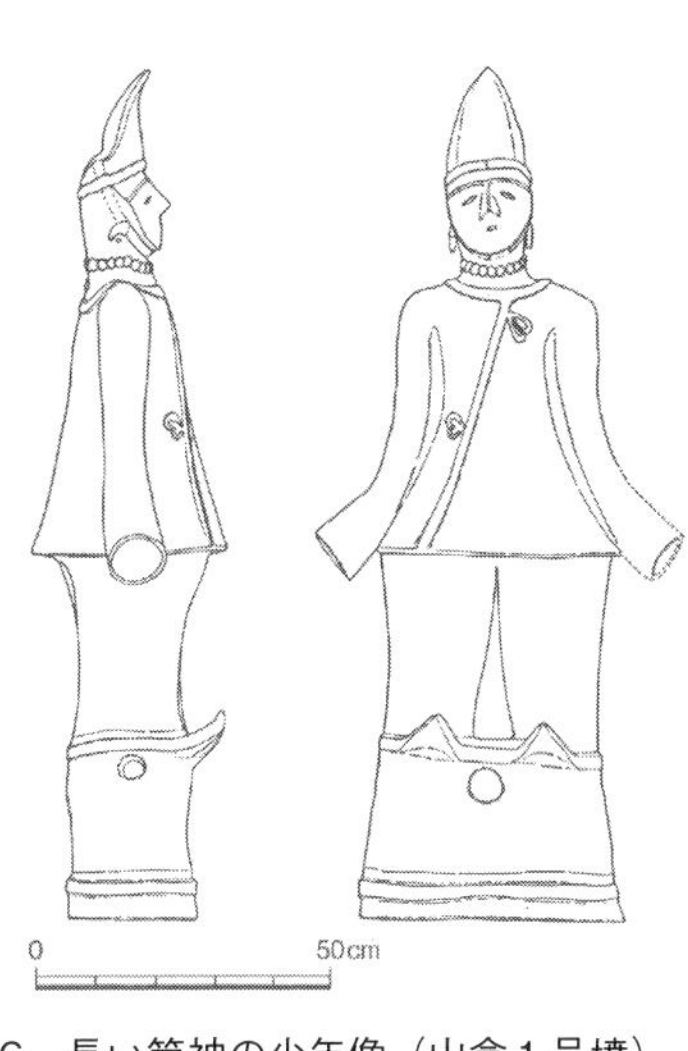

図６　長い筒袖の少年像（山倉１号墳）

中国の襟合わせは一貫して右衽だから、倭人がその習俗を受容していたとすると、これは〝通常の着方〟になる。しかし不思議なことに、人物埴輪の襟合わせは左衽が多く、それからみると、この少年は例外的な着方をしていることになる。人物像の最も重要なシグナルは、手指が隠れるほど袖の長い上衣である。人物埴輪に造形された儀式は重要で、うっかりして、だぶだぶの上衣を着せたとは思えない。これは祖父（おとな）の衣服であることを強調しているのではないだろうか。その証拠が右衽の襟合わせである。祖父の服は実用に供されたはずで、この子は、祖父の服を、祖父が着ていたように着ているのである。

この人物埴輪は、儀式の由来をよく知る者が特注したもので、すでに説かれているように、この古墳の造墓者を渡来系と考える説に一理ある。以後、この人物埴輪を「長い筒袖の少年像」と呼ぶことにしよう。この像のポイントは、祖父の服を着ることによって祖父を憑依していること、亡祖父の側からいえば、〝孫に憑依して現世に帰還すること〟である。この仮説が成立するためには、孫の人物埴輪に対応する〝祖父の人物埴輪（祖父霊像）〟が存在することが必要になる。この点、第15章（埴輪群像の機能論）で後述する。

つぎに、孫が登場するかどうかは不明だが、列島の古代に「死者の衣服を着て飲食する儀式」が存在した。『日本書紀』（神代）に死者の衣服を着る習俗や、死者にかわって祭を受ける形代（かたしろ）という習俗がある。葬儀には、持傾頭者（きさりもち）、持帚者（ははきもち）、舂女（つきめ）、尸者（ものまさ）、哭女（なきめ）、造綿者（わたつくり）、宍人者（ししひと）といった役割があり、それをニワトリやカワセミなどのトリたちが担当する。箒（ほうき）を持つとか、米をつく、泣くといったわかりやすい役職もあれば、「持傾頭者」のように語義不詳のものもある。なおトリが葬儀を担当するのは、トリが霊魂を運ぶ者と信じられたからである。

このうち注目すべきは「尸者」で、『日本書紀』（岩波文庫）の校注では、尸（し）は「祖先を祭るとき、神霊の代わりに立って祭を受ける者。形代」といい、「尸者、着死衣而謁弔」（『神代口訣』）、「死人尓可巴利氏、毛乃久良不人」（『日本紀私記』）といった古代の注釈書を引用する。

これによれば、尸者とは飲食の儀礼を受ける形代で、死者の衣を着て、死者に代わって物を食べる人をいう。形代になるためには条件があり、中国古代の礼法をまとめた経典『礼記（らいき）』（曲礼上）に「君子は孫を抱き、子は抱かない」とある。これは、孫は祖父の尸（形代）になることができるが、子は尸になれないという意味である。すると死衣とは祖父の衣服で、祖父の服（死衣）を着て形代になり、祖父の代わりになってモノクラフヒトは孫になる。『日本書紀』などにこの種の記事が存在することは、列島の古代に中国の葬制―虞祭に似た儀式が存在したことを示している。

ここまできて、ようやくこの絵の全容を知ることができる。すなわち図1は、亡祖父の霊魂である漠B（C）が孫（人物Y）に憑依する場面で、それを、招きおろした遠いご先祖（祖霊Z）が見ているという光景になる。亡祖父が孫に憑依する場面は、孫が祖父の形代になったことを示唆している。しかし、ここからさらに難問が生まれる。この場面は、儀式の一コマを描いていると思われるが、それは何を目的にした儀式で、なぜそれが墓中に描かれたかである。それを追求する前に図2を読み解いておこう。

8　図2を読む

（1）船下の人物

図2には5人の人物が登場する。船上で櫂をあやつる細身の2人と、その下の男装の人物1人、そして右上で寄り添う2人の人物である。

図2に関する辰巳説は、つぎのとおりである。まず船下の人物は、図1の人物Xと同じように袖振りの所作をとっている。つぎに、船の中央に見える弧線は、遺骸を布にくるんだ状態を表わしている。したがって、船下の人物の袖振りの対象は船で、船は霊魂を運ぶ喪船（もぶね）である。辰巳説では、船下の人物は生身の存在で、彼は（別人の）霊魂を運ぶ船に対して袖を振っていると考える。

しかし、図2は図1と関係があり、船下の人物に訪れた悲劇的な結末を暗示するものである。順を追って説明しよう。図2では、船下の人物が最も大きく描かれているので、この人物が図2の主人公と思われる。彼の上半身は半円の弧線で示唆されていて、すぼまった腹部の上で連結している。上半身に手指の描写はなく、袖の表現もない。袖や手指が描かれていない以上、袖振りの所作ではないと解するほかない。

（2）船と船下の人物

船はボートのように、漕ぎ手の背中の方向（左方向）に進んでいる。船尾には舵を示唆する棒状のモノがあり、2本の櫂は、船下の人物の両腕に重なっている。船の中央部には3つの半円が重なっていて、右端が船の下方に垂れ下がっている。こういう描写で、どんな物語が想定できるだろうか。

図2がひとつの物語を描いているとすると、そのあらすじは、

① 船内中央部の3つの半円（以下「多重半円」という）と櫂

② 船下の人物の胸前の斜線

③ 異形の2人の人物

の3点をつないで進行する必要がある。手がかりは、①船の中央部に描かれた多重半円である。船を描い

た他の壁画では、この位置に棺が描かれることがある（図23、図24　五郎山古墳壁画）。するとこの多重半円は遺骸を棺に納める前の段階で、誰かがこの多重半円のなかに取りこまれるのを待っている状態と考えることができる。誰を取りこむのだろう。それは、船下の人物以外にない。多重半円のすぐ下に彼がいて、連れ去っていく（であろう）船の櫂が、彼の両腕に重なっているからである。櫂が彼の両腕をつかまえている、あるいは、漁師が投網（とあみ）で船下の人物をからめとろうとしているといえば理解が早いだろうか。

つぎに、②彼の胸前を走る斜線は何か。これは死装束の左衽を表現しているのではないだろうか。上半身に左衽を投影して、彼が船に収容される存在であることを示唆したという想定である。すると船は辰巳説と同様、喪船と解することになるが、それに取りこまれるのは船下の人物で、彼はその後、あの世へ向かう存在になる。なお、胸前の斜線に付属する短線は注連縄（しめなわ）を連想するが、機が熟した段階で追考しよう（第15章　埴輪群像の機能論）。

（3）異形の2人

注目すべきは、③右上で何かを持って寄り添う2人の人物である。左側の人物は一見雪だるまのようで、練炭のような目をもち、頭に三角帽子をかぶっている。右側の人物は逆三角の顔に、2つの〝つり目〟と2つの〝鼻の穴〟がある。2人とも胴や手足の描写はない。寄り添う2人の人物は、これまで登場したどの人物とも似ていない。思うにこれは冥界の使者、ありていにいえば〝死に神〟ではないだろうか。三角帽子と逆三角の顔がそれを示唆している。この人相風体を見て、2人が歓迎されざる存在だったと想像することは恣意的ではない。

寄り添う2人の間に、短く直立する何かがある。これは小枝ではないだろうか。上部に一対の〝逆ハの字〟状に開く短線がある。これは枝で、その下、左だけに線が出ているが、右にもあったとすると木の枝のように見える。おそらくこの木は、油分をふくむ松や竹などで、2人はこれに火を灯してやってきた。冥界の使者は2人でやってくる、2人で、ひとつの火を灯してやってくるという物語である。この2人は冥府の使者で、今風にいえば〝お迎え〟が来たのである。意に反してからめとられる船下の人物は、困惑の表情を浮かべ、2人の使者は冷ややかにそれを見ているといった光景になる。

(4) 船下の人物と人物Y

絵の出来・不出来という観点から図1・2の人物をみてみよう。シャーマンXの動作には躍動感があり、祖霊Zや2人のお供も、現世に登場した臨場感がある。冥界のお迎えも、それなりに雰囲気が出ているといえるだろう。これらの人物像に違和感はない。これに対して、船下の人物には違和感がある。別人が描いたと思えるほど平板で立体感がない。不自然なのは装束である。スカート状に広がる上衣の下半分が、ハンガーにかけられたように、三角形状になっている。古代にはこういう上衣があり、こうした着方があったといってしまえばそれまでだが、祖霊Zをみると、ズボンは下衣の下にふっくらとおさまっていて、そうでないことがわかる。

そこで、描き手はあえてこういう描き方をしたのではないかと疑ってみる。すると、図1にも幅広のスカート状の上衣を着る者がいることに気づく。それは祖父霊と考えた漢Bである。漢Bの上衣の下端は幅広だが、上背がありズボン状の脚も太いため、それなりのバランスがとれているのに対し、船下の人物は胴がすぼまり、ズボンも細いためバランスを失している。

描き手がこういう描写でいいたかったこと、それは漢Ｂ（Ｃ）が人物Ｙに憑依するにつれ人物Ｙのスカート幅は少しずつ広がり、完全に憑依すると船下の人物のように不自然なほど広がる。つまり船下の人物は、祖父Ｂの上衣を着た人物Ｙだといいたかったのである。船下の人物と人物Ｙは同一人物で、船下の人物の上衣は祖父の上衣のため、だぶだぶに描かれた。船下の人物は「長い筒袖の少年像」と同様に、祖父の上衣を着た孫の姿と考えることができる。

（5）図1と図2の関係

ここまでくると図１・２の関係がわかる。図１は、人物Ｙの祖霊Ｚを迎え、シャーマンＸが、Ｙの亡祖父・漢Ｂ（Ｃ）を、人物Ｙ（孫）に憑依させる場面と考えた。儀式の主人公は人物Ｙだが、絵の主人公はシャーマンＸで、招魂行為をストップモーションで描いて、描き手の真骨頂を示した場面である。

しかし事態は暗転する。図２に祖霊Ｚやシャーマン X の姿はない。船下の人物は、祖父の上衣を着た図１の人物Ｙで、彼は、お迎えに来た使者の眼前で、冥界行きの船にからめとられようとしている。これは船下の人物に、もうすぐ死が訪れることを示唆している。つまり、この墓の被葬者は図１の人物Ｙなのである。

人物Ｙは祖父霊を憑依する儀式を受け、亡くなったあと、その儀式の一部の光景を墓に描かれて葬られた。では、その儀式とは何か。そして、なぜそれが墓内に描かれたか。その回答は絵のなかにない。その解をえるためには、人物埴輪の迷路に踏みこんでいかなければならない。

第2章　相対する人物埴輪

はじめに

前章では人物の窟の図1を解釈して、登場人物を孫、孫の祖父霊、この一家の祖霊及びシャーマンと考えた。この4人の登場する儀式に、中国古代の葬制である虞祭（ぐさい）があった。虞祭にはこの4人が登場するが、後半は孫を中心とした飲食（酒食）の場面になる。図1にそれはないが、埴輪群像の人物埴輪には飲食とおぼしき場面がある。

本章では、具体的な埴輪展示例に虞祭の全容を造形しているものがあると考え、この儀式の目的や、この儀式を埴輪にして展示することの意味、さらに儀式の一部が壁画に描かれることの意義を検討する。最後に図1にもどって、図像の符号的意味を検討しよう。ここで難問である「力士像」に直面するが、結論は第15章（埴輪群像の機能論）に持ちこさざるをえない。

1　図1と虞祭を比較する

人物の窟の図1の登場人物は、シャーマンのほか孫と亡祖父、そしてこの一家の祖霊と考えた。シャーマンの縁者（漢A）もいたが、彼女はシャーマンの能力を補完するための存在だったから、検討対象から除外できる。

これらの人物が登場する儀式に、古代中国の葬制を記した『儀礼』（士喪・既夕・士虞）にいう虞祭があった。虞祭は葬儀の最終段階である祔祭（ふさい）の前段階のもので、死者（祖父）の霊魂を家に迎えて飲食を捧げ、その平安を祈るものである。その後、祔祭で死者を祖廟に合祭して葬儀が終わる。

虞祭の要旨を池澤優さんの前掲書から引用しよう。虞祭の虞とは「安」の意で〝死者の魂〟を家に迎え安んじること。また虞祭は3回行われ、初回は葬日で4日または5日間つづくという。虞祭のポイントは、祖父の形代になった孫が死者（祖父）の家を訪問し、主人・主婦から飲食の饗応を受けることである。

① 柩（ひつぎ）を車に載せ、最後の供物を供えた後、葬列が墓へ向かうが、この時に死者が生前着用した衣服を持って行き、墓穴に埋葬した後、この衣服は棺を載せていた車に載せて帰る。

② その後、葬列は祖廟に戻り、皆で泣き叫ぶ（中略）。

それに続いて虞祭という死者の魂を家に迎え安んじる儀礼が（中略）行われる。その要点は、尸（し）（かたしろ）という死者の役を演じる者が、墓地から持ち帰った服を着し、それに対して室内で酒食の饗応をし、尸が返杯する点にある。

③ 室内の奥（西南隅）に東向きに神霊の座を設け、供物を捧げる（陰厭（いんえん）、神おろし）。

④ 尸（墓地から持ち帰った服を着し、死者の役を演じる。死者の孫が扮する）。

⑤ 尸、九飯（室内で供物を食べる）。

⑥ 尸、三献（室内。主人・主婦・賓長が尸に酒を献じ、尸が返杯する）。

⑦ その後、主人や主婦が、尸をはじめ祝（死者—尸—と生者を仲介する役）、佐食（給仕役）に献杯し、尸が主人や主婦に返杯する。
⑧ 儀式が終了し、尸が退出する。
⑨ 虞祭の構成は通常の祖先祭祀に極めて近いが、虞祭では祭祀参加者が相互に杯を酌み交わすことがなく、祖先から子孫への恩寵を象徴する「黍(きび)の団子」と「寿(ことほ)ぎの言葉」がないことである。

虞祭の次第は、大きく2つの場面に分けることができる。第1幕は、舞台の設定（③）と、孫が祖父の服を着て登場する場面（④）。第2幕は、孫を主人や主婦が飲食で饗応する場面（⑤〜⑦）である。

第1幕の登場人物はつぎのとおりである。まず③で、「祖霊」が登場する。虞祭は祖先祭祀だから（⑨）、「神霊の座」（③）に神おろしされるのは祖霊である。シャーマンは「祝(しゅく)」の名で登場する（⑦）。③の、まじないや神おろしも祝が担当するのだろう。④で「孫」が祖父の服を着て登場する。

そこで、虞祭の第1幕と、人物の窟の図1の登場人物を比較してみよう。

○虞祭の第1幕

孫（＋祖父の衣服）、祝（シャーマン）、神霊（祖霊）

○人物の窟の図1

孫（人物Y）＋祖父霊（漢B〈C〉）、シャーマンX、祖霊Z

つまり、虞祭の第1幕と図1の登場人物は一致する。図1では、祖父の衣服が祖父霊という人物像に置きかわっているが、祖父の衣服を着ることと祖父霊を憑依することを同義とみると、2つの場面は一致する。

つぎに第2幕。虞祭では、祖父の服を着た孫が一家の主人・主婦から飲食の饗応を受ける。しかし、人物の窟にこの場面はない。ここで手がかりが途切れたようにみえる。

しかし人物埴輪に関心のある方なら、人物像に飲食のやりとりをしている場面が存在することを思いおこされるだろう。例えば、群馬県保渡田八幡塚古墳（高崎市）の人物埴輪群である。つぎに検討するように、そこでは第１幕と２幕が連続して造形されている。虞祭は第１幕と２幕で成り立っているが、図１はその第１幕を描いている。描き手は、どちらか一方を描けばわかってもらえると考えたのである。

２　虞祭と人物埴輪を比較する

保渡田八幡塚（Ａ区）の人物埴輪に虞祭が造形されていると考えるのは、つぎの場面である。『はにわ群像を読み解く』（かみつけの里博物館　２０００年）によって展示図（改変）をみてみよう。

全体を大きく２つに分け、左上方から中央上方までを区画１とし、左下方と右半分を区画２とする（図７）。虞祭と考えるのは区画１で、これをシーン１~３に分ける。区画２は隊列を組んだと見える一団で、第15章（埴輪群像の機能論）で検討する。各シーンの解説は、若狭徹さんの『もっと知りたいはにわの世界―古代社会からのメッセージ』（東京美術　２０

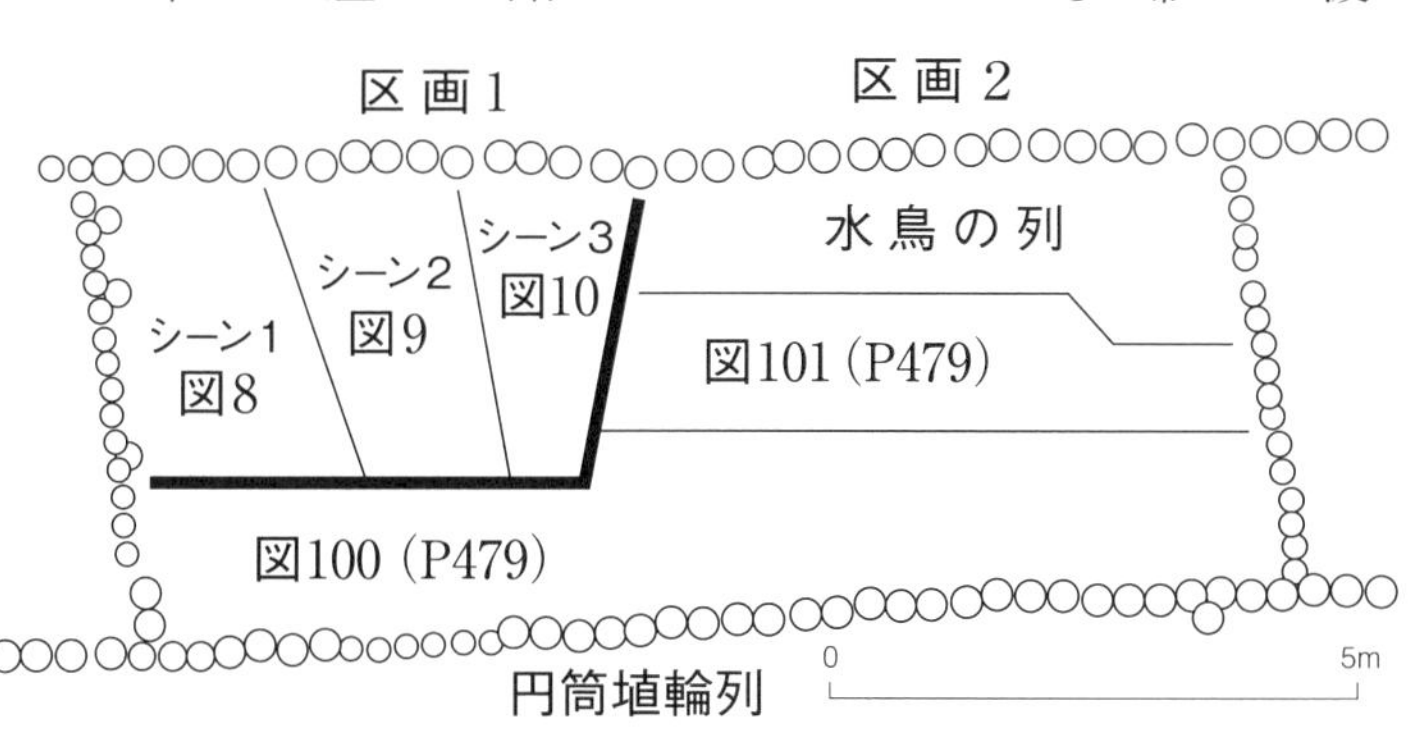

図７　保渡田八幡塚古墳Ａ区区画図

図８　挂甲武人像と力士像
（シーン１）

図９　巫女と男子が立位で相対する場面（シーン２）

図10　１人の女子と４人の男子が椅座で対面する場面（シーン３）

09年）による。

シーン1＝「武人と力士」（図8）
武人と力士など2本足で造形された埴輪が並んでいる威儀的な場面。

シーン2＝「立って行う儀式の場面」（図9）
立派な大刀を持つ王と巫女が対面し、立ち姿で儀礼をしている場面。

シーン3＝「対座して行う儀式の場面」（図10）
椅子に座る王と巫女が対座した場面。壺が2つ置かれ、巫女が王に坏（つき）を献上している。椅子に座った王族や琴弾く人、奉仕する女などが加わる。

まずシーン2。立派な大刀を持つ立ち姿の王を孫とし、巫女をシャーマンとすると、図1の一部が展示されているといえる。この2人は、虞祭の第1幕の登場人物に一致している。

つぎにシーン3。若狭さんの解説では、飲食のための器を持つ女子は巫女とされているが、たんなる巫女ではなく巫女的な性格をもつ高貴な女性で、相対（そうたい）する4人の男子のうち、王と解されている中央の男子（鋸歯文つきの冠をかぶり、片手を差しあげてそれを受けるしぐさをしている）を孫とする。するとシーン3は、虞祭の第2幕（孫が祖父の形代になって飲食を受ける場面）に一致する。ここまでは問題がない。

問題はシーン1の「力士像」と「武人像」である。人物の窟の図1には、人物X・Yのほかに、祖霊（人物Z）と祖父霊（漠B〈C〉）がいた。図1がシーン1・2にあたるとすると、祖霊と祖父霊を力士像と武人像にあてることになる。

せっかちな読者なら、ここでこの本を放り投げるかもしれない。この一家が武門の家系であれば、祖父霊を武人像につくることはあっても、〝祖霊を力士像につくる〟ことなどありえないことと思われるからである。人物埴輪の力士像は、地鎮や辟邪の役割をもってこの場にいると考えるのが常識で、百歩譲っても霊魂、それも祖霊とは到底考えられないというのがおおかたの反応だろう。

しかし、もう一度、図1の祖霊Zをふりかえってみよう。彼は1人で登場したのではなく、裸体の「碇石を持つ人」を供にして登場した。祖霊Z本人は裸体ではないが、裸体の人物が同時に存在することが気にならないだろうか。また、睡虎地秦簡に、鬼神（祖霊）は裸体で出現するとあるのもひっかかる。壁画や人物埴輪には不可解な裸体像が少なくない。力士像も裸体像の一態様として存在しているといったほうが実態に即している。第15章で後述するように、力士像の身なり（装束）は、今も研究者を悩ませている問題で、力士像が地鎮や辟邪の役割をもって存在するという解釈も決して安定した解釈とはいえないのである。

本来ならこの問題を解決してつぎへ進むべきだろう。しかし人物埴輪は埴輪群像の一分野で、古墳時代の諸要素の複合体と考えられるため、その論証は最終章─第15章（埴輪群像の機能論）がふさわしい。後述する五郎山壁画にも、裸体とおぼしき人物が登場するので検討する機会がある。この本を放りだすのは、まだ早いということである。

ここまでのところを整理しておこう。

保渡田八幡塚A区の人物埴輪の3つのシーンは、古代中国の葬制である虞祭を造形し、人物の窟の図1は、その一部（シーン1＋シーン2）を描いている。列島に伝播した虞祭は、シャーマンが孫に祖父霊を憑依させる場面と、祖父霊を憑依した孫が飲食を受ける場面に要約され、壁画に描かれ、あるいは人物埴

図11　座位で相対する儀礼（綿貫観音山古墳）

輪に造形されたというのがここでの仮説である。

２つの場面に共通するのは、孫が誰かと相対していることである。シーン１・２（人物の窟の図１）ではシャーマンと立位で相対し、シーン３では座位（椅座（いざ）をふくむ）で高貴な婦人と相対している。そこで前者を「立位で相対する儀礼」、後者を「座位で相対する儀礼」と呼び、両者を合わせて「相対する人物埴輪の儀式」と呼ぶことにしよう。

相対する人物埴輪の儀式のルーツを虞祭とすると、人物像に大陸の装束や習俗が反映している可能性がある。図10の椅子に座る習俗（椅座）は大陸にある。図６の「長い筒袖の少年像」で造形された祖父の衣服は胡服（こふく）で、先のとがった沓（くつ）も大陸風のものと解されている。後述する綿貫（わたぬき）観音山（かんのんやま）古墳の座位で相対する男女（図11）は、２人とも左右から手の甲を重ねて、両手を胸の前に持ちあげている。これは中国の拱手（こうしゅ）という敬礼である。一般に渡来系のつくる人物像は、原義に忠実な作風になっているといえる。

高井田横穴墓群の始祖的な墳墓は、それより半世紀近く前につくられた高井田山古墳とされる。径22mの円墳で、横穴式石室の構造や規模が、韓国宋山里古墳群など百済の王族クラスの古墳に似ていて、出土遺物に熨斗（うっと）（アイロン）のような共通点があることから、被葬者に渡来人を想定する説もある。そうであれば、人物の窟に大陸の習俗が描かれているとしても不思議ではない。

以上、古墳壁画と人物埴輪を同じ土俵で論じてきた。壁画に不足する点を人物埴輪に求め、過不足なく造形された人物埴輪をもとにして、その一部が壁画に描かれていると推測した。表現方法や表現の場所の異なる両者を比較して説を立てるのは穏当とはいえない。しかし壁画と人物埴輪のちがいは、表現方法を別にすれば、古墳の内部と外表という点だけである。両者が本質を共有していれば、比較することも許される。

3　儀式を復元する

相対する人物埴輪の儀式を復元すると、例えばつぎのように進行する。まず、図1のように立位で、シャーマンが（自己の能力を補完するために）鬼道に卓越した近親者を憑依する。ついで、主人公である青年（孫）に憑依させる祖父霊を招きおろす。またそれに先立って、儀式の見届け役の祖霊（祖霊Z）を招きおろしておく。招きおろされた祖霊は、2人の供とともに現世に登場し、祖父霊はイナヅマとともに出現した。

立位で相対する儀礼が終わったあと、孫（尸、形代）と高貴な婦人は相対して着座する（図10・11）。高貴な婦人とは虞祭にいう主婦で、後述するようにシャーマンを兼ねる場合もある。2人は中国風の敬礼をかわし、そのあと主婦が、祖父霊を憑依した孫に飲食を捧げる。給仕は介添え役がすることもある。座位で相対する儀礼には、青年の父など親族のほか来賓が参加する。祖父霊（孫）を和（なご）ませるために楽器が演奏されることもある。この儀式は死者の家（または祖廟）で、すなわち室内で行われる。人物埴輪の椅座や、あぐら、正座などは、この儀式が室内で行われたことを示唆している。

座位で相対する儀礼では、主人夫婦、祝（シャーマン）、来賓などが祖父の形代になった孫と共食するので、給仕にあたる女性や飯を炊くカマド、肉を盛りつける器、水や酒を入れる大甕や一人ひとりの食器である銘々器などが配置されることもある。招きおろした祖霊や祖父霊は、鳥獣などの犠牲獣で饗応する。では、宴会をともなうこの儀式の目的は何だろう。

４　儀式の目的

相対する人物埴輪は、古墳の外表で目につきやすい場所（テラス、造り出し、外堤など）に展示されたので〝この儀式を周知すること〟が目的のひとつだったといえる。儀式の中心に青年（孫）がいるので、儀式の目的はこの青年を〝お披露目〟することにあるとすると、このお披露目に一定の効果が付属していたと考えられる。つまり、こっそりと内密に行ったのでは意味がないと信じられた儀式である。

図12　乳飲み児を抱く埴輪（黄金塚古墳）

この種の儀式として思いつくのは、成人式か結婚式である。現在のように、成年や婚姻が戸籍によって決まることはなかったから、この儀式も関係者に披露してはじめて効果が生まれる性格のものだったと思われる。しかし、人物埴輪のなかには乳飲み子を抱く女子埴輪（図12　茨城県大平黄金塚古墳）や、男装の人物に乳房などを刻んで女子であることを示した人物埴輪（奈良県荒蒔古墳など）がある。このことから、成人式や結婚披露宴といった想定は除外される。ポイントは「長い筒袖の少年像」（図6）で、少年が祖父の服を着て関係者の前に登場することである。この時代、有力者だった祖父の孫は、1人や2人ではなかった。だから、祖父の服を着ることのできた孫は〝特別に選ばれた孫〟だったといえる。

祖父の服を着て登場した孫は、周囲からどういう思いで迎えられただろう。思うに彼は、祖父の生まれかわりで〝祖父の跡を襲う者〟と理解されたのではないだろうか。この儀式を主宰したのは父である。祖父の死後、父が当主となって祖父の葬儀を執行し、埋葬後にこの儀式を開いた。そこで父は、子のうちの1人に祖父の服を着せた。これは、父が彼を次期当主に指名したこと（指名による地位の承継）を意味する。つまり相対する人物埴輪の儀式は、指名された後継者を周囲が承認する儀式、すなわち「後継者の認証儀礼」だったという仮説である。祖父の衣服を着ることと祖父霊を憑依することを同義と考えると、図1も後継者認証儀礼の一場面と考えることができる。

なお、正式な祖先祭祀（祔祭）では嗣子（跡継ぎ）が登場し、尸（形代）と飲食のやりとりをする（池澤前掲書）が、その前段階である虞祭に嗣子は登場しない。虞祭の段階に嗣子がいなかったとすれば、大陸でも虞祭の形代が後継者に指名された可能性がある。また、儀式の開催場所はふつう室内（祖父の家または宗廟）だが、まれに、祖父の遺骸を石室に搬入したあと石室内で行うこともあった。その場合には、米を炊くための炊飯具や共食のための銘々器が石室から出土する。この点、後述しよう（第14章　黄泉の国の物語）。

５　地位の承継方法

近年、弥生時代の墓が夫婦や子などを基礎としているのに対して、古墳時代中期までの古墳は兄弟姉妹を基本にしていて（田中良之）、ひとつの古墳に親子や夫婦は埋葬されなかったと考える説が有力になった。これは一家一族にとって、キョウダイの１人をトップに推し立てて権力を集中することが有利と考えられるようになったことを意味する。当時の地位や権力の承継方法は不明だが、キョウダイの１人が後継者に決まると、それを内外に披露して承認を受け、一族の結束を図る習俗が存在したと推測することは不自然ではない。

では、いつの時点で次期当主が決められたか。後継候補が数人いる場合、現当主が亡くなってからでは紛糾するおそれがある。そこで、現当主の健在なうちに次期当主を決めておく必要が生まれる。こうした想定では、儀式の開催が、祖父の死という半ば偶然の事情に左右されるので、孫が幼児や乳飲み子の場合、あるいは孫に男子がいない場合がありうる。それを反映したのが乳飲み子を抱く女子埴輪や、乳房を刻んだ男装の人物埴輪（女性当主）と考えることができる。

６　寿墓と相対する人物埴輪

図１が相対する人物埴輪の儀式の一部を描いているとすると、それがなぜ墓中に描かれたかが問題になる。その回答は、古墳の外表に立て並べられた人物埴輪の意味に直結する。この問題は人物埴輪のほうか

ら考えていくのが思考経済に合致する。

相対する人物埴輪の儀式は、特定の個人（まつりを受ける孫）に関する儀式である。この場合、儀式は祖父の埋葬後という条件があるので、人物埴輪が展示されるのは、じぶんの墓ではなく祖父の墓と考えることもできる。しかし、古墳の築造時期には議論があり、生前につくられること（「寿墓」という）もあったと考える説がある。

記紀でヤマト王権中枢の墓づくりをみると、現大王は、ふつう前大王と別の墓をつくる。皇太子は、現天皇の墓に葬られることはないといいかえることもできる。すると例えば皇太子に決定した時点で、彼のための墓が必要になる。この点、中大兄皇子（のちの天智天皇）は、つぎのようにいっている（『日本書紀』天智六年）。

> 皇太子は群臣に語って「自分は斉明天皇の勅を承ってから、万民をあわれむために、石槨の役（石室墳墓造営の労役）は起こさない。願わくば永代にわたって手本として欲しい」といわれた。
>
> （『日本書紀　全現代語訳（下）』宇治谷　孟　講談社学術文庫　以下、本書を引用する場合、宇治谷『日本書紀（下）』などと略称する）。

中大兄は墳墓造営のために人民を徴発しないといっているが、その背景に〝じぶんの墓（石室墳墓）をつくろうと思えばつくれるのに〟といった口吻がうかがえる。皇太子の地位にあることが、墳墓をつくることのできる根拠のひとつになっていることに疑いない。地域の有力者にも王権と同じように跡取りがいた。一族の中心になる宗家の跡取りともなると、王権の後継者と同じように専用の住居や従者、田畑などが割り当てられたことだろう。跡取りの墓は、寿墓としてつくられた可能性がある。

中国では、秦の始皇帝のとき生前に墓をつくりはじめ、漢代になって文帝（在位前１８０～前１５７）のころから、それがふつうになったという。列島が寿墓の習俗を受容したとすれば、相対する人物埴輪は、跡取りになる儀式を経て数ヵ月（数年）後に完成したじぶんの古墳（寿墓）に、一家一族の正統な後継者であることを宣言したモニュメントと考えることができる。

7　壁画に描かれることの意味

では、相対する人物埴輪の儀式の一部が壁画に描かれることは何を意味するのだろう。これが人物の窟の核心となる設問である。この問題を解くために、「造墓者は誰か」という問いを立ててみる。この墓をつくったのは、人物Ｙ自身か人物Ｙの父である。父は壁画に姿を見せていないが一家の現当主で、人物Ｙを跡取りに指名し、お披露目の儀式を主宰した人物である。だからこの壁画は、父の〝子を見る視点〟が欠かせない。

子が父より先に亡くなることは、めずらしくない。弥生・古墳時代の遺構に子どもの埋葬例があり、そのとき、子の墓に何らかの徴表（目印）が付属していることがある。例えばシカの絵を棺に描かれた者、家形埴輪を棺に転用された者、胸に渡り鳥を抱いて埋葬された者など、ふつうの子の墓とくらべて何らかの徴表のついている場合がある。

こうした状況を見ると、徴表のついている子とそうでない子は、生前、何かがちがっていたと思わざるをえない。子の冥福を祈ってという解釈もあるが、そうであれば、ほとんどの子の墓に徴表が付属していてよい。では生前、何がちがっていたか。これまで検討してきたところ、こうした徴表をつけて葬られた子は、生前に祖父霊を憑依する儀式を受けた者である。シカは祖霊などへの犠牲、棺になった家形埴輪は祖霊の座、渡り鳥は祖霊の運搬手段と考えると、この子たちは祖霊に抱かれて眠っていることになる（死者は単独ではなく、祖霊とともに暮らすことが理想とされたことは後述する）。

こう考えてくると人物Yも、跡取りになる儀式を受けたものの、父より先に亡くなったと推測することができる。父は、キョウダイのなかでこの子に目をかけ、頼りにもしていた。その早世（そうせい）をあわれに思い、子の心中を察して、せめて跡取りであったことを顕彰してやりたいと思った。それがこの壁画の本質である。

こうした仮説では、古墳壁画と相対する人物埴輪を直接比較することができる。古墳の内部と外表は一体のものだから、内部と外部の造作は論理的に整合しているはずである。しかし、外表に人物埴輪として展示されるのと墓内に描かれるのとでは、何かが決定的にちがう。相対する人物埴輪には〝晴れやかさ〟があり、壁画には悲しみのトーンがある。そのちがいは、生きて跡を継いだか（相対する人物埴輪）、跡を継ぐことなく亡くなったか（壁画）である。

跡をとることなく早世した薄幸の後継者Yを描いた図1は、今風にいえば、墓主の身分や経歴を示した墓碑の機能を果たしている。それは、子の晴れ姿を描いて送りだしてやりたいという親心の産物で、その心性は時空を超える。

８　伝播の経路

図１は相対する人物埴輪の儀式の一部で、古代中国の葬制である虞祭の一部を描写していると考えた。人物埴輪は、列島に広く分布する前方後円墳などを舞台とする一種の文化現象と考えられている。すると当時の列島に、広く中国の葬制が受け入れられていたことになる。そういうためには、いつ、どのようにして倭人がその習俗を受容したか、その伝播の経路を推測する必要がある。

ひとつは前漢（前２０６～後８）以前に、個々の渡来人によってもたらされたという想定である。前述した弥生時代前期にさかのぼる子どもの墓を考えると、これもありうることと思われる。もうひとつは、漢のとき、祈雨祭祀（農耕祭祀）に取りこまれた五祀の「戸の祀り」として受容したという考えである。

五祀とは、殷（紀元前11世紀半ば滅亡）の時代には完成していたとされる中国の古代宗教である（『礼記』檀弓上）。木火土金水という五行説にもとづいて五つの季節ごとに神をまつるもので、春に戸（祖霊）をまつり、夏に竈（火の神）をまつり、季夏（晩夏）に中霤（土神）をまつり、秋に門（金属の神）をまつり、冬に行（道路の神）または井（井の神）をまつる。神という目に見えない存在を、住居の一部に仮託してまつる点に特徴がある。もっとも、カマドが普及するのは古墳時代で、弥生時代には炉で代用されたと思われる。

五祀は、前漢のとき儒学者で行政官でもあった董仲舒（前１７６?～前１０４?）によって祈雨祭祀に取りこまれ、帝国の版図で大流行した。董仲舒の著作に『春秋繁露』があり、漢代の祈雨・止雨祭祀が記されている（『春秋繁露』の現代語訳は『高松工業高等専門学校研究紀要43（２００８年）』所収の「『春秋繁露』訳注稿　必仁且智・郊語・求雨・止雨篇」坂本具償　財木美樹訳による。以下坂本・財木「春秋繁露」という）。

漢と倭人の関係を示すものに、後漢の光武帝が倭人の国（「委奴国」）に与えた金印がある（『後漢書』倭伝　西暦57年）。福岡県志賀島から出土した金印には、冒頭に2字分をとって「漢」の字が刻まれていた。これは、倭人が漢の制度、政策を受け入れる立場にあったことを示している。

戸の祀りは、春正月に祖霊を屋内に迎え、飲食を捧げることによって順調な降雨を期待する予祝祭である。儀式は、祖霊の宿る木主（位牌）を戸内の西に置いて、肉や酒を捧げたあと、尸（形代、孫）を迎えて飲食の儀礼がつづく（『礼記』月令鄭注）。この儀式には祖霊が登場し、祖父を憑依した形代（孫）が登場する点で虞祭に似ている。

今日わが国に（祖神を迎える）「正月」をはじめ、近親者の霊魂を迎える「盆」、カマド神や道祖神などをまつる習俗があるが、その起源は定かではない。もし倭人が漢の祈雨祭祀の内実である五祀を受容していたとすれば、こうした行事の由来を説明することができる。本書はこの点に及ばないが、倭人が最も重視したのが祖霊祭祀（戸の祀り）と土地神祭祀（中霤の祀り）であることは、行論のなかで明らかにしよう。

9　アニメーション動画

図1・2にもどって、描き手の才能を確認してみたい。図1ではシャーマンXの手が振りあげられ、振りおろされていることに意味があった。あらためて彼女の左手の側に位置する人物に注目してみよう。す

ると下方に彼女の血縁である漢Aがいて、上方（の船内）に子孫Yの祖霊Zがいる。2つの霊魂は、彼女の魂おろしの結果登場した。魂おろしという作業に腕を振りおろす動作が必要だったとすると、振りおろした左手の側に招きおろされた霊魂たちが描かれていて、彼女の腕の動きと一致する。

つぎに右手を見る。彼女の右手は斜め上に挙上されていて、その手の先に漢B（C）がいる。これは、挙上する右手の動きにつれて漢B（C）が、孫である青年Yに憑依しつつあることを表現している。描き手は、手の動きと霊魂たちの位置をあらかじめ計算している。こうした技法は、時の経過をストップモーションで描くもので、現代のアニメーション動画に似ている。ストップモーションの描法はすでに桜ヶ丘4号銅鐸にあり（図13）、この絵はその延長にある。

図2の〝死に神〟と解した図像も、その目で見ると〝なるほど〟と納得させられるものがある。こうした描き手の能力をみると、図2の船下の人物は例外で、いかにもぎこちない。しかしこれも、だぶだぶの上衣を着ていることを強調するためだったとすれば、描き手の評価はゆるがない。特筆すべきは祖霊像に裸体像と蓬髪像を付加したことで、この描写によって解読の道が開かれた。その意味で人物の窟は壁画解釈の冒頭を飾るにふさわしい。

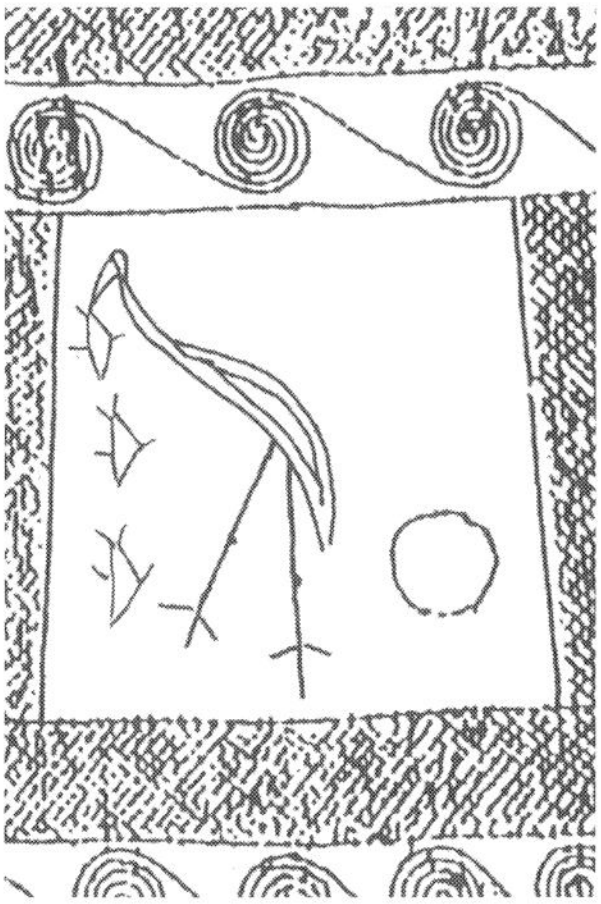

図13　サカナを取り落とすサギ
（桜ヶ丘４号銅鐸）

なお、前書で相対する人物埴輪に言及したとき、青年は直接祖霊を憑依したと考えた。しかし図1で、青年が憑依するのは祖霊ではなく祖父霊だった。この点、祖霊のほか祖父霊を憑依することもあったと訂正したい。

10　船と多重半円の意味

最後に、描法上のルールを検討しよう。この当時描き手は、壁画を描く際に共通のルールをもっていたという仮説である。

図1の船は、シャーマンの魂おろしに応じて祖霊が到着した場面で、船は祖霊の現世への運搬手段だった。これに対して図2の船は、船首と船尾に漕ぎ手がいるが、船内中央に人物は不在で、船下の人物が（意に反して）船の中央部に取りこまれつつある光景と考えた。すると、被葬者の霊魂（以下「墓主霊」または「被葬者霊」という）も船に乗ることになり、船は祖霊だけでなく墓主霊の運搬手段でもあったことになる。

そこで、船上に描かれた人物を、どういう基準で祖霊と墓主霊に区別するかという疑問が生まれる。その回答は、図1のなかに用意されている。それはつぎのような想定である。祖霊Zの右ひじの横に、小さいながらくっきりとした円が描かれている。描き手が円で祖霊と注釈したと考えると、円形・円文（以下「一重円」という）は祖霊の目印だったという仮説が生まれる。

他方、図2では、船下の人物（図1の人物Y）は死への過程にあるものの、まだ死んでいないから墓主霊も存在しない。しかし最終的に死が訪れた場合の、船と墓主霊の形を想像することができる。まず墓主霊になると、船下の人物Yは（船内に取りこまれて）船上の人物になる。船は祖霊だけでなく墓主霊も運ぶからである。問題は、（投網の暗喩と解した）多重半円である。墓主霊が船上のこの位置で人物像として描かれると、今描かれている多重半円の居場所がなくなる。この多重半円はどうなってしまうのだろう。

思うに、船下の人物に死が訪れると、多重半円は完全な多重円に変化する。今は将来の墓主霊だから半円になっているが、死して墓主霊になれば船中の人物となり、その周囲に多重円が描かれるという想定である。

描き手は、人物が祖霊の場合には図１のように一重円を配し、墓主霊の場合にはその近くに多重円を描いた。これは、一重円や多重円を〝人物や場の説明符号〟とみるもので、これから古墳壁画を読み解いていく推進エンジンの一翼になる。

第3章　鳥船塚と弁慶ヶ穴古墳壁画

はじめに

人物の窟では、一重円と多重円に関する仮説を立てた。船に乗って登場した人物Zの近くに一重円が描かれていたので、一重円は人物Zを説明する符号で、人物Zは祖霊だったから一重円は祖霊を指示する符号になる。また、船下の人物が取りこまれていく船のなかに多重半円があり、この多重半円は船下の人物が墓主霊になり船内の人物として描かれると多重円に変化すると考え、多重円を墓主霊を指示する符号と考えた。

こうした発想は、考古学と著しく異なる。考古学の通説では、一重円（円文）は月で、多重円（同心円文）を太陽とする。通説は題材に実体的な意味を与えるが、本書で提案する仮説では、一重円や多重円が何をヒントにして選ばれたかという問題はあるにしても、文様じたいは符号で、その近くにいる人物や場を説明する資料と考える。これは、玄室の壁や石棺（せきかん）の蓋（ふた）などかぎられたキャンバスに物語を描くための工夫で、描き手の間に符号を使って物語を表現するという通念が存在したことを意味する。

本章で提案する仮説は、盾と靫（ゆぎ）、刀などの具象文に関するものである。通説はこれらの文様も即物的にとらえ、辟邪（へきじゃ）（魔よけ）と考えている。はたしてそうか。これも何かを指示する符号ではないだろうか。

盾や靫などを説明符号と考えると、壁画はにわかに物語性を帯びてくる。

１　鳥船塚古墳壁画

(１) 全体をみる

福岡県の鳥船塚（とりふねづか）古墳（うきは市）は屋形古墳群と呼ばれる４基の古墳のひとつで、そのなかには次章で検討する珍敷塚（めずらしづか）古墳も含まれる。鳥船塚古墳の石室は奥壁だけが残されていて、奥壁の１段目と２段目の石に絵がある（図14）。その概要はつぎのとおりである。

１段目の大きな石

①　１隻の船
②　船のなかに１人の人物
③　船首と船尾に右向きのトリがそれぞれ１羽
④　船の上部に太い線で描かれた多重円（２重円）
⑤　船外の左上方に、靫と大刀のセットが２組
⑥　船外の左方に１人の人物

２段目の石

⑦　１枚の大きな盾

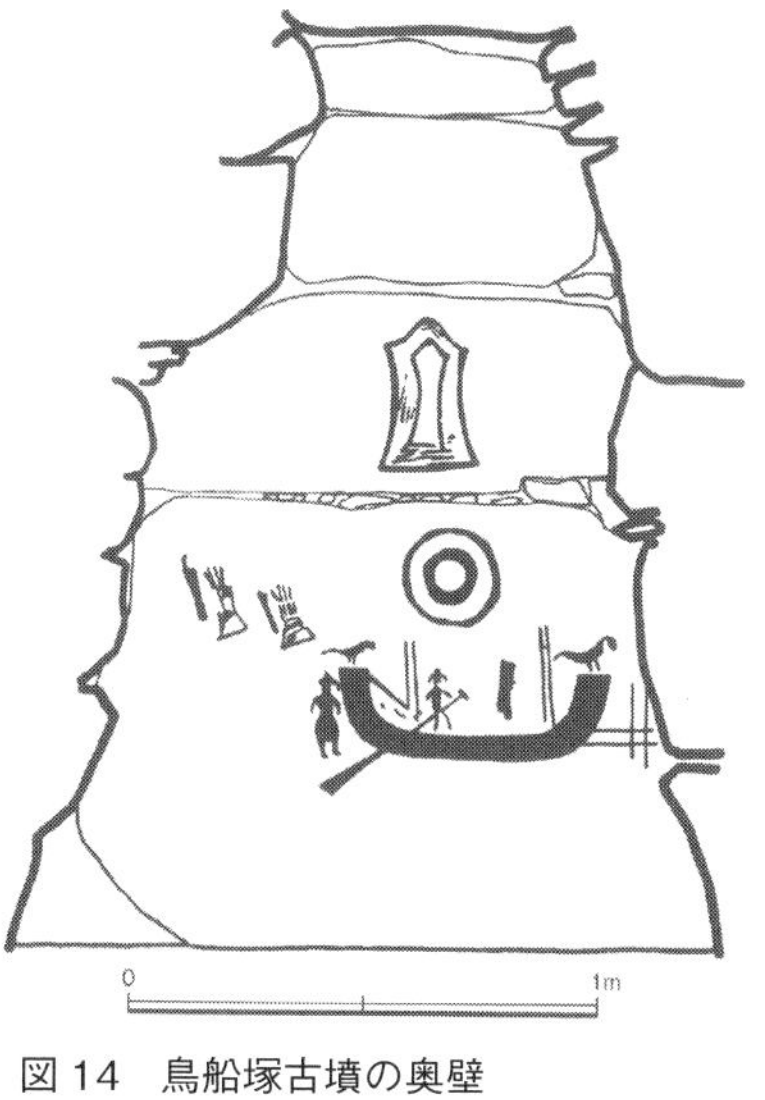

図14　鳥船塚古墳の奥壁

（2）船

まず船を考える。ポイントは船が到着したか、出発しようとしているかである。船の進行方向は、トリのアタマの向きで決まる。すなわち右である。船首の先を見ると、杭を打ちこんだ船着き場の描写がある。船内の人物は末広がりの板状のモノを持っていて、これは船の進行方向を決める舵（かじ）と思われる。つまりこの船は、右向きに進行してきてこの船着き場に到着した。船内の前方と後方にそれぞれ2本の縦線があり、これを船の構造物、例えば帆柱と考える説もあるが不明としておこう。また船の中央やや右寄りに長方形の板状のモノがあるが、これも不明としておく。

船首や船尾にいるトリは、霊魂の水先案内人である。古代にはトリにさまざまな役割が与えられたことは前述した。この絵では船が霊魂の運搬手段になっているので、トリはさらにその役割を補強している。

（3）墓主霊のマーク

船の真上に描かれた多重円は、墓主霊を意味する符号である。したがって、船上で舵をあやつる人物は墓主霊になる。しかし、なぜここ（船の真上）に説明符号があるのだろう。それは、船尾の左横にいるもう1人の人物と区別するためである。船内の人物と船外の人物を区別するために説明符号が必要だった。では船外の人物は何者か。それを説明するものが、左上に描かれた靫と大刀の2つのセットである。通説は多重円（同心円文）を太陽とし、有力説は船を「天翔ける船」としている。同心円文＝太陽説は珍敷塚古墳壁画で提唱されたので、そこで反論しよう（第4章　珍敷塚古墳壁画）。

ここでの解釈は、墓主霊は、トリに先導されて目的地に到着したということである。到着した先がどこかは重要で、この場の状況（船が船着き場に到着した光景）を説明する符号がどこかにあるはず、と考える。すると、２段目の石に大きく描かれた盾がある。この盾は、下段の光景全体を見渡す位置にある。すると盾は、ここが墓主霊の世界であることを説明する符号ではないかという発想が生まれる。盾を墓主霊の説明符号とみるこの発想の当否は、ここで検証できない。ひとまず仮説とし、他の壁画を解釈する過程で矛盾や齟齬がないことを確認していこう。

（４）祖霊のマーク

ここまでのところを整理しよう。墓主霊の世界（盾で指示）に到着した船のなかに墓主霊（多重円で指示）がいて、船の後方にもう１人の人物（靫と大刀で指示）がいるといった光景になる。船外の人物は、墓主霊の世界に立ち入ることのできる者で、靫と大刀で象徴される者である。

盾を持つ兵士と、靫や大刀を持つ兵士の〝格〟を想像してみよう。当時の戦い方は不明だが、先頭に敵の矢を防ぐ「盾持ち人」がいて、そのうしろに弓を引き、大刀を構える兵士がいたと思われる。すると靫と大刀で象徴される武人は盾持ち人よりも格上で、この人物は、盾で表象される墓主霊以上の格をもっていると考えることができる。私見では、この人物は祖霊で、靫と大刀は祖霊の説明符号である。

参考にしたのは、20年ごとに行われる伊勢神宮の造替である。内宮では、ご神体が新しい正宮に移動する際、最前列に盾があり、それにつづいて靫、大刀、キヌガサなどが進む。そのうしろを、ご神体が屋形文の布帛（ふはく）に覆われて進み、その後方に琴や笛などの楽器がつづく。盾は護衛の兵士を、靫や大刀は打って出る武人を、キヌガサは、そのうしろに貴人（ご神体）がいるというシグナルとみることができる。

船外の人物と船内の人物を比較してみよう。2人とも三角の笠をかぶっている。これは、あの世への道行きの姿（死装束(しにしょうぞく)）で、2人が土地神の支配下にあること（故人）を示している。死装束が盛装で、かつ旅姿につくられることは第15章（埴輪群像の機能論）で後述する。船外の人物の身体はふくよかで、比較的大きく描かれているのに対し、船内の人物は貧弱に見える。この区別は、祖霊への敬意を表している。つまりこの絵は、墓主霊が船をあやつって墓主霊の世界に到着したが、どういうわけか祖霊が船尾の外にいるといった光景になる。祖霊は、なぜ船外にいるのだろう。

（5）祖霊の後押し

まず考えられるのは、祖霊が墓主霊の到着を歓迎して〝出迎えている〟という想定である。遺族は、墓主霊が迷うことなくあの世へ到着し、祖霊に温かく迎えられることを願った。だからこの想像に一理ある。

しかし、祖霊のいる場所がおかしい。船着き場の桟橋(さんばし)らしい描写があるので、出迎えるならここに立つべきだが、そうなっていない。するとこれは出迎えではなく、逆に、船をここまで〝後押(あとお)し〟してきたのではないかという推測が生まれる。こうした発想は荒唐無稽のようにみえる。しかし、この墓主霊があの世に到達しないで道に迷ったり、現世に引き返してきたりすることがあると信じられていた場合はどうだろう。これはありうることで、そのとき遺族は、祖霊の力を借りて何としてでも故人をあの世へ送り届けたいと願ったのではないだろうか。

壁画が描かれるのは例外である。今、根拠を示すことはできないが、天寿を全うし、いわば畳の上で大往生した者に壁画は必要なかった。鎮魂する必要がないからである。しかし、この墓主は現世に遺恨をもち、近親者に祟りをもたらすと恐れられた。そこで、力づくで故人を墓主霊の世界に到達させたという想定である。祖霊は敬意を表して上方に描かれることが多いが、この場合には祖霊による〝強制連行〟というやむをえない事情があった。

いくつか補足しよう。葬儀に当たって祖霊を招きおろす習俗が存在した形跡は、後述する五郎山古墳壁画などでもみられる。祖霊の役割は、葬儀の次第を見届け、墓主霊に付き添ってあの世へ送り届けることである。鳥船塚では、祖霊は葬儀の段階からこの墓主霊の動向を監視し、有無をいわせずここまで連行してきた。

本章で提案する仮説は、「盾は墓主霊を、靫と刀は祖霊を指示する符号である」というものである。人物の窟では「一重円は祖霊を、多重円は墓主霊を指示する符合である」という仮説を立てた。これをまとめると、つぎのようになる。

墓主霊＝多重円（幾何学文）、盾（具象文）

祖　霊＝一重円（幾何学文）、靫・刀（具象文）

ひとつの霊魂に2種の説明符号が与えられると、具象文または幾何学文で場の状況を説明することができるし、具象文と幾何学文を組み合わせて複雑な物語をつむぐことができる。これで壁画解釈を推進するエンジンの両翼が整った。この仮説が有効かどうかは、これから試される。

2　弁慶ヶ穴古墳壁画

熊本県弁慶ヶ穴古墳（山鹿市）は複室構造の横穴式石室で、壁画は前室（図15）と玄室の袖石（そでいし）にある。これまでに船が霊魂を運ぶ乗物だったことをみてきた。こんどは、馬もまた霊魂を運ぶと信じられた例である。

①　下段に2つの靫がある。

②　その上に馬を乗せた船がある。

③　さらに馬の上に多重円がある。この多重円は外円を太く描き、なかに黒丸を置くことによって多重円のように見せている。

この馬は、斎藤忠さんが提唱し諸説同意するように霊魂を運ぶものである。しかし、霊魂には墓主霊と祖霊があるので区別する必要がある。そこで馬の上に多重円を描いて、この馬で運ばれてきた霊魂が墓主霊であることを示した。下段の2つの靫は、前節で仮定したように祖霊の符号だから、墓主霊は祖霊とともに前室にいることになる。

図15　弁慶ヶ穴古墳前室の壁画

多重円の意味を確認するために、〝もしこの多重円が描かれていなかったら〟という問いを立ててみよう。ポイントは馬と船である。馬や船は祖霊も墓主霊も運ぶから、もしこの多重円がなければ、見る者は、この馬や船の乗り手がどちらなのか迷ってしまう。その疑念を払拭（ふっしょく）するために、描き手は墓主霊を意図する多重円を描いた。

つぎに、この馬は出発しようとしているか、それとも到着したことを示しているか。それを決めるものが船である。この船には櫂も舵も描かれていない。この船はもうどこにも行く必要がない。目的を達したので櫂や舵が省略された。その目で見ると、馬は頭（こうべ）を垂れて休息しているように見える。

祖霊を意味する靫の上に墓主霊を運ぶ船と馬がいるという構図は、どう考えるべきだろう。五郎山古墳壁画（第６章）で後述するように、埋葬施設は人工的な他界だから、はじめから祖霊がここにいたとは考えにくい。ここでも、祖霊が現世から墓主霊を誘導してきたと考えるべきだろう。鳥船塚と弁慶ヶ穴には共通点がある。それは、墓主霊が〝必ずあの世へ到着してほしい〟という思いである。遺族がそれを壁画にしたのは、これらの被葬者の死が平穏なものではなかったことを示唆している。

なお、２つの靫の間に三角屋根をもつ箱のような描写がある。後述するように、霊魂は屋根裏の空間に宿ると信じられたから（第10章　屋根裏と雨だれ落ち）、家を描いているとも思われるが不明としておこう。弁慶ヶ穴にはこれ以外の壁画もあるが、全容は不明とせざるをえない。

第4章　珍敷塚古墳壁画

はじめに

福岡県の珍敷塚古墳(めずらしづか)（うきは市）はほとんど破壊されていて、側壁のほか、この絵（口絵 図10。日下八光(くさかはっこう)さんによる復元模写図。以下「日下復元模写図または現状模写図」という）の描かれている奥壁だけが残っている。大胆な構図と躍動する筆致で、多くの人は、左から右に向かって何らかの物語が描かれていると考えている。鳥船塚や弁慶ヶ穴では、墓主霊の到着場面だけが描かれていた。しかしここでは、墓主霊の到着した先に大きな靫が待ちかまえていて、靫のなかから伸びだした渦巻が不穏な気配をただよわせている。この墓主霊はどうなってしまうのだろう。結論を先にいえば、この墓主霊が到着先で受け入れられるためには、何らかの経過措置が必要と信じられた例である。

1　場面を分ける

この絵を4つの場面に分けて概観しよう。

（1）船の部（左側）

①　船
②　船首にいるトリ
③　トリの後方にある長方形のモノ
④　船尾にいる舵をとる人
⑤　船の上方に多重円

（２）靫の部（中央）

①　３つの靫（左から順に靫１、靫２、靫３と呼ぶ）
②　蕨手文（わらびてもん）（靫１と靫２の間から、蕨手文と呼ばれる文様が上方に突出している）
③　多重円（靫１と靫３の左上方に多重円の一部＝多重半円が見える）

（３）カエルの部（右側）

①　下方にカエルの正面像
②　その上に飛び跳ねるカエルの平面像
③　右端下方にトリ
④　上方に１人の人物
⑤　人物の右に、盾と解されている長方形の板状のモノ
⑥　長方形の板の上方に音符記号のような図像（日下復元図では、盾に取りつけられた造作のように見える）
⑦　右端中央部に太い帯状の多重円

（4）上層に横たわる1本の長い線

（5）4層の基盤部

1層目と4層目は太い帯線、2層目に小さな点文、3層目にやや大きな点文。

2　2人の人物

はじめに人物の動きを確認してみよう。船上の人物は、舵をとって左方向からやってきた（トリのアタマが右を向いている）。進行方向に障害物（靫の部）があるので、これ以上先へ進めない（船はこの場に到着した）。この人物が、ここでずっと停泊していると物語にならないので、靫の部に上陸した。そして靫の部を通過し、カエルの部に到達したと仮定する。またカエルの部の上方にいる人物を、船上の人物と別人とすると物語にならないので、これを同一人物と仮定する。すると物語になる。

この人物は、船に乗ってやってきて靫の部に到着し、そこを通過して、今、カエルの部にいるという状況になる。カエルの部の先には何もないので、ここが最終到着地になる。最終到着地と考える理由は、カエルの部の右端下方で羽を休めるトリである。このトリは舳先（へさき）のトリと同じトリで、目的を達したので休息する様子を描き、この旅が終わったことを示している。これは弁慶ヶ穴の休息する馬と同じ趣旨である。

つぎに、論点の多い靫の部（中央）を飛ばして、右側のカエルの部を検討する。右側上方の人物は船上の人物と同一人物と仮定した。この人物が右手に持っている長方形の板状のモノは、盾と解されている。前章では、盾は墓主霊のマークで、（盾の背後に人物が描かれていなくても）墓主霊を指示していると考えた。しかしここでは、盾とともに墓主霊がしっかりと描かれている。なぜだろう。これは、この壁画に起承転結の物語があることを示唆している。盾だけを描いたのでは意味不明になるため、あえて墓主霊に盾を持たせた。この点こそ、描き手の強調したかったことだからである。

３　最終到着地

カエルの部を最終到着地と考える理由は、文献史料である。『延喜式』の祝詞、祈年祭には、皇神が支配する「国土の限界」や、アマテラスが見渡せる「国土の限界」が書かれている（『平成新編祝詞事典』西牟田崇生編著　戎光祥出版　２０００年）。

（1）谷蟆の狭度る極み
　蟇が這って行ける国土の隅々
（2）塩沫の留まる限り
　潮の沫が流れ留まる遠い海の果て
（3）白雲の墜り坐、向伏す限り
　白雲が遠い地平線に向かって伏している果て
（4）舟の艫の至り留まる極み
　船の舳先が支えて漕ぎ進み得なくなる遠い果て

また『万葉集』（800）では、

（5）天雲の向伏（むかぶ）す極（きわ）み、谷ぐく（ヒキガエル）のさ渡る極み

などと、雲とヒキガエルがセットになって国土の限界が表現されている。

まずカエル。カエルの部の2匹のカエルは、ともにヒキガエルと解されている。右側下にいる「正面から見たヒキガエル」と「上層に横たわる1本の長い線」をセットで考えてみよう。ヒキガエルは祝詞などで「極み」にいるので、ヒキガエルのいる場所が地の果てになる。そこで正面像のヒキガエルを見ると、右端の最下段にいる。描き手はこれで、（画面上で）地の果てが表現できたと考えたはずである。

つぎに、上層に描かれている長い線。この線は右下端が三角形状にとがっている。そこから上に細くなり、また太くなって、その後、ほぼ直角に左折し、壁画全体を流れるように覆っている。この長い線に先頭と末尾があるとすると、三角形状のふくらみを先頭と考えることができる。これは、すでに指摘されているようにヘビの特徴である。この考えでは、描き手はヘビを描いて雲を表現している可能性がある。するとこの絵には、カエルと雲（ヘビ）がセットで描かれていることになる。

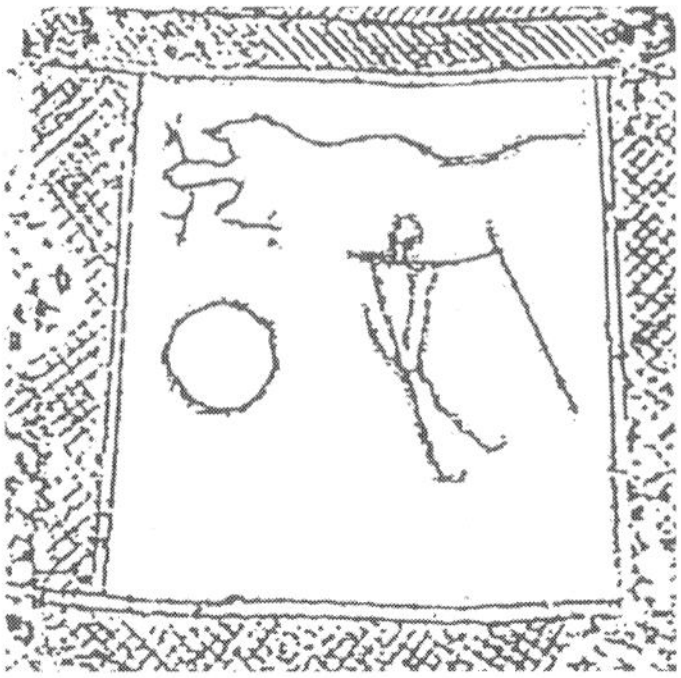

図16　カエルを捕まえるヘビと棒を持つ人物（桜ヶ丘5号銅鐸）

古代に雲はどのように描かれたか、その技法をふりかえってみよう。雲を蛇体のように描く技法は銅鐸絵画に存在した（図16）。前書では、シャーマンが銅鐸を山中の斜面に埋納すると、雲と一体になったヘビが上空に出現する図と考えた。そのほか、鎌倉時代の『北野天神縁起絵巻』（承久本）では、菅原道真が雷神となって復讐する場面に雷雲

が描かれ、雲のなかからヘビが顔をのぞかせている。

出雲大社本殿天井の「八雲之図」も、雲を蛇体のように描く例である。『日本書紀』（崇神天皇）に〝麗（うるわ）しき小蛇（こをろち）〟という概念があった。古代人は、ヘビに麗しいものと、そうでないものがあることを区別していた。すると大蛇にもその区別があったはずで、出雲大社の天井画は七色の極彩色で、きらびやかな蛇体を描いている。雲―雷神―ヘビの３者は、古代人にとって説明の必要がないほどわかりやすい関係だった。こうした技法の推移をみると、弥生時代には描くことに強烈な禁忌があったヘビが、古墳時代には（この絵のように）縛りがゆるみ、鎌倉時代にはすでに観念として存在するだけになったといえる。

そこで、あらためて雲の描写を見てみよう。古代のあるとき、雲が地平線の彼方に「向か伏す」地点が極み（地の果て）と信じられていた。雲が「向か伏す」光景を絵にするとどうなるだろう。向かいつつ伏しているとみると、雲が地平線の彼方に垂れ下がっている（伏す）が、向かっている途中なのでまだ地平線に達していないという光景になる。すると壁画の雲（ヘビ）は、ズバリその光景を描いていることになる。視点をかえて船の部から雲を見ると、雲は尻尾からはじまり、右端で折れるように下に屈曲して頭部につらなっている。これは、雲が向こう側に落ちこんでいく様子を描いている。

つぎは、船の舳先がつかえて、もうこれ以上漕げないという祝詞の文言である。これは船の部の描写に相当する。漕ぎ手は、もうこれ以上先へ進めない、ここは海の果てなのである。これらの描写が、祝詞や『万葉集』に書き留められた「国土の限界」とよく対応していることを確認してつぎに進もう。

4　飛び跳ねるヒキガエル

問題は、日下復元図で、多重円に向かって飛び跳ねている2匹目のヒキガエルである。有力説は、描き手が「月とヒキガエル（蟾蜍）の神話」を知っていたと考える。中国の古典『淮南子』に、月とヒキガエルの神話がある。弓の名手・羿が、不死の薬を西王母に求めたところ、羿の妻の嫦娥がこれを窃んで月に奔り、月中の蟾蜍となり、月の精になったという。この想定では、飛び跳ねるヒキガエルは嫦娥に見立てられ、今、不死の薬を持っていること、すなわちこの場所が〝不死の世界〟であることを示唆していることになる。つまり船上の人物は、靫の部を通過して地の果てに到達したが、そこは不死の世界だったという物語になる。しかし日下復元図で、カエルが飛び跳ねている先は多重円になっている。通説では、多重円は太陽で、月は一重円だから、これではカエルは太陽（多重円）に向かって飛び跳ねていることになってしまう。

そこでこの描写は、〝月とヒキガエルの物語ではない〟と発想を転換する。するとそもそも、カエルが2匹いることが疑問になる。飛び跳ねているのがカエルであることは明らかだから、下方でうずくまるカエルが問題になる。私見では、カエルが2匹描かれることの意味を見いだせない。1匹でよかったとすると、下でうずくまるカエルに何らかの不都合があり、それを修正するために飛び跳ねるカエルが描き加えられたのではないかという推測が生まれる。では、どういう不都合か。

カエルが、A地点からB地点へ移動することを「渡る」ということにすると、移動の仕方は、祝詞訳文のように「這う」ことのほか、「泳ぐ」や「飛び跳ねる」場合がある。描き手は、はじめ〝うずくまるカエル〟を描いた。しかし、国土の限界（極み）というためには「さ渡る」（「さ」は接頭語）という動作が必要で、ただうずくまるだけでは不十分だと気づいた。そこで飛び跳ねるカエルを付け加えた。飛び跳ねる先に多重円があるので、カエルはこれ以上先へ進めない、これで国土の限界が描写できたと考えたのではないだろうか。本来なら、このスペースには盾を持つ人物があてがわれるべきで、そうすると墓主霊と墓主霊マークの多重円が近接する。飛び跳ねるカエルを挿入したので窮屈な構図になったという想定である。ともあれここでは、どんな説に立ってもカエルが2匹いることの説明が必要になることである。

5　3つの靫と蕨手文

つぎは、中央に並ぶ3つの靫である。靫の部の問題は大きく分けて2つある。ひとつは靫じたいの問題、もうひとつは靫1と靫2の間から突出する蕨手文である。

まず靫じたいの問題。靫1と靫2は小さく、靫3は高さや矢の長さなどが比較的大きい。3つの靫の内部に枠（わく）のような四角形があり、上段の枠は矢の一部が透けて見える。靫の内部に枠を描く例は初出で、後出する壁画にも例を見ないので、この枠には描き手の特別な含意があると思われる。また、靫の内部や靫と靫の間の空間に小さな点文が配置され、靫1の一番下の枠のなかには青の点文がある。さらに靫3の外側には四角形状の何かが接続している。靫の部の点文とよく似た点文は基盤部にもあるので、靫じたいの問題は、点文を介して基盤部に連動すると考えられる。

こうした3つの靫の特徴やキャンバスに占める面積、突出する蕨手文の大きさなどからみて、描き手の強調しているのが、この靫の部にあることは疑いない。

ここでは煩雑さを避けるため、〝靫のなかの枠〟の状況を確認するにとどめておこう。枠の向こうに矢の一部が透けて見えるので、これは「窓」を意図しているのではないだろうか。靫は祖霊のマークだから、それに窓で意図する何者かが加わった状態になる。結論を先にいえば、窓があることによって靫は基盤部とつながる。これは、描き手が３つの靫に通常の祖霊以上の格を与えていることを意味する。ひとまず、窓のある特別な靫が存在することに留意してつぎへ進もう。

靫の部のハイライトは蕨手文である。蕨手文は祖霊のマークである靫の間から伸びだしているので、祖霊に関係する。しかしここでは３人の祖霊がいる。祖霊は１人にかぎらない。ご先祖代表というべき祖神と、墓主に近しい先祖である。古代中国では、身分に応じてまつることのできる祖霊の数が決まっていて、例えば天子７廟、諸侯５廟、大夫３廟などと定められていた（『礼記』王制）。３つの靫の並び順、大小といった個性は、祖霊の序列ないし格と考えることができる。

この時代、祖霊は子孫に禍福をもたらすと信じられた。子孫の行動を観察して、相応の賞罰を与えることのできる存在だった。そこで、〝祖霊には感性とチカラがある〟という観点から蕨手文の意味を想像してみよう。蕨手文は祖霊のマークである靫の間から伸びだしているので、この描写は祖霊の何らかの心的な態様を表現していると見当をつける。記紀や『万葉集』、風土記などは、神霊が和魂・幸魂・奇魂などと荒魂の、大別して２種の心的態様をもつことがあると記している。祖霊は子孫に恩寵を与え祝福するが、ときとして怒り譴責を与える。こうした祖霊のもつ感性やチカラを和魂、荒魂などと表現していれば、蕨手文は賞罰のいずれかを表現していると思われる。ではこの描写は、喜び祝福を与えているか、それとも怒り、譴責を与えているか。この蕨手文は渦を巻いて、まるで握りこぶしのように激しく突出しているように見える。これは怒る祖霊、祖霊の荒魂を表現しているのではないだろうか。２人の祖霊は怒っている。すると船上の人物は、上陸後、２つの靫の背後で厳しく叱責されて、今ここ（カエルの部）にいるといった状況になる。

最後尾に立つ靫3は、その序列や大きさなどからみて最も権威ある祖霊といえるだろう。船上の人物は厳しい譴責を受けたあと、この権威ある祖霊を経由する。権威ある祖霊を通過して、彼ははじめて盾の背後に隠れることのできる存在、すなわち墓主霊になることができた。今風にいえば、船上の人物は、いわば三途の川を渡って彼岸に到達し、そこで先祖の叱責を受け、許しを乞うて上陸を許されたという物語である。

こうした想像に根拠がないわけではない。それは、この絵の底流にある祝詞の大祓（おおはらえ）が、罪を祓（はら）い清め、罪を地の果てへ押し流すことをテーマにしているからである。描き手には祝詞の教養があった。それをベースにして、墓主の贖罪（しょくざい）と上陸許可の物語を構成した。こう考えると、船の部と靫の部、カエルの部がつながり、ひとつの物語になる。

6　盾を持つ人物の論理性

この人物は盾を持っているが、前述したように、盾はふつう正面から見て描かれるので、背後に人物がいたとしても見えることはない。しかしここでは、側面（あるいは背後）から盾を見て、しっかりと人物を描いている。これは、盾のうしろに盾によって守護される人物がいること、そしてその人物が墓主霊の世界にいることを示している。

これまでに提案してきた描法上のルールでは、多重円や盾を描けば、それでその場が墓主霊の世界になる。しかしここでは、多重円と盾だけではたんに墓主霊の世界を意味することになり、不都合が起こる。なぜなら、船上の人物が上陸したかどうかわからず、どこかへ消えてしまい、起承転結の「結」が不明になってしまうからである。これを懸念して描き手は、例外的に盾の背後の人物を描いて、ことの顛末（てんまつ）を明らかにした。遺族にとって、墓主霊が地の果てに上陸することが必要と信じられたからである。

通説のように、盾や靫などを辟邪の文様と規定すると、それ以上追求しにくい。また排斥すべき〝邪〟の実体も漠然としているので、結局この文様があると〝解釈しなくてよい〟ことになってしまう。この絵の核心は、描かれたキャンバスの大きさからみて靫の部にある。靫や盾を辟邪の文様とみる説は、肝心なところで（自動的に）解釈を放棄するという欠陥をもっていると評するほかない。

7　太陽の船

これまで、人物に多重円や一重円などが付属している場合、その人物は霊魂にちがいないが、霊魂には墓主霊と祖霊があるので、それを区別するための符号が必要だったと考えてきた。これに対して有力説は、一重円を太陽や月と考えている。例えばこの絵で、ヒキガエルは月に向かって飛び跳ねていると考え、一重円（日下復元図では多重円）を月とし、その反射として、船上の人物の上の多重円を太陽と考える。日下復元図によるかぎりこの説は成立しないが、念のためこれに反論しておこう。

まず月。一重円（日下復元図では多重円。以下同じ）のなかにヒキガエルが描かれていれば月といえるが、そうなっていない。また描かれた一重円は、ヒキガエルが納まるような大きさでもない。したがって、これを月とみることはできない。同様にして船上の多重円を太陽と考える説も支持しがたい。この絵をふくめ、先に見た鳥船塚などでも多重円は船の真上に描かれていて、有力説はこれを「太陽の船」と解している。太陽とともに運行する喪船で、これも理解しがたい。

児戯に類する議論で気がひけるが、こういうことである。まず太陽がこの位置にあると熱い、暑すぎる。船内の霊魂もたまったものではない。これが月の船ならわかる。三日月は船の形に似ていて、雷神や霊魂などの神霊は、船で出動すると信じられたからである。

つぎに、最内円（中心核）を塗りつぶし、外郭に青や地の茶色を利用して多重円の外観をつくりだすような描法も、太陽を描いたとは思えない。太陽を描くときはふつう円を一色で塗りつぶすもので、実際、漢墓出土の壺には、単純に朱で塗りつぶした丸い太陽（図17）が描かれている（小南一郎「漢代の祖霊観念」『東方学報』第66冊　１９９４年）。

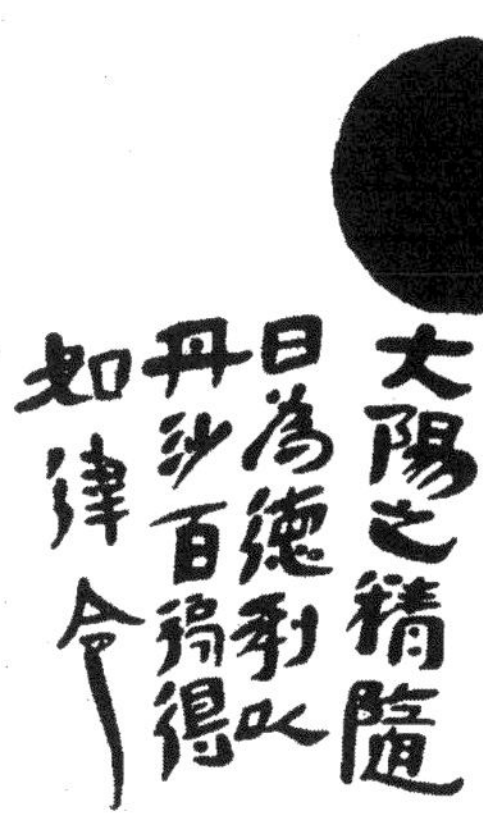

余談だが、この壺には丹砂が入れられていて、それで太陽を象徴している。丹砂は一種の万能薬とされ、それを使えば幸せになれる（だから、現世にもどってくるな）という趣旨で、地下世界に太陽がイメージされていたわけではない。さらに有力説が説く

図17　漢墓の太陽図

ように、霊魂が太陽とともに運行するというような観念もわが国の神話や説話に根拠がなく、そうした観念が過去に存在したという民俗例もない。

多重円や一重円を太陽や月と解する説では、この絵をどう解釈するのだろう。それは例えば、太陽の輝くこの世（船の部）から、死者の魂が天の鳥舟に乗って月の照らす霊界（カエルの部）に向かって旅立つ様子を表しているというものである。しかし、死者の乗る船なら、船の部はすでに現世ではないから、太陽が頭上にあるのはおかしい（はじめから月が描かれるべきである）。また天の鳥船は、雨をつかさどる雷神の乗物だから、太陽とは調和しない。さらに、地下世界である黄泉の国が、太陽と月の輝く空間と信じられた形跡もない。こうした反論には再反論も可能だろう。しかし重要なことは、この種の解釈が、盾を持つ人物や上空にたなびく雲、祝詞に出現するヒキガエル、そして肝心の靫と蕨手文に眼を閉じることである。多くの人は、この絵に物語性があると感じている。物語性を付与するためには、円を太陽や月とする呪縛から逃れるほかない。

８　４つの多重円

私見では、この絵は、被葬者に生前何らかの不行跡があって、地の果てに到着後、先祖の叱責を受け、また許しを乞うて墓主霊の世界の一員になった物語を描いている。この解釈では、船の部の多重円は墓主霊を指示し、カエルの部の多重円は、ここが墓主霊の世界であることを示している。

問題は、残る２つの多重円である。靫１と靫３のそれぞれ左側に見え隠れしている多重半円がある。これは、靫で表現された祖霊たちの向こう側に墓主霊がいることを示唆している。この墓主霊は、船上の人物とは異なり、すでに到着している墓主霊である。なぜ先着した墓主霊が、ここに〝隠れるようにして〟いるのだろう。これは、〝祖霊は、なぜ怒っているか〟という問いを立てるとわかる。2人の祖霊はどうして、これから上陸する船上の人物を譴責する必要があると知ったのだろう。それは、先着した墓主霊から聞いたと考えるほかない。靫の向こうに見え隠れしている2人の墓主霊が、今到着した船上の人物の不行跡を告発したのである。不行跡の内容は不明だが、先に亡くなった（先着した）2人の近親者に関するという推測が可能である。この見え隠れしている多重円は、通説（多重円＝太陽説）では解釈不能になる。

なお、多重半円（半同心円文）の初出は、大分県久住神社（竹田市）蔵の銅戈（どうか）の茎部にほどこされたもので、韓国大邱市晩村洞遺跡出土の中広形銅戈にも類例があるという。これは、多重円や一重円で何者かを指示するルールが弥生時代の東アジアに存在したことを示唆している。

9　多重円のなかの珠文

船の部の多重円は船上の人物を説明しているが、この多重円にはいくつかの特徴がある。まず、中心核を塗りつぶしたのは、主人公である船上の人物を強調するためと考えられる。墓主霊を強調することが、どうして中心核の塗りつぶしにつながるか。それは中心核が、かつて墓主の座だった時代があるからである。横穴式石室が普及する前、例えば円墳では、墳丘の最上段の段丘に遺骸が埋葬された。描き手はこれを知っていて、墳頂の墓壙（ぼこう）に相当する部分を塗りつぶしたという想定である。

もうひとつの特徴は、この多重円の最外円の帯のなかに、小さな点文（円文）があることである。これは珠文とも呼ばれる文様で、棺の蓋に刻まれ、あるいは鏡背の文様に使われることもある。そこで、珠文の意味がわかると最外帯に珠文を散りばめた理由もわかる。結論を先にいえば、珠文も霊魂を意味する符号と考えられる。壁画に描かれる人物の多くは霊魂で、珍敷塚ではすべて霊魂である。墓主霊（船上の人物、盾を持つ人物）や祖霊（窓のある靫）、先着した墓主霊など形を与えられた霊魂に対して、珠文は形を与えられなかった、いわば〝無名の霊魂〟である（この点、王塚で補足する）。

こう考えてくると、墓主霊の航海の様子がわかる。墓主霊は血縁の霊魂に先導されて、ありていにいえば強制連行されて現世からここまで来た。遺族の心情に、縄を付けてでも地の果てへ送り届けたいという強い願望がうかがえる。それはおそらく、この墓主の死も尋常なものではなかったからである。

10　祖霊マークの選択

ここで、〝描き手は何をヒントにして墓主霊や祖霊の具象文を選択したか〟という問いを立ててみよう。題材が盾や靫、大刀、弓などにかぎられているので、自由に選ばれたとは思えない。一家の象徴として自他ともに認めるモノ、ひと目で生業や身分を表わすモノが選ばれたのではないだろうか。すると例えば、靫は弓を納める武具だから、造墓者は弓で一家をなしていた（弓取り）と考えることができる。これとは対照的に、例えば木の幹と葉っぱで霊魂を表現する例もある（鳥取県空山古墳群）。

つぎに武具に優劣の格があれば、盾より靫が格上と信じられたはずである。盾がもっぱら防御用であるのに対し、大刀、弓、靫などは攻撃用で、祖霊に攻撃的武具が配当されたのは〝祖霊にはチカラがある〟と信じられたからではないだろうか。こうした考えでは墓主霊と祖霊の間には大きな落差があり、〝祖霊(それい)成り(な)〟できるかどうかは、現世の人びとにとって大きな関心事だったことになる。次章で検討する王塚では、祖霊成りできなかった無数の霊魂が描かれる。

11　基盤部の珠文

つぎに基盤部である。基盤部は４層に分かれている。上から順に１〜４層とすると、１層目と４層目は太い帯線で、変化なく連続している。２層目には珠文があり、靫２の下方だけ途切れている。３層目の珠文は靫１の下方まで８個ほど連続し、その先にはない。また基盤部を構成する４層のさらに下方にも珠文が点在している。

まず基盤部全体の意味。船の部、靫の部、カエルの部で地の果ての全体を描いているとすると、基盤部は、地の果ての「地（地下）」にあたる。

つぎに2層目の珠文。２層目の珠文とほぼ同じ大きさの珠文が、靫2、靫３の内部と２つの靫の中間にある。２つの珠文は異なる位置にあるが、関係があると仮定して論を進めよう。珠文が靫２の下で途切れているのは、この部分が靫の部への連絡通路になっていることを示しているのではないだろうか。２層目の珠文、すなわち名もない霊魂は左から進み、ここから順次、靫２、靫３などの内実を占めていく。吸い上げられなかった霊魂は素通りして奥へと漂流してゆく。この解釈は、靫の部と２

層目の珠文が、同じ地の色（茶色）の上に同じ色で、ほぼ同じ大きさに描かれていることを根拠にしている。

3層目の8個ほどの珠文は、青の上に茶で描かれている。青は、船上の人物（盾を持つ人物）などの背景の色である。この珠文の大きさは、靫1と靫2の間を蕨手文の突出部に向かう5個ほどの珠文と似ている。この珠文も霊魂で、船上の人物と同じ航跡をたどって靫の部に到着し、順次、蕨手文の内実になりつつある光景と考えられる。蕨手文を、船上の人物を譴責しようとする握りこぶしとみると、この霊魂は船上の人物の手にかかった被害者を意図している可能性がある。すると、多重半円（先着して告発する墓主霊）、渦巻のように突出する蕨手文（怒る祖霊）、蕨手文の内実になろうとする珠文（船上の人物の犠牲者）の3者が連動して現実味を帯びてくる。

基盤部が地下世界をイメージしているとすると「窓のある靫」の性格がわかる。すなわち窓のある靫は、祖霊の性格をもつと同時に地下世界の霊魂をも支配する存在である。「窓のある靫」の意義は、機が熟した段階で論じよう（第8章　土地神の実像、第14章　黄泉の国の物語）。

ここで再度、盾を持つ人物が靫の部を超えた地点に描かれていることの意味を確認しておこう。「窓のある靫」たちの詮議の結果、上陸不許可になった霊魂は、靫2の下あたりから基盤部の2層目に送りこまれ漂流することになると考えた。そうならなかったというためには、盾を持つ人物は必ず靫3を超えた地点に描かれなければならなかったのである。

基盤部のさらに下方に描かれた珠文は難解だが、地の果ての地下世界からも追放された霊魂と考えておこう。解読できなかったものに、盾の上の音符状の描写や、靫1の一番下の窓枠に充填された9個ほどの青の珠文、靫2・3の底辺に描かれた青で引かれた線がある。カエルの部の靫3に接続する四角形状のモノについては五郎山で後述する。

12　壁画にすることの意味

最後に、この被葬者がなぜこの壁画を描いて葬られたかを想像してみよう。蕨手文は握りこぶしのように激しく突出しているので、これは怒る祖霊、祖霊の荒魂を表現していると考えた。祖霊は、今到着した墓主霊が譴責すべき存在であることを、先着した墓主霊の告発を受けて知った。到着した墓主霊は、上陸後、２つの靫の背後で厳しい譴責を受け、ようやく墓主霊マークの盾を付与されて墓主霊の世界の一員になった。

遺族の恐れたこと、それは墓主霊の乗る船が接岸を拒否され、あるいは上陸後、地下世界へ追放されることである。盾を与えられなかった墓主霊はどこへ行くのだろう。行き場を失った霊魂は、現世にもどるほかない。遺族はこれを恐れた。どんなに厳しい譴責でも耐え、墓主霊の世界の一員になって（現世にもどってこないで）ほしいという思いが、この壁画の原動力になった。

しかし、それでも疑問が残る。今風の目でみると、理想の完了形を絵にしたところで、それは期待や願望にすぎず、実現するかどうかわからないではないかという思いである。しかしこの時代、描き手も遺族も、そう思っていなかった。絵にしたことは必ず実現すると信じられたフシがある。こうした心性は、古墳壁画にかぎらず弥生絵画や埴輪群像などにも共通する。これを素朴な心性と評するのは容易だが、そうした解釈はおそらく誤っているのだろう。わたしたちも、その地平からそれほど遠くないところを生きているからである。

これまで見てきたところ壁画に描かれるのは、もっぱら他界である。墓主霊が航行していることを根拠に、このころ海上他界観が存在したと解する説があるが、それも誤っている。墓主霊を地の果てに追いやるのは、遺族がこの被葬者を極度に恐れていることを示しているが、それはこの場所（玄室）から地の果てへ行ってほしいという意味ではない。地の果てが描かれているこの場所（玄室）こそ、地の果てなのである。今風にいえばこの壁画は、玄室の環境を地の果てに設定するアイテムで、この時代、念じたことを絵にすると必ず実現するという信仰が存在したと思わざるをえない。この点、竹原古墳壁画（第7章）で再度論じる機会がある。

第５章　王塚古墳壁画

はじめに

福岡県の王塚古墳（桂川町）は６世紀中ごろの前方後円墳で、横穴式石室は玄室と、それにつづく前室（羨道）で構成されている。遺骸を安置する玄室には、奥に石屋形と、前壁寄りの平坦面に２つの石枕がある（図18）。石屋形の床はベッド（屍床）になっていて、２体分の枕がある。平坦面の２つの石枕と合わせると、玄室は、少なくとも４人分の遺骸を安置するように設計されている。玄室の床を除くすべての面（奥壁や左右の側壁、前壁、天井、灯明石など）は、盾や靫の具象文と三角形の幾何学文で満たされ、人物や馬はいない。これに対して、玄室の入口（玄門）の左右の袖石には、馬に乗る人物が描かれている（口絵 図１）。

王塚は、袖石前面の具象的な絵と玄室の抽象的な絵で構成され、それぞれ大胆な構図と（５色以上の）華やかな色づかいで古墳壁画の傑作と評されている。珍敷塚の描き手が情熱的で、構図を決めたあと一気に描き進めたとすれば、王塚の描き手は、いったん思いを沈め、冷静に構図を考えた。その際、前方後円墳の後円部と玄室の位置関係を頭に入れたはずである。そして絵筆をとると、袖石前面の「馬に乗る人物」で導入部を構成し、玄室に入って前壁と左右の側壁で徐々に機運を高め、石屋形の奥壁にいたって一気に〝死者の理想の住まい〟を実現した。

壁画で目を引きつけられるのは、馬に乗る人物である。この絵から悲しみのトーンを感じるのは、描かれた人物の姿にある。馬に乗る人物は2人とも背中を向けていて、顔を見せていない。（奥から出入口を見て）右袖石の人物は、馬に曳かれる存在になる。通説も認めるように、馬は霊魂の乗物だから、この人物は霊魂になった。しかし左袖石にも馬に乗る人物がいるので、事情はやや複雑になる。

他方、玄室は幾何学文が圧倒する。このうち三角形（三角文）は、後述するように土地神を意図する文様で、玄室では墓主霊や祖霊と土地神の理想的な関係が描かれる。石屋形の奥壁では〝土地神と一体化した祖霊〟に抱擁されて眠る死者の住まいが描かれる。

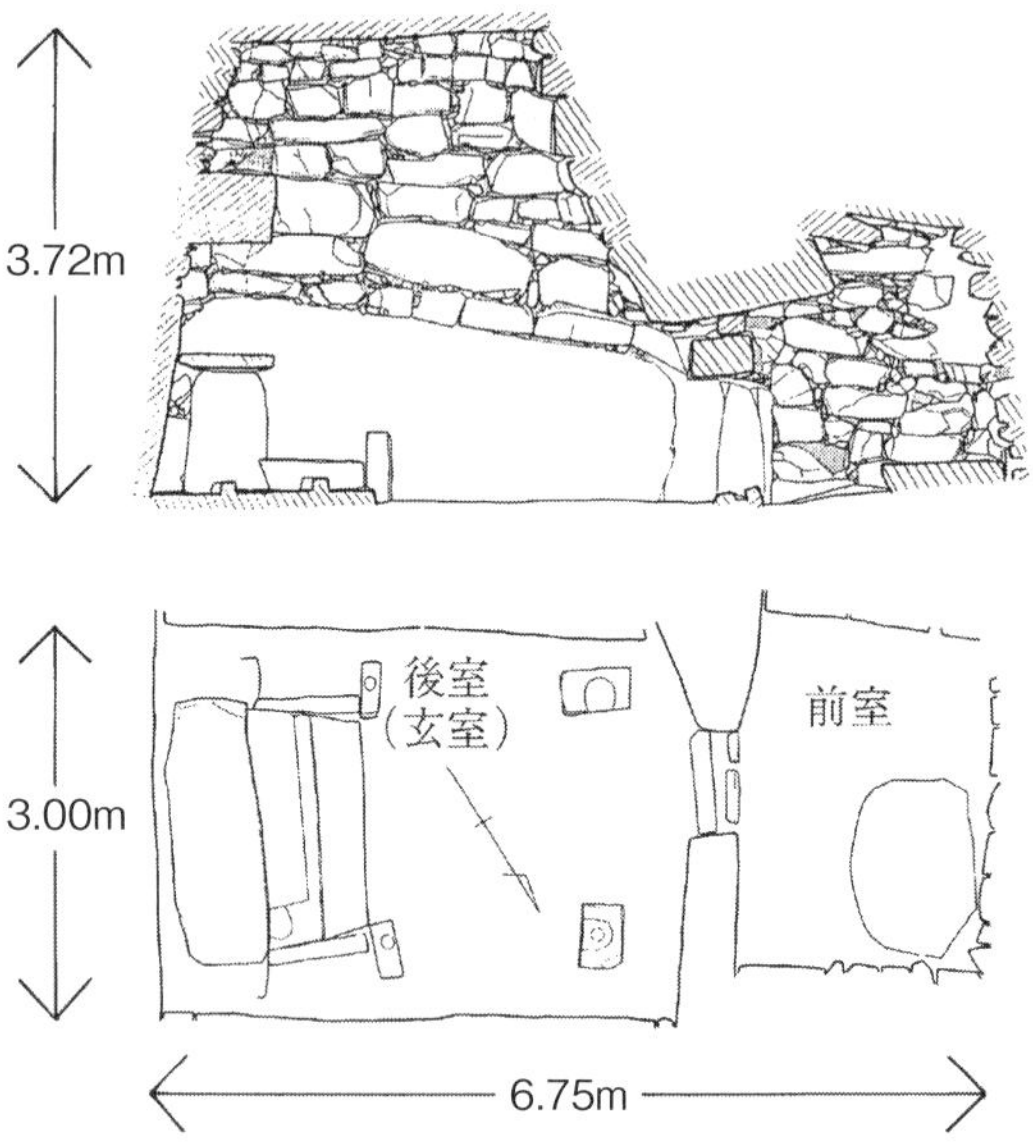

図18　石室の構造（王塚古墳）

はじめに袖石前面の絵を検討する。右袖石で馬に乗る人物をAとし、左袖石で馬に乗る人物をBとする。ここまで読み進まれた読者なら、この物語の結末をおおよそ予測できるだろう。圧巻は玄室壁画で、ここに描かれた理念を読み解くと考古学や民俗学に新しい地平が切り開かれる。

1　馬に乗る人物

（1）馬に乗る人物Ａ

右袖石（口絵 図３）には、馬と人物が上中下３段にわたって描かれている。下段と中段の人物は、頭部と体幹が塗り分けられているが、上段では身体全体が単色のシルエットになっている。この推移は、３人が同一人物で、時間（場面）が下段→中段→上段へと進んだことを示している。ハイライトは中段で、馬と人物を蕨手文が取り囲んでいる光景である。

前章で、蕨手文は祖霊のマークである靫の間から伸びだしているので、これを祖霊の心的態様の表現と考えた。この蕨手文は珍敷塚とは異なって荒々しさはなく、おだやかに馬と人物を包みこんでいるように見える。珍敷塚の蕨手文を祖霊の荒魂（あらみたま）とすると、これは祖霊の和魂（にぎみたま）を表現しているのではないだろうか。するとこれは、祖霊が人物Ａを祝福している様子で、人物Ａは祖霊の祝福を受ける立場にあったことを示している。祖霊の祝福を受ける儀式とは人物の窟で検討した、祖霊の降臨を仰（あお）ぎ、祖父霊を憑依して祖父の跡を襲う後継者の認証儀礼である。これに対して、下段に描かれた馬と人物Ａの周囲には蕨手文がないので、儀式を行う前の段階を示している。すなわち、時間は下段から中段へと進行した。

しかし、事態は暗転する。上段で人物Ａはシルエットになり、馬に曳かれる存在になる。馬の尻尾のうしろと鼻づらの前に多重円がある。多重円は太陽ではなく墓主霊のマークだから、人物Ａは玄室へ導かれる存在になった。曳き手は馬の口を取って、これから玄室へ進もうとしている。描き手が人物Ａをシルエットにしたのは、この人物が幽冥の存在になったからである。

これらの馬には特徴がある。たてがみも尻尾も形を整えられ、轡も鞍もあるように見える。これを埴輪につくると「飾り馬」になることに異論はないだろう。馬曳き人がシルエットで描かれていることにも意味がある。霊魂を運ぶ馬や馬曳き人もまた霊界の存在として描かれている。

（2）馬に乗る人物B

右袖石と同じように、左袖石（口絵 図4）の2人は同じ人物Bで、時間は下段→上段へ推移した。この絵のハイライトは、馬と人物を取り囲む上段の蕨手文である。物語に起承転結があれば、上段の馬と人物は「転」と「結」を同時に表現している。

上段では馬の周囲に蕨手文が描かれ、馬の頭の先に多重円があって、構図は右袖石と同様である。異なるのは、馬の頭の斜め上方と下方に双脚輪状文と呼ばれる図像があることである。双脚輪状文は灯明石にもある（口絵 図2）。これを分析しよう。双脚輪状文を分解すると、つぎの2つの部分に分かれる。

①　逆ハの字状の突起をもつ輪状部（「輪っか」）

②　内円と、（ギザギザの突起をもつ）外円の間にスポークを接続した多重円部

①は、逆ハの字状に広がる突起がつく輪っかである（見る位置によりハの字状に見えることもある）。この形と類似する〝かぶりもの〟をする人物埴輪が、和歌山県岩橋千塚古墳群（和歌山市）から出土している（図19）。

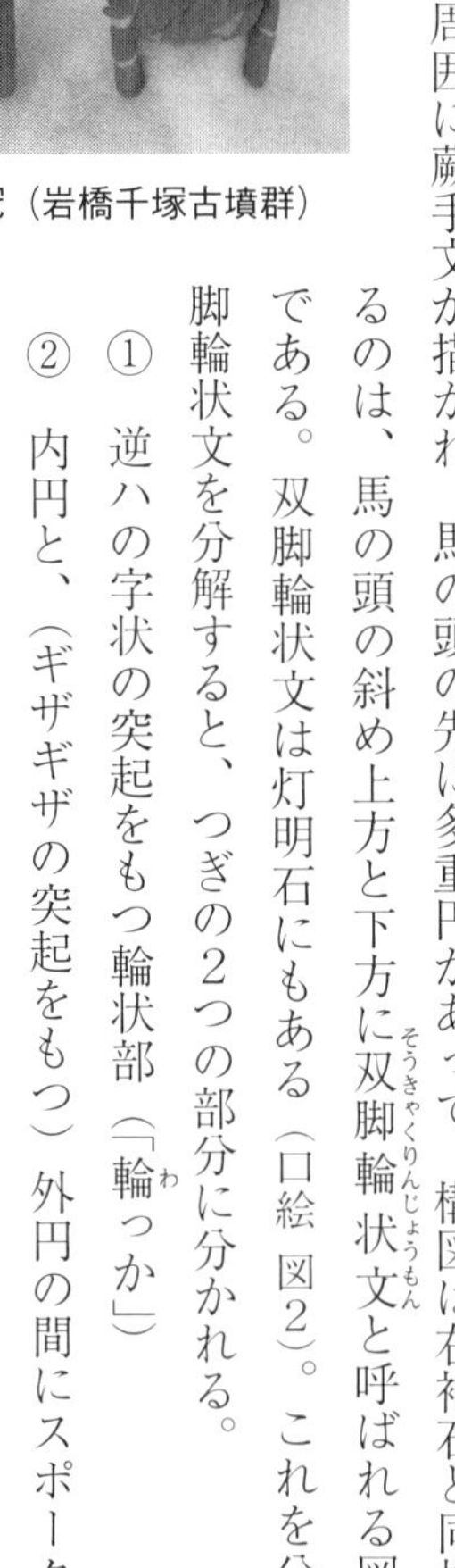

図19　双脚輪状冠（岩橋千塚古墳群）

この埴輪では、輪っかをかぶっていても頭頂部が見えるが、綿貫観音山の人物埴輪（図11）のように、帽子の上からこの輪っかをかぶる場合もある。この輪っか部分は双脚輪状冠（そうきゃくりんじょうかん）と呼ばれていて、私見では、ハの字状の突起は蕨手文を簡略化したもので、祖霊の和魂を表現している。人物Ｂも岩橋千塚の被葬者と同じように、このかぶりものをして儀式に臨んだのだろう。このとき人物Ｂは少年だった。そのため馬体に比して小さく描かれている。

しかし、双脚輪状冠に②のスポークがついた多重円部が付加されると、事態は暗転する。多重円は太陽ではなく墓主霊のマークだった。つまり少年Ｂは、跡取りになる儀式を経たものの、跡をとることなく亡くなった。描き手は、この子が（亡くなり）馬に乗って玄室へ向かう存在になった（だから身体がシルエットになっている）と示唆している。

ここまでくると、人物の窟で先送りした問題に答えることができる。それは漠Ａの頭上に描かれた、逆ハの字状に広がる短い曲線についてである。漠Ａはシャーマンｘの憑依すべき霊魂で、鬼道に卓越した祖先と考えた。彼女は招きに応じ、シャーマンＸの能力を万全にすべくこの世に登場した。この霊魂も子孫であるシャーマンＸを祝福し、チカラを与えていると考えると、この逆ハの字状のモノが描かれる理由がある。すなわち漠Ａは、双脚輪状冠を王塚などと共通にしていることで同時代性が担保され、同じ漠たる姿の漠Ｂ（Ｃ）も同時に描かれたものと推定する根拠になる。

（３）右袖石と左袖石の関係

では右袖石と左袖石を合わせると、どんな物語が想像できるだろうか。手がかりは人物Ａ・Ｂの身体の大きさと双脚輪状文の有無である。人物Aは小さく、人物Bはそれより少し大きいが、それでも小柄なほうである。人物Bを少年とすれば、人物Aは幼児といってもいいほどの大きさといえる。わかっているのは、2人の子が死んだということである。誰が先に亡くなったか、それは人物Aである。時間は右袖石から左袖石へと進行した。

事態は、おそらくこう推移した。人物Aは幼児だったが跡取りと目されていた。しかし跡取りになる儀式を経る前に亡くなった（だから双脚輪状文が描かれていない）。そこで人物Bがやや成長したとき、跡取りになる儀式が行われた（双脚輪状文がある）。しかし、あろうことか、この子も亡くなった。この想定では、玄室に2人の遺骸を安置する場所があることになる。玄室の前壁寄りに設けられた2つの石枕は、この2人のためのもので、それを明らかにするために石屋形の2つの灯明石に双脚輪状文が描かれている。こう考えると、袖石前面の2つの絵と石屋形の2つの灯明石の絵が連動する。

(4) 楣石の図像

玄門の上に渡されている楣石（まぐさいし）にも文様がある。そこには縦位の蕨手文が並び、（向かって）右端に双脚輪状文がひとつある。これは、あとから玄室へ入場してくる者を、蕨手文や双脚輪状文が歓迎する趣旨である。蕨手文は祖霊の和魂で、双脚輪状文は墓主霊になった跡取りBを示唆している。

ここまでくると、この壁画が描かれた時期を推測することができる。壁画は石室の構築前に描かれているので、この古墳の築造時期といいかえることもできる。それは人物Aの亡きあと、人物Bが死亡した時点以後である。このとき、玄室のいわば主賓である石屋形の屍床に安置されるべき2人の人物が誰で、古墳の築造時、この２人が生きていたか死んでいたかが問題になる。
なお、楣石の上に窓がつくられていることに留意しておこう。これは石窓で、珍敷塚でみた「窓のある靫」と同じように神を表現している。

２　この絵を描かせた者

左右袖石の表現する物語を平たくいえば、つぎのようになる。
一家の跡取りと目されていた幼い太郎が、跡取りになる儀式を経ることなく亡くなった。そこで（例えばキョウダイの）次郎がやや成長したとき跡取りになる儀式を受けたが、次郎もまた跡を継ぐことなく亡くなった。こういう状況のもとで石屋形の２人分の屍床が誰のものか、またこの絵を描かせた者が誰かを考えてみる。

ポイントは第３の人物である。この一家が、跡取り予定者２人の相次ぐ死にもかかわらず存続したとすると、一家の存続に成功した跡継ぎがいたことになる。この第３の人物を三郎とすると、三郎は２人の死後、跡継ぎになる儀式を受け、彼だけは生きて当主（父）の跡を継いだ。

ここで古墳づくりのルールを思いだしてみよう。古墳時代前期の、墳頂に埋葬施設を設ける古墳では〝現当主は前当主の墓に入ることはない〟（現当主は前当主とは別の墓をつくる）というルールがあった。後期古墳である王塚にこのルールは妥当しないが、４人分の指定席がある点で、（数世代にわたって順次追葬される）ふつうの横穴式石室と異なっている。

他方この壁画は、石室の築造後に描かれたものではなく、あらかじめ石材に絵を描いた上で石室を組み立てたと推定されている。したがって古墳築造時（石室を組み立てたとき）、指定席の4人が誰かは確定していたはずである。そのうち2人は子で、遺骸は平坦面の石枕に置かれたと推測した。では、石屋形の主賓に相当する2人分のベッドは誰のものか。

三郎が跡取りの儀式を受けたとき、現当主（父）が生きていたとすると、この絵を描かせた者（造墓者）は、この2人（三郎と父）にかぎられる。そのとき父も亡くなっていたとすると、この絵を描かせた者は三郎になる。ここから先は憶測である。

2人の息子が相次いで亡くなった。父母は、そのことに深く落胆した。父母は2人の子を悼んで墓（古墳）をつくった。そのとき、じぶんたちも将来この墓に入り、死後を2人の子とともに過ごしたいと願った。他方、三郎は跡継ぎになる儀式を経て順調に成長した。父母は、じぶんたちの死後を三郎に託した。三郎はその遺志を継ぎ、まず母を埋葬（追葬）したあと、最後に父を埋葬したという物語である。

あらかじめ設計された4人分のベッドには、造墓者の明確な意志が働いている。袖石の絵が具体的であるのに対し、玄室の絵は抽象的である。具体的な絵は死が確定している者がいることを示唆し、抽象画はそれが不確定であることを示唆している。つまり玄室（壁画）が構築されたとき、石屋形に葬られるであろう2人は生きていた。父母は、親子4人で過ごす来世が、神々に祝福される空間であることを願った。それに応えて描き手は、この家族のために奥壁で至高の空間を用意した。

３　人物埴輪の展示時期

観点をかえて、相対する人物埴輪の展示時期を考えてみよう。これまで検討してきたところ、王塚は跡取りの墓ではないから相対する人物埴輪は展示されるべきではなく、実際、人物埴輪の存在は確認されていない。相対する人物埴輪の展示される可能性のあるのは三郎の墓である。問題は、相対する人物埴輪がいつ墳丘に展示されたか。晴れて後継者になった者が生きていたときか、それとも死後かという問題である。その手がかりが「乳飲み子を抱く女子埴輪」（図12）にある。この子も跡取りになる儀式の客体だったが、この一家には、乳飲み子の段階で後継者を決めなければならない事情があった。しかし、この子が成長して当主になり一定期間を経て葬られ、そのとき人物埴輪が展示されたとすると、例えば数十年も前の記憶をもとに人物埴輪がつくられたことになる。そうした想定も不可能ではないが、後継者という身分の確定することが古墳築造の契機になり、完成後ほどなく展示されたと考えるほうが自然である。王塚の後継古墳があればそれは三郎の墓で、相対する人物埴輪が展示されている可能性がある。

４　土地神の文様

（１）土地神という観念

王塚の玄室で被葬者霊を迎えるのは、死者がおもむく先と信じられた土地神である。土地は生産力の源泉で、秋の稔りや季節の果実をはぐくみ、木材や鳥獣を供給してくれる。立証できないものの、古代人が土地に神が宿ると信じたことに疑いない。また、揺れ動く大地や噴煙をあげる火山、さらに四囲の山々、名山名瀑、ひいて巨石や巨木などにも神が宿ると信じられたことだろう。一族の繁栄が土地の生産力に左右されるようになると、統率者は土地を保全すること、すなわち土地神を鎮め、加護を祈ることが任務になったことと思われる。他方、これも立証できないが、地中（黄泉）に遺骸を埋葬する習俗のもとでは、死者は土地神のもとへ行く、あるいは土地神の支配下に入ると信じられたはずである。

　文献資料で土地神は、固有名詞と抽象名詞で出現する。固有名詞は、『万葉集』では例えば「大野なる三笠の社の神」（561）とか、「真鳥住む雲梯の社の神」（3100）など「社」と呼ばれる建物に住む神として登場し、『常陸国風土記』では福慈の神、筑波の神などと山名を冠して出現する。一般に、こうした「地名を背負う男神や女神は、その土地を守護し、支配する神」と解されている（三浦佑之訳注『口語訳古事記〔完全版〕』文藝春秋　2002年。以下「三浦口語訳古事記」と略称する）。

　他方、普通名詞としての土地神は、『万葉集』では「地つ祇伏して額づき」（904）といった礼拝の対象として登場し、記紀では主や国魂などとして説話に出現する。こうしてみると、万葉人の生きた時代（7〜8世紀）や記紀編纂時（8世紀初頭）に、諸国に固有の土地神が存在し、さらに地祇という国境を越えた広域の、または抽象的な土地神が観念されていたことがわかる。

　問題は、固有の土地神と広域的・抽象的な土地神という観念が、どの時点までさかのぼって認められるかである。考古学では弥生時代の土地神について、「地霊」、「荒ぶるカミ」、「農耕神」などと呼んで、土地神という用語の使用に消極的である。

　弥生・古墳時代の土地神が何と呼ばれていたかは不明だが、「生産力と死者にかかわる大地の神」を、土地神と呼ぶことにしよう。古墳壁画の描かれた時代（主に6世紀）は、万葉人の生きた時代や記紀編纂時に近いので、壁画に抽象的な土地神（地祇）が登場しても不思議ではない。祖霊や墓主霊は幾何学文や具象文で暗喩されたので、土地神も文様で暗喩された可能性がある。

他方、祖霊については、北部九州の弥生墓で、複数の集落がそれぞれの集落の墓列を、中心集落の一ヵ所の墓域に向かって伸長する例があり、これを祖先を共通にする集落とみて、弥生時代の祖霊観念を肯定する。考古学の大勢は、祖霊祭祀の存在は肯定するものの土地神祭祀を認めることに消極的といえる。

（2）土地神の文様

土地神の文様は、ウロコ（鱗）文と呼ばれる三角形（△）である。鋸歯文（連続する三角文）のように鋭い三角形を並べる場合もあれば、四角形をX字形に区切って内部に三角文をつくりだすこともある。三角文は、能や歌舞伎の道成寺の衣装や北条家の家紋、新選組の袖章などに採用されたが、起源はヘビを表象する文様だった。詳細は第8章（土地神の実像）、第9章（神々の住む家）で後述することとし、ここでは三角文が土地神を暗喩することになった経緯を要約しておこう。

①　古代中国では、社で土地神（后土、土神）をまつった。土地神という観念と図像は、弥生時代のうちに列島に伝播した（社でまつる神＝土地神）。

②　記紀説話や風土記に、蛇神を社でまつった記事がある（社でまつる神＝蛇神）。

③　銅鐸絵画に社が描かれ、ヘビは三角文（△）で表現された（社でまつる神＝土地神＝蛇神＝三角文〈△〉）。

したがって少なくとも銅鐸祭祀圏では、三角文は土地神を暗喩する文様になった。

5　玄室の壁画

（1）前壁の図像

袖石の間（玄門）をくぐって玄室から振り返ると、袖石の裏などに描かれた口絵 図5がある。両側には、それぞれ2段にわたって大小の靫と、向かって右の袖石には大刀が描かれている。靫の輪郭に鋲（びょう）で止めたような点文のコントラストが美しい。霊魂の緑も多用され、王塚のなかで最も華やかに描かれた靫といえる。左側の袖石には、下段に蕨手文が2つある。靫と靫の間の背景は三角文で埋められている。

袖石の上に渡してある楣石にも、2段にわたって横並びの三角文がある。また前壁の上部に点々と珠文が配置されている。これらの図像の意味はつぎのとおりである。まず楣石の三角文は土地神で、入口の上部にあって入室者（被葬者霊）を出迎えている。つぎに靫と大刀は祖霊を指示する符号で、祖霊たちは背後の土地神（三角文）とともに入室者を迎えている。左側の2つの蕨手文は祖霊の和魂で、入室者に歓迎の意思を示している。ひとまず、入室する被葬者霊を迎える構図と考えておこう。

上段の靫が大きく下段の靫が小さいことに意味があれば、迎える祖霊の側に2種あることを示している。それは、この一家の祖霊が2系統で構成されていることである。上部に配された珠文の意味とともに後述しよう。

（２）右壁の図像

玄室の（奥から入口を見て）右の側壁には、盾と三角文が描かれている（口絵 図６）。袖石寄り（左側）に上中下３段にわたって12の盾が描かれ、下段に３つの盾が奥へとつづく。盾には飾りが少なく、内部に白色の小さな盾を内包している。12の盾どうしを見ると、黒く太い帯でつながっているように見えるものもある。下段で奥へと伸びる３つの盾は赤で縁どられ（内包する盾も赤に変化する）、連結する帯がなくなるか、あるいは色が薄くなり、左側の12の盾と異なっている。三角文は奥壁寄り（右方）を満たしながら、左方で中段の盾の右側に、あるいは上段の盾の上部に接している。袖石寄りに滞留する盾の背景に、三角文はない。

右壁から受ける印象は、他壁と異なっている。他壁の図像は、図像どうしが密集して完成形を示しているのに、右壁の印象は未完成、途中経過といった情緒的なものである。色使いにも特徴があり、白色の三角文が多用されている。注目すべきは白色の条線で、３～５条からなる線が５ヵ所ほどで、３段にわたってヨコに、１ヵ所だけタテに上段の右先頭の盾と２番目の盾の間に走っている。

ひとまずわかっている範囲で、これらの図像を解釈してみよう。盾は墓主霊のマークで、12の墓主霊が袖石寄りに積み重なり、下方を３つの墓主霊が順次奥壁に向かって進む。墓主霊たちは、三角文の土地神のなかを少しずつ奥壁に向かって進んでいる。４つのヨコの条線は、墓主霊が奥壁に向かって進む〝道〟のようで、墓主霊が順次、土地神の世界にスライドしていく様子を表現している。

赤で縁どられた３つの盾（３人の墓主霊）は滞留する集団から離れ、１人ずつ土地神に受け入れられて、土地神の領域を進む。右壁から受ける途中経過という印象は、おそらく墓主霊がはじめて土地神に出会い、受け入れられていく様子を描いているからである。墓主霊たちは土地神に受け入れられるかどうか不安で、帯で手をつなぐように描かれ、受け入れられると赤で縁どられ、帯がなくなって独立、独歩する。

盾は全部で15あるが、これは具体的な15人の墓主霊という意味ではないと思われる。小さな盾を内蔵する盾で何を表現しようとしたかは不明だが、いずれも定型的で個性的とはいえない。赤で縁どられた３つの盾（墓主霊）も例示で、特定の人物を示唆しているとは思えない。

王塚の玄室は、全体として死後の世界の理念を描いている。玄室に葬られた４人の具体的な霊魂を被葬者霊と呼べば、右壁に描かれた墓主霊は、被葬者霊（現実の墓主霊）とは異なる抽象的な存在（以下「抽象的な墓主霊」という）と考えるべきだろう。ただ同じ玄室に招きよせられている点で、赤の他人とはいえない。この光景は、抽象的な墓主霊たちが玄室に進入し、土地神に向かっておそるおそる進み、下段で１人ずつ土地神に受容され、赤の合格線をつけられて安堵する様子を表現している。これは土地神が忌憚(きたん)すべき存在であることを示唆している。

問題はタテの短い条線で、この〝道〟は壁画の上限に達している。ヨコの条線を土地神に向かって進む道とすれば、タテの道は抽象的な墓主霊たちが〝壁画の外〟からここ（右壁の袖石寄り）へやってきた経路を示していると考えられる。この墓主霊たちはどこからやってきたのだろう。そしていったい、この絵は何をいおうとしているのだろう。その回答はこの絵のなかにない。答えは、このタイプの古墳すなわち前方後円墳の築造理念にある。この古墳の造営に関与した者だけが、この位置に条線を描くことができるからである。ポイントは、滞留する盾の背景に三角文のないことである。章を改めて論じよう（第13章 前方後円墳の他界観）。

（3）左壁の図像

左壁には上段に9、下段に10の靫が描かれている（口絵 図7）。靫の背景は三角文だけになる。上段の袖石寄りの3つの靫は個性的だが、その左につづく6つの靫はほぼ同じ大きさで定型的である。下段の靫は、左端のひとつがやや浮きあがり、その右につづく靫は小さく、右にいくほど大きくなっていく。

これらの図像も難解である。まず特徴的な場面からはじめよう。特徴があるのは上段の袖石寄りと下段の左端の靫で、これらの靫に符号をつける。袖石寄りから順に2つの靫には上に船（または弓）が乗っているので靫A・Bとし、その左の3番目の靫をX、4番目の靫をYとする。そして、下段左端でやや浮きあがる靫をZとする。

靫A・Bと靫Xの特徴は、つぎのとおりである。靫A・Bの上に船が描かれ、靫Xでは船がなくなり、上端がやや幅広に描かれる。幅広に描かれたのは、靫Xの上に船がないことを強調するためと思われる。靫A・Bと靫Xは少しずつ下降し、左側に整然とつづく靫の先頭である靫Yとの間に〝段差〟がある。また靫Xと靫Yの間に、白く泡のように浮きあがる6つの点文がある。5つの大きな点文は、靫Yにまとわりつくように覆い、小さな点文を介して天井寄りの壁面に描かれた黄色の珠文につながっている。

最初の問題は、靫A・Bの上にあるものを「船」と考えるか（柳沢一男）、あるいは「弓」と考えるか（小林行雄）である。船説は〝弓はふつう縦位で描かれる〟ことを根拠にする。船説には物語を展開する力がある。2隻の船には誰が乗っていたのだろう。それは2人の子の父母である。子どもたちには玄室への乗物として馬が与えられた。玄室の主賓たる父母に乗物があって当然といえる。船説は、子どもたちの馬に対して、親に乗物（船）を与える点で説得力がある。靫の上の船に乗るのは父母の霊魂で、傷心の父母を、靫の祖霊が護送してきたと考えておこう。

つぎに、靫A・Bと靫X、靫Yとの関係である。靫Aには船があり、上半分が茶色で輪郭線がない。靫Bにも船があり輪郭線がつく。靫Xになると船がなくなる。どうしてここで船の姿が消えるのだろう。

全体として左壁は、船の有無をテーマとして右から左へつづく物語になっている。靫A・Bの船は父母という被葬者霊を乗せているので、靫Xにも船が存在したと仮定しよう。その船がなくなり、その隣に靫Yが存在することは、靫Xの上にあった船が靫Yに変化したこと、すなわち被葬者霊が祖霊になったこと（祖霊成り（それいなり））を表現しているのではないだろうか。つまり靫Yは、靫Xの船に乗っていた被葬者霊が変化して新たに生まれた祖霊で、靫Xの〝消えた船〟と靫Yで、祖霊成りのサンプル（例示）を描いているという想定である。

この推測を裏づけるのが靫Zの位置である。上段で靫Xに乗っていた船（被葬者霊）が祖霊成りして、靫Yが新たに生まれた。そのため靫Zは、上段から玉突きのように押しだされて下段へ移行し、あたかも着地する直前のように描かれている。すると靫A・Bの船に乗る父母（被葬者霊）は、祖霊成りできるかどうか、その順番を待っているといった光景になる。

この点、もし靫X・Yがなかったらと仮定してみよう。靫Xがなければ靫Yもないので、靫Zは上段にもどる。沈みこんでゆく靫はA・Bだけになる。たぶん描き手は、こういう下絵を描いた。しかしこれでは何をいおうとしているか、わかってもらえないと考えた。そこで、祖霊成りするモデルケースとして靫X・Y・Zを〝挿入〟した。靫Zに着目すれば、祖霊成りする場面とわかってもらえると考えたのである。

つぎに、靫Ａ・Ｂと靫Ｘが順次沈みこんでいく（下降する）ように見えることはどう考えるべきだろう。靫Ｙ（祖霊成りできた例示としての被葬者霊）と、靫Ｘ（祖霊成りを待つ例示としての被葬者霊）との間に格差があり、そのちがいを際立たせている。被葬者霊が、身をかがめて祖霊成りを待つ姿といえば理解が早いだろうか。

つぎに、大小６つの白い点文の意味である。それは、奥壁へと進む船（に乗る被葬者霊）のすべてが祖霊（靫）になれるとはかぎらず、ここから分岐した〝靫という形になれなかった霊魂〟がいることを示唆している。それが段差の間から立ち昇り、祖霊成りした靫Ｙにまとわりつきながら天井寄りの無数の珠文につながっていく。要するに左壁は、２人の父母が乗る船の直前に靫Ｘ・靫Ｙというモデルケースを挿入して被葬者霊が祖霊成りする様子を例示し、父母の船は祖霊成りできるコースにいるが、必ずしも祖霊成りできるとはかぎらないといった状況を描いている。

最後に、上段と下段を合わせた全体の意味を考えてみよう。まず上段は一種の〝試験台〟で、ここに居並ぶことができる祖霊に定員があることを示している。新入りの祖霊が加わると、員外になった後尾の祖霊は押しだされて下段に回るが、下段には同じ経過をたどった多数の祖霊がいる。下段に回った祖霊も先輩の祖霊と比較すると未熟で、最初は小さく描かれたのである。

下段に靫Ｚが回りこむと、下段右端の靫はどこへいくのだろう。

中国の宗廟制度では祖先に席次があり、始祖である太祖を中央に配し、向かって右に2世、４世などを並べて昭（しょう）といい、左に3世、５世などを並べて穆（ぼく）という（昭穆制）。左壁の下段は前壁につづくとみると、前壁に整然と描かれた上下2種の靫の意味がわかる。つまり、昭と穆を描写しているという推測である。

もっとも、女性（母）も祖霊成りできるので父方と母方の祖霊と解する道も残しておこう。

ここまでのところを整理しておこう。２人の子は馬に曳かれて玄室に向かった。父母は船で暗喩され、靫に誘導されて玄室に入った。子の入室は袖石前壁の馬で示唆され、父母の入室は左壁の個性的な靫と2隻の船で暗喩された。描き手は、２人の子と父母の終（つい）の棲家（すみか）を理想的な空間にしたいと考えた。そこで玄室壁画の大半は、盾の墓主霊、船の被葬者霊と靫の祖霊、そして三角文の土地神で構成される物語になった。右壁の袖石寄りに密集する墓主霊（盾）は抽象的な存在で、左壁で試験台や下段で並ぶ祖霊（靫）や、奥壁寄りに密集する土地神（三角文）も抽象的な存在である。そのテーマは、土地神や祖霊による歓迎（前壁）、土地神による抽象的な墓主霊の受け入れ（右壁）、祖霊成りと形ある祖霊になれなかった霊魂の昇華（左壁）で、最終的に石屋形の奥壁の物語に結実する。描き手の凄いところは、この先にある。

ところで、２人の子の父母は、船という運搬手段によって玄室へ進入したのに、右壁の抽象的な墓主霊や左壁の画一的な祖霊、そして奥壁寄りに濃厚に存在する土地神などは、はじめからこの場（玄室）にいたのだろうか。こうした設問は一見、奇異にみえる。しかし、これまでみてきた壁画は、霊魂を玄室へ運ぶ乗物（船や馬など）を描いていた。これは、玄室が人工的な他界と考えられていたからである。すると、運搬手段の描かれていないものは祖霊と土地神になる。本書の少なからぬ部分が、土地神の運搬手段の見当たらない理由を探求することに費やされる。

（４）石屋形の図像

王塚玄室の主人公である父母の霊魂には奥壁の石屋形、屍床石（ししょうせき）などの図像が対応し、平坦面の石枕に横たえられた２人の子には灯明石前面の図像が対応する。ここでは、特徴ある描写について検討しよう。

①　２つの灯明石の前面に、靫と蕨手文、双脚輪状文が描かれている（口絵 図２下段）。これは石枕に横たえられた２人の子のもので、袖石前面の左右に描かれた２つの絵（口絵 図１）に対応している。頭側の灯明石が人物Ａに対応するとすれば、人物Ａは跡継ぎの儀式を経ていないので、ここに双脚輪状文は描かれるべきではなかった。しかし、生きていればその儀式を迎えたはずで、子に対する憐憫（れんびん）の情から描かれたと考えておこう。頭側と足元の双脚輪状文はスポークの数がちがう。それに意味があれば、人物Ａは４歳のとき、人物Ｂは８歳のときに亡くなったと解することができる。あるいは、これをいいたかったために、人物Ａに双脚輪状文が添えられたと考えることもできる。全体として灯明石前面の絵は、２人の子が、祖霊の和魂に見守られて暮らしていることを表現している。

②　灯明石上面の絵（口絵 図２上段）は、石屋形の屍床に対応する。頭側の灯明石の上面には多重円だけが描かれていて、これは霊魂が頭側（頭骨）に宿ると信じられていたことを示している。他方、足元の灯明石の上面は、多重円を三角文が囲んでいて、これは被葬者霊が土地神の支配下にあることを示している。

③　屍床石（ベッド）は２段になっていて、前面に横に長い２つの絵が描かれている（口絵 図８）。下段は横位の蕨手文で、遺骸が祖霊の和魂の上に横たわっていることを示している。

④　これに対して上段の絵は難解である。両側に縦位の蕨手文を左右対称に描き、中央で蕨手文（祖霊の和魂）の間に３つのＸ字形三角文を置く。Ｘ字形が中国風の土地神のマークであることは第８章（土地神の実像）で後述する。問題は中央に位置する２つの四角形で、青の背景に白色で十字を描き、

交点が円形の丸みを帯びた図像である。これを「内円十字文」と呼んで検討しよう。

上段の絵は、全体として祖霊の和魂と土地神の交流を描いているので、内円十字文は両者の交流の結果を示していると予測する。また2つ描かれているのは、屍床石に横たわる2人の被葬者に対応していると仮定する。この描写のポイントは、内円を十字に区切ることにある。白色の内円を祖霊の一重円とし、十字文をX字形の変形ないし一態様とすると、この組み合わせは祖霊と土地神の結合を意図している。つまり上段の被葬者は、土地神の支配下に入った祖霊にささえられて屍床石に横たわっていることになる。

⑤ 最後に、石屋形の奥壁で、神秘的な局面が現れる。奥壁上方の過半を横位の三角文が占め、下方に5つの靫が整然と並んでいる。不思議なことに、中央の靫の上に、緑で輪郭線だけを描いた靫（以下「輪郭線の靫」という）が載っている。この描写こそ王塚壁画の最終到達点で、究極の理想を描いたものである。靫は形骸化して輪郭線だけになり内部は三角文で占められる。これは、祖霊であるとともに土地神でもある状態、あるいは土地神の内実をもった祖霊で、玄室の至高の神を表現している。船で運ばれてきた2人の墓主霊は、祖霊成りすべく奥壁に向かって進む。形ある祖霊になれなかった霊魂は泡のように昇華するが、形ある祖霊になると前壁を経て、その一部はさらに奥壁に移動する（右前壁下段右端の靫は、おうと大刀を掲げて呼びだしを待っている）。奥壁に到達した祖霊は、そこで土地神と重なりあう。祖霊の一部はついに形骸化し、土地神と一体になって被葬者の眠る座を守護する。これが描き手の構想した究極の物語である。

石屋形奥壁で残るのは、下方で整然と並ぶ5つの靫の意味である。ここは、正面の〝ひな壇〟に当たる。

この数で思いつくのは、珍敷塚でもふれた〝まつることのできる祖霊の数〟（「礼記」王制）である。天子7廟、諸侯5廟、大夫3廟といった数で、これに従えば、王塚の造墓者はみずからを諸侯と認識していたことになる。

（5）天井の珠文

珠文は四壁の上部にほぼ同じ大きさで、天井には大小、大きさをかえて無数に描かれている。この珠文について柳沢一男さんは、同時代の高句麗で真坡里（チンパリ）4号墳（北朝鮮平壌市）の天井に描かれた「星宿図」を参考に、この天井画も星宿図の可能性があると指摘している。同時に、左壁の上段で、靫Xと靫Yの間から泡のように浮かびあがる大小6つの白い点文を、星宿28宿の斗宿のひとつ「南斗（なんと）六星」と推測し、その根拠を、玄室左壁が地形上南に当たり、南斗六星の配置に一致することに求めている。

他方、袖石前面に描かれた馬に乗る人物は、中国の壁画や画像石、高句麗壁画の出行図や進軍図にしばしば登場する騎馬群像を参考にして、「葬列を迎え、葬送儀礼場面の威儀を整える構図」と考える（『描かれた黄泉の世界・王塚古墳』新泉社　２００４年）。総じて高句麗壁画の影響を認める立場といえる。

列島の古墳や壁画が自生したものでないことは明らかで、発信源がどこで、どのように影響を受け、どこに独自性が認められるかは重要な論点である。今のところこれに答える知見はないが、これまで見てきた壁画に関するかぎりつぎのようにいえる。列島の古墳の顕著な特徴は、被葬者の墓誌や位牌が出土しないこと（匿名性）である。壁画も同様で、壁画の主人公に名前や生前の役職などが表現されることはない。

壁画のつくられた動機は、これまでみてきたところ、

① 生前、墓主に何らかの不行跡があって、あの世で受け入れが拒否される恐れがあると信じられた場合

② 早世した子が跡取りで、この世に未練を残していると信じられた場合

だった。両者に共通するのは、故人の霊魂が必ずあの世へ到着すること（この世にもどってこないこと）である。この推測は、古墳の匿名性の原理と整合する。墓主は、この世のことなど早く忘れて、あの世の暮らしに溶けこみ、生者は死者に煩わされることなく現世を全うする。これが遺族の思いとすれば、壁画に墓主の名前や生前の行為を顕彰するといった要素がみられないのは、むしろ当然といえる。生前の名前や身分は、現世への未練になるからである。この考えでは、漢墓などで比較すべきは怨念や未練をもって死んだ者の墓で、功成り名を遂げた役人などの墓ではない。

こう考えてくると、馬に乗る人物は葬送儀礼を担当しているのではなく、すでに説かれているように〝あの世（玄室）への出行図〟と考えるべきことになる。また南斗六星についていえば、6つの珠文が、左壁上段の3つの個性ある靫と4番目以降の画一的な靫の間に描かれ、この間に段差があることに注目すれば、珠文はこの段差を契機として生まれたものと解すべきだろう。左に並ぶのが祖霊成りした被葬者霊で、右側を、これから祖霊成りしようと進む具体的な被葬者霊とすると、両者とも同じ靫という形だから、そのちがいは段差で強調せざるをえなかった。つまりこの珠文は、段差から形ある祖霊に移行できなかった霊魂で、祖霊成りできなかった無数の先祖などと解するのが適切である。なお、この解釈の当否は虎塚古墳壁画（第12章）で検証する機会がある。虎塚左壁は、王塚左壁をお手本にしているからである。

６　新しい課題

（１）あてはめの偶然性

本章では、三角文を土地神のマークと仮定して新しい地平に入った。新しい世界には新しい課題が生まれる。これまで、盾や靫、一重円や多重円などの文様を説明符号と仮定すると壁画に物語性が生まれることを知った。作業の内容は、文様の使用に規則性があることを発見し、壁画に内在する描法上のルールを抽出したことである。

しかし壁画の題材はかぎられているので、特定の文様に符号的意味を与えると、他の概念を与えても解釈が成立することがある。また祖霊や土地神といった概念は抽象的で、あてはめの結果偶然成功した可能性も否定できない。そこで、墓主霊や祖霊あるいは土地神といった概念でいいかどうかの検証が必要になる。壁画解釈以外の各章は、墓主霊や祖霊、土地神といった概念が、符号と分かちがたく結びついていることを立証する作業になる。

（２）玄室空間の意味

つぎは、こうしたテーマが戸や門のある〝家を模した石室〟に描かれることの意味である。壁画は、しばしば家を模した玄室に描かれた。このタイプの玄室では棺は密閉性を失い、遺骸が露出する。そこで、家を模した玄室と遺骸を露出させる葬法は関係があるのではないかという推測が生まれる。すなわち、霊魂のための空間を創出するために、家を模した石室がつくられたという想定である。次章で検討する五郎山では「家」が登場する。家を模した玄室は、霊魂たちの浮遊する空間と信じられていたことを論じよう。

（3）輪郭線の靫

王塚玄室のテーマを一言でいえば、石屋形に到達した祖霊の一部が形骸化して土地神と重なりあい、最終的に出現した最高神の前で2人の被葬者が眠ることである。そこで、描き手は輪郭線の靫を何と呼んでいたかという問題が生まれる。参考になるのは、『古事記』などで死者の暮らす地下世界が「黄泉の国」と呼ばれていたことで、そこでは「黄泉の大神」といった名前が登場する。この問題は『古事記』の解釈に関係するので第14章（黄泉の国の物語）で検討しよう。玄室右壁の条線の解釈を先送りすることになったが、ひとまずこれで王塚を終わりたい。王塚の副葬品の意義についても同様である。

通説とかけ離れた解釈が、もっともらしい理由をつけて登場したことに当惑された読者も少なくないだろう。しかし、つぎの五郎山ではその印象は、やや変化するはずである。列島では（五祀の影響を受けて）、家屋の一部に祖霊や土地神が配当された。祖霊と土地神は、建築物としての「家」に関係する。

古墳や古墳壁画は、①被葬者霊、②祖霊、③土地神、④家という4つのキーワードの全部または一部で構成されている。五郎山では「家」が登場してキーワードが出そろう。

第6章　五郎山古墳壁画

はじめに

福岡県の五郎山古墳（筑紫野市）は6世紀後半の円墳とされている。横穴式石室で、前室と後室（玄室）、そして前室へつづく通路からなっている。壁画は玄室と通路にある。玄室壁画の題材は多様で、人物や船、騎馬、家、靫、弓矢、動物などと、多重円や一重円、四角形などが赤、黒、緑の3色で描かれている（口絵 図11、12）。解読の多くは、日下復元模写図（口絵 図12）による。

五郎山の描法の特徴は、人物がうしろや横から見て描かれ、あるいは、もとの位置から取りだされて別の位置に描かれていることである。しかしそれ以上に大きな特徴は、ひとつの大きな場面に時間的空間的に前後する事象が織りこまれていることである。ある場面は古墳外の行為で、その行為と結果が同一平面に描かれている。また、その行為は現実の玄室空間とも関係する。五郎山壁画が難解な理由は、わたしたちがそうした描法のもとになった習俗を知らないからである。

例えば、〝屋根裏の断面三角や台形の空間に霊魂が宿る〟というテーマが登場する。何もない虚（うつ）ろな空間に何者かが存在するといった発想は、今日ではとても受け入れられそうにない。しかし、民俗学では屋根裏は重要なテーマで、民俗学からみれば容易に理解できる展開になっている。屋根裏に何者かが住むというテーマは第9章（神々の住む家）、第10章（屋根裏と雨だれ落ち）、第13章（前方後円墳の他界観）に共通するテーマで、考古学や古代史の理解に民俗学の知見が不可欠であることを示している。

五郎山では初出の図像が少なくない。はじめて見る図像は大胆にシンボライズされていて、情報量もすこぶる多い。この壁画のどこに起点があり、どのように展開しているのかも判然としない。解釈は、場面を整理することからはじまる。太陽または鏡などと解されている多重円が2つ以上あり、靫や弓などの辟邪文も多く、通説では解釈は困難をきわめる。私見も同様で、描き手の含意を過不足なく汲みとっているかは疑問である。見落としたシグナルもあるだろう。ひとつの試案として吟味していただきたい。

この壁画には、王塚とは異なる〝理想のあの世〟が描かれている。これまでの壁画は、遺(のこ)された者の意を汲んで発信されるものが多かった。この壁画に遺族の希望がふくまれていないとはいえないが、それ以上に描き手の〝来世に関する信念〟が前面に押しだされている。これが当時の葬儀の一場面で、そこに他界観や葬送儀礼が表現されているとすると、神観念や副葬品に新しい理解が生まれる。復元された資料は、古代史や考古学に新しい知見を供給することだろう。その成果を第9章以下の各章で検証したい。

1　全体を概観する

下段の幅広い巨石（以下「腰石(こしいし)」という）の全面に、こまごまとした描写がある。それに対して、その上の大きな石（以下「上段の大石」という）にはいくつかの文様と、比較的大きく描かれた3人の人物がいる。人物の大きさや3人のいる場所が〝高み〟であることから、この3人が中心人物と思われる。もっとも、この壁画に遠近法は採用されていないので（高みに描かれていても、それは高所ではなく）、腰石の一場面を取りだして、いわば特筆大書していると考えられる。そうすることで、この場面が他の場面より重要であることを示している。

３人の人物のうち、上にいて一方の手を腰あたりにおき、他方の手を挙上する人物は、肢体が著しく抽象化されている。また、顔だけでなく全身が〝のっぺらぼう〟に描かれている。そこでこの人物を「**片手をあげるのっぺらぼう**」と呼ぶことにしよう。この人物に〝まわし〟をつけると力士風になるのに、そうしなかったのは純然たる裸体像を意図しているからと考えられる。

これに対して、下に並ぶ２人は個性的である。左の１人は体幹に不可解な文様を背負い、頭部もそれらしく見えない。右の１人は、馬とおぼしき４足動物に乗って弓を引きしぼっている。この３人の素姓（すじょう）を明らかにし、３人がなぜここにいるか、ここで何をしているかを明らかにすることが目標になる。腰石のにぎやかな光景は３人の素姓を解き明かし、３人がここに集合している理由を説明する資料と思われる。

２　場面を分ける

壁画のキャンバスになった巨石と、壁画の関係を整理してみよう。上段の大石の右上に比較的小さな石があり、そこに赤で描かれた一重円がある。一重円は祖霊のマークだった。腰石の右側にも靫や弓などで占める部分があり、これらは祖霊を指示する具象文である。これまで、描き手はマークのちがいで祖霊と墓主霊を描き分けていると考えてきた。壁画全体の右側は祖霊のマークで埋められている。するとこの部分は祖霊の世界を描写していることがわかる。

これを手がかりにすると、この壁画は縦に３枚の絵に分割することができる。上段の大石の左右の外側線を下段の腰石に延長すると、腰石の幅広い絵は３つに分かれる。すると腰石の絵の左端部だけ〝上段に絵がない〟ことになる。

３つに分割した絵を、左から順に図Ⅰ、図Ⅱ、図Ⅲとしよう。左端の図Ⅰと中央の図Ⅱの分かれ目は、胸の前に腕を挙上する横顔の人物（以下「**横顔の人物**」という）と、その右上にいて、立ち姿で弓をひく人物（以下「**立ち姿の射手**」という）の間あたりにある。中央の図Ⅱと右端の図Ⅲの分かれ目は、多重円と、その右側にいる黒く塗りつぶされた大きな靫の左脇に立つ人物（以下「**靫の脇で片手をあげる人物**」という）との間にあるとしておこう（この人物の頭上に仕切り線を兼ねたと思われる縦の短線がある）。中央下端に描かれたひときわ大きな船（以下「**大船**」という）を基準にすると、図Ⅱは大船の船首と船尾の間の上方に収まっているといえる。

描き手は、上段の大石を中心にして全体を縦に３つに分割し、左から順に現世、墓主霊、祖霊の３つの世界とその交流を描いている。こうした分割は便宜的なもので、最後には取りはらわれる。なお、古墳に葬られた特定の人物を「被葬者霊」と呼ぶことにしよう。墓主霊の世界には、被葬者霊以外の霊魂が存在するからである。

3　3枚の絵を概観する

登場人物や霊魂の運搬手段などに注意しながら、3枚の絵を概観しよう。

右端の図Ⅲには上段に一重円があり、下段に靫や弓のほか鞆（とも）がある。鞆は弓に付属する武具だから、これはセオリーの範囲内といえる。幾何学文と具象文の意義が一致しているので、ここは祖霊の世界である。

中央の図Ⅱには、多重円が上段の大石にひとつ、腰石にひとつあり、下端に大船がある。多重円は墓主霊のマークだった。大船には櫂や舵の描写がないので、ここはもうどこへも行く必要がない場所、すなわち被葬者霊の到着地になる。大船の中央部に黒マル（黒点）があり、図Ⅱの上方に向かって点々とつづいている。描き手が黒マルで被葬者霊の存在と移動を示唆したとすると、すでに上陸して移動した被葬者霊がいることになる。

腰石の上部で上段の大石との境目あたりに、羽根を広げたトリを思わせるY字形の描写がある。トリ、とくに渡り鳥は霊魂を運ぶと信じられたので（『古事記』ヤマトタケル）、これをトリの簡略形と考える説に一理ある。トリの翼のなかにも黒マルがある。この描写も大船と同じように、すでにトリによって運ばれてきた被葬者霊がいることを示唆している。

大船の左端上に、赤一色で描かれた馬（以下「赤彩馬」という）がいる。馬も霊魂を運ぶ乗物と信じられたので、この絵のなかに、馬で玄室にやってきた霊魂がいることになる。

霊魂の運搬手段である大船やトリ、赤彩馬の乗員を1人とすると、この壁画のなかに3つの乗物でやってきた霊魂が1人ずつ（計3人）いることになる。それは誰か。また運搬手段のうち船がひときわ大きく描かれていることにどんな意味があるかが問題になる。

図Ⅱの腰石の中央に、祖霊マークの靫がある。図Ⅱは墓主霊の世界と考えたのに、どうしてここに祖霊のマークがあるのだろう。それは、靫の右下方に描かれた「両手をあげる小さな人物」を見るとわかる。これはシャーマンのしぐさで、〝墓主霊の世界で祖霊をまつる光景〟である。この人物と同じポーズの人物が図Ⅰにもいる。この人物を「両手をあげる大きな人物」としよう。図Ⅱの「両手をあげる小さな人物」には、腰と裾あたりに緑の短線が挿入され、2人は区別されていることに留意しておこう。

大船の右端上方に、矢を受けて血を流すイノシシがいる。なぜ墓主霊の世界にイノシシがいるのだろう。また何のためにここにいるのだろう。

左端の図Ⅰには、墓主霊や祖霊を指示するマークがない。そこで図Ⅰは、墓主霊の世界でもなく祖霊の世界でもない世界、すなわち現世になる。

図Ⅰに、家の一部と解されている造作物（以下「家」という）がある。これを家とすると、屋根がない。なぜ屋根がないのだろう。この家の右横に「横顔の人物」がいる。この人物は、めずらしく真横から見て描かれている。人物の多くは正面像か背面像で描かれているので、この人物には横から見て描かなければならない理由があったはずである。その理由とは何だろう。

図Ⅰの下方で、赤マルつきの盾を持って馬に乗る人物（以下「盾を持つ馬上の人物」という）がいる。馬も人物も火の玉に縁（ふち）どられている。これは尋常な光景ではない。これまでの例で、盾は墓主霊のマークと考えた。セオリーどおりなら、この人物は墓主霊の世界から現世に来ていることになる。すると図Ⅰは、現世でありながら墓主霊が存在するといった光景になる。

ここまでのところをいったん整理しておこう。腰石に描かれたにぎやかな光景は、左から順に現世（図Ⅰ）、墓主霊（図Ⅱ）、祖霊（図Ⅲ）という３つの世界を描いている。このうち現世と墓主霊の世界には他の世界の要素が混在している。この壁画の語る他界観は、〝２つの世界が同時に存在する〟というもので、これを現代の言葉に置きなおすことが目標になる。３つの世界は相互に関連していて、どの図からはじめても説明はそこで完結しないが、便宜的に最も画題の少ない図Ⅲからはじめよう。

４　祖霊の世界（図Ⅲ）

（１）靫の脇で片手をあげる人物と赤彩人物

図Ⅲでわかりやすいのは「靫の脇で片手をあげる人物」である。彼は冑（かぶと）をかぶり、腰に手を当て、他方の手を挙上している。祖霊のマークである靫に接して描かれているので、彼は祖霊の一員になる。これを力士（相撲取り）と解する説もあるが、冑をかぶる相撲取りがいるとは思えない。この冑は、ヘルメット状の鉢（はち）の上に小さな受け鉢がつく蒙古鉢形眉庇付冑（もうこはちがたまびさしつきかぶと）というタイプで、古墳時代中期に甲冑（かっちゅう）を副葬する習俗が流行するが、実物が出土することは稀とされている。一時代前の祖霊のために、このめずらしい冑があてがわれたと考えておこう。このポーズには見覚えがある。人物の窟では祖霊Ｚは腰に手を当て、他方の手に高々と棹を掲げて現世に登場した。「靫の脇で片手をあげる人物」は、腰に手を当て他方の手を挙上している点で、人物の窟の祖霊Ｚと一致している。

図Ⅱで、上段の大石にいる「片手をあげるのっぺらぼう」も同じしぐさをしている。「靫の脇で片手をあげる人物」と著しく姿態が異なっているが、共通するのは〝得意げに〟、あるいは〝親しげに〟描かれていることである。この2人は、人物の窟の祖霊Zとポーズが共通する点で、祖霊と考えておこう。すると、「片手をあげるのっぺらぼう」は祖霊であるにもかかわらず、なぜこんな姿で、この場（墓主霊の世界）にいるかが疑問になる。

　黒く大きな靫の下方に3本の半円があり、その右横に赤で彩色された大きな人物（以下「**赤彩人物**」という）がいる。この人物の一方の腕は不鮮明だが、下半身に甲状（よろい）の描写があるので祖霊の一員と考えられる。3本の半円は、墓主霊の世界との〝掛け橋〟を意図しているのだろう。祖霊の世界と墓主霊の世界は、移動可能と考えられていた。

（2）画題の向き

　画題のうち、人と動物の多くは〝左向き〟に描かれている。例えば弓をひく場面では、矢は常に左側に向けられている（つま先も左に向く）。その理由は、つぎのとおりである。祖霊の世界の人物は、墓主霊の世界や現世を見渡せる位置にいるが、現世の人物は墓主霊や祖霊の世界を見ていない。これは描き手が、〝祖霊や墓主霊は現世を見ることができる〟、だから祖霊は、子孫の行動を観察して相応の賞罰を与えることができるという認識をもっていることを示している。その具体例が図Ⅱの「立ち姿の射手」で、祖霊が現世（図Ⅰ）の方角に矢を向ける光景である。この描写の意義は後述する。

5　現世（図Ⅰ）

（1）両手をあげる大きな人物

家の右横にいる「両手をあげる大きな人物」は、家の戸の前で葬儀にかかわるまつりの最中である。後述するように（第10章　屋根裏と雨だれ落ち）、霊魂が屋根裏に存在すると信じられた時代があり、戸を開けて祖霊を招き入れる儀礼や、戸を立てて鎮斎し祖霊の退去を阻止する儀礼が存在した。彼の任務は、祖霊や近親者の霊魂を屋根裏に招きおろすことである。このポーズは、その右上にいる横顔の人物とともに壁画物語の出発点を構成する。

（2）横顔の人物と家

横顔の人物の特徴は、頭と腕の形にある。まず頭。この人物の頸と頭部の関係は不自然である。頸の左上を顎とすると、頸の右側にあるのは後頭部になる（黒髪の描写がある）。つまりこの人物は、後頭部を直角にうしろに倒していて、描き手はこの姿を描くために横顔にしたものと考えられる。

つぎに腕の形を考えてみる。横顔の人物の上腕がこの位置にくる前に、上にあったか下にあったかという問題である。下から上に移動したとすると、これは何かを持ちあげる動作になり、上から下に移動したとすれば、何かを招きおろす動作になる。それを決めるヒントが記紀神話にある。古代の葬儀にキサリモチという役が存在したことは前述した。『古事記』では岐佐理持と書き、『日本書紀』では「持傾頭者」と書いてキサリモチと読ませている。このうち書紀の「傾頭」という字面は印象的である。横顔の人物は、まさに「傾く頭（傾頭）」を「持つ」「者」だからである。通説ではキサリモチは語義不詳とされ、一説に、葬列のとき食物を頭にのせる者、あるいは死者の頭を傾けて弔問者に見せる親族などと説かれているが、根拠があるわけではない。

横顔の人物が傾頭している理由は、横顔の人物の左にある家にある。この家には屋根がない。描き手はなぜ屋根のない家を描いたか、これが横顔の人物のポーズにつながる。描き手の思いを代弁すれば、つぎのようになるだろう。

横顔の人物が、家の屋根裏（の空間）を、この玄室の天井空間に（抱き上げるようにして）持ち送ったので、この家に屋根を描く必要がなくなった。あるいは屋根裏を、まるごと玄室の天井空間に移し替えたので屋根は不要になったといいかえることもできる。こうした解釈は荒唐無稽にみえるが、その論証は第9章以下に譲ることとして、ここでは推論の経緯を要約しよう。

① 弥生時代中期に建物を描いた土器が頻出する。通説は建物絵画を風景画とみるが、そうではなく屋（屋根）を神の依代としたもの（屋代）で、祖霊など霊魂は屋根裏に宿ると信じられた。祖霊を迎え入れるために梯子が直接屋根裏にかけられていた（図20）。祖霊はどこからか徒歩でやってきて家に入り、梯子をのぼって屋根裏に鎮座した。梯子はヒトのためのものではなく、神のためのもの（神梯）だった。古墳時代

図20　屋根裏へ梯子でのぼる建物絵画（唐古・鍵遺跡）

になると、祖霊など神々を暗喩する家形埴輪（図21）がつくられた。図Ⅰ、図20、図21の家は、ドアのない開放的な点で一致している。

②　図Ⅰの現世の家に屋根があったとすると、図Ⅱ・Ⅲに登場する霊魂は、葬儀のある段階で、全員が屋根裏に存在していた。屋根を受ける横材（梁）が撓んでいるのは、何らかの〝重み〟を表現している可能性がある。

③　遺骸が現世の家から玄室に搬入されると、屋根裏に存在した関係者全員の霊魂を、この古墳の玄室に持ち送る必要があった。

④　この古墳の玄室の断面図（図22）を見ると、下方から上方にかけて側壁の石が内側に向かってせりだすように積みあげら

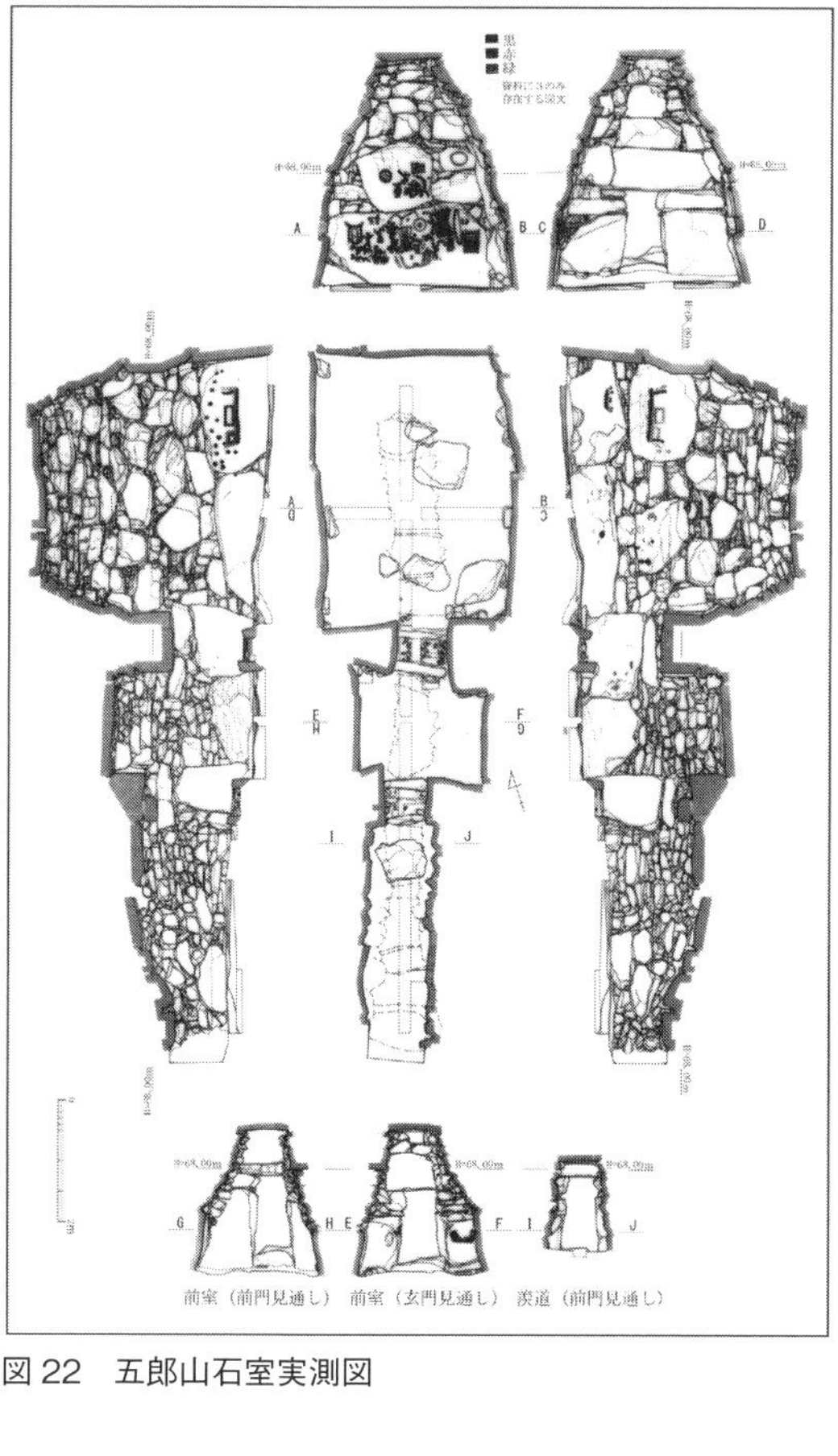

前室（前門見通し）　前室（玄門見通し）　羨道（前門見通し）

図22　五郎山石室実測図

図21　家形埴輪（今城塚古墳）

れている。この内傾は屋根の勾配を意図するもので、この古墳の玄室は、家の屋根裏に見立てられている。

⑤ 現世の家の屋根裏を玄室に持ち送ったのは横顔の人物である。図Ⅰの家の屋根裏は、玄室空間（図Ⅱ）に移し替えられたので省略された。

⑥ 横顔の人物は体幹を家に向けながら、視線は真上に向けている。視線の先には、ズバリ玄室の天井がある。これは、横顔の人物が頑健な身体と太い腕で抱きあげるようにして、家の屋根裏を玄室へ持ち送ったことを描写している。

⑦ この光景は、当時の葬儀の一場面を再現するもので、横顔の人物の役割は、霊魂たちを現世の家の屋根裏から玄室の屋根裏に送り届けることだった。

こうした推論には異論もありうるが、ひとまずこのまま論を進めよう。

（3）屋根のない家と喪屋

屋根のない家が古墳外にあったときには、屋根があったと仮定した。この家は、どういう類(たぐ)いの家になるだろう。屋根が存在すればいいので、被葬者の住居でもいいし、神殿であってもかまわない。葬儀を自家で行えば主家(おもや)が喪屋(もや)になり、葬儀専用の家をつくると喪屋になる。遺骸は当初屋内に安置されるが、この段階でもシャーマンの役割はあったと思われる。それは、被葬者霊を屋根裏の天井空間に懸(か)けることである。霊魂の側からいえば、屋根裏の空間に〝懸かる〟ことで、これがモガリと呼ばれた可能性がある。

古代には貴人の葬儀に殯(もがり)という過程があり、殯宮(もがりのみや)という建物をつくって、埋葬するまでの間、遺骸をそこに安置した。服喪期間が終わると、遺骸は屋根のある家から古墳へ運ばれ、玄室の一角に横たえられた。しかし、それで葬儀は終わりではなかった。遺骸から離脱して現世の屋根裏に留めおかれた霊魂を、さらにあの世（玄室の天井空間）へ送りとどけることが必要だった。横顔の人物の太い腕、頑健な体つき、そして傾頭姿勢は、屋根裏の存在を現世から古墳の玄室空間に持ちあげて送るために生まれたといえる。こうした解釈に一理あれば、古墳は遺骸の石室への搬入と閉塞によって完成するのではなく、霊魂の移送をもって墓として成立すると信じられていたことになる。

つぎは、キサリモチの〝キサリ〟の意味である。横顔の人物の役割から推測すると、来去り、あるいは鬼去りなどの意で、祖霊や被葬者霊など霊魂の送迎または送魂をいうのではないだろうか。古代中国では、魂魄の魂（霊魂）は陽気で上昇し、魄（白骨）は陰気で沈降するとされた。キサリモチを、霊魂の上昇を介添えする者と解することに一理ある。

なお、図Ｉには同業のシャーマン（両手をあげる大きな人物）がいるので、キサリモチとの間で役割分担があったと思われる。分担内容は不明だが、キサリモチの姿勢からは少なくとも送魂を担当していたことがうかがえる。ここでは「両手をあげる大きな人物」が、被葬者霊をはじめ祖霊や近親者の霊魂を屋根裏に懸け、キサリモチが玄室への送魂を担当したと考えておこう。シャーマンのバンザイポーズやキサリモチの傾頭という姿勢で、壁画物語は幕を開けることになる。

（４）盾を持つ馬上の人物

これは不思議な光景である。この人物は、弓矢を持っているべきなのに盾を持っている。ただ、盾が与えられていることで、この人物が墓主霊の世界の人物を意図していることがわかる。盾のなかに描かれた3つの赤マルの意味は不明だが、馬の前脚や蹄(ひづめ)にも赤がほどこされていて、描き手はこの人物が、あの世から〝火の玉〟に縁どられて現世に登場したと主張している。

この人物の前にいる2頭の4足動物は何だろう。馬ともシカとも考えられる。しかし、シカなどとすると一度に2頭を追いかけていることになるし、3頭が扇形になっているのも不自然である。これは、「盾を持つ馬上の人物」を後尾とする〝3頭の馬群〟と解すべきではないだろうか。すると、前の2頭に乗り手のいないことが疑問になる。

そこでつぎのように考えた。本来なら前の2頭にも人が乗り、矢を射かけているはずである。しかし3人とも霊魂だから、生身の人間のような狩猟風景を描くことはできない。とはいえ、3人のうち誰かを描かないと狩猟の場面とわかってもらえないので、1頭だけに人を乗せて描いた。しかし、弓矢は祖霊のマークだから使えない。そこで墓主霊マークの盾にしたと。すなわち3頭の馬群は墓主霊たちが現世で狩りをする光景で、狩りの目的は後述するように〝あの世の祖霊祭祀〟のためである。

6　墓主霊の世界（図Ⅱ）

（1）頭上に壺をのせる人物

図Ⅱの、緑の枠で縁どられた靫は祖霊のマークで、墓主霊たちが玄室空間で祖霊をまつる光景と考えた。墓主霊も、あの世では安穏としていられなかった。生前と同じように祖霊祭祀に励んだ。それが描き手の理想とする来世だった。順次説明しよう。

靫の左にいる「頭上に壺をのせる人物」は、わかりやすい。同じポーズの女子埴輪がある。壺には水や酒などが入っていて、この人物は誰かを饗応するために壺を頭上にのせている。これを赤彩馬に乗る武人と解する説もあるが、馬、イノシシなどの動物は黒で描かれているのに、この4足動物は赤彩されている。また、この人物の衣服にスカート状の広がりがある点も、武人とは異なる。

彼女は誰を接待するのだろう。1人は右側の図Ⅲから身をのりだしている「靫の脇で片手をあげる人物」で、もう1人は同じ図Ⅲの「赤彩人物」である。この2人は、「両手をあげる小さな人物」の招きに応じて墓主霊の世界にやってくる。墓主霊たちがイノシシで祖霊をもてなす（準備をする）と、祖霊は墓主霊の世界に身をのりだし、あるいは掛け橋を渡ってやってくる。これが描き手の信じた墓主霊の世界である。

（2）立ち姿の射手

立ち姿の射手は難解である。その理由は、弓と彼の着ている甲冑にある。当初、彼を墓主霊の一員と考えた。しかし弓は祖霊のマークだから、弓を持っている以上祖霊と考えざるをえない。その目で見ると、冑や甲を着用する図Ⅲの人物と装束が一致している。つまり彼は、祖霊の世界から墓主霊の世界へやってきて、現世の方角に矢を向けていることになる。何のために現世に向かって矢を射かけているのだろう。この描写は当時の祖霊信仰の核心にかかわるもので、この壁画の重要なシグナルと考えられる。後述しよう。

(3) 神話のなかの祖霊祭祀

霊魂があの世でも誰かに奉仕するという思想は、第1章で伊勢神宮の外宮と内宮の例でふれた。現世でまつられる者（外宮のトヨウケ）も、あの世で（内宮のアマテラスに）奉仕するという関係である。記紀神話では皇室の祖神アマテラスも祖霊祭祀を行っていて、例えば『日本書紀』（神代・天の岩屋）は、つぎのように記している（宇治谷『日本書紀』上）。

この後に、素戔嗚尊（スサノオノミコト）の仕業は、とてもいいようもない程であった。何となれば天照大神は天狭田（あまのさなだ）・長田（おさだ）を神田としておられたが、素戔嗚尊は、春は種を重ね播きし、あるいは田の畔をこわしたりなどした。秋はまだら毛の馬を放して、田の中を荒らした。また天照大神が新嘗（にいなめ）の祭（まつり）（新穀を神にお供えする祭事）を行なっておられるときに、こっそりとその部屋に糞（くそ）をした。また天照大神が神衣を織るため、神聖な機殿（はたどの）においでになるのを見て、まだら毛の馬の皮を剥いで、御殿の屋根に穴をあけて投げ入れた。

アマテラスは神田を持ち、新嘗祭を行ない、神衣を織っている。ヤマト王権の祖神としてまつられるアマテラスも、王権の祖霊の世界（高天原（たかまがはら））では、さらにその先祖をまつっている。死後、現世で子孫にまつられる者も、あの世では（生前と同じように）ご先祖様をまつるものと考えられていた。現世に出張し、馬を連ねて狩りをしている「盾を持つ馬上の人物」も、同様に考えることができる。

こう考えてくると図Ⅱは、墓主霊が祖霊のマークである靫に犠牲動物（イノシシ）や酒を捧げる（準備をする）と、それを快諾して祖霊たちが身をのりだし、あるいは掛け橋を渡ってやってくるという場面になる。なお、先の引用文でスサノオは、神聖な機殿の〝屋根に穴をあけて〟、皮を剥いだ馬を投げ入れている。なぜこんな面倒なことをしたか、その理由は後述しよう。

（４）狩猟の時空

祖霊祭祀には犠牲動物（鳥獣）が必要だった。矢を受けて血を流すイノシシがいる。このイノシシは立ち姿に描かれているが、すでに死んで横たわっていると解すべきだろう。問題は、このイノシシがなぜ血を流しているか、どこで仕留められたか、誰によって仕留められたか、なぜこの場にいるかである。

墓主霊の世界にもこの世と同じように〝猟場〟があるとすると、このイノシシは墓主霊の世界で調達されたことになる。この考えでは、この世とあの世は時空を異にする別の世界と信じられていたことになる。しかし描き手はそう考えていなかった。それを示唆するのが図Ⅰの「盾を持つ馬上の人物」である。

この光景を狩猟場面とすると、この人物が本来持っていたはずのモノは弓矢以外のものを考えにくい。つまり、彼の目的は狩猟である。この光景は、墓主霊の世界から現世へ出張して狩りをしている場面で、あの世の祖霊祭祀に必要な犠牲動物を、現世で調達しようとしている場面である。これが当時の他界観だとすると、死者は霊魂になっても祖霊祭祀のための狩りをするが、その活動の場（猟場）は現世と信じられていたことになる。

こう考えてくると図Ⅱのイノシシは〝現世（図Ⅰ）で調達されたイノシシ〟で、それを強調するために〝赤い血〟が必要だった。これは、図Ⅱという霊魂だらけの世界に、一点だけ実物の死骸が存在することを意味する。誰によって仕留められたかは後述しよう。

図Ⅱの腰石の世界を要約すると、つぎのようになる。ここは「あの世」で、キサリモチの送魂によって玄室に到着した霊魂たちが、飲食の準備や現世の狩りなど、それぞれの分野で祖霊祭祀の準備に励んでいるといった光景になる。これらの人物は被葬者ではないが赤の他人でもないので、被葬者の近親者などの霊魂と考えられる。被葬者とそれ以外の霊魂は、運搬手段で描き分けられていることは後述しよう。

なお図Ⅱで、大船の右脇にいて弓を持つ人物は、墓主霊の世界の入口で出入を監督する番人と考えられる。貧弱に描かれているが、弓を与えられている点で祖霊の一員になる。〝祖霊は墓主霊の世界の出入りを監督する〟という物語で、同様の光景は珍敷塚にもあった。図Ⅱのイノシシの前方にいる細長い小さなモノが何かは不明だが、これも犠牲動物と考えておこう。これらの図像に疑問がないわけではないが、その解釈いかんで、この壁画のテーマ（あの世の祖霊祭祀）がかわるとは思えない。

7　上段の大石の絵

（1）奔馬の射手

つぎはこの壁画のハイライト、上段の大石の絵（図Ⅱ）である。3人の人物のうち、「片手をあげるのっぺらぼう」は人物の窟の祖霊Zと同じポーズで、並み居る人物の頂点に立つという位置取りからも祖霊と考えた。この人物は手に何も持たず、まわしを締めている風情もない。この人物は、なぜ裸体でこの場所にいるかが疑問になる。下にいる2人はさらに難解である。この不思議な描写のなかに未知の含意があると思われるが、それでも一歩進もう。

まず、馬に乗って弓を引く人物。結論を先にいえば、彼は図Ⅰで行われた葬儀の客体で、被葬者霊である。しかし弓は、図Ⅲの祖霊の世界に描かれたように祖霊のマークである。にもかかわらず、彼を被葬者と解する理由は後述する。

最初の問題は〝馬の姿態〟で、獲物を追って疾駆する感じがよく出ている。前方に２頭のイヌがいるので、イヌ（の霊魂）とともに墓主霊の世界に到着したのだろう。この馬には特徴がある。噛みつくような大きな口は、イノシシの反撃にもひるまない、どう猛な性格を表現している。

尻のあたりから上に突出する曲線がある。これを旗指物とする説もあるが、旗指物なら進行方向とは逆にカーブしているはずだし、先端が鋭くとがっていることが難点になる。描き手の思いでは、これは奔馬(ほんば)の尻尾で、下方に垂れ下がる尻尾とともに、〝尻尾の振幅〟をストップモーションで描写しているのではないだろうか。悲しいかな、それらしく表現する腕がなかったという想定である。以後、この人物を「**奔馬の射手**」と呼ぶことにしよう。

（２）おむすびマークの人物

より難解なのは左側の人物である。この人物の特徴は２つある。第一に、体幹や頭部が抽象化されていることである。この人物には下肢の描写があるので、頭部や上肢の描写があっていいはずだが、不可解な造形に置きかわり、ただ直立しているように見える。これは何を示唆しているのだろう。

手がかりがまったくないわけではない。それは腰石のにぎやかな絵で、描き手が、甲冑や鏃(やじり)、弓、壺など、好んで古墳の副葬品と同じものを題材にしていることである。そもそも大船も、巨大な鍬先（くわさき）のように見えなくもない。そこでこの描写も、何らかの副葬品を模しているのではないかと疑ってみる。その目で見ると、まず下半身の輪郭でつくる緑のU字形は、高坏（たかつき）など飲食のための器（の断面図）に似ている。すると高坏の中身は、〝おむすび〟などと解することになる。つぎに、体幹と頭部の黒い線を一体のものとみると、製錬中の鉄などをつかむ道具（火ばさみ）に似ている。つぎに、左側からL字形に起こり頸を通って右側に出て、短く薄く下方に反るモノは、古代の大工道具の手斧（ちょうな）に似ている。こうした発想に一理あれば、この人物は、飲食器や工具などを副葬して葬られた被葬者霊と解することになる。

第二に、この人物の体幹のおむすび形が、多重円に見えることである。この人物が背を向けているか胸腹部を向けているかは不明だが、奔馬の射手が背中を見せているので、この人物も背中を見せていると仮定する。すると背中に、赤、黒の2色でおむすび形の2重円が描かれ、中心核が赤で塗りつぶされていることになる。これを、おむすび形で墓主霊の多重円を表わしたものとすると、やはり被葬者霊と解すべきことになる。以後この人物を「**おむすびマークの人物**」と呼ぶことにしよう。

（3）2人がここにいる理由

観点をかえて、2人の被葬者霊は、どこから（この場所に）やって来たかという問いを立ててみる。結論を先にいえば、奔馬の射手は、大船に乗ってやってきた。おむすびマークの人物は、トリの翼に包まれてこの世界にやってきた。その理由は、大船の赤とトリの緑が2人の人物に対応しているからである。では2人は、どういう経緯でこの世界にやってきたか。それが図Ⅰの「横顔の人物」すなわちキサリモチにつながる。つまり２人は、キサリモチの魂おくりによってこの場に到着した。ただし、図Ⅲの２人の祖霊も、図Ⅱの「頭上に壺をのせる人物」も、現世へ出張中の「盾を持つ馬上の人物」（図Ⅰ）なども、ともにキサリモチによって送魂された。腰石に展開する絵には、すでに活動中の霊魂もいるので、キサリモチの送魂に順序があり、祖霊や近親者の霊魂などは先に送られ、この２人の被葬者は最後に送魂されたと考えておこう（この点、虎塚では複数の家があり、霊魂たちは別々の家から出発したという構成になっている）。

２人の死因は不明だが、２人の姿態に死の様子が含意されているとすると、「奔馬の射手」は馬で急行しているので〝急死〟を示唆している。この点、人物の窟の図２の船を〝月の船〟とすると、船下の人物の取りこみ作業は（月が西の端に沈むまで）、一晩かけてゆっくり進行するので緩慢な死すなわち病死と考えることができる。「おむすびマークの人物」は、おむすびマークが馬蹄形にも見えることから〝事故死〟を示唆しているとも考えられるが、不明としておこう。

「おむすびマークの人物」は、他の霊魂の姿かたちが明確で具体的な動作を想像できるのに、ただ直立していることの意味は不明である。あるいはこれは現世の姿を投影していて、物心つく前の幼児を示唆しているかもしれない。これに対し「奔馬の射手」は、生前、狩りにいそしんでいたと想像することもできる。

ここまでのところを要約しておこう。「片手をあげるのっぺらぼう」は祖霊の世界（図Ⅲ）の出身で、「奔馬の射手」と「おむすびマークの人物」は、現世（図Ⅰ）から、たった今、到着した被葬者霊である。そして、この場所で３者が立会しているといった光景になる。ではこの３人は、ここに集合して何をしているのだろう。それを解明するためには、上段の大石の頂点に立つ者すなわち「片手をあげるのっぺらぼ討しよう。

う」の素姓を解明する必要がある。そのために、描き手の繰りだすもうひとつのシグナル、色づかいを検討しよう。

8　3色の色づかい

（1）霊魂の緑

黒、赤、緑の3色のうち、緑に注目してみる。中国古代の五行説では青は霊魂の色とされたが、列島では青を緑で代用することもあったとする説があり、この説に従う。緑のほどこされた図像は、つぎのとおりである。図Ⅰでは家の戸口の上、横顔の人物の上方にある4脚状の造作物の脚、図Ⅱではトリの翼をシンボライズしたと考えたＹ字形、多重円の内円、靫の輪郭線、そして「両手をあげる小さな人物」の一部に使われている。上段の大石では、「片手をあげるのっぺらぼう」の右上にある四角形、多重円の内円、「おむすびマークの人物」の下半身の一部などにある。

（2）完了形を描く原則

これまで検討してきた壁画は〝明確な完了形〟を描いていて、途中経過の一場面を描くのは例外だった。例外は人物の窟で、漠Ａや漠Ｂ（Ｃ）が人物ＸやＹに憑依する場面と、人物Ｙ（船下の人物）が冥界行きの船に取りこまれようとしている場面である。しかしこの場合でも、霊魂たちは確実に憑依し、人物Ｙの死は婉曲だが確実に到来した。むしろ、描き手の能力を引きだすために途中経過を描いたと考えることができる。要するに描き手は、これから起こる事態を（見る者に）推測させるような描き方はしなかった。遺族の望む理想の形を描いて、その実現を期した。古代には、念じたことを言葉にすると本当に実現するという信仰（言霊（ことだま）信仰）があったという。それと同じように〝念じていることを絵にすると、そのとおりになる〟という信仰が存在したのではないだろうか。

そこで本題に入ろう。「横顔の人物」は、家を舞台とする葬儀で魂おくりを担当するキサリモチと考えた。魂おろしなら人物の窟のように、招きおろされた人物が描かれるはずで、図Ⅰ（現世）にそれがないのは魂おろしではなく、魂おくりの結果（完了形）が図Ⅱ（墓主霊の世界）に描かれていると考えるほかない。

「横顔の人物」は、現世の家の屋根裏に懸けられた霊魂たちを、両腕で抱き上げるようにして、あの世（玄室の天井空間）へと送りだした。送りだされた2つの霊魂はトリの翼に包まれ、あるいは大船に乗って玄室の墓主霊の世界へ到着した。こう考えると図Ⅰと図Ⅱの世界は接合する。これは、家の屋根裏の空間を、そのまま玄室空間に移し替える儀礼が存在したと考える仮説で、この発想の当否は虎塚（第12章）で検証する機会がある。

（3）4脚状の造作物

葬儀の客体である2人の被葬者霊は、横顔の人物によって墓主霊の世界へ送りだされたが、葬儀の過程に祖霊は関与しないのだろうか。いや、そうではない。鳥船塚や珍敷塚では、現世から被葬者霊を強制連行してきた祖霊がいた。王塚でも祖霊が傷心の父母を護送してきたと考えた。この時代、祖霊もまた葬儀に参加した。祖霊祭祀を金科玉条とした描き手が、葬儀で祖霊を無視したとは思えない。

被葬者霊などが屋根裏にあるときは格別の席を必要としないが、被葬者霊の引率者として招きおろされた祖霊には、それにふさわしい〝特別席〟が用意されるべきではないだろうか。それが、横顔の人物の上方にある4脚の造作物である。つまりこれは、祖霊のためのベッド（神床）で、右端で傾斜する突起は、いわゆる坂枕である。横から見て描かれたのは、この傾斜を強調するためだった。神床がこの位置に描かれたのは、上段の大石の3人と同様〝取りだし画法〟によるもので、本来は屋根裏に存在したものを、ここに取りだしてこの高さに描かれた。

では2人の葬儀に参加した祖霊は誰だろう。それは図Ⅱの上段の大石にいる「片手をあげるのっぺらぼう」である。彼は、図Ⅰの「両手をあげる大きな人物」によって現世に招きおろされ、神床に着座した。そして葬儀のクライマックスで、2人の被葬者霊とともに「横顔の人物」の魂おくりによってあの世へ〝帰っていった〟。彼に与えられた乗物は、図Ⅱで靫の左脇にいる「赤彩馬」である。こう考えてくると、上段の大石にいる3人は、同時に現世からやってきて、到着後、この場に集合している光景になる。

（4）祖霊の臨席

「片手をあげるのっぺらぼう」は、祖霊代表として2人の葬儀に参加した。祖霊が葬儀に参加したケースを確認してみよう。

① 鳥船塚では、（笠をかぶった）祖霊が被葬者霊の乗る船を後押ししていた。珍敷塚では、墓主霊マークの多重円に珠文（昇華した霊魂）を散りばめて、祖霊のチカラで被葬者霊をあの世に連行した。

この考えでは、祖霊は被葬者霊が現世にあるときから葬儀に関与した。そうでないと被葬者霊が現世にとどまり、不都合なことが起こると信じられたからである。

②　岐阜県の荒尾南（あらおみなみ）遺跡から出土した弥生絵画の船（図43）の帆に○印の描かれたものがある（中央の船）。これは祖霊のマークで、墓地に祖霊を招きよせたことを表現している。小さな円文は、人物の窟で祖霊Zの右肘（ひじ）あたりに描かれた円文に似ている。両脇の船には多重円（の一部）が描かれていて、これは墓主霊たちが祖霊を護送してきたことを示している。

③　奈良県の佐味田宝塚（さみだたからづか）古墳出土の家屋文鏡（かおくもんきょう）（図50）にも祖霊の姿があった（この点、第11章で後述する）。この古墳の被葬者は、竪穴式建物に住む豪族で、トリの止まっていない家で暗喩されたシャーマンは、豪族の祖霊を屋外へ取りだしている。古墳への埋葬という葬儀の最終段階にも祖霊が関与していた。それは王塚などでみたように、被葬者霊は祖霊とともに暮らすことが理想とされたからである。

④　つぎは『日本書紀』（斉明七年）である。百済救援の途中、九州で亡くなった斉明天皇の喪のとき、「朝倉山の上に大笠を着た鬼が現れて、喪の様子をじっと見ていた」という。この「鬼」とは何だろう。彼が生身の人物でないことは疑いない。朝倉山の上という高みに出現したことや、「大笠」を鳥船塚の祖霊がかぶっていたものと同類とすると、彼は冥界からやってきて葬儀を監視した者になる。鬼とは魏志倭人伝にいう「卑弥呼のよくした鬼道」すなわち祖霊信仰の概念で、霊おろしによってこの世に登場した霊魂を指すと考えられる。仏教の側からみて、相容れない信仰の中心人物を鬼と表現したのではないだろうか。

以上、いずれも私見を基礎にしていて論証とはいえないが、葬儀に祖霊を参画させることもあったと仮定してつぎに進もう。

（5）3人の中心人物

上段の大石の緑は3人の人物にかかわるもので、3人とも霊魂だと示唆している。しかし、これまで別の経路で3人を霊魂と考えてきたので、もはやそのくくりでは満足できない。1人は被葬者霊を引率してきた祖霊、下の2人はこの墓の主賓である被葬者霊である。3人は霊魂にはちがいないが、霊魂にも区別があり、そのちがいを説明するために多重円や四角形などのマークが配置された。

多重円（2重円）は墓主霊のマークだから、2人の被葬者霊に割り当てる。すると残った旗状の四角形は、「片手をあげるのっぺらぼう」（祖霊）に配当することになる。祖霊と旗は、関係がありそうである。人物の窟の祖霊Zの背後に、布帛状のモノがたなびいていた。珍敷塚の靫3の右下方にも四角形が接続していた。これらを旗とすると、旗は祖霊の目印で、五郎山の四角旗は3例目になる。

その他、緑の配色が問題になるものに図Ⅱで「両手をあげる小さな人物」がいるが、これはこの人物が墓主霊の一員で、同じ姿態の現世の人物（図Ⅰ）と区別するためである。残るのは家の戸口の上部にほどこされた緑だが、これは古代の家の観念と関係するので別途検討しよう（第10章　屋根裏と雨だれ落ち）。

ここまでくると、この壁画の全容を推測することができる。それは、相次いで亡くなった2人の被葬者霊と、その身元引受人になって彼らを墓主霊の世界へ引率してきた1人の祖霊の物語である。3人は現世から到着した直後にこの場に集合した。すると会合の目的は、腰石に展開されている光景すなわち〝墓主霊の世界における祖霊祭祀〟以外にない。

9　あの世の祖霊祭祀

(1) 奔馬の射手の動線

図Ⅱに点々と配置された黒マルを見てみよう。大船のなかにはじまり、靫の右を過ぎ、Y字形のなかにひとつあり、腰石の上際で終わり、ここから上段の大石に移動したと示唆している。ただし上段の大石は〝高み〟ではなく、腰石の絵の一部を取りだす〝取りだし画法〟で、黒マルは平坦面の移動を示していると解すべきことは前述した。

問題は、この動線の途中に存在するイノシシである。実際には、イノシシは人の手によって玄室内に搬入されたと考えられるので、問題は絵の中のイノシシの意味である。イノシシは、霊魂の世界で唯一現実の存在（死骸）と信じられていた。赤い血はあの世の存在（霊魂）ではなく、この世の存在であることを示すシグナルだった。するとこのイノシシは現世で仕留められ、何者かによってこの場に運ばれてきたことになる。では誰が仕留め、誰によってこの場に運ばれてきたのだろう。

その可能性がある者として、図Ⅰで現世に出張している「盾を持つ馬上の人物」と、図Ⅱで現世に向かって矢を射かけている「立ち姿の射手」がいる。しかし前者はまだ現世に出張中で帰還前、後者は現世に出張していないのでイノシシを獲ることができない。すると残るは「奔馬の射手」である。彼は死して霊魂になったあと、あの世の祖霊祭祀のために狩りに出かけてイノシシを仕留め、奔馬やイヌ（の霊魂）

とともに、大船に乗って墓主霊の世界に到着したと考えるほかない。そう考えると、船がひときわ大きく描かれた理由がわかる。

（2）会合の目的

「奔馬の射手」と「おむすびマークの人物」は相次いで亡くなった。1回の葬儀で2人が魂おくりされたとすると、ほぼ同時に亡くなったと考えるべきだろう。「奔馬の射手」は生前、狩りを得意としていた。「おむすびマークの人物」は、現世でもこの世界でも勝手がわからないため、ただ直立している。2人がほぼ同時に亡くなるという非常事態に対処するため、この壁画が用意された。

「片手をあげるのっぺらぼう」が背を向けていると会話が成立しないので、こちらに顔を見せている、そして2人を前（下）にして何かをしゃべっていると仮定する。わたしの想像では、彼は2人に向かってこう言っているはずである。

よく来てくれた、歓迎しよう。ここが、これからキミたちの過ごす場所だ。ここに来たからには、現世の未練をきっぱりと捨てよう。キミたちのやるべきことはたくさんある。この世界でも祖霊祭祀は重要だ。先輩たちはすでに、それぞれの持ち場についている。

奔馬のキミには礼をいおう。手土産にイノシシを持参してくれた。これからも祖霊のための狩りに励んでくれ。おむすびマークのキミも、神々に供える食器や工具などの贈り物を持ってきてくれた。神々も、きっとお喜びになるだろう。

現世に出張中の「盾を持つ馬上の人物」も、おってもどってくる。あの世（祖霊の世界）の先祖たちも、もうすぐここに到着されるはずだ。先祖の好きなイノシシや酒があり、接待する女性もいる。全員そろったら盛大に宴会をはじめよう。

以上、細部にわたり想像の翼を広げ、論旨をつなぎ、ようやく最終局面に到着した。紙幅をついやしたわりには、描き手の主張はシンプルである。２人の被葬者の解釈いかんで最後の言葉はかわるが、解釈の基礎に〝あの世の祖霊祭祀〟があれば、どんな変容もありうる。この壁画には、良くも悪しくも描き手のイデオロギーが満載されている。よくいえば楽天的、悪くいえば教条的な信念が語られている。しかし、当時の他界観や葬送儀礼を活写している点で貴重な資料というべきだろう。

（３）裸体の祖霊

「片手をあげるのっぺらぼう」を祖霊とすると、祖霊を描く場合のルールが示されていることになる。そのひとつが手の位置で、一方を腰のあたりに置き、他方を得意げに、あるいは親しげに挙上するポーズである。これはじぶんをまつる者に対してとるポーズで、ここでは子孫であるシャーマンの呼びかけに〝快諾〟する姿がイメージされている。

この点、鳥船塚で、船外にいた祖霊は両手をおろしているように見えるが、これには理由がある。この祖霊は、現世から被葬者霊の乗る船を後押ししてきたので手をあげる余裕はなかった。片手をあげていない祖霊は祖霊と解してもらえないので、大刀と靫をつけて注釈を加えたともいえる。

全身のっぺらぼうという姿態も初出である。彼だけはこの壁画に登場するすべての人物と異なり、頭髪もなく衣服や飾りなど身に着けているものは何もない。まったくの裸体に描かれているのはなぜか。この人物は、図Ⅲの祖霊の世界にもどれば甲冑を身に着けるのだろう。この姿態は〝現世へ出張する際の姿〟と考えた。つまり彼は、2人を引率して墓主霊の世界に到着した直後なので、まだ出張中の姿のままでいる。祖霊が現世へ出張するとき裸体になることは、人物の窟で引用した志田諄一さんの「祖霊の裸体・被髪示現説」や「睡虎地秦簡」で説明することができる。

問題は、人物埴輪の力士像との関係である。厳密にいえば、力士像はまわし（ふんどし）をつけているので裸体とはいえない。五郎山の描き手が「片手をあげるのっぺらぼう」にまわしをつけなかったのは、おそらく一糸まとわぬ裸体にこだわったからである。人物埴輪には力士像以外にも裸体像が少なくない。裸体像にさまざまな態様があり、力士像もその一態様と認めると力士像に新しい視点が加わる。第15章（埴輪群像の機能論）で論じよう。

（4）あの世への乗物

つぎに、図Ⅱ・Ⅲに登場する人物の乗物である。結論を先にいえば、玄室は人工的な他界で、玄室空間に存在する霊魂は、何らかの運搬手段でこの場に参集する。「奔馬の射手」は大船に奔馬やイヌを乗せて、「おむすびマークの人物」はY字形のトリに乗って、「片手をあげるのっぺらぼう」は送迎用の赤彩馬に乗ってそれぞれ玄室に到着した。これらの運搬手段は腰石に描かれているので、着地点は腰石のレベルと考えられる。着地点を区別するのは、描き手が玄室空間を祖霊と墓主霊の場に分けているからである。

そこで、これ以外の霊魂たちの乗物と到着地点をみてみよう。船は玄室の側壁と玄門に描かれている。

まず（奥から出入口を見て）右壁に描かれた1隻の船は、上方を珠文でおおわれている（図23）。珠文は、名もない無数の霊魂の徴表と考えた。多くの霊魂に護送されてこの場に到着したのは、図Ⅱですでに持ち場についている墓主霊である。この船には、棺と解されている箱状のモノが2つある。この船で運ばれてきたのは2人で、それは「頭上に壺をのせる人物」と「両手をあげる小さな人物」である。着地点は、描かれた船のレベルすなわち腰石のレベルである。

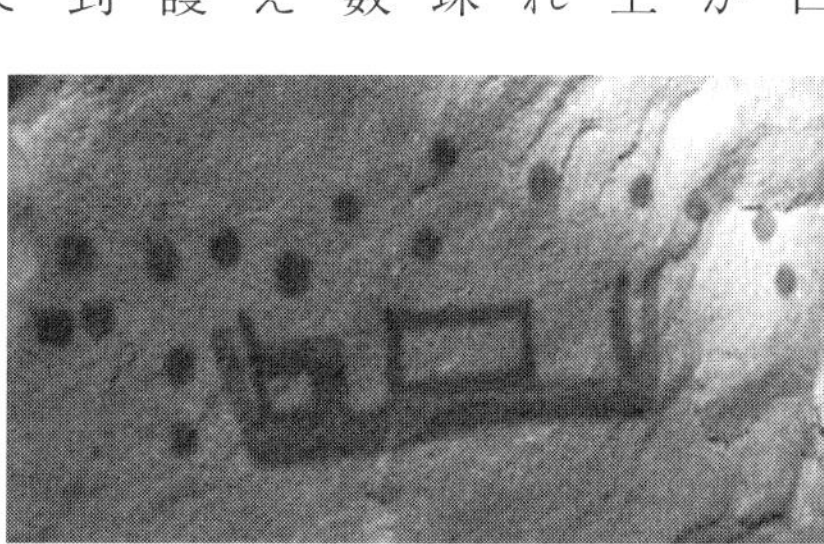
図23　右壁の船

図24　左壁の船

左壁には上方と下方に1隻の船があり、上方の大きな船には2つの棺がある（図24）。これに対して下方の船は小さく、棺はひとつである。大きな船を親船と呼べば、下方の小さな船は子船ともいえるほどの大きさである。この2隻の船の3つの棺に対応するのは、3人の祖霊である。すなわち、図Ⅲの祖霊の世界にいる「靫の脇で片手をあげる人物」、「赤彩人物」そして墓主霊の世界に出張している「立ち姿の射手」である。「立ち姿の射手」が祖霊の世界（図Ⅲ）から墓主霊の世界（図Ⅱ）へ出張していることを、親船から子船に乗りかえて下方に描くことで表現しているとすれば、〝芸が細かい〟と評すべきだろうか。2つの船の到着地点はレベルが異なっている。子船の祖霊（立ち姿の射手）は腰石のレベルに、親船の2人の祖霊はそれより上方の天井空間に到着したと描き手は主張している。

大船の脇にいる人物は「墓主霊の世界の番人」と考えた。彼にも乗物が与えられているはずである。描かれているとすれば、この石室の出入口、玄門に描かれた船である。番人は、まっさきにやってきて霊魂の出入りを監視すべきだからである。

やや疑問になるのは、現世（図Ⅰ）へ出張中の「盾を持つ馬上の人物」である。この人物には玄室への運搬手段が見当たらない。それもそのはず、彼は玄室にいない（現世にいる）からである。こう考えてくると、船の描かれた側壁などは物語の一部を構成していることがわかる。霊魂たちは他界である玄室に参集し、それぞれの物語を展開して納まるべきところに納まった。それなりに論理的で首尾一貫している。王塚とは異なる意味で、五郎山の描き手にも敬意を表すべきだろう。

（5）不明の図像

これまでの解釈で不明な点を列挙し、追考してみよう。まず「おむすびマークの人物」で、少なくとも彼は一家の跡継ぎではなかったかという疑問である。壁画を描いて古墳に葬送された者、しかもあの世の祖霊祭祀を託された者が、現世で跡継ぎでないといった事態はこれまでの壁画になかった。

そこで、最後の想像を試みよう。「おむすびマークの人物」が背負っている副葬品のひとつに手斧があると考えた。頸の左からL字状に出て、頸の右で極端に薄くなり内側に反転、屈曲するモノである。描き手は、頭部のこのあたりに〝少しだけ上に曲がる形〟が必要と考えたのではないだろうか。描き手は、シルエットが「双脚輪状冠」に見えるように、先端を少しだけL字に曲げたという想定である。

こう考えると、この人物も跡継ぎでありながら早世した者と解することができる。するとこの壁画は、現世でチカラを発揮できなかった跡取りに、せめてあの世で跡取りの役目を果たしてほしいという親心の産物になる。同様にして、祖霊祭祀のための犠牲獣を持参した「奔馬の射手」も正統な血筋にあることをうかがわせるが、その根拠を見いだすことができなかった。

もうひとつは色による解釈である。例えば祖霊の世界に2つの大きな靫があり、黒い靫とその脇に立つ人物はともに黒で、赤い靫の左に立つ赤彩人物も赤である。赤で描かれた人物や動物に何らかのつながりがあり、また黒で彩色された人物や動物にも関係があるという推測が生まれるが、この考えで全体をつらぬくルールを発見できなかった。赤も同様である。家の戸とキサリモチ、大船や祖霊マークが赤で彩色されているが、これも通底するルールを見いだすことができなかった。

図Ⅱと図Ⅲの仕切り線を兼ねていると解した短い棒状の図像も、不明である。左壁の船の到着位置が高所で、図Ⅱと図Ⅲの間に掛け橋があることから、図Ⅱと図Ⅲの間には高低差が意識されている。石室空間に高低差の区別があり、祖霊はより高所に、墓主霊は平坦面に持ち送られたと考えた。すると、短い棒状の図像は祖霊の座である〝小さな石棚〟をイメージしているとも考えられるが、実測図にそれらしいものは見当たらないので不明とせざるをえない。含意を汲みとれなかったシグナルは少なくないが、それでもこの壁画の繰りだすメッセージが〝あの世の祖霊祭祀〟であることは動かない。

10　彼我の時空

（1）家を模した石室の他界観

他界がどこかを考える場合、遺骸の存在場所は有力な候補になる。古代には、人体から魂が完全に離脱すると死とみなされた。離脱した魂には霊性が与えられ霊魂と呼ばれ、魂が離脱した遺骸には魄（白骨）が残る。そこで他界を霊魂の居場所と規定し、遺骸との関係で壁画の他界観を確認してみよう。

五郎山では、遺骸は石屋形の屍床などの平坦面に安置され、霊魂が壁画に描かれた。現世で「横顔の人物」は、2人の被葬者霊と引率の祖霊を玄室へ持ち送った。彼らは大船やY字形のトリ、赤彩馬に乗って玄室空間に到着した。この3人以外の霊魂は、側壁などに描かれた船で玄室に到着したように描かれた。現世の「横顔の人物」と「両手をあげる大きな人物」は、壁画の描かれた当時、生きていたので運搬手段は必要ない。五郎山の描き手は、玄室空間の意味を屋根のない家で教えている。描き手の認識は明晰で、霊魂の出発地を家の屋根裏、到着地である玄室を他界と考えていた。

人物の窟では、左壁に「船下の人物」（人物Y）を取りこんで進もうとする三日月の船があった。この船の進行方向は玄室で、「船下の人物」は被葬者霊になるから、この描写も他界は玄室だと示唆している。

鳥船塚では玄室に船が描かれていたので、被葬者霊は直接玄室に到着したことになるが、弁慶ヶ穴はやや問題がある。弁慶ヶ穴では（奥から見て）右側の玄室袖石に、靫の上に乗る船と馬があった。この馬は開口部に首を向けていて、王塚の馬や人物の窟の船のように、進行方向を奥に向けていない。弁慶ヶ穴の前室も遺骸を露出するように設計され、馬や棺を乗せる船が描かれているので、前室、後室とも霊魂の到着地と考えることに支障はない。欲をいえば、馬の首は玄室に向けて描かれるか、左の袖石に描かれるべきだった。ただしこの点は、五郎山の赤彩馬のように、祖霊の送迎用の馬の常駐場所を意図したと考えることもできる。

横穴式石室のルーツは大陸にあるが、列島でも、竪穴式石室から独自に展開したケースがあると考えられる。横穴式石室に転換する理由のひとつに住環境の変化があるだろう。有力者の間に平地式建物が普及し、現に住む家の屋根裏に祖霊や近親者の霊魂が宿るという観念が普及すると、前期・中期古墳のように、墳頂に家の一部（屋根裏）をつくって主人ひとりの魂魄の座とすることが次第に現実離れしてきた。平和が訪れ、暮らしが安定し、家族が主家に集う機会がふえると、祖父母や父母、兄弟姉妹など近しい人びとの霊魂は、ともに主家の屋根裏に宿ると信じられるようになり、その意識が玄室という他界に投影されたために、より広い空間が必要とされたのではないだろうか。当初、墳丘中に屋根裏だけをつくることを目的としていた古墳は、その後、丸ごと家をつくるようになったという想定である。

五郎山古墳の横穴式石室は複室構造で、玄室は一個の部屋と認識され、壁体は内傾して屋根裏が強調されている。このタイプの石室は九州系石室と呼ばれ、多かれ少なかれ玄門の立柱石、石屋形、屍床、枕石、部屋を仕切る障石、石棚、扉石などを備えている。壁画のあることも特徴のひとつで、五郎山の解釈に一理あれば、五郎山の他界観は九州系横穴式石室に敷衍（ふえん）することができる。すなわち、家を模した横穴式石室は、祖霊や被葬者霊など霊魂の住む家を模しているということである。

他方、これとは異なるタイプの横穴式石室が存在する。畿内型（系）石室と呼ばれるもので、石室を直方体の箱のようにつくり、遺骸を家形石棺のなかに密封する。ヤマト王権中枢の墓制とされるが、このタイプの石室に壁画が描かれることはない。壁画解釈に一理あることを立証するためには、なぜ畿内型石室に壁画が描かれなかったか、すなわち畿内型石室の他界観を追求する必要がある。第13章（前方後円墳の他界観）で検討しよう。

（2）彼我の共時空性

つぎは、この世とあの世の時間的・空間的関係で、2つの世界がつながっていると考えられていたかどうかである。五郎山では、現世の横に墓主霊の世界があり、その横に祖霊の世界があった。現在―過去―大過去という3つの世界を見ると、生者の未来は墓主霊の世界で、墓主霊の未来は祖霊の世界になる。現世（図Ⅰ）からみると図Ⅱ・Ⅲは過去・大過去になるが、それはまた生者の進むべき未来（図Ⅱ）や大未来（図Ⅲ）でもあった。この描写は、現世をふくむ3つの世界が、時間的につながっているという認識を示している。

問題は、3つの世界が空間的につながっていると認識されたかどうかである。まず、図Ⅱと図Ⅲの関係。墓主霊の世界と祖霊の世界は、〝掛け橋〟によってつながっているかのように描かれた。「靫の脇で片手をあげる人物」と「赤彩人物」の乗る親船が腰石より高い地点に到着していることや、「靫の脇で片手をあげる人物」の上に仕切り線の機能をもつ短線があることから、墓主霊の世界と祖霊の世界には高低差があり、それを掛け橋でつないでいるとも考えられる。ともあれ、2つの世界がつながっていると考えることに支障はない。

そこで問題は、現世（図Ⅰ）と墓主霊の世界（図Ⅱ）の関係にしぼられる。手がかりはいくつかある。

まず形式的なことで、前述の仕切り線の機能を備えた短線や掛け橋といった空間を分ける図像が、図Ⅰと図Ⅱの間に存在しないことである。つぎに実体的な問題で、現世（図Ⅰ）で狩りをしている「盾を持つ馬上の人物」や、墓主霊の世界（図Ⅱ）で「矢を受けて血を流すイノシシ」、祖霊の世界から墓主霊の世界へ出張して現世の方角に弓を引きしぼる「立ち姿の射手」をどう考えるかである。

「盾を持つ馬上の人物」は、盾が墓主霊のマークで、盾は赤マルをつけられ火の玉に縁どられているので現世に出張中の墓主霊と考えた。馬や身体の赤は目印で、それがないとあの世の人物（幽霊）とわかってもらえないため付加されたのだろう。人物の窟の左壁の異形の2人（冥界の使者）も、火をともしていた。火の玉は冥界出身者のシグナルで、彼らは墓主霊の世界から現世へ出張すると信じられていた。「矢を受けて血を流すイノシシ」の〝赤い血〟は生きていた証しで、現世で調達されたことを示す意図的な表現である。

人物の窟でも、生身の人物X・Yに対して、祖霊Zと祖父霊である漠B（C）は招きおろされて、彼らは同じ時間に同じ場所に存在した。生身の人物や動物と霊魂が同じ場面に描かれることは、両者は空間を共通にしているという認識を示している。「立ち姿の射手」の放つ矢も、後述するように現世に届くと信じられていた。

こう考えてくると、図Ⅰ・Ⅱ・Ⅲの境界を取りはらうことができる。つまり図Ⅱ・Ⅲは、玄室内で展開している霊魂の世界を描いている。この論理では、玄室に縁者が訪ねてくれば霊魂たちは面会できるし、飲食で饗応されれば喜んで応じる。後述するイザナギの黄泉の国訪問譚（たん）（第14章）や石室内から出土する飲食のための土器も、こうした他界観を背景にしていると考えられる。

しかし、問題はそこにとどまらない。現世（図Ⅰ）の家は古墳外の存在で、「盾を持つ馬上の人物」は現世で狩りをし、「片手をあげるのっぺらぼう」は、古墳外で行われた葬儀に立ち会っている。これは、玄室の外でも彼我の時空が同時に進行したことを意味している。しかしこれは、むしろ当然というべきだろう。幽霊が墓のなかにとどまっていては意味がなく、墓の内外に出没してこそ意味がある。つまり描き手には、現世で過去の人物と時間的、空間的に共存しているという認識（**「彼我の共時空性」**という）があった。これは、日常の暮らしのなかで見えない故人と隣りあっているという感覚で、今風にいえば「千の風になって」の心象に近いといえるだろうか。

五郎山の壁画解釈に一理あるとしても、疑問が解消したわけではない。例えば、祖霊などを送りだした屋根裏は、もぬけの殻になってしまうか。家のなかの他界は恒常的なものか一時的なものか。家のなかの他界と玄室の他界は両立するかといった問題である。しかしそれは壁画ではわからない。この点、民俗学は屋根裏に関する興味深い習俗を採集している。第10章（屋根裏と雨だれ落ち）で論じよう。

記紀神話も彼我の共時空性に立って、高天原（たかまがはら）の先祖と現世の子孫との交流を描いている。ヤマト王権以外の氏族にも、五郎山の図Ⅱ・Ⅲに相当する〝それぞれの高天原〟が存在したはずで、記紀編纂当時の人びとは、こうした彼我の交流をありうることと考えていた。

彼我の共時空性というテーマは、人物埴輪の解釈に影響する。相対する人物埴輪の儀式は現世の出来事を造形しているが、登場人物のすべてが生身の人間を模しているわけではない。想像を絶する人物像は、他界（図Ⅱ・Ⅲ）の存在を造作した可能性がある。

（3）葬列と隊列

五郎山の図Ⅰ・Ⅱが葬儀の前後を描いているとすると、葬送される者の全体像（あの世への出行メンバー）を想定することができる。主人公である被葬者とその随行者に区別し、全員を整列させると、あの世への出行メンバーすなわち「葬列」になる。こうした観点を立てるのは、人物埴輪にも隊列を組んでいると見える一団（以下、「隊列」という）が存在するからである。

彼我の共時空性のもとでは、生身の存在と霊魂を区別する必要がある。五郎山で生身の存在は、現世（図Ⅰ）では「横顔の人物」（シャーマン・巫女）と「両手をあげる大きな人物」（男巫）で、墓主霊の世界（図Ⅱ）ではイノシシ（ただし死骸）である。それ以外は霊魂で、「横顔の人物」によって墓主霊の世界（図Ⅱ）に持ち送られた。被葬者霊からみれば墓主霊の世界への旅立ち（出行）になるが、引率役の祖霊からみるとあの世への帰還になる。

あの世への出行メンバーを、具体的に想定してみよう。一団の先頭に立つ者は被葬者霊で、五郎山では「奔馬の射手」と「おむすびマークの人物」の2人。つぎに立つのは葬儀の見届け役で、あの世への引率者でもある祖霊（「片手をあげるのっぺらぼう」）である。ただし、甲冑姿の祖霊（「靫の脇で片手をあげる人物」や「赤彩人物」）もいることに留意しておこう。甲冑姿の祖霊が葬儀に出向いても不思議ではないからである。そのあとに、霊魂たちの乗物である馬（赤彩馬）やトリ（Y字形の翼）、船などがつづく。王塚のように馬曳き人が加わることもある。

やや問題になるのは「盾を持つ馬上の人物」である。彼に獲物があれば、獲物とともに墓主霊の世界へ帰還するのだろう。五郎山では、被葬者霊である「奔馬の射手」がイノシシをあの世へ持参したと考えた。

以上を要約すると、あの世への出行メンバー（葬列）はつぎのようになる。①被葬者霊、②付き添いの祖霊、③獲物を持つ墓主霊、④馬（と馬曳き人）、トリなど霊魂の運搬手段。人物埴輪のポイントは、これらの人物や動物が埴輪に造形されているかどうかである。第15章（埴輪群像の機能論）で論じよう。

11 祖霊のチカラ

（1）祖霊への副葬品

五郎山で「立ち姿の射手」は甲冑を身につけ、矢を現世の方角に向けていた。装束と武器から、彼を祖霊と考えた。今日では、ヒトは死ぬと物理的に無力化すると考えられている。この場面のように、霊魂が現世に向かって何らかの行為をするといった観念は、にわかには信じられないことに属する。

そこで、古墳の副葬品の甲冑と弓矢に注目してみよう。副葬品の品揃え（しなぞろえ）は、古墳時代の前・中・後期を通じて踏襲されるものと、時期ごとに加わるものや、なくなるものがある。一貫してかわらないものは、身のまわりの装身具、武器、鏡などで、前期にはそれ以外に石製の腕輪や玉杖（ぎょくじょう）といった生業や身分を表わすものがあり、中期になると鉄刀や矢尻などの武器や甲冑、農工具などが加わり、後期には馬具が加わるほか須恵器などの土器が大量に納められるようになる。

このなかで中期の副葬品に、立ち姿の射手の装束である甲冑と弓矢があることに注目しよう。つまり立ち姿の射手は、後期古墳の五郎山からみると、前代にあたる中期に流行した副葬品の甲冑と弓矢をあてがわれていることになる。この描写は、副葬品には宛て先があり、祖霊は祖霊に宛てられた副葬品を着装して現世に影響力を発揮すると信じられていたことを示している。

〝副葬品に宛て先がある〟といった観点は、にわかには信じられないことで、副葬品を墓主ひとりのものと考える考古学では驚天動地の事態になる。この点は別途論じることとして（第11章　祖霊と土地神の共住、第13章　前方後円墳の他界観）、つぎに古代の説話から〝祖霊は現世に向かってチカラを発揮することがある〟と信じられていた例をあげよう。

（2）天皇霊の威力

『日本書紀』（敏達天皇十年）に、つぎの記事がある。蝦夷数千が辺境を侵犯したので、天皇はその首領綾粕らを召して殺そうとした。そのとき綾粕らは、①おそれ畏み、②泊瀬川の川中に入り、水をすすって、③三輪山に誓って、④「以後、蝦夷は子々孫々に至るまで、帝に仕える。もし誓いに背いたときは、天地の諸神と天皇の霊に、私どもの種族は絶滅されるでしょう」といった（宇治谷『日本書紀』下）。

この説話は難解である。一言でいえばピンとこない。綾粕らが、①おそれかしこんでいることが実感として伝わってこない。②泊瀬川の水をすすったことは、これから誓う言葉に、嘘いつわりのないことを示唆する伏線だろう。最初の問題は、③蝦夷はなぜ三輪山に向かって誓ったか、である。これは結局のところ、蝦夷の宗旨が三輪神の宗旨と同じだったからと考えるほかない。綾粕らが関東東北などの、どのあたりの蝦夷かは不明だが、一部の蝦夷もまた蛇神雷神の信奉者だった。

④はさらに複雑である。天地の諸神は天神地祇として、「天皇霊」が何を意味するかが問題になる。霊

とあるからにはあの世の存在で、しかも特定の天皇ではなく、現世で天皇だった人物の霊魂の総称と考えることになる。「わが種」とは綾粕らの属する蝦夷の種族のことで、天神地祇や天皇霊が、綾粕らの属する蝦夷を皆殺しにしてもよいと〝三輪神に向かって〟宣誓したことになる。

子孫を滅ぼすと、まつってくれる者がいなくなるから、三輪神は自己を祖先と信じる蝦夷を亡ぼすことはない。したがって、ここにいう地祇に三輪神はふくまれない。すると、天神やそれにつながる天皇霊、そして三輪神以外の地祇が、蝦夷の一種族を絶滅する力があると信じられていたことになる。

ここに、彼我の共時空性というテーマを投入してみよう。すると、綾粕らがおそれおののく様子が見えてくる。畿内に存在する王権中枢の大型前方後円墳に、大量の武器武具が副葬されたことを綾粕らは知っていたのだろう。その武器は、綾粕の一種族を絶滅できるほどの質と量だった。

要するにこの説話は、副葬された武器武具を天皇霊や地祇（土地神）が、現世の綾粕らに向かって行使することができると信じられていてはじめて成立する。そういう前提がないと、綾粕らはおおげさに茶番を演じ、王権はそれを信じたことになる。副葬品はすべて墓主に宛てられたもので、副葬されてしまえば死蔵になると考える考古学では、理解しがたい物語になる。

（3）墓主霊の位置づけ

これに対し、被葬者霊にチカラがあると信じられたかどうかは微妙である。五郎山で、現世に出張中の墓主霊と考えた「盾を持つ馬上の射手」は、本来持つべき弓矢が描かれていなかった。墓主霊に、なぜ弓矢―チカラが与えられなかったのだろう。それはおそらく、彼我の共時空性のもとで被葬者霊に武器を与えると、それをもって生者に反撃（復讐）すると信じられたからである。

もっとも、これにはいくつかの例外がある。その一は、墓主霊の世界の「奔馬の射手」である。彼は弓矢を持っていたが、これは現世から到着した直後の姿で、あの世への手土産としてイノシシを持参したことを示すために、この姿が必要だった。この矢が狩りのためのものであることを示すために、イヌが描き添えられている。後述するように、虎塚では祖霊に配当された武器に槍や刀があるが、弓矢はなかった。これは、地域によって祖霊と墓主霊に配当された武器が異なり、東北では墓主霊に、祖霊や土地神祭祀の狩りのためだけに弓矢が配当されたと考えることができる。その三は、副葬された刀剣類の一部で、死装束の一部（道中の護身用）と考えられるものである。こうした例外はあるものの、祖霊に配当された武器と墓主霊に配当された武具（盾）を比較すると、墓主霊の位置づけが格段に低いことがわかる。

古墳時代に、祖霊は副葬品（奉献物）をもって子孫を加護するという思想が存在したとすると、弥生時代にも同種の思想が存在した可能性がある。それは青銅祭器を埋納する習俗である。前書で銅鐸絵画を検討して、絵のある銅鐸は雷神に雨を乞うもので、雷神の棲処（すみか）（と信じられた場所）に埋納されたと考えた。では埋納したあと、銅鐸はどうなると考えられたか。答えは明快で、雷神はそれを身につけて雄々しく、また騒々しく出動する。列島の青銅祭器は神の嗜好品ではなく、まして死蔵になるとは思われていなかった。雷神や祖霊に、埋納（副葬）された奉献物を現世で使うチカラがあると信じられていたとすると、青銅祭器や副葬品に対価を惜しまなかった理由がわかる。

第7章　竹原古墳壁画

はじめに

西日本の壁画の最後に福岡県の竹原古墳壁画を検討しよう。竹原古墳（宮若市）は、6世紀後半の複室構造の横穴式石室をもつ円墳である。壁画は奥壁の腰石に描かれ、その上に大きな石棚が設けられた。副葬品として勾玉、ガラス丸玉、金環などの装飾品や、轡（くつわ）、杏葉（ぎょうよう）、辻金具（つじかなぐ）などの馬具、刀の鞘、鉄鏃などの武器が出土した。また大小2種の歯が残されていたことから、男女2人を葬ったものともいわれている。

この絵はかわっている。見当のつくものは船と三角文だけで、他の図像は初出である。これは描き手が、これまでの描き手とは異なる教養をもっていることを示している。この被葬者に起こった出来事に対して、従来の教養では対応できなかった。そこで、その出来事を推測させる別の教養で対応した。すなわち、この墓に葬られるべき人物の死は、通常とは異なる事態のもとで起こったことを示唆している。

1　全体を見る

壁画は、前室の袖石と後室（玄室）の奥壁にある。前室から玄室を見ると玄室奥壁の絵が見えるが、その手前、玄門の両側にも図像がある。奥から出入口を見て右側が玄武(げんぶ)（亀と蛇が絡(から)んだ像）で、左側は朱雀(すざく)と解されている（図25）。

玄室奥壁の壁画（口絵 図13）の概要は、つぎのとおりである。

一対の「翳(さしば)」（長柄の団扇(うちわ)）が両端にあり、その間の下端に波頭状の文様（以下「波頭文」という）がある。4つの波頭文は、2つずつ左右対称に描かれている。波頭文の上に「船」があり、船の左側に「馬を曳く人物」がいて、船の右側に縦に連続する5つの三角形（以下「連続三角文」という）がある。そして最上部に「怪獣」がいる。このうち怪獣について有力説は、青龍・白虎・朱雀・玄武の四神信仰の影響と考え（四神図説）、あるいは、水辺に馬をつれて行き龍と交配させることによって駿馬を生みだす龍媒(りゅうばい)伝説が描かれている（龍媒説）と考えている。

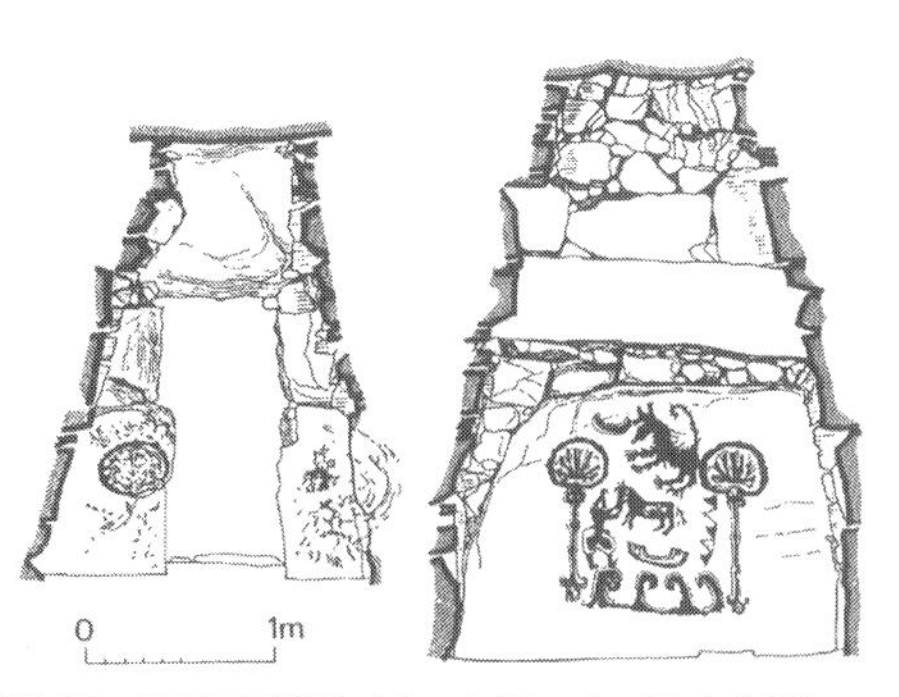

図25　石室実測図（左・玄門、右・石室奥壁）

2　深海の高波

まず下端の波からはじめよう。波頭が高いので、これは川や湖の穏やかな波ではなく海の波、しかも深海の高波と考えられる。この海は〝どこの海〟だろう。この絵を前室から見ると、玄門の左右に絵があり、玄武と朱雀がいた。前室から見ると、この波頭は玄武と朱雀に挟まれて存在することになる。中国の五行説では、玄武は北で朱雀は南を指す。すでに示唆されているように、この海は、ここ竹原古墳から見て南北の間にある海、すなわち朝鮮半島と九州北岸との間に広がる海を指している。描き手は、そう解釈してほしいと誘導している。

3　空船の意味

つぎに船。この船には波除板（なみよけ）が取りつけられていて、準構造船と呼ばれる外洋船である。これまで見てきた船は、必ずしも外洋船の必要はなかった。しかし、この船は外洋船でなければならなかった。なぜなら、この海は〝現実の海〟を意図しているからである。船を描いたこれまでの壁画では、船のなかに棺や人物が描かれるか、馬が描かれるか、それらに加えて祖霊や墓主霊のマークである一重円や多重円が添えられていた。王塚玄室の左壁にも、祖霊（靫）に誘導される船があった。しかし、この船には修飾するものが何もない。描き手が船を描くルールを知っていれば、空船（からふね）にしたことに意味がある。

高波といい怪獣といい、この絵に流れるトーンは尋常なものではない。それは龍と牝馬から駿馬を生みだすといった（生死と無関係な）物語ではなく、不吉な予感、悲劇の前兆を示唆している。この描き手に従来の教養があれば、この空船に与えられる意味はひとつしかない。それは、ここに葬るべき遺骸が存在しないということである。

亡くなったことは確実でも遺骸が見つからないといった事態は、いつの時代でも存在した。その人物が古墳に葬られるべき人物だったとき、遺された者はどうしたか。これが、ここでの設問である。

４　怪獣

船の周りに描かれた怪獣などが船を難破させた。だから、死体があがらず埋葬できなかった。この仮説に立って、船を難破させた怪獣などの解釈論を探してみよう。すると古田武彦さんの「四海神説」があった（『邪馬壹国の論理　古代に真実を求めて』朝日新聞社　１９７５年）。

古田さんによれば、この壁画には中国の書『文選』の教養が散りばめられているという。『文選』は６世紀、南朝・梁の昭明太子の撰で、それ以前の秀詩・名文を集成したものである。そのなかに３世紀西晋の高官・木華のつくった「海の賦」が収められている。古田さんによれば、魏志倭人伝に書かれた事実は「海賦」に反映されていて、卑弥呼の国が九州北岸にあったことを示しているという。古田さんの論点は引用文以外のところにあるが、「穢を負うて、深きに臨み……」ではじまるこの一節も、倭人伝にいう「持衰」に禁忌を課す倭人の航海法を暗喩していると説く。以下、古田説を要約しよう。

史料「海賦」　木玄虚（木華）作（抄）

若し、其れ、
　もし、そこで
穢を負うて、深きに臨み、
　持衰の人を乗せて深海にのぞみ、
誓いを虚しうして祈りを愆てば、

（断肉・禁欲の）誓いを破り、海神への祈りにそむいたならば、

則ち、海童《かいどう》、路《みち》を遮《さえぎ》り、

すなわち、海童が船路をさえぎり、

馬銜《ばがん》、蹊《みち》に当たる有り

馬銜（一角の龍馬）が、たちはだかり、

天呉《てんご》、乍《たちま》ち見えて、髣髴《ほうふつ》

天呉（八顔・八尾の怪獣）が、たちまち、おぼろげに現われ、

蝄像《もうぞう》暫《たちま》ち暁《あらわ》れて、閃屍《せんし》たり。

蝄像（海上の一対の蜃気楼）がサッとあらわれたかと思うと、またたくまに消え去る。

① 持衰が誓いを破り祈りにそむくと、まず「海童」が道をさえぎる。これは若武者風の人物に当たる。

② つぎに「馬銜《ばがん》」が立ちはだかる。これは左上にいる怪獣である。馬銜の特徴は「馬首一角の龍形」で、怪獣の鼻面の先にある小舟のようなものは、もともとは頭部とつながっていて、これは一角獣を示している。なお銜の字義は、くわえること、口にふくむことで、その目で見ると何かを口にくわえているように見える。

③ つぎに「天呉」が、おぼろげに現われる。天呉とは八顔・八尾の怪獣で、海童の両手の先にいる馬のようなものである。よく見ると丸い顔で、その丸い顔の周囲に、さらに小さな丸い顔がぐるりと取り囲んでいる形跡が見られたという。また「九尾の狐」のように、いくつもの尻尾がふささと垂れ

ていて、従来〝馬づら〟とみられてきたのは、海童の左手の先の部分だったという。

④ 最後に蝄像(もうぞう)がサッと現われ、またたくまに消える。蝄像とは「相似た姿が一対になって現れる」という意味で、ジュランヌの現象のひとつ―水平方向に温度差がある場合に、遠方の山や船が左右二つ並んで見えること―と考える。

⑤ 古田さんの調査では至近距離で光学拡大鏡が使われ、赤外線写真等で撮影された。一角獣のつながり具合や天呉の様子などは、榊晃弘(さかきてるひろ)さんの撮影した写真（『装飾古墳』朝日新聞社　昭和47年の表紙カバー写真）でも確認できるという。

古田説の意義は、壁画の全容を説明している点にある。全容を説明できることは、部分解釈の総和以上の説得力がある。この解釈に、さらに一項を追加してみよう。

⑥ ５連の三角形は旗で〝５つの現象〟を指しているのではないだろうか。四海神説で４つの現象を説明できる。残るひとつは、左右対称の「高波」である。すると三角旗は、５海神を意味していることになる。

王塚で、三角文は土地神のマークと考えた。だから、海に土地神が出てくるのはおかしいといった反論がありうる。しかし、海には海の道（航路）がある。この引用文でも「路」、「蹊」などと海道が表現されている。この道が対馬・壱岐・唐津を結ぶ倭人伝コースか、それとも大島から出る海北中道(うみのきたなかみち)と呼ばれるコースかは不明だが、海路は道に見立てられたから、出没する海神を土地神の一員とみることはありうることといえる。

余談だが、宗像大社（福岡県宗像市）の祭神である宗像三女神は、道主貴(みちぬしのむち)とも呼ばれる。道の主(ぬし)とは道を所管する土地神の意で、この時代、道は陸路と海路、水路をふくみ、ともに土地神の支配下にあったと仮定して先へ進もう。

5　壁画の意義

はじめて見る壁画には、はじめて立てる設問がある。それは、葬儀のとき遺骸が存在しない場合、被葬者霊はどこにいるか、というものである。これまで検討した壁画では、被葬者霊は遺骸とともに玄室に存在した。結論を先にいえば、この場合でも被葬者霊は玄室のなかにいる。それは、おそらく〝壁画が玄室の環境をつくりだす〟と信じられたからである。これを、つぎのような比喩で説明してみよう。

舞台劇で舞台上に、時代や場所にふさわしい大道具や小道具を設営することがある。例えば時代物で、街道筋なら旅籠（はたご）があり、峠の山道なら茶店が出てくる。旅籠や茶店は造作物だったり絵だったりする。役者がそれをバックにして演じると、見る者は、その背景で時代と場所を了解する。

つまりこの壁画は、深海で5海神が猛威をふるうさまを描いて被葬者の最期のときを表現し、被葬者霊は見えないけれど、今ここ（遭難現場）にいると主張している。玄室に遭難現場を描くと、遭難者である被葬者霊もそこにいることになる、といえば理解が早いだろうか。シャーマンの呪術によって、被葬者の魂魄は故郷に還った。珍敷塚も同様で、そこに描かれた「地の果て」は、玄室にいる被葬者霊の環境を地の果てに設定するものである。

こうしてみると、壁画は副葬品の一態様で、玄室の環境を設定するアイテムと考えることができる。このことは、副葬された方格規矩鏡や三角縁神獣鏡などの銅鏡についてもいえることで、壁画や鏡背の文様に、その能力（呪力）があると信じられたと思わざるをえない。

6　2人の被葬者

玄室に残された大小2人分の歯が誰のものか気になる。2人の被葬者は、遭難者のごく身近な者に限定すべきだろう。つまり遭難者の家族で、夫（父）の遭難現場を描いた壁画のもとに眠るのは誰かという問題である。それはおそらく、彼の妻と子である。それ以外の人物で、ここに葬られるにふさわしい人物がいるとは思えない。

では、2人は古墳完成後ただちに埋葬されたか、それとも時間をおいて埋葬されたか。後者なら、古墳は遺骸のない状態で一定期間経過し、2人は死後、順次埋葬されたことになる。しかし、古墳完成後ただちに埋葬されたとすれば、2人は殉死だった可能性がある。2人は、夫（父）の御霊（みたま）とともに眠ることを切望した。造墓者（一族の当主）は、その意を汲んで壁画を描かせた。この石室に不釣り合いなほど大きな石棚は、夫（父）の御霊の鎮座する魂棚を意図している。

波頭の向こうにいる人物は、どことなく若武者といった風情がある。あるいは海の藻屑と消えた夫（父）に似せたのかもしれない。

7　持衰

論旨に影響はないが、持衰の解釈に異論があるので注記しよう。人物の窟では、辰巳説も被髪の「櫂を持つ人」を持衰と考える。古田説と共通するのは〝持衰は船に乗った〟とする点である。持衰乗船説が多数説だが、船に乗らなかったとする説もある。

伏線となるポイントに、持衰を物忌みする人の名称（いわば職名）と考えるか、それとも個々の物忌み行為の総称（いわば職掌）と考えるかがある。講談社学術文庫『倭国伝』（藤堂明保ほか　２０１０年）によって書き下しを引用しよう。

其の行来に海を渡りて中国に詣るときは、恒に一人をして頭を梳らず、蟣蝨（シラミ）を去らず、衣服垢汚せしままに、肉を食らわず、婦人を近づけず、人を喪するが如く（原文は「如喪人」）せしむ。之を名づけて持衰と為す。若し、行く者吉善ならば（原文は「若行者吉善」）、共に其の生口財物を顧み、若し〔途中〕疾病有り、〔もしくは〕暴害に遭うときは、便ち之を殺さんと欲し、其の持衰すること謹まずと謂う。

物忌みの内容（職掌）の大半は忌むこと（忌避すること）で、①髪をすく、②シラミをとる、③衣服を着替えたり洗ったりする（垢のついていない衣服を着る）、④肉を食う、⑤婦人を近づけるなど5つの禁忌のほか、⑥人を葬るときのように振る舞わないことなど計6つである。

物忌みする人は、使節の旅が無事に終われば財物等をわけてもらえるが、そうでなければ「その持衰すること謹（つつし）まず」（現代語訳は「その者の持衰のしかたが不謹慎だったから」）といって殺されそうになる者である。この解釈が職掌説に立っていることに疑いない。魏使は、行文中、計6つの職掌を例示することの煩雑さを避けて、「如喪人」の職務の全体を持衰と呼んだのだろう。

持衰（する人）（以下「彼」という）の乗船説は、職名説でも職掌説でも、⑥人を葬るときのように振る舞うこと（如喪人）という謹慎の仕方がネックになる。近親者の葬儀における喪主のように神妙に振る舞えという趣旨だから、乗船すること、まして船を漕ぐことなどありえないことになる。

乗船説の不都合な点はつぎのとおりである。まず、彼が乗船すると（彼も「行者（ゆくもの）」になり）、彼の顛末も「吉善」のなかにふくまれることになる。また彼の物忌みの効果はじぶんにも及ぶから、報償を受けることの関係で釈然としない。さらに、彼が乗船すると依頼者と運命共同体になるので、彼を殺そうとすることが無意味になる（彼もいずれ死ぬ運命にある）。沈没寸前に殺そうとすることも不可能ではないが、そうした議論はむなしい。つぎに、彼が乗船すると不謹慎だったかどうかはすぐわかることである。船中で彼に個室が与えられたとは思えないので、乗船説によれば髪を梳いたとかシラミを取ったとか服を着替えたというようなことは、見ればすぐわかる。寄港地でこっそり抜け出して肉を食らい、婦人を近づけることも可能だが、それもむなしい議論というほかない。

夫や息子をはるかな旅へ送りだしたが、1年たっても音沙汰がない。3年たっても帰らない。風の便りに船が難破したと知る。あるいは生還した者が難破したと報告する。このとき送りだした者の家族が、彼を〝不謹慎だった〟として殺そうとするのである。

夫が旅に出ると、妻がその間、物忌みする習俗が『万葉集』に収められている。

櫛も見じ　屋内(やぬち)も掃かじ草枕　旅行く君をいはふと思いて（４２６３）

（櫛モ見ルマイ。家ノ内モ掃クマイ。旅行君(タビユク)ノ無事ヲ祈ッテ）

（大野晋『日本語の起源』岩波新書　１９９４年）

ここでは夫の旅行中、妻が髪をすかないこと、部屋を掃除しないことがうたわれている。このことから、きれいに着飾らないこと、豪勢な食事をしないことなどを連想することは許されるだろう。時代は下っても、残された者が身を慎んで（自宅で）帰りを待つという習俗は継続していた。要するに、彼は航海者と運命をともにしなかった。留守家族と同じように、身を慎んで航海者の無事を祈った。

乗船説のなかには、遭難した際、彼を海神の犠牲に供したと考える向きもある。しかし、彼のような〝むさくるしい〟人物を提供されて海神が喜ぶとは思えない。そもそも彼は、すでに〝慎まなかった罪〟により死を与えられる可能性がある者で、それを鎮海の犠牲に供することは一種の流用に当たる。海神は、そういうムシのいい話を苦々しく思うのではないだろうか。こう考えてくると「海賦」の冒頭の一句は、持衰を背負う（乗船させる）の意ではなく、彼を頼み（信頼し）、あるいは彼に負託して深海にのぞみ……と解することになるが、論旨はかわらない。

余談だが、持衰の職掌説では持衰という語義に展望が開ける。倭国の案内者の言葉を聞いた魏使は、それに持衰の字をあてた、どういう言葉だったかという問題である。まず、サイには斎という字をあてよう。

斎は漢音ではサイで、ものいみ、つつしむという意味がある（『角川漢和中辞典』。以下、字音は同書による）。彼の行為とぴたり適合する。他方、持は漢音ではチ、呉音ではヂとされているので、漢音をとると土地神の地（チ）が考えられる。地は漢音でチ、呉音でヂとされ、漢音では持と地は同音になる。つまり持衰（チサイ）と地斎（チサイ）は、漢音では発音が一致する。魏使が見たその人は、「衰えている」ことが印象的だった。そこで地斎に、持続的に衰えること、あるいは衰えを保持する意味の持衰という語を当てたという想定である。

彼の行為は個人的・消極的ではあるものの、何者かに向けられたまつりの一態様と考えるべきだろう。では旅の無事を誰に祈るか。それは土地神（海路の神）である。暴害は土地神でもある海神によってもたらされる。壁画の5連旗も、土地神の一態様としての海神だった。要するに①～⑥の行為は土地神に向けられた物忌みで、土地神の勘気に触れないように、じっと身を慎む行為の総称が持衰＝地斎だったという仮説である。和語でないことが難点になるが、このころの中国や半島諸国との活発な交流をみると、魏使の応対には漢語に習熟した者があてられた可能性がある。

以上、物語風に展開する西日本の壁画をみてきた。解読しなかった壁画は少なくないが、これまでの解読ルールを適用しておおよその内容を知ることができるだろう。北関東・東北に王塚や五郎山とよく似た壁画があり、それを検討すべきだが後回しにしたい。その理由は、西日本の描法上のルールや他界観からみると、ルールの変容があり、また前代の理念が濃厚に反映されているからである。

第8章　土地神の実像

はじめに

王塚では、三角文を土地神の図像と考えた。土地神は記紀や『万葉集』、風土記などに「主（ぬし）」や「国魂（くにたま）」、「地つ祇（くにつかみ）」などとして登場し、7〜8世紀に、諸国固有の土地神と抽象的・広域の土地神という観念が存在したことは前述した。土地神は、季節の恵みを与え死者を受容するが、時として噴火鳴動し、また大雨や疫病をもたらす。後述する箸墓説話のオオモノヌシのように、怒りっぽく嫉妬深い、まことに忌（い）み憚（はばか）られる存在だった。

土地神の文様は2種あり、その一は大陸由来のX字形、その二は縄文に由来する三角文である。最初に、X字形で表現された大陸の「社（しゃ）」の意義を検討する。土地神は社という建物でまつられ、列島にも社（やしろ）が存在するのでその関係が問題になる。ついで、社の本質である中霤（ちゅうりゅう）（室の中央）を検討し、土地神の文様の意義の多様性を論じる。核心となるのは銅鐸を飾る三角文で、それが土地神で祖霊でもある蛇神雷神を意味することを論じる。本章の終わりに、土地神の姿を描く弥生絵画を解読する。列島で社にまつられた者は蛇神で、この神に与えられた文様が三角文であることを確認する。

一定の文様が何を表象するかは、考古学だけでなく文献史学や国文学、民俗学なども関与すべき問題である。遠まわりになるが、図形的要素を内包する前方後円墳を理解するために経由しなければならない道である。

１　社と土地神

（１）社を描く塼画

図26は前１世紀～１世紀ごろの漢墓出土の塼画（レンガにスタンプされた絵）で、東洋考古学の林巳奈夫さんによれば土地神（土神）の宿る社を描いたものである（『中国古代の生活史』吉川弘文館　２００９年）。

社は、例えばつぎのように定義されている（『漢字源』学研教育出版）。

①　もと、土地の生産力をまつった土地の神。土地をまつった所。君主は領内の五色の土で壇を築き、社壇と呼んだ。

②　その地の代表的な木を、土地神のかたしろとしたもの。

図26　塼画の「社」

図26では、両側に２層の屋根をもつ建物があり、スペード状の輪郭のなかに大きな木がある。この木は辞書にいう「その地の代表的な木」（以下「代表木」という）をいうのだろう。木の根元の（底辺のない）四角形は土壇で、このなかに土があり木の根が収まっているはずである。両脇にある２層の建物について林さんは「官庁、宮殿、大きな墓のそばに建てる建

造物」と説く。2棟の建物を「大きな墓のそばに建てる建造物」とすると、その中央に土壇（社）が存在することになる。

注目すべきは、土壇の四角形のなかの2つのX字形である。これは、この部分に宿る神の符号すなわち土地神の文様と考えられる。土地神のX字形については漢墓画像石で再度出会うことになる。

図27　X字形を描く銅戈鋳型（東奈良遺跡）

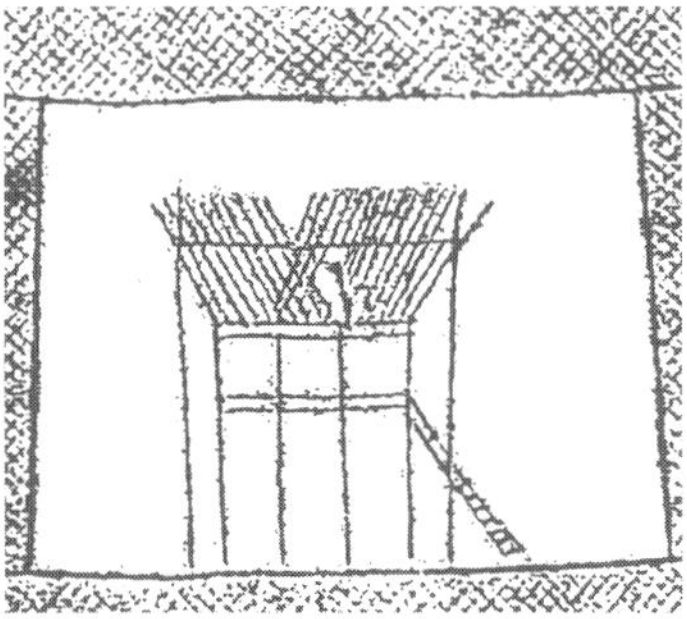

図28　伝香川県出土銅鐸の建物絵画（銅鐸家屋）

このX字形は弥生時代のうちに列島に伝播した。その一は、大阪府東奈良遺跡（茨木市）から出土した土製の銅戈鋳型（図27）で、柄を差しこむ部分に描かれている。その二は、島根県加茂岩倉遺跡（雲南市）から出土した大量の青銅祭器で、そのなかに銅剣の茎（なかご）や銅鐸の鈕（ちゅう）の下部にX字形が刻まれているものがあった。これらは埋納用として製作され、あるいは刻された時点で埋納用に決定したものと考えられる。このX字形は、一重円や多重円と結びついて意味を拡大していった。王塚の内円十字文もその例である。

（2）社を描く銅鐸絵画

連作4銅鐸で名高い香川県出土と伝えられる銅鐸に建物絵画（図28）がある（以下「銅鐸家屋」という）。定説は、これを高床倉庫（米倉）と解している。しかし、左右の屋根は内側に傾斜していて、

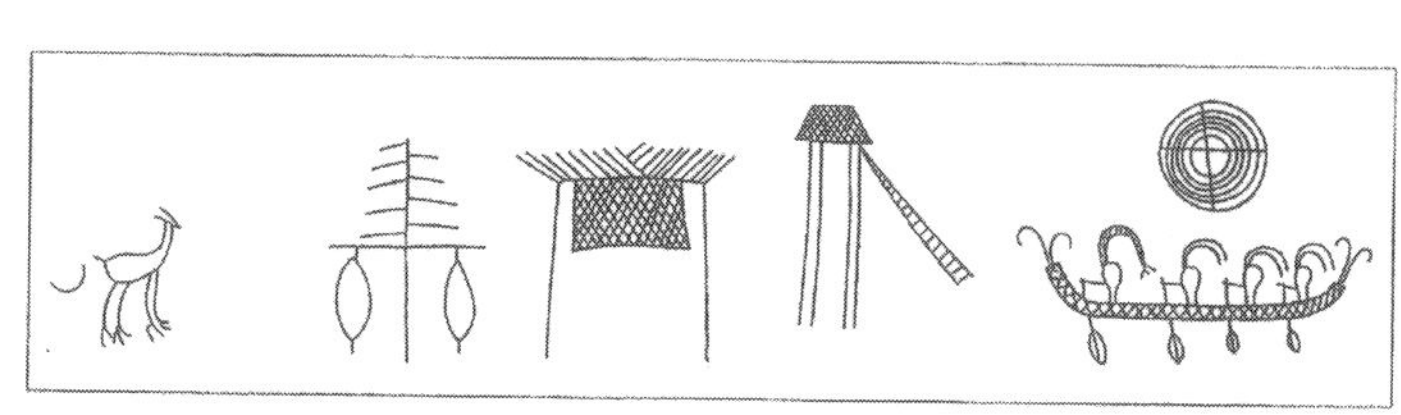

図29　２棟の建物を描く土器絵画（稲吉角田遺跡）

どこからでも陽射しが入り、雨風が吹きこむので稲を納める場所がない。これは１棟の建物ではなく、２棟の建物が軒を近接している光景を取りだしたもので、２棟の建物で構成される一個の「家の中央」を表現している。

鳥取県の稲吉角田遺跡（米子市）から出土した土器絵画（図29）に２つの建物がある。右側の高層建物を稲吉角田家屋A、左側の建物を稲吉角田家屋Bと呼べば、稲吉角田家屋Bも、銅鐸家屋と同じように近接する屋根と地上に伸びる雨樋をもっている。描き手は支柱を省略して、屋根の谷から伸びる雨樋を強調している。この線を独立棟持柱と考える説もあるが、棟をささえていないことは明らかである。稲吉角田家屋Bの屋根の谷の下に、長方形の板のように描かれた四角形は、中央の部屋（中室）を意図するもので、ここに神が宿るのでメッシュ（網目）で充填された。

中国の古代宗教である五祀のひとつに、「室の中央」をまつる中霤があることは前述した。注意すべきは「室」で、室は「もと、家の意。のちへやの意」（『角川漢和中辞典』）だった。つまり、室の中央とは「家の中央」で、２棟づくりの家では屋根と屋根が向きあう場所が家の中央になる。銅鐸家屋と稲吉角田家屋Bは、２棟造りの家の中央を取りだして描いている。漢墓の塼画（図26）でも、２棟の高層建物の間に社の神が存在した。３つの絵に共通するのは〝2棟の間〟を描くことで、これは、その場所が特別の空間（中霤）だったことを示している。

（3）社の要件

塼画の社（図26）では、土壇（中央をつかさどる土）が、2棟の中央に存在することに意味があった。土壇の代表木は当然風雨にさらされる。他方、銅鐸家屋の中央に設けられた高床も風雨にさらされる。稲吉角田家屋Bの中央も風雨にさらされる。〝風雨にさらされる〟こと、実は、これこそが社という造作の要件である。

①『礼記』（郊特牲）では、天子の社は霜露風雨を受け、天地の気を達する必要があるとされた。また、滅ぼした国の社（亡国の社）には屋根を〝設けて〟、光や雨を受けさせないようにした。つまり、霜露風雨を受け天地の気を達することは、社という造作の必ず備えなければならない条件だった。

②『春秋繁露』に、漢代の止雨祭祀が記されている（坂本・財木「春秋繁露」）。止雨を社の神に祈るが、その際、社（という造作）に対する作法が2つある。その一は「県郷里には皆社の下を掃除させる」こと、その二は「赤い糸で社を十周巡らせる」ことである。①の条件に、この2つの条件を加えるとどうなるか。社の下を掃除するとあるので、社という造作には床下があることになる。また（太陽を意図する）赤い糸でぐるぐる巻きにするので、社は立体形の造作になる。銅鐸家屋の高床と稲吉角田家屋Bの中室は立体的で、かつ床下があるのでこれらの条件を備えている。

こういう不思議な造作を鋳物師が発案したとは思えないので、前書では、倭人は楽浪郡治の県や郷里で、実際に〝社の実物を見た〟と推測した。銅鐸家屋では、土地神は梯子をのぼって高床に鎮座する。この絵は、塼画の社よりも原義を正確に伝えている可能性がある。

2　社の本質―中霤

(1) 中霤の意義

銅鐸絵画や弥生土器絵画に不思議な建物（造作）が描かれ、それが土地神をまつる社であることを知った。古代の建物絵画や家形埴輪などには不可解な描写や造形が少なくない。それを理解するためには、社の本質である中霤という概念を知る必要がある。

中霤の霤（りゅう）は「雨だれ」の意で、中霤はつぎのように説かれている。

家屋の中央に設けてある、あかりとりで、雨受けを作っておく。中国では、ここを家の神聖な場所とし、家の守護神を祭る（『角川漢和中辞典』）。

中霤という場が住居のどこを指すかは疑義があり、本場中国でも定説がない。そこで、中霤のモデルになった家を『礼記』の記述から推測してみよう（『全釈漢文大系12礼記上』集英社　1976年）。『礼記』は儒家の経典で「礼」の解説書。前漢の戴聖（たいせい）が孔子の教えなど古い記録を整理したもので、中霤はつぎのように（A）（B）2ヵ所に記載され、ともに2世紀・後漢の学者鄭玄（ていげん）（「じょうげん」とも）の注釈が付されている。

（A）中霤を掘りて浴し、竈（かまど）を毀（こぼ）ちて以って足に綴（つら）ね、葬るに及びて、宗を毀ち行を躐（ふ）み、大門（だいもん）より出づるは、殷の道なり。學者之を行ふ（『礼記』檀弓上）。

室の中央を掘って遺体を洗い清め、竈を壊してそのかわらを足にくっつけ、送葬のときに廟門の西側の牆を壊し、行神の位を踏みよぎって、柩車が大門を出るのは殷の礼である。孔子に学ぶ者は殷の礼を行った。

（B）中霤は猶ほ中室のごときなり。土は中央を主りて、神は室に在り。古者は複穴。是を以て室に名づけて霤と為す（『礼記』月令）。

『全釈漢文大系』の注釈で中霤は、（A）（B）に対応してつぎのように説かれている。

（A′）室の中央。古代、卿・大夫の家では、ここに土神を祭った。

（B′）室の中央をいう。宮室のなかった時代に、窟居の土間に明かり窓を設け、雨もここから受けるので霤と称し、のちに宮室の中央を呼ぶに用いる。この所で土神を祭る。

（A）で中霤は、①掘ることができ、②かつ遺体を洗う（浴）ことができる場所である。一連の作法のなかにカマドや宗廟の一部を壊すとあるので、その反対解釈として、中霤は何かを壊すことなく、そのままの状態で掘ったり、遺体を洗ったりすることのできる場になる。（B）で中霤は、③中央の部屋（中室）のようでもあり、④その土は中央をつかさどり、神は中室に宿るという。また、いにしえは⑤複穴で、中室を霤と名づけたので中霤というようになったという。

問題は⑤複穴で、穴には穴居の意味があることから、中霤の存在する場を「岩窟」などの住居内とする説もある（B′）。しかし（A）で、この住居には宗廟の門や敷地を出る大門がある。卿・大夫の多くが岩窟に住んでいたとも思えない。列島で穴居といえば、はるか昔の竪穴住居を指す。殷周時代の平地式建物跡も出土しているので、住居は岩窟などではなく平地の建物と考えるべきだろう。穴をふつうの「竪穴住居」とすれば、複穴は2棟（以上）の竪穴住居で構成される家になる。後述するように、佐賀県吉野ヶ里遺跡（吉野ヶ里町、神埼市）にも2棟づくりの住居が存在した。

社と中霤は『礼記』にあるように、（庶民は）家で中霤をまつり、国は社をまつるという関係にある（「家主中霤。而国主社」）。これは、社の神が同時に中霤の神でもあったことを意味している。中霤のモデルになった家は、銅鐸家屋や稲吉角田家屋Bのように〝2棟の建物で構成される一個の家〟で、前書ではそのモデルとなった家を、主家と釜屋の2棟で構成される分棟型家屋と考えた。そこで、分棟型家屋が（A）（B）の要件を満たすかどうかを確認してみよう。

（2）分棟型家屋と中霤

分棟型民家について建築学の安藤邦廣さんは、「日本列島の分棟型民家の本場は琉球列島で、この地域の民家は主家と釜屋を離してつくることを原則とし、それが完全に離れているもの、軒を接しているもの、互いの軒を大きな樋で繋いだもの、の三つの形式がみられ」、「主家にくらべると釜屋は小さく、構造や造りが簡便なものが多（く）、釜屋の構造には棟持柱構造などの古い形式を残す場合もある」と指摘している（「民家の屋根に〝くらしのかたち〟を読み解く」『日本の民家　屋根の記憶　大橋富夫写真集』彰国社２００８年）。

分棟型民家は沖縄や九州を中心に、太平洋沿岸の高知や愛知・静岡、千葉・茨城など各県に分布していて、黒潮ルートでやってきた南方起源の住居とされているが、いまだ謎の多い古建築とされている。

神奈川県の川崎市立日本民家園には、国の重要文化財などに指定されている民家が移築されていて、まぢかに観察することができる。ウェブ上で公開されているので参照されたい。その一例は作田家住宅で、安藤さんの分類では「互いの軒を大きな樋で繋いだもの」になる。このつくりでは、雨樋から雨水を屋内に導くことができるし、雨樋の下を間仕切りしてひとつの部屋（中室）にすることもできる。その部屋に水槽を設けると、そこに雨水がしたたり落ちる光景が出現する。いわゆる導水施設埴輪は、この水槽を模したものである。

2棟の間に雨樋をかけない場合には、そこから陽射しが入り（あかりとりの場＝窓）、雨だれがしたたり落ちる。また、いずれか1棟に雨樋をかけて水槽を設けると雨水を溜めておくこともできる。すなわち、2棟で構成される家の中央は地面で、掘ることができ、また水槽に雨水を貯めて遺体を洗うことができる。さらに屋根に接して雨樋をかければ、その下に一個の部屋をつくることも可能で、（A）、（B）の条件を満足する。つまり中霤とは〝2棟の間〟で、先にみた銅鐸家屋や稲吉角田家屋B、社の塼画、分棟型家屋などは、すべてこの要件を満たしている。

（3）中霤の土地神

中霤には家の守護神が宿ると信じられた。守護神とは皇天（こうてん）に対する后土（こうど）で、母なる大地の神すなわち土地神（土神）である。こうして2棟の間の空間に存在する地面（土（ど））、庇（ひさし）、窓、雨樋、水槽、中室などはすべて土地神を表象することになった。『春秋繁露』で中霤をまつる場合には、「主（位牌）を牖下（ゆうか）に」設

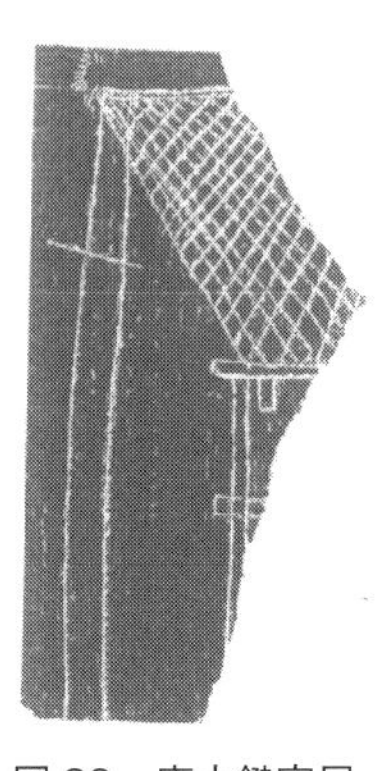

図 30　唐古鍵家屋

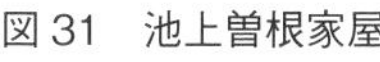

図 31　池上曽根家屋

けるとされていて（坂本・財木「春秋繁露」）、牖（ゆう）すなわち窓も土地神祭祀の対象になった。

ここまでくると、珍敷塚の「窓のある靫」の意味がわかる。つまり窓は土地神の表象で、「窓のある靫」は、靫の祖霊に窓の土地神が合体している状態を示している。そのため、靫が基盤部の地下世界とつながっているように描かれた。

片流れの屋根をもつ１棟の建物で雨樋を描いたもの（図30）がある（「唐古鍵家屋」という）。また、雨樋と窓を描いたもの（図31）がある（「池上曽根家屋」という）。唐古鍵家屋では、雨樋は屋根の下端に横に長い２本線で描かれ、池上曽根家屋では雨樋に梯子がかかり、あかりとりは屋根の両側端に丸窓で表現された。雨樋に直接梯子がかかるのは、そこが神の座だからである。中霤は、もともと２棟づくりの建物の屋根の谷間に存在したが、１棟の片流れ屋根の建物で雨樋が描かれているのは、中霤という概念を離れて、雨樋じたいが神の座と考えられるようになったことを示唆している。

唐古鍵家屋と池上曽根家屋の雨樋には、途中に短い排水口のような造作があり、ここから雨がしたたり落ちることが予定されている。古墳時代になると片流れ屋根の建物は、家形埴輪で「片流れ造り」に造形された（大阪府今城塚古墳）。片流れ屋根の建物は、雨樋がなくても土地神の座と考えられるようになったことを示している。

こうした出現期の建物絵画をみると、どことなく教科書的なにおいがする。これは在来の神を異国の思想（五祀）によって表現するもので、倭人がその表現方法を獲得していく過程を示している。

（4）土地神信仰の痕跡

列島の古代に、2棟の間（家の中央）に存在する雨樋（樋）や水槽、窓、庇などをまつる信仰が存在した。すると遺跡からその痕跡が出土し、あるいは今日の神殿建築にその記憶が表出する。

まず弥生時代の吉野ヶ里遺跡。吉野ヶ里遺跡公園のＨＰによれば、竪穴住居内の炉から煮炊きをした痕跡が見つかっていない。南内郭では、竪穴住居の脇に小型の掘立柱建物が数棟あり、共同で煮炊きする建物と考えられている。煮炊きする際に土器をささえる支脚が、住居跡内よりも環壕内から多く発見されることから、調理は屋外で行い、炉は屋内のあかりとりや暖房用として使用されていた可能性があるとし、竪穴住居に隣接して調理を行うための「釜屋」のような施設が存在したと推定されている。つまり、稲吉角田家屋Ｂや銅鐸家屋のモデルになった2棟造りの建物の痕跡が、北部九州で発見された。

分棟型家屋が弥生時代に存在すれば、2棟の間をまつる土地神信仰も存在した可能性がある。このことは、出土した数棟の近接した建物跡を、別の視点からみる必要があることを示している。ポイントは「雨落ち溝」で、その建物が雨樋や水槽を備えていれば雨落ち溝はできないはずである。不思議なことに、弥生・古墳時代の建物跡で、雨落ち溝が検出されるケースはきわめて少ない。首長の代替わりごとに建て替えられた（存続期間が短かった）と説明されることもあるが、その建物は雨樋や水槽を備えていた可能性がある。

水槽を、水を溜める容器としてつくると甕(かめ)になる。弥生時代中期の北部九州では、甕を棺にした甕棺葬が流行した。これは土地神の座を棺にした可能性がある。古墳時代になると、樋で水を引き水槽に溜める装置がセットで出土する。導水施設と呼ばれ、埴輪につくられると導水施設埴輪と呼ばれるが、その本質は土地神祭祀である。庇は1棟のなかにも存在するが（出庇(でびさし)）、弥生・古墳時代に、支柱をつけ足して1棟の外に庇をつくる建物跡が出土する。この建物もまつりの対象だった可能性がある。

土地神祭祀の痕跡には、明確な徴表がある。忌憚すべき土地神のまつりは秘儀で、他者の視線を避ける必要があり、そのため塀や覆い屋で目隠しされた。これらの点については具体的なケースで再論しよう。

現在の神殿建築に表出する土地神の座は多彩で、つぎのようなものがある。

まず2棟造りの場合。2棟造りでは「家の中央」ができる。2棟造りを4列配置しても「中央」をつくることができる。奈良県の春日大社（奈良市）の〝獅子の間〟がそれで、礼拝は獅子の間に向かって行われる。獅子の原義は、土地神への供物であるイ（猪）ノシシ、カ（鹿）ノシシなどの宍(しし)ではないだろうか。

2棟造りの神殿では2棟の間に〝金の雨樋〟がかけられる。雨樋の下に水槽を設けるのは、大分県宇佐神宮（宇佐市）の一之御殿(いちのごてん)（八幡造）である。庇を強調するものが京都府上賀茂神社（京都市）などの流造(ながれづくり)で、平側(ひらがわ)の一方の庇（向拝）を伸長する。窓をもつ神殿建築に群馬県の貫前(ぬきさき)神社（富岡市）がある。

これらの建築様式についてはウェブで参照されたい。

（5）土地神をまつる理由

列島で、異常と思えるほど土地神祭祀が盛行したのはなぜだろう。弥生・古墳時代に土地神祭祀が存在したと考える立場では、その理由が求められる。

旱魃（かんばつ）や水害、疫病などの災害は大陸でも事情は同じで、列島ではそれ以外の理由が考えられる。思うにそれは、地震や噴火である。これが、列島に顕著な特別の事情であることに異論はないだろう。死者を土中に埋葬する習俗のもとでは、死者がおもむく先の神は、超絶的な能力をもつと信じられたのである。

それ以外の理由をあげるとすれば、前2世紀、漢の武帝がそれまで途絶えていた「后土のまつり」を復活させたこと（『史記』封禅書）も関係があるかもしれない。漢は服色を土徳（どとく）の黄に変更し、後継の魏もこれにならった。すなわち、古墳時代前夜は大陸でも土地神祭祀が盛行し、それが漢や魏の制度を見習うべき立場にあった倭人に影響を与えたという想定である。列島独自の墳形である前方後円墳も、こうした土地神信仰の産物であることは後述する（第13章　前方後円墳の他界観）。

古代中国で早くに忘れられてしまった社の本質―中霤―が、列島の古代絵画に化石のように封じこめられ、神殿建築などに温存されていることをみてきた。後述するように、古墳壁画も漢墓画像石の系譜にある。21世紀の列島から中国古代文明を照射することも不可能ではない。

3　青銅祭器と三角文

(1) 縄文人と青銅祭器

前書で銅鐸絵画を解読し、銅鐸絵画は（文字を書けなかった弥生人が）蛇神雷神にささげる祭文（さいぶん）で、そのなかに董仲舒の五祀による祈雨祭祀と縄文の蛇神雷神信仰が織りこまれていると考えた。この結論には当惑した。五祀という聞きなれない古代宗教はともかく、銅鐸は縄文人がはじめて目にする金属器で、縄文人は、光り輝く弥生文明の前にひれ伏したとイメージされているからである。しかし、現在ではこの考えは修正を迫られている。

まずＡＭＳ炭素14年代測定によって弥生時代の開始時期が大幅にさかのぼり（前８００年頃。福岡県板付遺跡）、弥生文化の指標になる灌漑稲作と弥生土器は、ゆっくり時間をかけて東方に広がったという認識が生まれたことである。つまり、弥生人（渡来人や弥生文化を受容した人々）と在来の縄文集団との〝接触時間〟が、これまで考えられていたよりずっと長くなった。

小林青樹（こばやしせいじ）さんによれば、弥生文化はバケツリレーのように、北部九州から１００年をかけて中四国の西半部に進み、さらに１００年をかけて大阪付近に達し（前６００年頃）、そこからさらに２００年をかけて伊勢湾岸に到達したという。そのとき、各地で弥生化のブレーキとなったのは縄文集団の信仰で、例えば近畿への浸透を阻んだものとして、近畿と四国の西半部に分布する、男性のシンボルをかたどった石棒文化の存在をあげる。そして、石棒の分布が銅鐸と共通するという指摘（中村豊）を踏まえ、縄文の石棒文化は銅鐸に置きかわったと推測する（図32）。

他方、弥生文化の指標である遠賀川式土器の弥生壺に、精緻な文様と漆塗りを特徴とする北陸や東北の亀ケ岡土器の影響がみられることから、弥生土器の創出に北陸などの縄文人が関与したと推測する（「縄文から弥生への転換」『弥生時代はどう変わるか：歴博フォーラム：炭素14年代と新しい古代像を求めて』広瀬和雄編　学生社　２００７年）。

こうした縄文文化の弥生文化への投影は、縄文土器と銅鐸文様の間にも認められ（設楽博己）、今や縄文人は、先進の弥生文明になすすべなく屈服したというような理解は不可能になっている。

では、石棒が銅鐸に置きかわったことをどう考えるべきだろう。それは、両者の宗旨が同じだったからである。銅鐸は蛇神雷神に雨を乞うもので、石棒を雷神のシンボルと考えると符合する。民族学の大林太良さんは、雨を、天の神の精液と考える思想について、つぎのようにいっている。「穀物の場合、重要なのは雨。ことに旧大陸の古代文明地域とその影響圏では、雨は天の神様の精液だ。それで大地を孕ませる。私は雨乞いの調査をしましたが、旧大陸の犂耕（りこう）地帯に顕著に出てくるのは、雨乞いの時に女性が裸になる。裸になって犂（すき）をひくとか。そういう姿を見て、天の神が発情して雨を降らせるという考えがある」（『古代史の論点5　神と祭り』小学館　１９９９年）。

列島で雨をもたらすと信じられていたのは雷神で、雨は雷神の精液と信じられていた。陸稲栽培などにも雨が必要で、縄文人は雨を欲するときは石棒を撫でさすって雨を乞い、これ以上雨はいらないとなると破壊して雷神の退場を促したという推測である。

すると、ここからさらに疑問が生まれる。銅鐸は渡来人によって一方的に与えられたものかどうかである。渡来人が偶然持ちこんだものが縄文人の意にかなって普及したとは、いかにも考えにくい。つまり、縄文集団は渡来人に働きかけて、蛇神雷神信仰にかなう文物として銅鐸を受容したと考える道である。

亀ケ岡土器の遠賀川土器への反映も同様で、背景に縄文集団の数の力を想定すべきだろう。縄文文化の弥生文化への投影が、地域の弥生時代開始期にかぎって認められるのは、その地域では縄文集団が圧倒的に優勢だったからである。

こう考えてくると銅鐸など青銅祭器は、縄文人が弥生化するにあたって獲得した弥生文明で、縄文の思想を色濃く反映しているのも当然といえる。波状的に渡来する弥生人からみれば、青銅祭器は縄文の残滓、縄文人の後裔のまつる祭器と映ったことだろう。

もっとも、五祀は中国起源のまつりで、漢のとき董仲舒によって祈雨祭祀に取りこまれ、帝国の版図で大流行した。春、夏、季夏（晩夏）、秋、冬の五つの季節にそれぞれ戸、カマド、中霤、門、井戸をまつって豊作を祈念するもので、銅鐸を奉持する縄文集団は従来の蛇神信仰を維持しつつ、外来のまつりを摂取したことになる。その意味で銅鐸は、縄文人の保守性と進取性という二面性を備えた宗教的産物と考えることができる。

（２）蛇剣信仰の起源

銅鐸絵画は、蛇神雷神信仰にもとづく雨乞いを表現している。銅鐸など絵のある青銅祭器は、降雨を期待して土地神である蛇神雷神に奉納された。この仮説は、弥生時代の銅剣や銅鐸に関する小林青樹さんの「蛇剣信仰の起源」と題する論考（『東アジアの古代文化』１３７号　大和書房　２００９年）を基礎にしている。ここでは、『季刊考古学第１２２号　特集心と知の考古学』雄山閣　２０１３年）から「縄文の思想、大陸の思想、弥生の思想」と題する論考を要約しよう。

① 朝鮮半島と弥生文化の銅剣は、遼寧式銅剣を起源とし、弥生時代早期に稲作の開始とともに磨製石剣が流入した。

② 遼寧青銅器文化では、ヘビの図像は、鱗や頭部の形状が三角文として表現され、この三角文が複雑

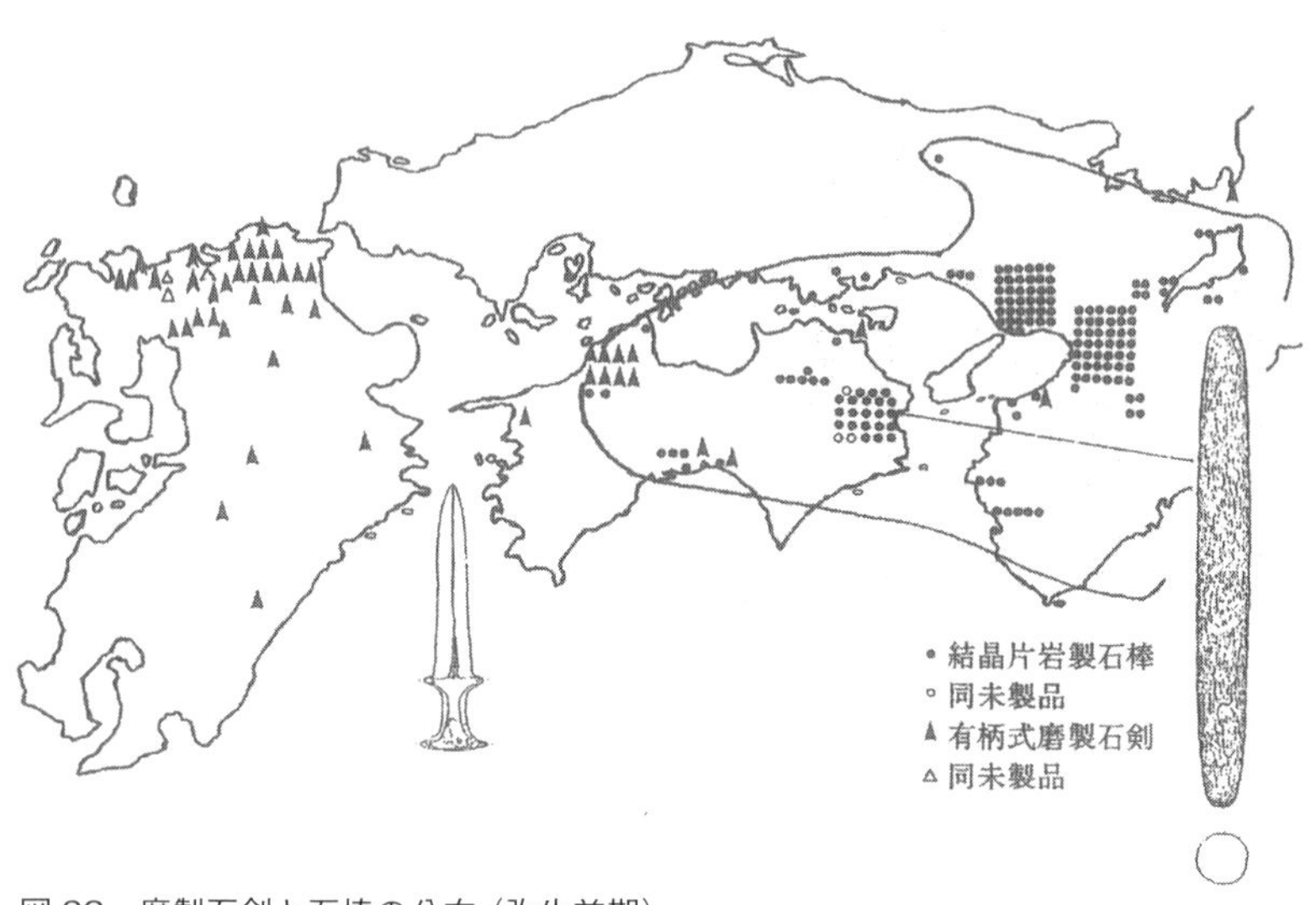

図 32　磨製石剣と石棒の分布（弥生前期）

に幾何学化して三角文系連続Z字文となり、剣鞘や多鈕鏡などにほどこされた。

③　そしてこの文様は、最終的に韓半島において再び単純化して鋸歯文へと変容し、多鈕細文鏡を経て弥生文化では銅鐸や器台、盾に取りこまれ、その系譜は装飾古墳や隼人の盾の文様にも引きつがれた。

④　このような剣の武威象徴の意味は、ほかの武器にも連鎖し、武器から強者、支配といった意味の上での比喩的拡張をへて様々な象徴媒体に広がっていった。日本列島にはヘビやトラなどの具象的表現は伝播しなかったが、文様にこめられた概念メタファーは伝播した。

北部九州を中心に、弥生時代の早い段階に磨製石剣が分布する（図32）。この分布はのちの銅剣・銅矛の分布に重なる。両者とも武器形祭器であることから、銅剣・銅矛は北部九州の縄文集団が弥生化するにあたって選択したものと考えられる。

遼寧（中国東北部）に端を発した青銅文明は、北東アジアにルーツをもつ人々が半島を南下する過程で獲得した稲作技術とともに到来した。青銅器の蛇剣信仰と縄文の蛇神信仰が合致したため、列島の縄文人に広く受け入れられるようになったというのがここでの仮説である。

（３）銅鐸の系譜

半島で実用の利器でもあった青銅器は、列島にもたらされるとほどなく大形化（祭器化）する。銅剣、銅矛などの武器形祭器は蛇剣信仰の系譜にあり、蛇神信仰のシンボルだった。大形化したのは、蛇神雷神への奉献物として位置づけられたためと考えられる。

武器形祭器は銅鐸と異なり副葬品になることもあった。副葬品の宛て先は、土地神としての蛇神雷神である。また、このとき始祖を蛇神とする信仰があれば、祖霊への奉献物でもあったことになる。

他方、銅鐸は蛇剣信仰の系譜にあるとしても、なぜ蛇神雷神への奉献物とされたかが疑問になる。

銅鐸の系譜にあるものとしてこれまで説かれているものに、『三国志』魏志韓伝（馬韓）に登場する鐸(たく)舞(ぶ)の鐸がある。「５月に種まきを終えると鬼神をまつり、集団で歌舞し、昼夜休みなく飲酒する。その舞いは数十人がともに立ち、たがいに調子を合わせて大地を高く低く踏み、みんなで手足の動作をあわせる。節（リズム）は中国の鐸舞に似ている」（『倭国伝』講談社学術文庫）という記述である。しかし、節が鐸舞に似ているというだけで、この舞に鐸が存在したわけではなく、この説では銅鐸が大形化する理由や地中に埋納される理由を説明できない。

銅鐸が、もともと鳴り物だったことは疑いないので、当初の使用目的が変化したと考えてみよう。

『礼記』（月令）の仲春之月（陰暦二月）につぎの記事がある。

是月也、日夜分。雷乃發聲、始電、蟄蟲咸動、啟戸始出。先雷三日、奮木鐸以令兆民曰「雷將發聲、有不戒其容止者、生子不備、必有凶災」（後略）。

この月の末ごろには、昼夜平分の時がある（春分）。雷が鳴り始め、電光がひらめき、地中の虫がみな動き、土の下から穴をあけて出ようとする。

そこで朝廷では、初の雷があるその三日前に（恐らく、初の雷鳴のある日の範囲を、毎年の実例から統計的に見定めておき、その初雷時期に入る三日前に、ということであろう）、役人に木鐸（木舌の鈴）を振って人民にふれまわらせる、「まもなく雷が鳴るであろう。家の中であっても行儀を良くして、神の怒りに触れぬようにせよ。そうしないと、生まれる子は不具で、酷いわざわいに出くわすであろう」と（後略）。

（竹内照夫『新釈漢文大系第27巻　礼記（上）』明治書院　1971年）

この記事には雷と木鐸との関係が示されている。木鐸とは「古代中国で、法令などを広く人民に示すときに振り鳴らした、木の舌のついている大きな鈴」（『デジタル大辞泉』）をいう。木鐸の振り鳴らすという用法は銅鐸に似ている。出土する銅鐸の圧倒的多数に舌がないのは、木製の舌だったからと考えると出土状況に符合する。

そこで、木鐸が銅鐸の元来の使用方法ではないかと疑った。しかし、「雷まさに声を発す、始めて電す」

などとあるが、雷がどこから声をだし、どこから電光を発するのかが不明だった。「地中の虫がみな動き、土の下から穴をあけて出ようとする」とあるので、雷も地中から声をだすと思われたが確証がなかった。

この点、文献史学の福島秋穂さんが、「『華陽国志』に「雷二月出地・・・八月入地」などとあって雷は地中にあるものとする認識がある」（『記紀神話伝説の研究』六興出版　１９８８年）と指摘していることを知った（ウェブ「國學院大學古事記学センター」）。『華陽国志』とは、中国東晋の永和11年（３５５年）に常璩によって編纂された「華陽」、すなわち巴・蜀・漢中の地誌である（「ウィキペディア」）。巴・蜀・漢中は、古代中国の西南部に位置し、前漢の都・長安は漢中にあった。

この記事と『礼記』の記事を合わせると、事態は明瞭になる。前漢では「雷二月出地・・・八月入地」、つまり雷は、陰暦の8月から翌1月まで土中に棲み、〝2月には土中から出る〟と信じられていた。そこで2月になると、役人が木鐸を振るって〝行いを改めないと必ず（雷の）災いがある〟と人民に警告したのである。

この習俗のルーツは不明だが、中国文明の辺縁に位置する倭人が、〝大きな鈴を振り鳴らすと、3日後に、地中から雷神が出動する〟と解釈したとしても不思議ではない。記紀説話や風土記などで、雷神が地上から天空へ駆けあがるように表現されていることが不審だったが、こうしてみると、むしろそれが当時の常識だったことがわかる。銅鐸のルーツが漢の木鐸にあるとは思えないが、使用方法としては、もともとの系譜を継承していると考えてよいのではないだろうか。

『華陽国志』は、雷が地中に棲むという観念を伝えていた。古代の神々は無数にいるが、地中を本拠とし、時季に応じて天空と地下を往来する神といえば雷神以外にない。銅鐸を土地神である雷神への奉献物とする説の傍証になる。

(4)列島の蛇神雷神信仰

三角文という命名は客観的で、学問的な呼称として適切といえる。しかし列島にはウロコ文(鱗紋)という伝統的な呼び名があり、それはサカナやヘビの鱗に由来している。列島の三角文が土地神を表象しているというためには、列島の古代に蛇神信仰が存在し、蛇神が社でまつられ、三角文で表現されたことを立証する必要がある。

文献資料で、古代に蛇神信仰が存在し、社でまつられたことを立証するのは容易である。つぎに引用する説話では、蛇神は同時に雷神で、社にまつることがあると書かれている。これは、蛇神雷神が土地神でもあったことを示している。詳細は前書で論じたので、それを要約しよう。

①『日本書紀』(崇神天皇)では、三輪神(大物主神)の正体は美しい小蛇(こをろち)で、彼は虚空(おおぞら)を践(ふ)む者すなわち雷神であることが示唆されている。この説話(いわゆる箸墓説話)の意義については第13章(前方後円墳の他界観)で後述する。

②『日本書紀』(雄略天皇)では、小子部(ちいさこべの)スガルは、三輪山の神の姿を見たいという天皇の命により大蛇を捕まえてくるが、大蛇はカミナリに変身して発光した。天皇は目を覆って難をまぬかれた。後日談として『日本霊異記』では、スガルの死後、墓を立ててやり、碑文を「雷を捕まえたスガルの墓」としたところ、雷はこれを嫌い、壊そうとして蹴ったが、柱の裂け目に足をくいとられて再び捕まった。天皇は碑文の柱をつくりなおさせて、「生きても死んでも雷を捕まえたスガルの墓」と書かせた

という。

③『古事記』（崇神天皇）では、夜ごとイクタマヨリビメのもとに通う男の正体を探るため、衣の裾に麻の糸を刺して、翌朝、跡を追うと、糸は戸の鍵穴を通って三輪山の社の所で終わっていた。

④『常陸国風土記』（行方郡）では、新田開発を妨害する蛇神（矢刀の神）を追い払い、境界を設けて封じこめ、社を建ててまつった。

⑤同じく『常陸国風土記』（那賀郡茨城の里）では、兄妹が神の子（ヘビ）を養育していたが養いきれず、父（雷神）のもとへ行けというと、伯父（兄）を雷の力で殺して天に昇った。そのとき母（妹）が盆をとって投げつけたため、神の子はクレフシの峰に留まった。その子孫が社を建ててまつった。

⑥『釈日本紀』に引く「山城国風土記」の逸文（上賀茂神社の由緒）では、角身の命の娘・タマヨリヒメと丹塗矢から変じた男との間に、子（別雷命）が生まれた。角身の命は、神々を招待して大宴会を開き、その席で「お前の父に献杯しなさい」というと、孫は屋根を突き破って昇天した。その後、別雷命は上賀茂神社の祭神になる。

⑦『日本書紀』（斉明天皇七年）につぎの記事がある（宇治谷『日本書紀』下）。

「五月九日、天皇は朝倉橘広庭宮にお移りになった。このとき朝倉社の木を切り払って、この宮を造られたので、雷神が怒って御殿をこわした。また宮殿内に鬼火が現れた。このため大舎人や近侍の人々に、病んで死ぬ者が多かった」

この説話の前段は、朝倉社という社の祭神が雷神だったことを示唆している。飛鳥時代の北部九州に雷神信仰が存在し、社の神すなわち土地神を雷神としている。斉明天皇や中大兄皇子の時代（7世紀後半）になっても、北部九州に雷神をまつる社が存在した。後段は、鬼火と〝病死〟に因果関係があるかのように書かれている。人物の窟に登場した「異形の2人」は、一つ火（鬼火）を灯してやってきた。人物の窟の人物Yが病死だった可能性については前述した。

①、②、⑤の説話では、ヘビとカミナリが、親子とも、相互に変身できるとも信じられていた。①～③の説話では、蛇神雷神が男神で、人格神と信じられていた。①、③～⑦の説話では、蛇神雷神が社でまつられたことがわかる。社は土地神をまつる造作だから、蛇神雷神が土地神と信じられていたことになる。

以上により列島の古代に、〝蛇神雷神＝社でまつる土地神〟という関係が存在したことがわかる。そこで、ヘビに三角文の図像が与えられれば、土地神も三角文で暗喩されたことになる。

（5）銅鐸絵画の三角文

ヘビが三角文で指示された銅鐸絵画がある。弥生時代中期（1世紀）の作である兵庫県桜ヶ丘5号銅鐸に、ヘビを頭上にのせるシャーマンが描かれ、彼女の頭は三角（△）に描かれた（図33）。考古学の定説は、銅鐸絵画の三角文を女性を意味する文様としているが、前書では、縄文時代の終わりごろにつくられた「ヘビを頭上にのせる女性土偶」（図34）などを参考にして、△は女性ではなく蛇神のマークで、彼女を、ヘビを頭上にのせるシャーマン（蛇巫（へびふ））と考えた。

彼女は頸（くび）を曲げると頭上のヘビが転落するため、頸を曲げず、脊柱を横にしならせて○頭の打撃を避けようとした。両手で半円をつくって頭上のヘビを護ろうとしているが、棒で叩こうとする○頭の手は彼女の頭上に接している。この手が、叩こうとする対象を指していることに疑いない。シャーマンは頭上にへビをのせていたので、頭も三角に描かれた。これは、ヘビが三角文で表現されていることを示すとともに、当時の社会が○頭と△頭で構成されているという認識を示している。

銅鐸絵画でヘビに三角文の図像が与えられ、さらに同一工房の作と解されている銅鐸に土地神をまつる社（「銅鐸家屋」図28）が描かれた。先の説話と合わせると、銅鐸絵画の社でまつられる者は、三角文で表象される土地神で、銅鐸の分布圏では社の神は蛇神だったという帰結がえられる。

この間の事情は、北部九州でも同様だったと考えられる。縄文の蛇神雷神信仰に合致するものとして磨製石剣を受容し、その後、銅剣銅矛に置きかわった。縄文の三角文は、蛇剣信仰の三角文に融合したと解すべきだろう。そう考えると、青銅祭器が縄文集団の間に広く普及した理由がわかる。

ここまでのところを要約しておこう。多数説は弥生・古墳時代の三角文を辟邪の文様としているが、少数説の説くように、弥生時代には蛇神を表象する文様で、蛇神は土地神でもあったので土地神の文様にもなった。ただし土地神は、大陸由来の社の文様（X字形）で表現されることもあった。古墳時代になると、三角文の土地神の意味は維持

右：図33　ヘビを頭上にのせるシャーマンと、それを叩こうとする大男
左：図34　ヘビを頭上にのせる縄文土偶

されたが、蛇神を表象するかどうかは別に判断する必要がある。それは後述するように、古墳時代は青銅祭器の廃絶の上に開始されたからである。

（6）蛇神と雷神の関係

蛇神と雷神には共通点がある。ヘビの冬眠時期と、雷が地中に棲むとされる時期である。寒くなると地中にもぐり、暖かくなると活動する点で一致し、死にいたる猛毒をもつことと強烈な威力を発揮する点でも共通する。縄文のアニミズムは、東アジアの古代文明に遭遇して変容したといえるだろう。

つぎに、弥生時代の蛇神は、同時に雷神でもあったことの図像的論証である。銅鐸や銅戈などに、しばしば黒目（虹彩）のない目をもつ顔（以下「白目の人物」という）が描かれた（図35）。青銅祭器は蛇剣信仰の系譜にあるので、白目の人物は蛇神と関係がある。『日本書紀』（雄略天皇）の少子部スガル説話を検討して、雷には黒目があり、ヒトが黒目を見ると災い（雷撃）を受けるので黒目を入れなかったと推測した。このころイナヅマは、雷神の黒目から発せられる（眼光）と信じられていたのではないだろうか。つまり、白目の人物は雷神である。白目の人物とともに、くちばしを閉じたトリが描かれることがある。銅鐸が地中に埋納されると、シャーマンの呪術によってトリがけたたましく一

0　5cm

右：図35　白目の人物とトリ（福田型銅鐸）
左：図36　龍とイナヅマ

声を発する。すると白目にカチッと黒目が入り、雷神が目覚めるという物語である。

イナヅマは、長崎県の原(はる)の辻(つじ)遺跡（壱岐市）出土の〝龍〟の線刻絵画土器に、「直線」と「L字形」で表現された（図36）。龍は雨をもたらす神で、龍を描く土器は弥生時代後期に頻出する。龍は蛇神雷神に対抗する神として普及した可能性がある。イナヅマの直線とL字形は人物の窟に描かれ、後述する家屋文鏡(かおくもんきょう)（第9章　神々の住む家）にも出現する。

ヘビと雷の関係は、文様の上で容易に立証できる。すでに説かれているように、ヘビを表象する渦文の渦を止めて直線に置きなおすと雷文になる。虎塚壁画（第12章）では、渦文の一種である双頭渦文が出現する。

余談だが、縄文の遮光器土偶と白目の人物には共通点がある。前者は細目、後者は白目で、両者とも黒目を描かない。弥生時代になると男性優位になるが、白目の人物は、遮光器土偶の趣旨を引きついでいるといえる。

（7）青銅祭器と古墳

遺骸は地中に埋葬されたので、死ぬと土地神のもとにおもむき、土地神に受容されると信じられたはずである。すると、埋葬にあたって土地神祭祀が存在したと推測することが許される。むしろ重要な儀礼（墓祭）と位置づけられたのではないだろうか。

弥生時代の北部九州では武器形祭器が副葬された。最後の型式の武器形祭器が副葬されたのは長崎県塔(とう)の首(くび)遺跡（対馬市）の第3号石棺で、棺内からは国産の広鋒銅矛2本が弥生時代後期の土器とともに出土した。これに対して、銅鐸はもっぱら埋納の対象で副葬されることはなかった。それは通説の説くように、銅鐸が有力者個人のものではなく、（○頭と△頭で構成される）集団の祭器だったからである。もっとも、奈良県の大福遺跡（橿原市）では例外的に、銅鐸が方形周溝墓内に埋納された。これは、方形周溝墓という形式の墓と、銅鐸の趣旨が矛盾しなかったことを示している。

古墳に銅矛や銅鐸など青銅祭器の姿はないので、例えば後述する纏向(まきむく)型(がた)前方後円墳の成立までに青銅祭器のまつりは終了していたと考えられる。結果的に、青銅祭器の祭式と前方後円墳の祭式は両立しなかったといえるが、問題は両立しない理由である。青銅祭器は蛇神雷神である土地神をまつるから、前方後円墳が土地神祭祀をともなえば、土地神祭祀をめぐって対立する可能性がある。とりわけ、のちに前方後円墳をつくる勢力が蛇神雷神信仰に否定的であれば、青銅祭器の存在じたいにも否定的だったと考えられる。

青銅祭器のまつりと前方後円墳祭祀が相容れないというためには、視野を前方後円墳の他界観（第13章）や黄泉の国の物語（第14章）に広げる必要がある。

4　土地神の姿

（1）雷神の船Ⅰ

蛇神雷神は人格神と考えられていたので、弥生絵画にヒトの姿をとって出現することがある。手がかりは船で、雷神の乗物は船（アメノトリフネ）と信じられていた。

その一は、福井県・井向(いのむかい)1号銅鐸の絵である（図37）。この船は上から見て描かれ

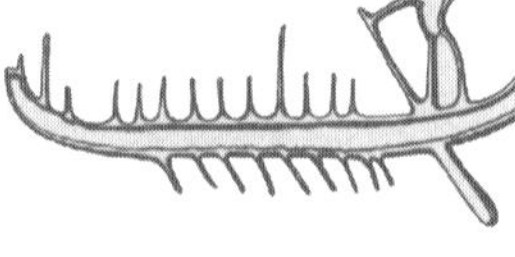
図37　船（井向1号銅鐸）

ている。20本ほどの櫂（オール）がつき、舵をとる人（船頭）がいる。この船は、銅鐸の下方かつ右端に描かれていて、構図上、船はここから右に進めない。この船の特徴は、舵と櫂の位置にある。舵は船の向こう側にあり、向こう側の櫂は直角に付いているのに対し、手前側の櫂は船尾の方向に斜めに下行している。こういった描写で鋳物師は何をいいたいのだろう。それは、この船が手前側を接岸させていくということである。この船は左方に進むので、櫂は水をかく位置にない。つまりこれは、船着き場などに接岸して、いつでも出発できるよう待機している光景になる。誰を待っているのだろう、むろん雷神である。

こうした発想はわたしのものではない。岩波文庫『古事記』（倉野憲司校注）は、タケミカヅチ（建御雷神）の出雲平定譚で、「雷は船に乗って天空と地上を往来するものと信ぜられていた」と注釈している。絵のある銅鐸は、雨乞いのために地中に棲む雷神に奉納されたもので、井向1号は、雷神にこの船に乗って直ちに出動してほしいという願望を表現している。涙ぐましいほどのサービス精神というべきだろう。

管見では、弥生・古墳時代に描かれた船で〝出発〟を意図しているのはこの絵だけである。

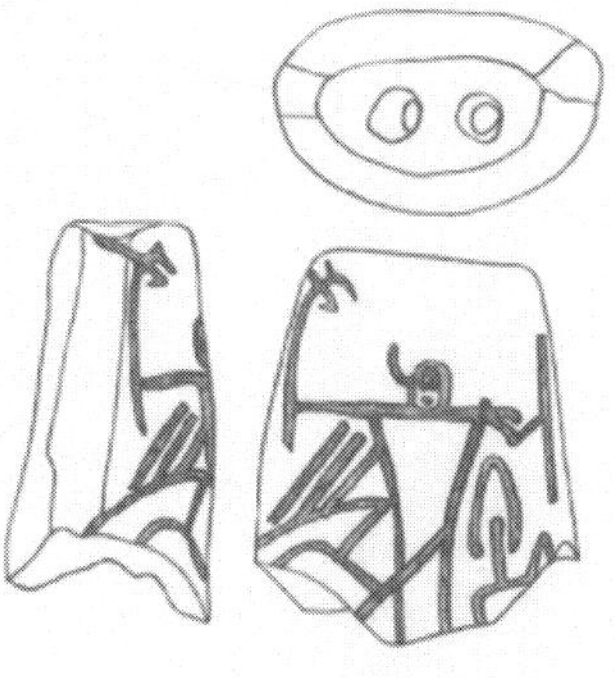

図38　鐸形土製品に描かれた人物（川寄吉原遺跡）

（2）雷神の船Ⅱ

井向1号銅鐸では雷神の姿はなかったが、堂々と描くものもある。それは佐賀県川寄吉原遺跡（神埼市）から出土した鐸形土製品（図38）である。鐸形土製品は銅鐸を模したものと解されているが、使用目的はよくわかっていない。また掘立柱建物の柱穴跡から出土したので、この状況に調和するよう解釈される必要がある。

この人物は、一見して多くの武器を身に帯びている。腰に刀（剣）をさし、右手に戈を、左手に盾を持っている。腰の傍らには銅鐸とおぼしきモノがある。レントゲン写真のように透視された舌があるので銅鐸と解されている。問題は、腰の左に描かれた「右先端がとがっていて、上方に3本の線が斜めに並んでいるモノ」で、有力説は〝イノシシが矢を受けている場面〟と解している。これを矢とすると、3本の矢が整然と同じ方向に刺さっていることになる。しかし、弥生絵画でイノシシが受けている矢はふつう1本で、矢羽根が描かれる。この絵のように、矢羽根のない複数の矢が、整然と同一方向に刺さっている例を見ない。

これは、「整然と並べることができる3本のモノ」が付属する「先端のとがった横に長いモノ」は何か、という視点で検討すべきではないだろうか。すると、この物体は船で、斜めに3本並んでいるものはオール（櫂）ではないかという発想が生まれる。到着後、オールを引き上げ天日に干している光景である。オールを立てることで、船の到着を示唆しているといいかえることもできるだろう。オールを直立させなかったのは、船着き場の杭と誤解されるのを避けるためではないだろうか。すると、この船の下にあって、上に凸にカーブする曲線は波と解することになる。

では、この人物は何者か。有力説は、鳥装の司祭者あるいは戦うシャーマンなどと解している。しかし弥生・古墳時代のシャーマンには定番の〝バンザイポーズ〟があった。彼らは素手で武器はなかった。この人物はバンザイポーズではなく、武器を帯びているのでシャーマンではない。これまでの検討結果によれば、この人物は武器形祭器と銅鐸を帯びているので雷神になる。体幹が逆三角（▽）に描かれたのは、三角形で表象される蛇神の性格を具有しているからである。

彼の頭部から左に伸びる短線は、先端で少し上に屈曲している。鳥装なら頭頂部から線が伸びだし、横か下に曲がるように描かれるはずである。この形はむしろ、人物の窟で漠Ａの頭部にあった「逆ハの字」状のかぶりものを横から見た形、あるいは五郎山で見た「おむすびマークの人物」の頭部に描かれたモノと似ている。これは双脚輪状冠を横から見た形で、雷神の和魂を表現しているのではないだろうか。雷神は、奉献（埋納）された銅鐸と銅剣、銅戈などを〝よし〟とし、それを身につけて出動したのである。

（３）雷神をまつる社

前書で銅鐸絵画を検討したとき、銅鐸の描かれたこの絵（図38）に言及すべきだった。青銅祭器は雷神に奉献されたとする私見にとって、異種埋納された鐸と剣と戈を帯びる人物は雷神以外になく、この絵はその仮説を直接立証する資料と思われた。躊躇したのは〝雷神が地上に降り立つ（到着する）〟という観念が理解不能だったからである。この出土例では、土地神の鎮座すべき建物すなわち社をつくったので、いわばご本尊として雷神を招きよせた。鐸形土製品は、社の神である雷神を招きよせる儀式に使われたもので、その儀式の終わったあと掘立柱の掘方（地中）に埋納されたのではないだろうか。

絵の内容、鐸形土製品というキャンバス、掘方への埋納という処理、いずれの観点からもこの人物を地中と天空を往来する存在―雷神と解すべきことを指示している。この解釈では、これまで検討してきた社の実物に川寄吉原遺跡ではじめて遭遇したことになる。なお、斉明天皇や中大兄皇子の時代（7世紀後半）に、朝倉社という社の祭神が雷神で、北部九州に雷神をまつる社が存在したことは前述した。

これに対して銅鐸は、最終的に奉納（地中への埋納）されたとしても、それまでにさまざまな使用方法があったと考えられる。舌を振り鳴らした形跡のある銅鐸は発雷をうながし、白目の顔を描くものは高床などに神体として安置され、X字形の付されたものは刻された時点で埋納用と決定され、奉納する場合でも連作4銅鐸のように祭文の機能を付加するものもあった。

しかし弥生時代後期になると、複数の青銅祭器が一括して埋納され地上から姿を消す。最後の埋納は、そうせざるをえない何らかの事情が存在したものと考えられる。

（4）土地神と買地券

参考までに大陸の土地神をみてみよう。彼の地でも土地神が忌憚すべき存在だったことは、買地券の存在でわかる。買地券とは「漢代以後、原野などを開拓して墓地をつくる場合、その地が土地神との売買契約によって正統な手続を踏んで収得されたものであることを証明するために、鉛、木、玉石などに姓氏、年月、墓域の境界を明記した買地券が、明器として埋められた」（平凡社『世界大百科事典』）ものである。

大陸でも土地神は人格神で、売買の当事者になり対価を受けることのできる存在だった。列島の土地神も、豊作を祈念し生産物に感謝する対象であることにかわりはなかったが、それ以上に忌憚すべき存在で、盛大に饗応し、贈り物を捧げ、「伏して額ずく」対象だった。列島の古墳も、山野を開発してつくられた。古墳時代中期に近畿で大量副葬された鉄鋌が、当時、決済手段として機能していれば土地神への対価だったと解する余地がある。

５　龍神信仰の台頭

万葉人の生きた７～８世紀に、地祇という抽象的広域的な観念と地域固有の土地神（地域神）という観念が存在したことは王塚でふれた。こうした観念の存在がどこまでさかのぼり、２つの神観念はどういう関係に立つかといったことはよくわかっていない。

固有の土地神とは、地域の名を負う神や四囲の山々などに宿る神で、例えば大和の大神（おおみわ）神社の神体山である三輪山の神は、古くから蛇神雷神の性格をもつと考えられているが、説話の残っていない多くの地域神については不明である。壁画の土地神も同様で、猫淵横穴墓のひとつに、ヘビのうねる姿が線刻されていたというような事実（志田諄一前掲書）がないかぎり、蛇神雷神信仰を背景にしているかどうかはわからない。

憶測すれば、北部九州や近畿東海など青銅祭器が盛行した地域では、弥生時代中期まで広く蛇神雷神が受容されたのに対し、東部瀬戸内では古墳時代の開始までに、蛇神雷神信仰に対抗する龍神信仰が台頭したものと考えられる。例えば三輪山の山塊につづく龍王山（りゅうおうざん）といった龍を名に負う山は、三輪山とは異なる神観念のもとに命名されたことは明らかである。

弥生時代後期に龍を描いた土器が普及するので、この転換は弥生時代後期から終末期（2世紀後半から3世紀前半）にかけて起こったと考えられる。魏志倭人伝は、２世紀の後半に倭国が乱れ、３世紀前半に倭女王・卑弥呼が狗奴国と争ったと伝えている。この１００年間を〝倭国争乱の時代〟と呼べば、龍は蛇神雷神に対するアンチテーゼとして機能し、争乱のキーワードになった可能性がある。

6　土地神のまつりの多様性

土地神のまつりには、墓地や建物（社）でまつるもののほか、土地の改変をともなう場合がある。後者には、畔をつくって湛水する水田開発をはじめ、矢板や貼り石などで護岸をほどこす大溝祭祀、環濠集落の環濠や古墳の周濠の掘削などがあり、土地に対する大規模な改変は土地神祭祀をともなっていた可能性がある。今日でも、さまざまな工事に地鎮祭がつきものであることを思えば、古代にあってはなおさらというべきだろう。

土地神のまつりには、倭国争乱の時代に断絶・消滅するものと争乱の最中に生まれたものがある。重要なものは、争乱の時代に消息を絶つ青銅祭器のまつりと、争乱の最中に生まれた前方後円墳の祖型とされる纏向型前方後円（方）墳である。また、直弧文という難解な図像の系譜にある孤帯文（図71）も争乱の最中に生まれた。このうち壁画解釈に必要なものは前方後円墳の構造と祭式で、第13章（前方後円墳の他界観）で論じよう。そこでは、青銅祭器と古墳の祭式のちがいが明確になる。青銅祭器の消滅過程を明らかにすべきだが、倭国争乱の議論につながるため消滅にいたるシナリオを提起するにとどめざるをえなかった。また古墳壁画の題材でもある直弧文については、成案をえることができなかった。

ともあれ土地神は、弥生・古墳時代を通底する宗教的政治的テーマで、後世、ヤマト王権の確立後も土公神信仰や荒神信仰などに変容して社会の一大潮流になっていく。土地神への恐怖、忌憚は、列島の地勢に規定された固有の心性と思わざるをえない。

第9章　神々の住む家

はじめに

五郎山に屋根のない家があり、後述する虎塚壁画にも登場する。家は壁画に描かれただけでなく、古墳の埋葬施設にも家をイメージするものがあり、家形埴輪にも造形された。家は古墳時代をつらぬくテーマになっている。家を描く建物絵画は弥生時代にはじまる。弥生時代中期の土器に家が描かれ、弥生・古墳時代の過渡期には、墓地の近傍で物語風に展開する建物絵画土器が出土する。

古墳壁画を理解するためには、建物絵画の理解が欠かせない。古墳や埴輪群像を読み解くためにも建物絵画の解読が必要になる。それは五郎山でみたように、他界観の核心に家があるからである。他界観には、弥生時代にはじまり古墳時代に完成するものがある。とりわけ墓地近傍から出土する建物絵画は墓地に関する理念を描くもので、それが墳形に反映している可能性がある。つまり建物絵画の解読は、前方後円墳の意義の解明につながる。

考古学の大勢は建物絵画を風景画とみるので、この種の絵に難渋する。しかし壁画の靫や盾、○や△と同じように、ここでも家（の屋根形式）を類型化して神々を暗喩していると考えると、視界が開ける。本章の前半で、こうした難解な絵を読み解くための仮説を立て、後半をその解読にあてる。そのなかには漢墓画像石もふくまれる。画像石と壁画との間に、文様とテーマの一致があることに驚かれることだろう。

建物絵画の建物は、屋根の形によって4種に大別できる。そのうち寄棟風、切妻風、入母屋風の3者は現代に連続する。残るひとつは〝2棟の屋根の谷間〟を描くもので前述した。

建物絵画を読み解く手順は、つぎのとおりである。1枚の絵に屋根の形の異なる2棟（以上）の建物が描かれ、同時に描かれたシカを犠牲動物とすると神々をまつった場面になり、異なる2神をまつっていると考える。また、屋根棟の妻側に、渦文や円文の飾り（以下「妻飾り」という）がつく場合があり、これは屋根棟に住む神を示唆していると考える。ポイントはメッシュで（メッシュがないものもある）、描き手はメッシュで充填されている部分が重要だと示唆している。梯子も重要で（梯子がないものもある）、これはヒトのものではなく神のもの（神梯〔しんてい〕）で、登っていく先に神が宿る。神梯が屋根にかかり、屋根がメッシュで充填されていれば、そこが神の座と解すべきことになる。描かれた建物や妻飾りなどが実在したかどうかという問題があるが、例外はあるものの理念を描いたと理解しておきたい。

なお、古墳壁画を検討する過程で、前書で提案した三角文（△）に関する仮説に誤りがあることがわかった。本章でそれを訂正する。

1　寄棟風の建物

建物絵画を考える出発点は、稲吉角田家屋A・B（図29）である。稲吉角田家屋Bは屋根の谷間（中霤〔ちゅうりゅう〕）の下をメッシュで充填し、土地神の宿る中室を描いているので、それと異なる稲吉角田家屋Aは土地神以外の神を表現している。稲吉角田家屋Ａの特徴は、高い支柱の上にメッシュで充填された台形の屋根を描くことである。このころ漢代の霊魂観である〝霊魂は陽気で上昇する〟という観念が伝播していれば、このタイプの建物は霊魂とりわけ祖霊に配当された家と考えることができる。台形の屋根は今日の寄棟造に似ているので寄棟風建物と呼ぶことにしよう。寄棟風建物は稲吉角田家屋Ａのほかに唐古・鍵遺跡出土の建物絵画（図20）がある。

もっともこの分類は当初から確定的なものではなく、地域差や時代差、描かれた状況などによって建物が異なる場合がある。時代が下るにつれ、こうした分類に収斂していくというほどの仮説である。

２　切妻風の建物

（１）芝家屋

前章では、弥生時代に土地神という観念が存在し、社という造作でまつられたと考えた。銅鐸家屋（図28）や稲吉角田家屋Ｂ（図29）である。しかし、これらの造作は風雨にさらされるので、人格神としての土地神は住むことができない。ふつうの屋根をもつ建物絵画も出土しているので、屋根のある家が人格神としての土地神に配当されたという推測が生まれる。この場合、土地神に配当すべき屋根形式は、唐古鍵家屋（図30）や池上曽根家屋（図31）に片流れの屋根をもつ建物で雨樋や窓を描いたものがあるので、これに屋根をかけたもの、すなわち切妻風の建物があてられたと考えられる。

切妻風の建物絵画（図39）が奈良県芝（しば）遺跡（桜井市）から出土している。これを「芝家屋」と呼ぶこと

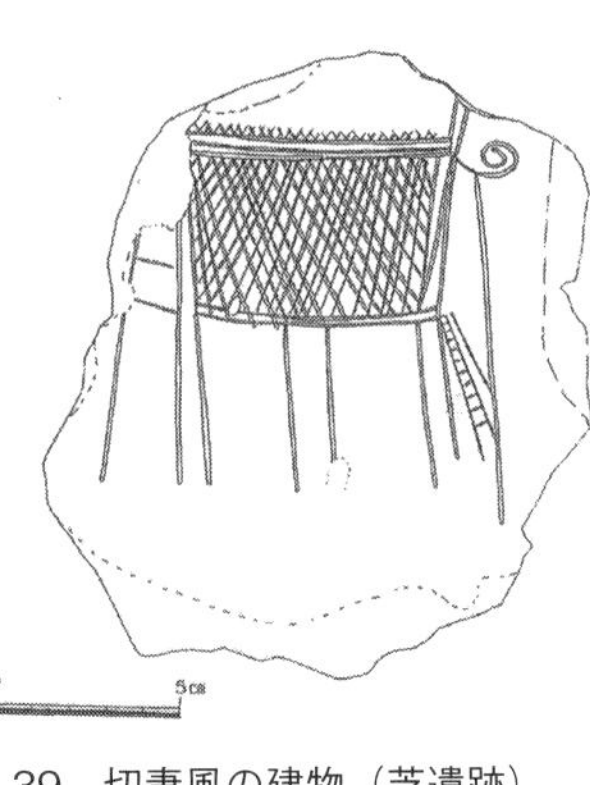

図39　切妻風の建物（芝遺跡）

にしよう。芝家屋には棟先に渦文のほか千木（ちぎ）があり、向こう側にも屋根があるので屋根裏も存在することになる。屋根は妻側の棟がせりだす逆台形で、梯子が向こう側の屋根の下端に接触し、梯子の先端が宙に浮いているように見える。前書では、これは斜め横から見た形を建物の側面に貼りつけたためで、描き手が3次元的な描法を知っていれば、梯子は妻側に接続しているはずと考えた。つまり梯子は屋根裏に接続している。

屋根棟の妻飾りは蛇神を表象する渦文で、これは屋根をもつ家で土地神の社を表現したものである。逆台形の屋根や切妻屋根を妻側から見ると、三角形を内包しているように見える。その形に三角文の土地神をイメージしたと想像することは許されるだろう。

なお、妻側の外にある棟持柱を独立棟持柱といい、その建物を独立棟持柱建物という。屋根形式は切妻風になる。芝家屋は妻飾りに接続している点で疑問はあるが、独立棟持柱建物とみてよいと思われる。

（2）切妻風建物に住む神々

切妻風建物が人格神である土地神の住まいに転化する理由を考えてみよう。その一は、前述したように土地神が人格神と信じられたことである。考古学は、このころの大地の神を地霊、荒ぶる神といったスピリチュアルな存在と考えるが、縄文の遮光器（しゃこうき）土偶などをみると、古くから神はヒトの形をしていたと信じられていたフシがある。雷神も白目の顔をもつ人格神として銅鐸に描かれた。

土地神は三輪山の大物主のように男神の場合もあるが、姫神、比咩神などと呼ばれる女神も少なくない。土地神が人格神の場合、舶来の社（銅鐸家屋）や片流れ屋根の建物、雨樋、庇などには住むことができない。かといって寄棟風建物の屋根裏は祖霊のためのものだから不都合がある。そこで逆台形の屋根や妻側に三角形を内包する切妻風建物の屋根裏が配当されたのではないだろうか。切妻風の屋根裏が、三角形で示唆される神の座であることについては後述する。

その二は、土地神が同時に祖神でもあると信じられた場合である。例えばオオクニヌシ（大国主命）にはウツシクニタマ（現し国魂）という別称があり、これは現世の国土神の意と解されている。オオモノヌシ（大物主）やヒトコトヌシ（一言主）のように、ヌシを地主神と考える説もある。土地神の性格をあわせもつ祖霊は、寄棟風の祖霊専用建物ではなく切妻風の建物が適切と考えられたという想定である。

その三は、人格神である土地神と祖霊がともに住む場合である。古代には、祖霊の鎮座すべき場所はどこでもよいというわけではなく、土地神とともに住むことが理想と信じられた。この点、後述する（第11章　祖霊と土地神の共住）。そこで、1棟に土地神と祖霊が住もうとすると問題が起こる。まず、建物を寄棟風にするか切妻風にするかが問題になる。ともに住みたいと願うのは祖霊のほうだから、建物は土地神の住まいである切妻風建物が優先する。すると、ひとつ屋根の下に土地神と祖霊が同居することになる。この場合、祖霊は屋根裏に、土地神は廂の間や庇に宿る。2神は至近距離で暮らすことになるので、何らかの拍子に激突する可能性がある。これらについても後述しよう。

切妻風の建物絵画では、梯子はふつう建物の外から妻側にかかる（切妻造の妻入）が、後に「切妻造の平入」という様式（神明造）が出現する。このタイプの出現の経緯は不明だが、2棟づくりの1棟を独立させた可能性がある。

(3)切妻屋根をのせる建物

切妻風の建物に、さらに切妻風建物をのせる建物絵画が出土している(図40)。大阪府中河原(なかがわら)遺跡(茨木市)出土のもので、つぎのように報道されている。

大阪府茨木市教委は23日、切り妻屋根の高床建物5棟が描かれた弥生時代中期後半(約2000年前)の土器が中河原遺跡から出土したと発表した。5棟以上の建物が描かれた弥生土器は全国3例目だが、切り妻屋根の建物ばかりの土器は初めて。絵は豊作を祈る祭祀の場を表わしているとみられ、市教委は「当時の人々の精神世界を知る上で貴重な発見」としている。(後略)

毎日新聞(2018年3月24日)

図40 切妻風建物をのせる建物(茨木市中河原遺跡)

5棟の建物のうち重要なのは建物2・3で、棟持柱をもつ切妻風建物2の上に、高床らしき横線の描かれた小さな切妻風建物3がのっている。この建物3を「中河原家屋」と呼ぶことにしよう。この絵のポイントは、中河原家屋の内部に見える三角形である。鋸歯文のひとつを取りだしたような鋭い三角形は下の建物2の屋根に接し、上に伸びて高床を突きぬけている。この描写からわかるのは、三角文が辟邪という他者を必要とする概念ではなく、家の最高峰に位置する主人公といった存在であることである。切妻風建物2を人格神である土地神が単独で、または祖霊と共住する建物とすれば、中河原家屋は三角形で指示される神が頂点に立つことを示している。

興味深いのは茨木市教育委員会のコメントで、この絵が当時の精神世界を描いているという評価である。精神世界とは信仰のことで、この種の建物が従来倉庫と解されていたことからみると、隔世の感がある。精神世界の側に舵を切れば、つぎに問われるのは、あたかも御本尊のように描かれた三角形の意味である。ここまで読み進まれた読者には説明の必要はないだろう。

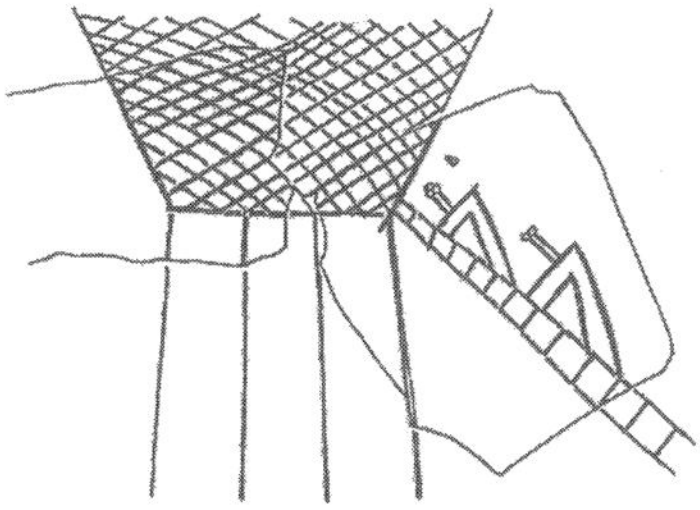

図41　梯子をのぼる２人の人物
（唐古・鍵遺跡）

（４）屋根にのぼる2人の人物

逆台形の屋根にのぼる２人の人物を描いた弥生土器が、唐古・鍵遺跡から出土している（図41）。２人の体幹は梯子の線を加えると三角形になり、人格神としての土地神を暗喩している。２人の頭部は微妙に異なり、上の人物は小さな円が３つ、下の人物は円が２つで、体つきは下の人物がやや大きい。この描写には未知の含意があると思われるが、ひとまず先へ進もう。

△を蛇神のマークとすると、この２人は蛇神で、赤の他人では不都合なので夫婦または兄妹と考えた。登る先がどこかは難解である。前書では、

屋根の下端（庇）に登る様子を描いていると考えた。しかし屋根全体がメッシュで充填されているので、登る先は屋根（屋根裏）と考えるべきことに気づいた。屋根の内側は倉になっているとみて屋根倉に登っていると解する説もあるが、梯子を神梯とすると、そうした生活感のある解釈は否定される。

現在に伝わる神殿建築は、この切妻風で妻入の建物の理念をよく引きついでいる。妻入の住吉造（すみよしづくり）や大社造（たいしゃづくり）をはじめ、平入でありながら庇（向拝（こうはい））を長くとった流造（ながれづくり）、２棟造の八幡造（はちまんづくり）などの切妻造である。神殿建築に切妻造が多いのは、土地神をまつる社に有力者の祖霊が依りついたケースが多いためと考えられる。

（5）蛇鈕の国

弥生時代に蛇神信仰が存在した証拠がある。それは、福岡県の志賀島（しかのしま）（福岡市）から出土した金印である。紀元前3世紀ごろから中国南部に存在した滇王国（てんおうこく）の王墓から、図41と同じテーマの青銅祭器が出土している（雲南省晋寧県石寨山（せきさいざん）遺跡）。切妻屋根にかけられた板状の梯子を、大蛇が這（は）いあがっている（「石寨山遺跡」でネット検索できるので参照されたい）。地面に平伏している人がいるので、これが滇王国の蛇神信仰を表現していることに疑いない。建物の外観は、切妻屋根の妻側を極端に伸ばして逆台形につくり、蛇神の三角文を暗喩している。滇王国では躊躇なく大蛇を造形したが、列島ではそれを描くことに強い禁忌があり、カエルをくわえる漠とした姿（図16）で描かれた。

『史記』（西南夷列伝）によれば、滇王は前漢の武帝から金印をもらっている（前１０９年）。興味深いことに、その印の鈕（ちゅう）（つまみ）はヘビをかたどっている。倭人の国も西暦５７年に後漢の光武帝から蛇鈕（じゃちゅう）の金印をもらった（『後漢書』倭伝）。蛇鈕の印をもらった2つの国で本質を同じくする造形が存在することは、2つの国がともに蛇神信仰の国だったことを示している。

滇王の金印は王墓に副葬されたが、倭人は青銅祭器と同じ作法で埋納した。金印には使用された痕跡がほとんどないという。金印が手つかずで埋納されたのは、蛇鈕が蛇神を表象していると信じられたからではないだろうか。北部九州では弥生後期のある段階まで大形銅矛をまつっていた。青銅祭器の総本山ともいえる北部九州で蛇鈕の金印が出土するのも、もっともなことといえる。

3　入母屋風の建物

（1）多家屋

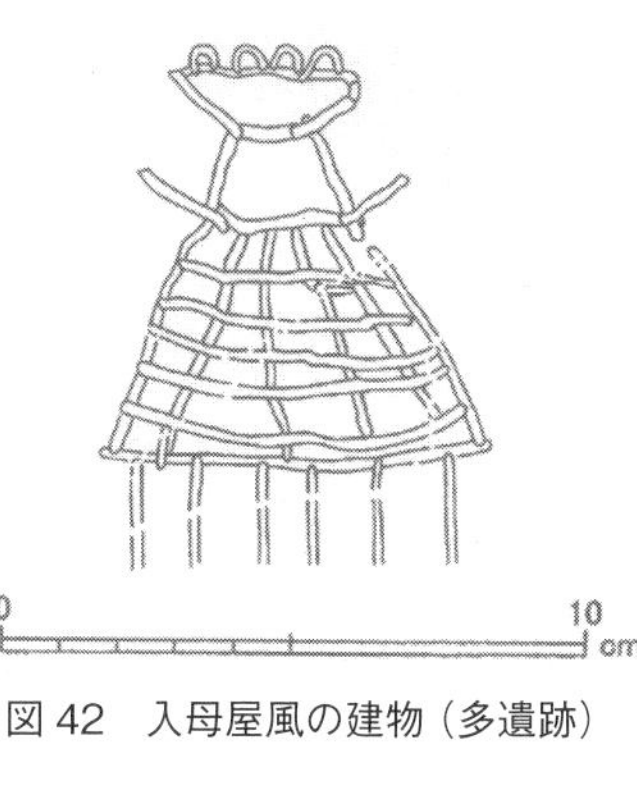

図42　入母屋風の建物（多遺跡）

古墳時代になると入母屋造の家形埴輪が出現するのに、弥生時代に入母屋風の建物絵画の出土しないことが不審だったが、奈良県の多遺跡（田原本町）で出土していた（図42。「多家屋」という）。弥生時代中期の甕に描かれたもので、2015年に橿原考古学研究所附属博物館によって公表された。

この絵は入母屋造のように見えるが、現在の入母屋造とは異なっている。横から見て描かれていて、屋根の輪郭を示す左右の側線のやや上方から斜め上に短線が突出している。問題は、その短線の上にある2本の側線で、その上に切妻屋根がのっているように見える。切妻屋根の上にのる4つの半円は、現在の神殿建築に見られる鰹木（かつおぎ）と考えられている。ポイントは、横に突出する2本の短線と、その上の2本の側線である。横に突出する短線を下の寄棟風建物の棟木とし、2本の側線を切妻屋根をささえる柱とすると、寄棟風建物の上に切妻風建物を丸ごとのせていることになる。

古来、なぜか切妻の屋根が珍重された。寄棟の屋根ではあきたらず、それに切妻の屋根をのせたものが入母屋造である。多家屋が入母屋造の理念を描いているとすると、寄棟風屋根の上に切妻の屋根を、いわば冠（かんむり）のように戴（いただ）いていることになる。先にみた中河原家屋の屋根は三角形を内蔵していた。この切妻の屋根に入るのも三角形をシンボルとする神、すなわち土地神と考えるべきだろう。鰹木は初出で、芝家屋の千木と並んで、その建物が特別なものであることを示している。

では、この入母屋風の建物に配当されたのはどういう神だろう。これまでの仮説では、寄棟風の屋根裏に祖霊が住み、切妻風の建物には人格神である土地神が単独で、あるいはそれに依りつく祖霊の2人が共住すると考えた。すると多家屋は1棟で、寄棟風の屋根に祖霊を、切妻風の屋根に人格神である土地神の2神をまつり、土地神を上位に置く建物と解することになる。

（2）氏神の家

多家屋を別の視点で見てみよう。多家屋を分解して、祖霊をまつる祠（シ）（下の寄棟風建物）に土地神をまつる社（シャ）（上の切妻風建物）を合体させたものと考えることもできる。そこで、2つの屋根形式を合体させた建物は、2種の神が合体した新しい1人の神に配当されたものではないかという発想が生まれる。つまり王塚の「輪郭線の靫」のように、祖霊と土地神が重なりあい、一体化して別の神に変化したため、従来の建物ではおさまりきらなくなり、入母屋風建物に配当されたという想定である。

王塚の「輪郭線の靫」や珍敷塚の「窓のある靫」のように、祖霊と土地神が一体化した神が存在することは前述した。血縁と地縁を基礎とする２神が一体化した神は、地上では氏神と呼ばれた可能性がある。ここでは、入母屋風建物は１人の神すなわち氏神に配当された可能性があることを留保しておこう。

以上、寄棟風や切妻風、入母屋風といった屋根形式を使用して一定の観念が表現されていることをみてきた。鰹木や千木が建物の性格を示しているとすれば、それは神聖性で、神観念が表現されているとみることができる。建物絵画は風景画ではなく、宗教画だったという帰結である。

４　屋根棟の妻飾り

妻飾りには、渦文を描くもの（図４、図39）や半円形の突起を描くもの（図20）のほか、一重円（◯）を描くもの（後出 図46）がある。これも符号で、屋根裏などに住む神を暗喩したものと考えることができる。

渦文はヘビの〝とぐろ〟で、始祖を蛇神と考える人びとが屋根裏に祖神が住むと暗喩している。

図４は陰暦の春正月（１月下旬から２月中旬頃）に祖霊をまつる光景で、女性シャーマンが歓心を買うために陰部を露出して、男性である祖霊を招きおろしている場面と考えた。図４の家の屋根は寄棟風で、梯子が屋内から屋根裏にかかっているので祖霊の家である。しかし、渦文を土地神である蛇神のマークとすると、切妻風がふさわしいのではないかという疑問が生まれる。この点は、つぎのように考えておこう。

この絵はこれまでのイメージ画と異なり、実況中継といったおもむきがある。つまりシャーマンと家は現実の存在で、それにイメージとしての渦文をつけたと。

クビと両手両足を伸ばす何者かがいるが、これはヒトではなく、ヘビの天敵であるスッポンを誇張している。銅鐸絵画のスッポンは常連で、蛇神を強迫する者として描かれている。シカは祖霊への犠牲動物である。堂々とした角をもつ牡ジカもいれば丸坊主といったシカもいるが、牡ジカの落角は早春の2月ごろだから、両者が混在してても不自然ではない。これは、始祖を蛇神と考える人びとの先祖祭の光景である。弥生時代中期の奈良盆地は蛇神雷神信仰の拠点で、その中心に三輪神がいた。

図20の半円形の妻飾りは、祖霊の和魂を意味する双脚輪状冠を連想するが、不明としておこう。これに対して一重円の妻飾り（後出 図46）は、始祖を蛇神と考えない人びとがいたことを示している。

祖霊のシンボルである一重円は、墓地に祖霊を招く儀器にも描かれた。岐阜県荒尾南遺跡（大垣市）出土の線刻絵画土器に船（図43）が描かれ、中央の長大な船の吹き流しに○印がある。両脇の帆掛け船には多重円（2重円）や多重半円があるので、この絵は墓地に祖霊や墓主霊を招きよせたことを表現している。小さくて見逃すほどの大きさだが、人物の窟の祖霊Zに付された○印と似ている。

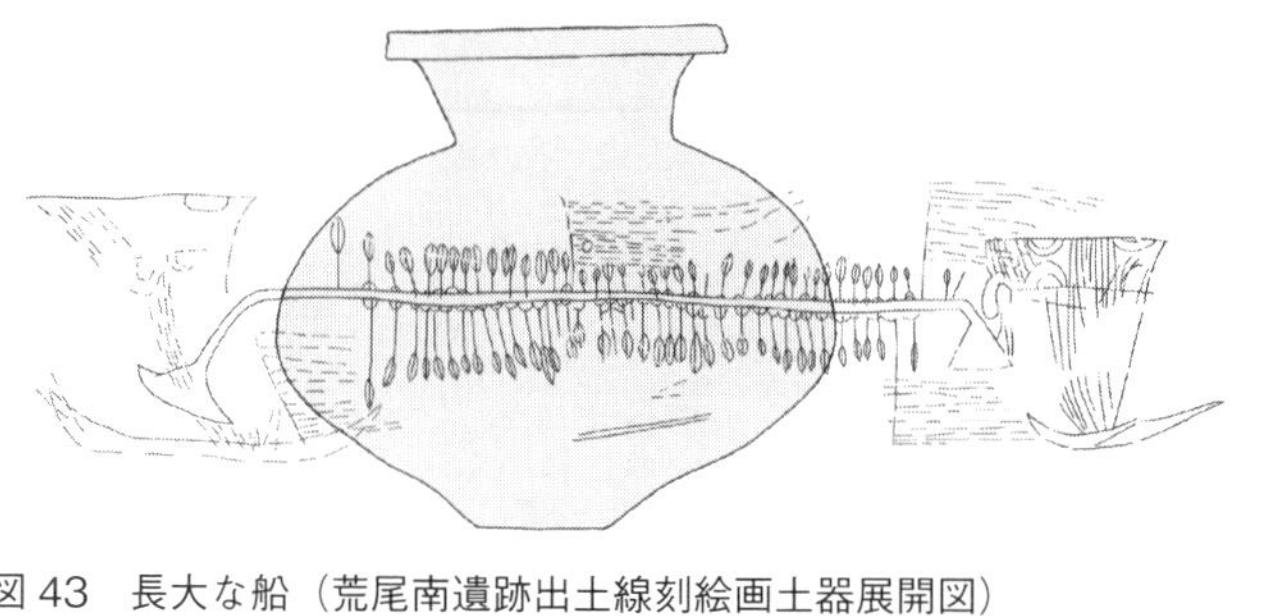

図43　長大な船（荒尾南遺跡出土線刻絵画土器展開図）

以上、弥生の建物絵画を検討して、さまざまな仮説を立てた。この仮説で難解な建物絵画に挑戦してみよう。

5　建物絵画の解釈

(1) 東町田家屋

岐阜県東町田遺跡（大垣市）から出土した建物絵画（図44）がある。弥生時代の終わりから古墳時代の初頭と推定される方形周溝墓の溝から出土した壺の、胴部と口縁の内側に絵があった。

右端の建物をXとし、左端の建物をYとしよう。建物Xの隣に1頭のイヌ、その左に2頭の牡ジカがいる。その左に、入れ子になった逆U字形の描写（以下「入れ子逆U字形」という）が2つある。これが壺の胴部に描かれた絵で、壺の口縁に描かれた人物は、シカ2頭に対応するような位置に描かれている。この絵は右から左へ読んでいく。その理由はイヌとシカが左を向いていることによる。

まず人物からはじめよう。この人物は両手を挙上している。これはシャーマンのポーズである。シャーマンの位置に対応する2頭のシカは、シカ2頭を（イヌに追わせて捕獲し）犠牲に供すると、入れ子逆U字形と建物Yが出

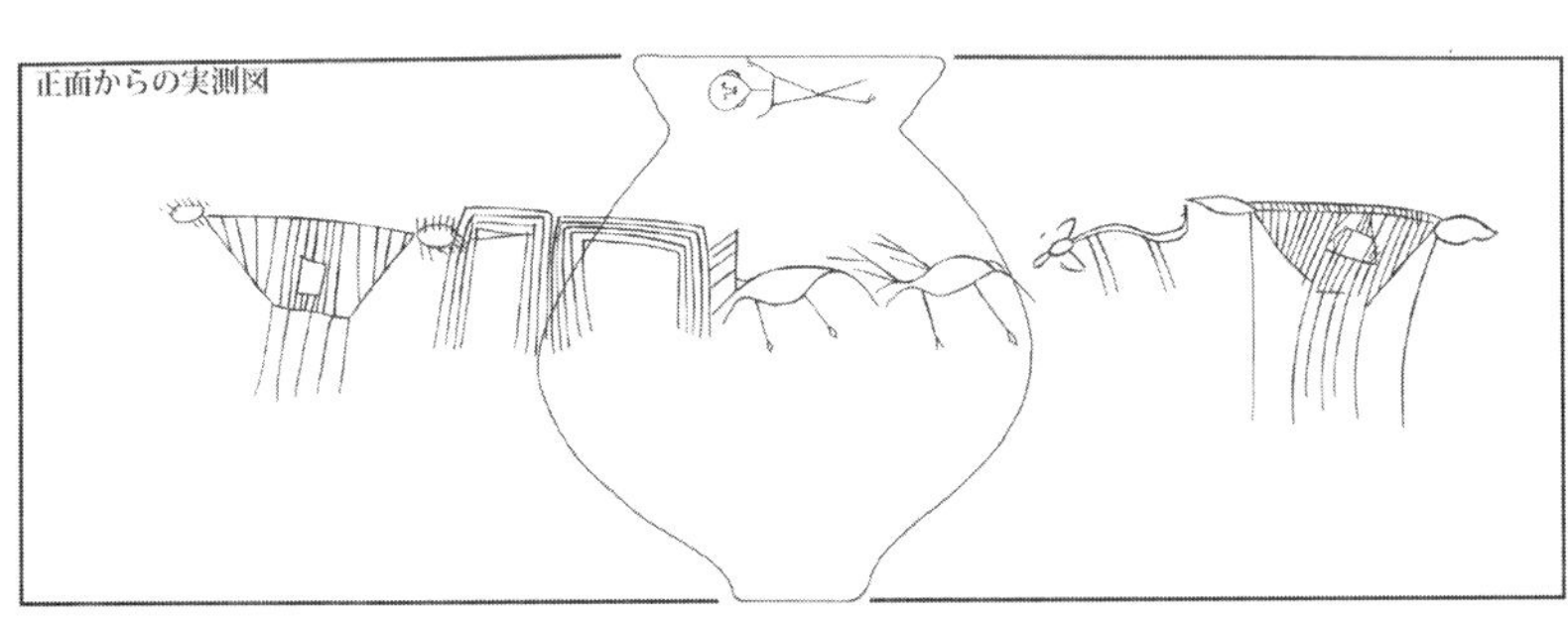

図44　2棟の建物（東町田墳墓群出土　絵画土器実測図）

現したことを表現している。つまり、右端の建物Xはシカを犠牲に供する前の状態―ビフォアを示し、左端の建物Yはアフターの状態を示していて、その変化はシャーマンの行為によってもたらされたと描き手は主張している。では、何がどう変化したのだろう。

①　建物Xは逆台形の屋根をもっているので、土地神の宿るべき建物である。屋根を意図する斜線の下に5本の支柱がある。この建物に屋根倉や高床があるとみる向きもあるが、見えるのは屋根と支柱だけである。妻側の棟先にレンズ状の造形（以下たんに「レンズ」という）がひとつずつあり、レンズの内側の先端から支柱が下行している。この支柱を棟持柱と考えることもできる。

建物Xの特徴は屋根の上半部にある。屋根の上端の横2本線は大棟の飾りで、その下の四角形は窓を表現したものと解されている。四角形の窓を囲むように△の描写があるが、これは屋根の斜線によって〝なかったかのように〟修正されている。窓が土地神の表象であることは前述した。

②　つぎに建物Y。この建物の特徴は、屋根の下半に描かれたすっきりした形の四角窓と、レンズに〝まつ毛〟のような描写（以下たんに「まつ毛」という）が加わっていることである。また大棟の横2本線と、レンズの下に存在した支柱がなくなっている。

③　ポイントは、入れ子逆U字形である。もともと入れ子逆U字形には白目がついていて、入れ子逆U字形は、白目の人物の〝入れ墨〟と考えられている（図45）。すると、ビフォア

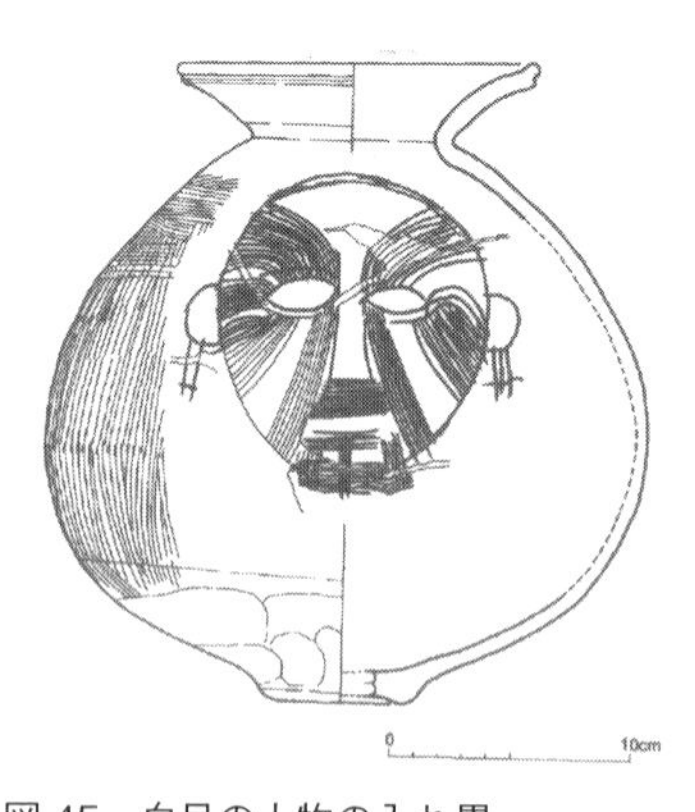

図45　白目の人物の入れ墨
（愛知県亀塚遺跡）

状態でまつ毛のない白目が描かれ、シャーマンの行為（バンザイポーズとシカ２頭の供献）を経ると、白目が入れ子逆Ｕ字形からはずれ建物Ｙの棟先に移動し、かつ、まつ毛がついたことになる。

④　入れ子逆Ｕ字形の入れ墨に白目のつく人物は雷神である。このころ雷神は土地神だった。雷神には黒目があり、黒目を入れると人間の目とガチあって人間の側に災難が起こる（雷撃を受ける）と信じられたので、描き手は黒目を描かないで雷神を招きよせた結果を表現する必要があった。そのためにとられた描法が、まつ毛である。建物Ｘの白目は、いわば空き家を示す目で、シャーマンが雷神を招きよせるとバッチリとまつ毛が入り、建物Ｙに雷神が鎮座したことを示している。〝バッチリまつ毛〟は、黒目を描かないで雷神が鎮座したことを表現する苦心の技法だった。

⑤　では、なぜシャーマンは雷神を招きよせる必要があったか。それはこの壺が墓地から出土したことでわかる。墓主を埋葬する際に土地神を招く儀式が行われた。儀式の目的は古墳壁画などから推測するほかないが、土地神に対し墓主を受けいれてほしいと要請することなどが考えられる。

墓地に土地神を招きよせる場合、土地神のための通路や鎮座すべき場所が必要になる。墓地に土地神を招く習俗が、墓地に土地神の常在を強いる習俗に発展して前方部をつける墳形が生まれる。この点、第13章（前方後円墳の他界観）で論じよう。

⑥　残された問題がある。その一は、三角または四角の窓である。建物Ｙで、土地神の表象である窓は屋根の下半（軒先）にすっきりと収まっていて、これが描き手にとって理想の姿だった。つまり描き手は、建物Ｘにはじめから四角い窓を描くべきだったが、思わず土地神のマークである△を描いてしまった。そこで思い直して、ふつうの四角い窓に修正したのではないだろうか。

その二はレンズの先端の支柱または棟持柱である。これを、レンズをささえる支柱と考えると矛盾は生じない。形だけの白目には支柱が必要だったが、雷神を招きよせたあとは、（雷神の能力をもってすれば）支柱は不要になる。これを棟持柱と考えると適切な説明が思いうかばない。

なお、2本線だった屋根の頂部が1本線にかわる理由はわからない。不明な点は残るが、この絵のテーマに変更をもたらすほど重要なこととは思えない。

⑦　以上のように考えてくると、この絵は目に見える出来事を描いたのではなく、シャーマンの心象を描いていることになる。雷神（土地神）を招きよせたことを、遺族などにどう説明すべきか。描き手はこのことに腐心し、独創的な描法を考案した。このころ古墳壁画と同じように、絵にしたことは本当に実現するという信仰が存在した可能性がある。

余談だが、雷神はどこから屋根の内部に進入したのだろう。梯子が描かれていないのでこの疑問が生まれる。その答えは、わざわざ描かれた窓からと考えるほかない。

現在の神殿建築に、「雷神小窓」と呼ばれる窓をもつものがある。群馬県の貫前神社（富岡市）で、窓は入母屋の妻側の壁に取りつけられている。本殿は国の重要文化財に指定されていて、内部の様子がわかる。それによれば、神座は奥の間（内陣）ではなく、奥の間にかけられた梯子をのぼった先にある。貫前神社では心柱や梯子、神座の位置などに古態が残されていて、雷神小窓も同様と考えられる。これは弥生時代の神観念が現在の神殿建築に反映していることを示している。

最後に、弥生時代における五祀の受容というテーマを確認しておこう。窓（あかりとり）を神の表象と認めないことには、この種の絵を解読できない。窓に神の地位を与えるものは、古代中国の五祀しかないということである。

（２）養久山・前地家屋

兵庫県の養久山（やくやま）・前地（まえじ）遺跡（たつの市）から出土した土器絵画（図46）がある。シャーマンを中心にして、その右に牡ジカ２頭と寄棟風の建物、シャーマンの左に牡ジカ２頭と建物２棟がある。シャーマンの右の建物をX、左側にあってシカの隣の建物をY、左端の建物をZとする。この絵も東町田家屋と同様に右回りに読む（シカの向きによる）。展開のしかたもビフォア・アフターで似ている。ポイントは事前事後の変化である。何が変化したか。中央の人物はバンザイポーズで、右手は途切れているものの長く伸びている。これまでの例からみて、バンザイポーズはシャーマンを意図している。

①　まずシカ。ビフォア状態のシカの体幹は白地だが、アフター状態ではメッシュが入っている。これは、この牡ジカ２頭が犠牲に供されたことを表現している。犠牲が捧げられると、建物Xだけという状況が、建物Y・Zの２棟が存在する状況に変化した。

②　建物Xはビフォア状態では寄棟風で、祖霊の宿るべき建物である。アフター状態の建物Yでは、屋根の妻側の下端に梯子がかけられている。この変化は、祖霊を招きおろしたこと（祖霊が鎮座したこと）を示している。

大棟の先端に○印と、それに接続して斜め横に伸びる短線がある。

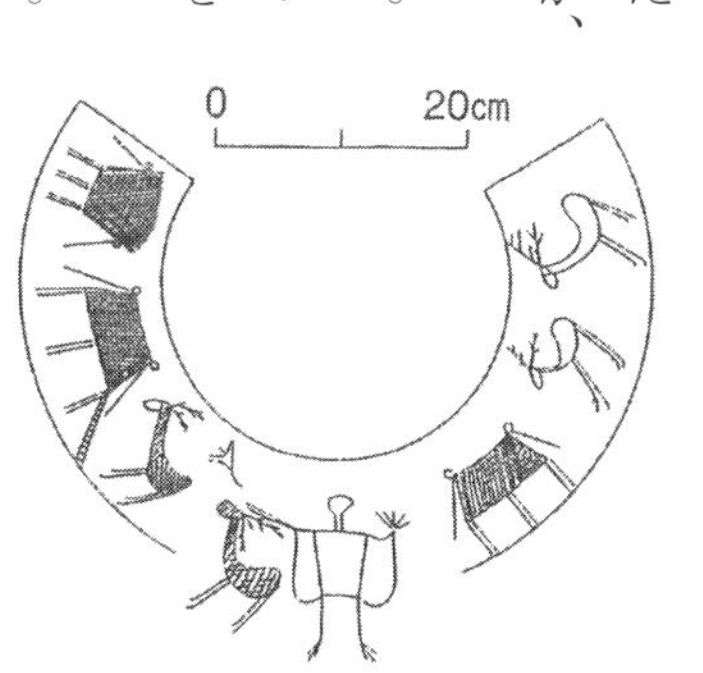

図46　３棟の建物（養久山・前地遺跡）

この建物は祖霊の鎮座すべき建物で、○印は祖霊の符号と考えると古墳壁画のルールに一致する。付属する短線の意味については後述しよう。

③新たに出現した建物Ｚは、垂木が頂部で交差する切妻風で、土地神の宿る家である。これは土地神を招きよせたことを示している。棟木の先に○印があるが、これが描き手の蛇足でなければ、この家に祖霊が依りついていることになる。これはおそらく、○印の祖霊の共住する土地神が、蛇神雷神ではないことを強調するためである。○印が建物Ｙと重複する理由は不明だが、建物Ｚが土地神の家を意図していることに疑いない。

④この絵を一言でいえば、シャーマンがシカを犠牲に捧げて祖霊と土地神を招きよせたことを示している。東町田家屋では土地神だけを招きよせたが、養久山・前地家屋は祖霊と土地神を招いている点で異なっている。墓地に祖霊と土地神を招く習俗がいつ生まれたかは不明だが、こうした絵によって弥生時代後期に顕在化したことがわかる。この習俗は、近畿の前方後円（方）形周溝墓や吉備の楯築墳丘墓などの試行段階を経て前方後円（方）墳の墳形に結実する。

⑤問題の短線の長さは、建物の屋根の上下幅と同じくらいか少し長いほどで、地上に達していない。短線は○印に接続しているので屋根棟に住む神にかかわる造作と考えられる。この短線は実際には垂直状に垂れ下がっている棒（または板）で、その状態で絵にすると屋根に重なってしまうので、斜め横に張りだすように描かれたのではないだろうか。これを妻側から見ると、短線は妻側の屋根棟から垂直に下行していることになる。

私見では、この棒の下端に屋根裏に鎮座する神への供物が取りつけられた。いわゆる懸魚（げぎょ）である。

列島ではサカナよりもイノシシ（またはブタ）が珍重された。イノシシの頭骨のうち頭蓋骨は妻側の祖霊に捧げられ、下顎骨は軒先に吊るされて（庇や雨樋に宿る）土地神に供されたのではないだろうか。

（３）稲吉角田家屋

稲吉角田遺跡出土の土器絵画（図29）の建物についてはすでに検討した。右側の稲吉角田家屋Aは霊魂とりわけ祖霊の宿るべき建物（祠）、左側の稲吉角田家屋Bは土地神の宿るべき社（中室）で、この絵は祖霊と土地神をまつる光景と考えた。しかしそれで、この絵の全容が判明したわけではない。

稲吉角田家屋Bの左横に枯木のような描写があり、２つのレンズ状の物体が吊り下げられている。これは従来、銅鐸とも、鏡とも解されてきたものである。前書で銅鐸絵画を検討したとき、銅鐸説のあるこの物体について言及すべきだった。しかしわたしには、これが銅鐸とも鏡とも見えなかった。銅鐸の特徴は〝末広がり〟にあり、高層建物の高いことを梯子の遠近法で表現した描き手が、銅鐸をレンズのように描写するとは思えなかった。

解読を阻んだものは、この物体のほか船の上方に描かれた5重の多重円と、それを覆うように描かれた十字形またはX字形（以下「覆十字多重円」という）である（春成秀爾さんの復元案による）。これはふつう太陽と解されているが、とてもそうは見えなかった。ひとつの絵のなかに２つの不確定要素があって手がだせなかった。

しかし、レンズ状の物体については東町田家屋の〝バッチリまつ毛〟の出現によって突破口が開かれた。また覆十字多重円は、古墳壁画と同じように船上の人物の説明符号と考えると視界が開けた。

この絵で注意すべきは、描き手の技法または性格である。描き手は大胆に細部を省略し、強調すべきところを誇張している。例えば、稲吉角田家屋Aの祖霊の家には〝高い〟という要素が必要で（魂魄（こんぱく）の魂は陽気で上昇すると信じられた）、そのため長い支柱と下にふくらむ梯子で高さを強調している。稲吉角田家屋Bは、２棟の間にまたがる部屋と雨樋だけを描き、柱の類いはすべて省略している。外洋船の波除板（なみよけ）も２本に分かれる短線で簡略化し、船上の人物も頭部と手だけで表現し、木も葉っぱを省略している。省略と誇張、これがこの描き手の特徴とすると、木に吊り下げられた２つの物体も誇張されている可能性がある。

もうひとつ注意すべきは、シャーマンを描くときの決まりきったポーズという問題である。これまでシャーマンと目される人物は、弥生時代から古墳時代を通じて、上肢や頭部に多少のバリエーションがあるものの〝バンザイポーズ〟が定番だった。このことから、バンザイポーズ以外の人物は、シャーマンではないと考えるべきだろう。船上の人物はシャーマンと解されているが、古墳壁画で船に乗るのは墓主霊か祖霊にかぎられる。福井県井向1号銅鐸（図37）や川寄吉原遺跡出土の土器絵画（図38）では雷神も船に乗ることが暗喩されていたが、ここでは複数の人物が乗船しているのでその可能性はないとしておこう。

こう考えてくると、この絵の全容にアプローチすることができる。

① 船体にはX字形が充填されていて、これは土地神を示す中国流の符号である。

② 船上の４人の人物の頭部には冠状の飾りがある。左端の人物だけ冠に斜線が入っていて、オールも比較的大きい。これはこの人物を強調する趣旨で、４人の間に序列があることを示唆している。霊魂に序列があるとすれば祖霊が先頭で、以下はそれに従う墓主霊ではないだろうか。冠を、後述するよ

うに死装束の正装とすれば、彼らはその姿で到着したことになる（第15章　埴輪群像の機能論）。

③　覆十字多重円の多重円は墓主霊のマーク、覆十字はX字形の一態様で、祖霊または墓主霊が土地神の支配下にあることを示している。つまりこの船は、土地神の支配するあの世から、祖霊を先頭にして墓主霊たちがこの世へやってきたという光景になる。

④　高層建物と船は、祖霊や墓主霊を迎えるまつりを表わすもので、彼らは集団でやってきて、上陸後、高層建物におさまるのだろう。

⑤　問題の2つのレンズ状の物体は雷神の白目で、葉っぱの省略された木は土地神を象徴する代表木を表している。

⑥　では土地神は到着しているか、いないか。東町田遺跡の土器工人は、屋根に〝バッチリまつ毛〟をつけて到来を示したが、この描き手は、白目を木にぶら下げることで到来していることを示した。すなわち雷神はすでに稲吉角田家屋Bの中室に鎮座し、そのため中室がメッシュで充填されている。

⑦　角のないシカは稲吉角田家屋Bの側にいるので、土地神のまつりに供される犠牲と考える。

以上の解釈では、この絵は「高層建物（祠）＋船上の人物＋覆十字多重円」というセットと、「中室（社）＋代表木＋雷神の目」という2つのセットを描き、犠牲のシカは土地神にかかるという構成になっている。ではこの2つのセットを組み合わせて、描き手は何をいおうとしているのだろう。

これは難問である。稲吉角田家屋Aは祖霊のまつりで春正月、稲吉角田家屋Bは土地神のまつりで季夏（晩夏）である。むずかしいのは、稲吉角田家屋AとBでは、まつりの季節が異なるからである。

決め手はX字形の充填された船と、シカの位置である。船上の人物は、覆十字多重円が示唆するように

故人の集団で、シカの位置から、このまつりは稲吉角田家屋Bに関するまつりと考えることができる。するとこの絵は、

（a）土地神をまつる季節に

（b）稲吉角田家屋B（中室・社）をまつると

（c）祖霊や墓主霊たちは、あの世から帰還し

（d）稲吉角田家屋A（祠）に鎮座する

という物語になる。これは弥生時代に〝季夏に、祖霊や近親者の霊魂を現世に迎える習俗〟が存在したことを示している。

この帰結から、さらに重要な局面が表れる。陰暦の季夏には現在の7月、8月がふくまれるので、これは今日の盆の季節にあたる。盆のルーツは定かではないが、一説に、もともと存在した古来の習俗に仏教の盂蘭盆会（うらぼんえ）が重なったものとする説がある。この説に従えば、この絵は盆のルーツになった仏教以前の習俗を描いている可能性がある。この点をさらに深ぼりしよう、盆の語義である。

土地神（社）をまつる儀器が『日本書紀』（神武天皇）に記されている。その土器を「平瓮（ひらか）」といい、天の香山（かぐやま）の土で八十平瓮（やそひらか）をつくり、天社（あまつやしろ）と国社（くにつやしろ）の神をまつった。平瓮とは平たい皿（さら）のような容器で、現在の盆の原形とみることもできる。『常陸国風土記』で、神の子（ヘビ）を養育していた容器も平瓮である。ヘビが昇天するとき、母が投げつけた容器も盆（ひらか）と書かれている。盆という平たい容器は、土地神祭祀に用いられた可能性がある。これは、盆の語義が容器としての盆にあるとする説に一理あることを示している。

ここで、これまで検討した3つの建物絵画の意義を整理しておこう。稲吉角田家屋は弥生時代中期の作

で、A・B2棟を描いて祖霊と土地神のまつりを表現している。他方、東町田家屋と養久山・前地家屋は弥生・古墳時代の過渡期の作で、周溝墓などから出土したことから、絵が実用に供されている。これは、かつて教科書風に描かれた祖霊や土地神が、両者を組み合わせることでまつりを表現し、あるいは埋葬儀礼に応用されるようになったことを示している。

葬送儀礼に、なぜ祖霊や土地神が必要とされたのだろう。それは王塚や五郎山から推測できる。墓主霊は終の棲家（ついのすみか）としての墓地にいる。しかし墓地は人工的な造作で、祖霊や土地神ははじめから墓地にいるわけではない。墓主の死後、土地神に受け入れられ、祖霊とともに暮らすことが理想になると、墓地に祖霊や土地神を招く習俗が生まれた。

弥生時代の神は、総じて招きに応じて来訪する存在だった。古墳時代になると、祖霊と土地神は招きよせられた結果〝常時そこ（墓地）にいる〟存在になった。神々が、来訪神から常在神へ変化して古墳時代への胎動がはじまる。

6　屋根裏に住む神々

（1）後光の家

これまでみてきた建物絵画では、祖霊や土地神がメッシュで充填された屋根に梯子で登る例が多かった。これらの絵を見ても、神々の登る先が屋根の外側なのか内側なのか判然としない。しかし古墳時代になると梯子の描写がなくなり、神々が屋根裏に住む様子が描かれる。

五郎山では、玄室空間で〝墓主霊による祖霊祭祀〟が行われていると考えた。傾頭という特別の姿勢をとる人物が、なぜこういう姿勢をとっているか、なぜ屋根のない家が描かれたかを説明するためには、屋根裏に宿る霊魂を玄室空間に移しかえたと考えるほかなかった。傾頭する人物はこの仮説を立証する証拠と思われた。しかし、それでも半信半疑の読者のために屋根裏に住む神々を描いた壁画を見てみよう。ひとつは関西に、もうひとつは関東にある。

関西の絵は、人物の窟と同じ高井田横穴墓群のなかにある（図47）。この絵の5つの家に、右から順に家1～4と符号をつける。そして、家4の上に家5があるとする。家5は千木の交差する切妻風で、その他の家は寄棟風である。

右端の家1は屋根の内部が透視されている。右側に両手をあげる人物がいて、その左にいるマントに覆われた人物の頭部から〝後光〟がさしている（これを「蓬髪」としても論旨は変わらない）。この人物の（向かって）左側に「小さな家」がある。こうした光景の下に建物の下部構造がある。家1の上部は弧形で、その上に短線が付属しているが、これは家の屋根を示唆しているのだろう。するとこの光景が描かれている場所は、屋根の内側すなわち屋根裏になる。

つぎに、家1の屋根から左方に植物の根を思わせる突起が出て、家2、家3、家4の屋根をめぐっている。このうち家3の屋根裏には、家1でみた人物の頭部と後光がある。家2と家3の間に、頂部がとがった筒状の（建物らしき）も

図47　後光の家（高井田横穴群第2支群5号墓右壁）

のがあるが、これが何かは不明である。こうした条件のもとでこの絵を解釈してみよう。

家１の屋根裏の光景は、つぎのとおりである。右側の人物は墓主霊で、左側の人物は祖霊である。祖霊を描くルールは裸体か被髪、または五郎山のような甲冑姿で、片手をあげる祖霊のポーズをとることもあった。この絵の祖霊には裸体が選ばれた。しかし、キャンバスが狭く細部を描きにくかったので、体幹や手足をマントで隠し、〝頭部だけ裸体〟に描かれた。後光はそれを示している。

後光の人物の左脇の小さな家の屋根は、この光景が（小さな家の）屋根裏に鎮座する祖霊を（墓主霊が取りだして）まつっていることを念押しするものである。また五郎山のような、キサリモチが現世の家の屋根裏を玄室へ持ち送るという経緯を省略して、現世の家をそのまま玄室壁画に置きかえている。

家１は、いわば本家筋の家で、分家２～４の屋根に向かって張りだしている枝や根のような描写は、系統樹という概念を思わせる。家３の屋根に描かれた頭部と後光は、分家の屋根裏にも祖霊が降臨している様子で、（本家で墓主霊が祖霊をまつると）一族にも祖霊が降臨するという趣旨である。

切妻風の家５は、土地神の住む家である。祖霊の住む寄棟風の建物（家１）とその分家（家２～４）に対して、家５は近傍に土地神が住まいしていることを示している。すなわち土地神の庇護のもと、土地神の目の届く範囲に一族の霊魂が住んでいる。こういう環境で本家の墓主霊が祖霊祭祀を行うと、一族は（樹木のように）繁栄していくという物語である。描き手は、あの世の祖霊祭祀であることを示すために、家１の屋根裏にさらに小さな家を描いた。小さな家は祖霊の住まいで、五郎山では図Ⅱの靫（祖霊のマーク）に相当する。

後光の家を見た目で五郎山を見ると、図Ⅰ（現世）の屋根のない家と、図Ⅱ（墓主霊の世界）・図Ⅲ

（祖霊の世界）の関係がわかる。傾頭する横顔の人物は、図Ⅰの現世の家の屋根裏に集合した2人の被葬者霊（奔馬の射手、おむすびマークの人物）と、神床に招いた祖霊（片手をあげるのっぺらぼう）を玄室空間に持ち送った。現世の家の屋根を省略することで、その屋根裏を玄室に移動させたと暗喩している。

古墳時代後期の6世紀にもなると、弥生時代には描かれなかった、建物に住む神が描かれるようになる。弥生時代の神は梯子で暗喩され、神の姿が描かれることは例外だった。そのタブーが緩（ゆる）むと、描き手や埴輪工人は競って神々を造形した。弥生・古墳時代の神観念は、家を媒体として連続していることがわかる。

（2）三角屋根の家

関東の絵は、千葉県長生（ちょうせい）郡長柄（ながら）町にある長柄横穴墓（36基）のひとつ、13号墓奥壁の線刻画（図48）である。向かって右側の家は竪穴住居のようで、透視された三角形の屋内に1人の人物がいる。全体を見ると、左から2人の丸坊主の人物（首だけ）、長脚のトリなどの群れ、トリの群れのなかに4層の建物、右側に三角屋根とその下部構造（メッシュ）、屋根の右側に1人の丸坊主の人物（首だけ）、右端にトリの脚などが描かれている。

図48　三角屋根の家（長柄横穴墓13号墓奥壁）

三角屋根の背後にも人物らしきものが2人見える。この人物には手指の描写があり、両手を広げているように見える。これをバンザイポーズとすると墓主霊の世界のシャーマンになる。

屋内の人物は両手を広げているようで、頭部から右上方に向かって弧状の線が5本ほど流れている。土地神は三角形で暗喩されたので、三角形の住居内にいるこの人物は土地神になる。頭部から出る5本ほどの条線を髪の毛とみると女神で、女神ならスカート状の衣服の下端が地下に沈みこんでいても不思議ではない。

トリは霊魂を運ぶものと信じられたから、首だけの人物（3人）はトリによって運ばれてきた霊魂である。霊魂なら祖霊か墓主霊のいずれかになるが、後光の家の祖霊のような後光はないし、これまでの祖霊は全身像で描かれていたので祖霊とは考えにくい。首だけを埋葬した可能性も否定できないが、ここでは墓主霊を簡略化したと考えておこう。

墓主霊の世界のシャーマンは土地神をまつり、土地神は両手を広げて被葬者霊の到着を歓迎している。被葬者霊の1人は土地神に受け入れられて、その傍らにいる。他の2人はその審判を待っているという状況になる。この時代、墓主が土地神に受け入れられるかどうかは重大な関心事で、珍敷塚や王塚右壁では墓主霊が土地神に受け入れられる様子が描かれた。4層の高層建物は霊魂の住まいで、すでに祖霊が住んでいるか、あるいは今到着した被葬者霊が住む家と考えておこう。

（3）家形石棺の蓋絵

4世紀の後半、古墳時代の比較的早い時期に、家形石棺の蓋（ふた）の斜面（屋根）などに文様が浮き彫りにさ

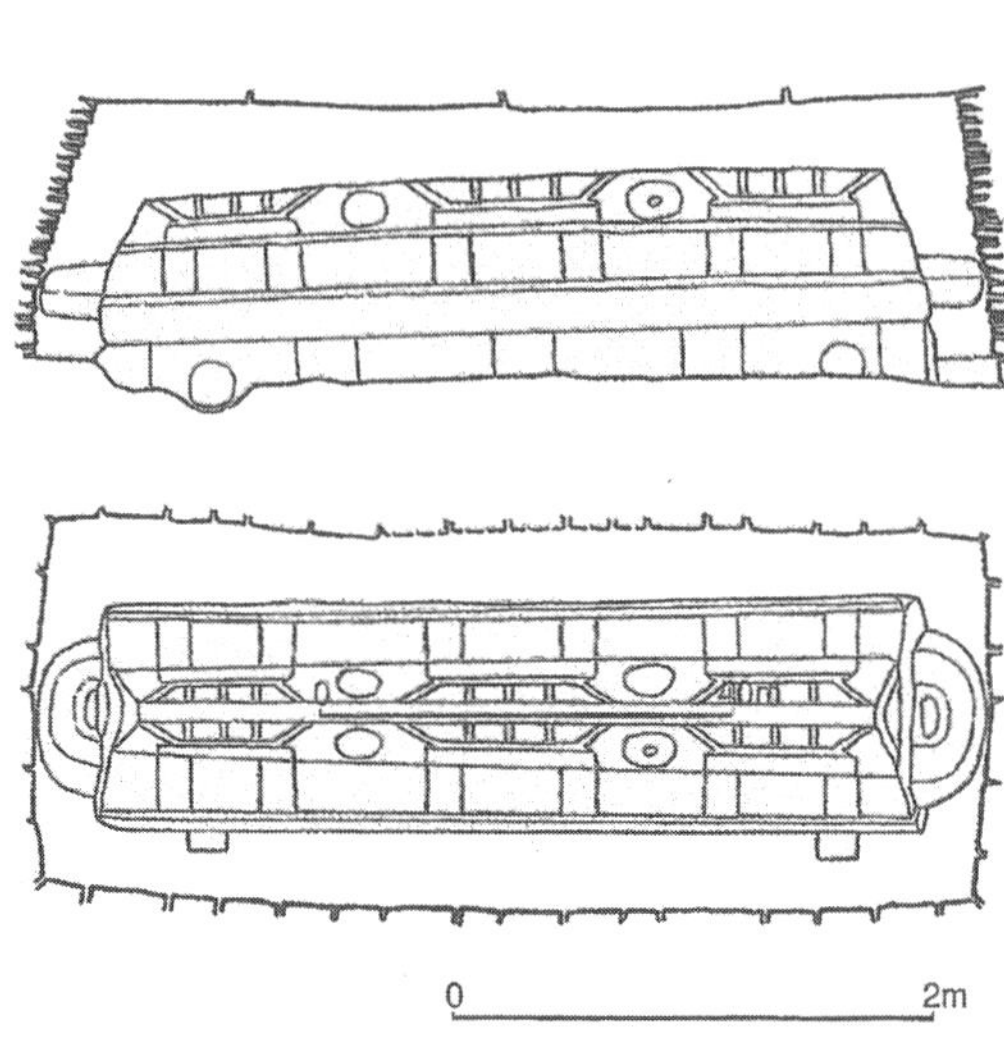

図 49　家形石棺の蓋絵（鶴山丸山古墳）

れた例がある。そのひとつが岡山県鶴山丸山古墳（備前市）の石棺（図49）である。

寄棟風屋根の石棺の蓋の長側斜面に3つずつ、計6個の切妻風家形文があり、家形文の屋根と屋根の間に片側2つずつ、計4個の一重円がある。4個の一重円のひとつには、中心に鏡の鈕（つまみ）と解されている小さな円文がある。また、蓋の短側の突起に比較的大きな多重半円がある。家形文については入母屋風とする向きもあるが、下にくるべき寄棟の屋根の描写がないので切妻風と考えるべきだろう。

考古学の一重円（円文）の解釈は一定しない。珍敷塚では月、ここでは4個の一重円は鏡で、邪霊などの侵入を防ぐ呪的な文様と考える。また小さな一重円（人物の窟の人物Zの右肘（ひじ）の横、荒尾南遺跡の帆船の中、養久山・前地遺跡の建物絵画の棟先）については言及しない。

これまで検討してきたように、屋根形式で神をイメージし、また一重円は祖霊を、多重円は墓主霊を指示する符号だった。短側の突起に描かれた、半ば隠れていると思わせる多重半円は、棺のなかに被葬者霊が存在することを暗喩している。この描法は、珍敷塚の「窓のある靫」1・3で、半分見え隠れしている多重半円と同じである。

一重円のひとつに配された小さな円文は、考古学が説くように鏡の鈕を意図するもので、他の３つの一重円も鏡だと示唆している。祖霊の意ではないと注意を喚起した。では寄棟風屋根の石棺と、描かれた切妻風の家形文、鏡の一重円、被葬者霊の多重半円で何をいおうとしているのだろう。

難問は、石棺の寄棟風屋根と蓋絵の切妻風屋根という２つのタイプの屋根形式が存在することである。確実にいえるのは、被葬者霊が石棺のなかにいるということだけである。つぎにいえるのは、寄棟風建物は祖霊の住まいだから、石棺のなかに祖霊がいるらしいということである。そう考える理由は、奈良県藤ノ木古墳（斑鳩町）の例で追考しよう（第13章　前方後円墳の他界観）。

根本的な問題は、蓋絵が棺の中の世界を示唆しているか、それとも棺の外すなわち玄室空間を表現しているかである。これまでの壁画では、玄室に浮遊する霊魂は壁画を見ることができた。見ることができるから描かれたともいえる。しかしここでは、棺内の霊魂は石棺の蓋絵を見ることができない。この考えでは、石棺の寄棟風建物と蓋絵の切妻風家形は両立する。つまり蓋絵は〝棺の外表〟を、鏡と切妻風建物で取り囲んでいることになる。

鏡が棺を取り囲むという状況については連想することがある。それは出現期の定型的な前方後円墳で、割竹形木棺などの棺を粘土で覆い、その周囲に鏡を立て並べる習俗である。蓋絵は、その状況を表現しているのではないだろうか（この古墳にも大量の鏡が副葬された）。切妻風建物は土地神の家だから、ここでは、被葬者霊と祖霊の住む寄棟風の石棺を、土地神が棺の外表で守護するという構図になる。

こう考えてくると、この石室の他界観は、これまで見てきた石室と大きなちがいがあることがわかる。一言でいえば、被葬者霊や祖霊は石棺のなかに封じこめられ、石室空間に浮遊できない。これは、理想的なあの世（他界）が、壁画の描かれた石室とは異なっていることを示している。古墳時代への胎動をもたらした要因のひとつに、この他界観のちがいがあることは第13章（前方後円墳の他界観）、第14章（黄泉の国の物語）で論じよう。そして、石棺のなかに霊魂を封じこめる発想の石室が吉備に存在することに留意しておこう。

7　三角文の意義

つぎは、土地神の△という文様の意義である。考古学の定説は、銅鐸絵画の△を女性を意味する符号と考えている。しかし前述したように、銅鐸絵画の△は女性ではなくヘビで、頭部を△に描かれた人物は、ヘビを頭上にのせるシャーマンを指していた。また記紀説話や銅鐸絵画などから、当時、ヘビは土地神と信じられていたと考えた。ここまでは訂正する必要はない。

前書ではそこから進んで、カミナリはヘビと近縁関係にあると信じられたので、カミナリも△で表現されたと考えた。しかしカミナリは、弥生絵画や人物の窟、後述する家屋文鏡で雷文(らいもん)やL字形で表現され、△で表現されることはなかった。また、神社の玉垣などが先端を△に尖(とが)らせていることから、△は聖地を意味すると考えたが、これも根拠を見いだすことができなかった。

誤りは、△を祖霊のマークと考えたことにはじまる。△はウロコ文と呼ばれ、例えば古代氏族の宗像(むなかた)（胸形）氏のように、ウロコ文の入れ墨をして祖先がヘビであることを誇りにした人びとがいたことを根拠にした。ここからさらに、△を「祖霊の居場所」と考えたが、これが誤りだった。

先に検討した弥生の建物絵画で、屋根裏に住む神は、棟木の両端のマークで指示された。棟先に掲げられていたのは、渦文、○印、レンズ（白目）の3種で、△が掲げられた例はなかった。よって△は祖霊の居場所ではなく、正しくは「土地神または土地神の居場所」とすべきだった。この誤りは多方面に影響した。

まず、新しい土地神祭祀のために開発された特殊器台・特殊壺である。中国地方では、弥生時代後期に、新しい供献土器が、新しい祭式による大型墳墓（楯築（たてつき）墳丘墓）に使われた。新しい供献用の土器である特殊器台は、寺沢薫さんによれば〝銅鐸の生まれかわり〟で、銅鐸の鋸歯文などの文様を引きついでいるという（寺沢薫『王権誕生』日本の歴史02　講談社学術文庫　2008年）。私見はこれを引用して、銅鐸の蛇神信仰が衰退しても、銅鐸の祖霊を表わす機能は引きつがれたと考えた。

しかし、三角文や鋸歯文に祖霊の居場所を表わす機能はないから、正しくは「銅鐸の土地神を表わす文様（三角文や鋸歯文）は特殊器台に引きつがれた」と訂正しなければならない。特殊器台・特殊壺のもとになった大形の器台は農耕祭祀（土地神のまつり）に使われたと考えられているので、特殊器台・特殊壺は、新しい祭式によって土地神を饗応する際の儀器になったことになる。

死者の額（ひたい）に貼られる三角紙の解釈も誤った。前書ではこれを、祖霊を憑依している状態と考えた。しかし、三角文に祖霊の居場所を示す機能はないから、これは土地神にかかわるものと訂正しなければならない。すなわち、三角の額紙や壁画・人物埴輪の三角帽子、装束の三角文などは、生身の存在であれば故人を憑依していることを示し、死者であればこれから土地神のもとにおもむくこと、シャーマンであれば故人と交信するシーンであることを示している。

三角文の第一義は蛇神で、当時の人びとは蛇神を土地神とみなして社でまつり、さらに蛇神を始祖と考える人びとがウロコ文（△）を入れ墨する習俗が存在したことから、

△→蛇神→土地神→祖霊

と図式化したが、これは弥生・古墳時代の一時期に一部の人びとに妥当するもので、弥生・古墳時代全般に敷衍すべきではなかった。

訂正後の考えを図式化すれば

△（→蛇神）→土地神（→祖霊）

となって、蛇神を始祖と考えない人びとの間では、三角文は土地神の表象ということにつきる。銅鐸は土地神で祖霊でもある蛇神信仰の産物だが、蛇神信仰が衰退しても土地神という概念は必要で、そのため△という文様が残った。この変化は、弥生時代後期、倭国争乱の時代に起こった現象のひとつである。

8　家屋文鏡の解読

（1）家屋文鏡の意義

家屋文鏡（図50）は、奈良県の佐味田宝塚（さみだたからづか）古墳（河合町）に副葬されていた36枚の鏡のなかの1枚である。全長110m、後円部径60mほどの前方後円墳で、古墳時代の前期後半、奈良盆地東南部の出現期古墳群に次いで開発された盆地南西部の馬見（うまみ）古墳群にある。家屋文鏡は直径23cmほどの大型鏡で、鏡背に鋳出された4棟の家は、5世紀前後の豪族居館または祭殿と考えられている。結論を先にいえば、これは

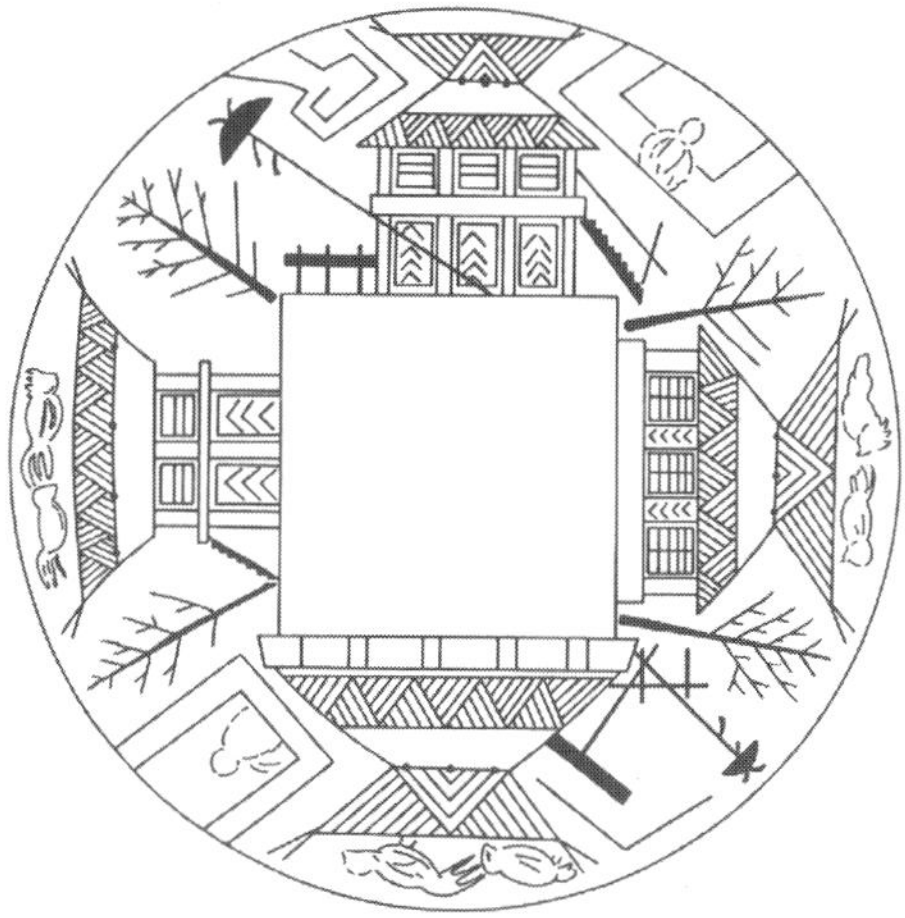

建物A
建物B
建物C
建物D

図50　家屋文鏡（佐味田宝塚古墳）

3棟の神殿と1棟の豪族居館を舞台とする〝祖霊の物語〟である。

屋根にトリがいない建物をAとして北（上）に置き、右回りに建物B、C、Dとする。ポイントは、トリの止まっていない建物の脇の大きな人物像と、対向する建物Cの小さな人物像である。2人の人物がわかると、この鏡が副葬された理由がわかる。それは、埋葬施設である竪穴式石室に、祖霊を招きおろす習俗が存在したからである。

（2）屋根の空白部

4棟の屋根をみると、それぞれ空白部分があり、建物A、B、Cは台形の屋根の上半分が、建物Dだけは逆台形の屋根の下半分が空白になっている。この空白は、ここに神が宿ることを示している。建物A、B、Cの空白部分は寄棟の屋根裏で祖霊が宿り、建物Dの空白部分は切妻屋根の庇（廂）で、ここに土地神が宿る。

建物A、B、Cの屋根の中央に、入れ子になった三角文（以下「入れ子三角文」という）がある。入母屋風の切妻屋根は土地神の住まいだったから（図40　中河原家屋）、入れ子三角文は土地神を表象する文様に確定する。

(3) 建物A

建物Aは間口3間の高床式入母屋造で、左側にキヌガサと露台があり、右側に手すりつきの梯子がある。露台は、銅鐸家屋(図28)の中央にあった風雨にさらされる高床部分で、キヌガサは貴人の到来を示唆している。キヌガサの上の雷文は土地神である雷神を示し、その反対解釈として、右側の梯子は祖霊のためのものと解することができる。高床の壁体に、窓とおぼしき造作(以下「窓」という)があり、床下に逆V字形の文様が3列ある。V字形は方格規矩鏡の鏡背に見られる文様で〝天の継ぎ目〟を示すものとされ、この文様で、天の継ぎ目から滲みだす雨を示唆している。

この建物にトリがいないのは、他の建物にトリのいる理由を考えるとわかる。トリは神々の運搬手段で、他の3棟には神々がすでに鎮座している。トリのいない建物Aは、雷神と祖霊を招きおろす能力をもつ者すなわちシャーマンを示唆している。シャーマンは、トリの力を借りる必要がないので描かれなかった。

(4) 建物B

建物Bは平地式入母屋造で、太い側柱が基壇の上にのっている。両脇の木は神木で社を意図している。これは不思議な描写である。この当時、列島で基壇(または礎石)をもつ建物跡は出土していないので、この下部構造は大陸風の建物を模したものと解されている。すると、なぜ1棟だけ大陸風に描かれたかが疑問になる。建物Bは、対向する建物Dと対になっているので後述しよう。

（5）建物C

建物Ｃは竪穴式入母屋造で、底辺が方形区画の一辺をはみだすほど大きいので、当時の有力者、例えば豪族の住居を模していると考えた。この建物の屋根の下端は、周堤状の擁壁に接しているが、よく見ると屋根の下端に細長い棒状の空白があり、その下の擁壁にも縦に幅広の２重線がある。屋根の下端の横棒を雨樋とすると、擁壁の縦の二重線は、雨樋の水を流下させるための造作と考えられる。

こうした周堤が実際につくられていたとすると、粘土などを混ぜて締め固めた盛土でできていたはずである。建物Ｃの屋根は地面にではなく周堤にかかっているので、もし雨樋がなければ、雨水は直接盛土の上に流れ落ちる。また雨樋があったとしても、堤体上に雨樋の水を外部へ排出する流路がなければ、盛土の流出や崩落を防ぐことはできない。つまり建物Ｃの下部構造は、雨水の排水経路を表現する一種の導水施設といえる。

豪族居館が竪穴住居ではおかしいという反論がありうるが、『古事記』のヤマトタケル征西譚（たん）では、「室」の新築祝いの酒宴でクマソタケル兄弟を討っている。この室とは半地下式の室（むろ）で、クマソタケルの新居は酒宴を開けるほど広かったことを示している。奈良盆地にも大型の竪穴式建物が存在した。古墳時代前期（４世紀前半）の奈良県秋津遺跡（御所市）では、複数の独立棟持柱建物を柱や塀で囲繞（いにょう）した方形区画の周囲に約20棟の竪穴式建物群があり、そのなかに一辺が９ｍに及ぶ大型の住居があったという。これまで検討してきたところ、独立棟持柱建物や高床式建物は神殿で、豪族居館は方形区画のなかにではなく周囲の竪穴式建物群のなかに存在したと考えるべきことになる。

(6) 建物D

建物Dは、逆台形の屋根をもつ高床式切妻造である。この建物にだけ入れ子三角文がないのは、建物Dが、もともと土地神に配当された建物(切妻造)だからである。他の3棟が祖霊と土地神をまつるのに対し、建物Dは土地神だけをまつる社である。

建物BとDは、両脇に木があることで対になっている。これを神木とみると、2つの建物は神殿(社)を意図している。すると建物Bの下部構造が大陸風になっていることの意味がわかる。鋳物師に大陸の神殿(例えば仏教寺院)の知識があり、格式ある神殿はこうした基壇や太い側柱を備えるものと考えたのではないだろうか。そこで列島独自の、祖霊と土地神を1棟でまつる神殿(建物B)を大陸風の下部構造につくった。率直にいえば箔(はく)をつけるため、土地神だけをまつる建物D(社)より格上の神殿であることを示すためだったという想定である。これが当時の信仰を反映しているとすれば、社と祠を1棟にまとめた神殿が存在したことになる。

神殿に、土地神を単独でまつるものと祖霊と土地神の2神をあわせてまつるものがあることは、入母屋風の「多家屋」(図42)の出現によって予期されたことでもある。また後に、珍敷塚や王塚で祠(祖霊)と社(土地神)が一体化することを思えば、その過渡期に1棟で祖霊と土地神をまつる建物が存在しても不思議ではない。

(7) 2つの人物像

建物Aの右上の二重枠のなかで、外枠の上に大きな人物がいる。大きな人物は、建物Cの右脇にいる小さな人物と対になっている。ポイントはここで、大小２人の人物を描いて何らかの物語を表現している。２つの人物像のちがいは、内枠のなかに収まっているか（小さな人物）、外枠にまで出てきているか（大きな人物）である。これは、建物Ａで象徴される人物が、建物Ｃの住人である豪族の祖霊を招きおろす様子を表現している。２人の人物は対応していて、建物Ｃの小さな人物がビフォア、建物Ａの大きな人物がアフターである。雷文とともに霊魂を招きおろすのはシャーマンで、建物Ａはシャーマンを象徴している。

小さな人物は、２重の枠線のなかに収まっている。大きな人物は、内枠を越えて外枠の上に出てきているが、外界には飛びだしていない。こうした描写で思いつくのは、シャーマンの魂おろしである。２人の人物は同一人物で、豪族の祖霊である。シャーマンは、内枠のなかに収まっていた豪族の祖霊を、外枠にまで出現させた。二重の枠線は雷文で、シャーマンは、カミナリを招きおろすのと同じ能力を使って豪族の祖霊を招きおろした。この描写は、人物の窟でシャーマンＸが、Ｌ字形の雷文とともに人物Ｙの祖父霊（漢Ｂ・Ｃ）を招きおろした描写（図１）に似ている。

問題は、大きな人物（豪族の祖霊）を、建物Ｃの戸から屋根裏に〝入る〟と考えるか、それとも（それまで住んでいた）屋根裏から外に〝出る〟と考えるかである。前者であれば、豪族すなわち佐味田宝塚古墳の被葬者（建物Ｃの住人）の葬儀に当たって、シャーマンが被葬者の祖霊を屋根裏に招きおろす習俗が存在したことを意味する。前書ではこう考えた。しかし後者であれば、建物Ｃの屋根裏に鎮座していた被葬者の祖霊を、石室に招きよせた結果を示していることになる。建物Ｃにトリが止まり、祖霊がすでに鎮座していたとすると、後者と解すべきだろう。家屋文鏡は、被葬者の祖霊を石室に招きおろしたことの証拠として副葬されたのである。王塚や五郎山でも、被葬者は祖霊とともに暮らしていた。被葬者は祖霊とともに眠るべきとする他界観は、古墳時代を通じて継続したことになる。

9　漢墓画像石

（1）画像石と壁画

漢墓画像石は前漢・後漢、西晋のころの遺物で、有力者の墓域に建てられた祠堂や埋葬施設である墓室の壁、石棺などを刻んで描かれた絵である。中国各地から大量に出土し、画題は神話や故事、歴史上著名な人物、自然景観、日常生活などに及んでいる。

神話や故事を描く画像石は、五郎山の図Ⅲ（大過去）を図Ⅳ・図Ⅴなどと敷衍したもので、理念的には大昔に遡及できる。始祖が人面蛇神の伏犠と女媧と信じられていれば、2人を描くことができる。先祖が古代の有名な戦争に参加し、あるいは老子や孔子に面会していれば、先祖の輝かしい業績としてその場面を描くことができる。画像石と古墳壁画に共通するのは祖先崇拝で、わが国固有の匿名性の原理を除けば、これまで見てきた壁画は漢墓画像石の流れのなかにある。

漢代の他界観は、墓に納められた鎮墓文などでわかる。池澤優前掲書などによれば、死者の行き先（他界）として、まず「地下」があり、死者の霊魂は墓室内で暮らすことが前提とされていた（漢墓の墓室は家を模している）。他界にはそのほか（墓地と地つづきと信じられた）泰山、蒿里などがあった。

冥界は官僚組織で、至高神は天上界をはじめ人間界、冥界をともに支配する天帝である。人の生死は冥界の簿籍によって管理されていた。官僚組織化した冥界は、死者を抑圧する性格を帯びるが、これは仏教の地獄のような純粋苦ではなく、地上の世界と同様に、死者は冥界において地吏の統治を受け、租税を担い、罪があれば収監され刑徒となった。

また、死は伝染するものとされ、生者（遺族）は死者に、生者の暮らしを妨害することのないよう願ったが、死者の苦しみを放置すると現世に災禍をもたらす（祟る）と信じられたため、死者の救済も必要とされた。

こうした他界観では、死者が無罪の審判を受け、冥界にすんなりと受容されることが理想になる。珍敷塚や王塚右壁、「三角屋根の家」などで墓主霊が土地神に受け入れられていく様子も、こうした文脈に置くとよく理解できる。

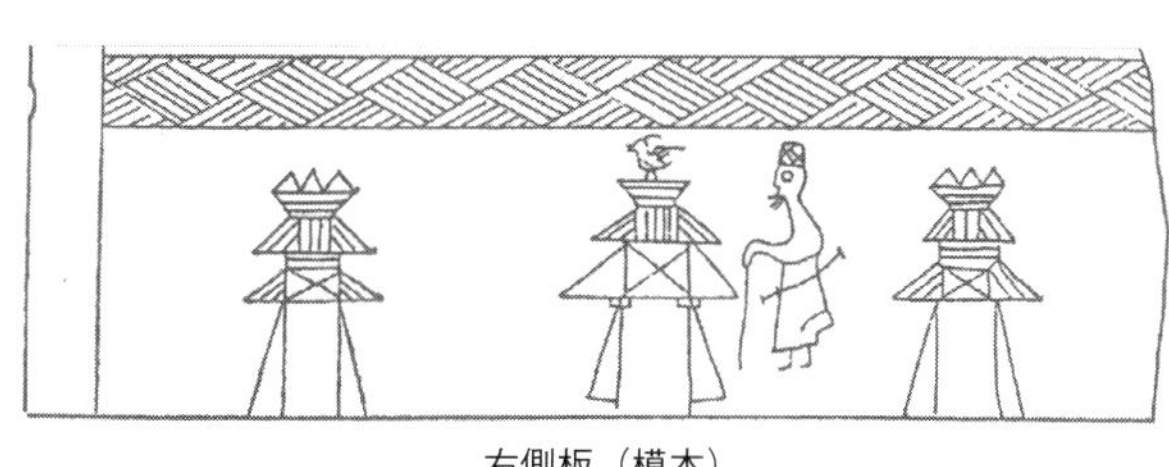

右側板（模本）

図51　江蘇省連雲港市の桃花澗墓石槨

（２）画像石の社

最初に検討する画像石は、中国江蘇省連雲港市の桃花澗墓石槨の図像の１枚である（図51）。中国考古学の信立祥さんによれば、２棟でつくる門は双闕（宮門の両脇に設けた物見やぐらの台）である。中央の建物は楼閣で、墓地に建てられた祠堂などの祭祀用建築物とされる。ヒゲをはやし、佩刀して杖をつく老人は墓主と解されている。全体として、墓主が地下世界から墓域の祠堂へ、孝行な子孫の祭祀を受けにきている光景と考える（『中国漢代画像石の研究』同成社　１９９６年。以下、画像石の解説はこの書による）。

これに古墳壁画の解読ルールを適用してみよう。３棟の高層建物があり、墓主は徒歩で、トリが止まっている中央の建物に向かっている。止まっているトリは神の在宅を示している。3棟の一層目の中央に描かれたX印は、前章でみたように社（土神・后土）の符号で、両脇の2棟の屋根を飾る鋸歯文も土地神を表象する符号である。つまりこれは、墓主が冥界へ到着後、社（墓域の建物）を訪問する光景である。画像石には車馬で急行する場面が多いが、土地神のもとへは1人で、徒歩で行くように描かれた。

同様の趣旨を描くもの

右側板内壁（模本）

左側板内壁（模本）

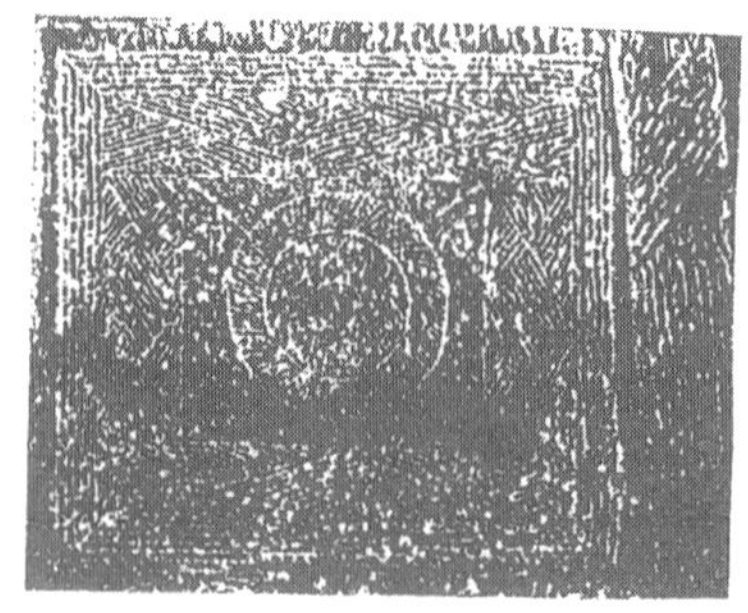

頭部側板内壁（拓本）

足部側板内壁（拓本）

図52　山東省臨沂（りんぎ）市の慶雲山2号石槨

に山東省臨沂市の慶雲山2号墓がある（図52）。いずれもひとつの石槨墓の板石の内側に刻まれたもので、信立祥さんによれば、下段左図は璧（扁平・ドーナツ状で中央に円孔がある）を四隅から紐で吊り下げたもの。璧は、死者の霊魂をつなぎとめるもので、腐敗防止作用もあるとする。

下段右図の２人は祠堂の門衛とされる。上段図は、垂幕のかかった屋内で、２人の人物が戟と盾・戈を持って戦う撃剣の場面とする。中段図では２人が対座しているが、底板の中央には六博（すごろく）の文様が描かれているという。この場面も、墓主が地下墓室から祠堂へやってきて、孝行な子孫から祭祀を受けている光景と考える。

これらの絵は一種の判じ物で、ポイントは２人の人物と璧の変化である。２人は石槨の内側というひとつの空間に描かれており、冠と縞模様の装束が似ているので同一人物と考えてみよう。すると物語になる。下段左図は頭側で、死者の霊魂をつなぎとめる璧の位置にふさわしい。下段右図は足元側だから、２人の人物を冥界の官吏（地吏）とし、上段図と中段図の２人も同一人物と仮定する。上段図と中段図の建物は、両脇に（スペード形の）木があるので、土地神をまつる社と考える。

上段図で２人は、撃剣の儀式を土地神に奉納する。上段図に垂幕があり、戦った２人は中段図で対座しているので、これは実際の戦いではなく儀式（模擬戦）と考える。問題の璧は、上・中段図とも両脇に配置され、上段図では璧の内孔が空白になっているが、撃剣の儀式が終わると建物にトリが止まり、両脇の璧にメッシュが入る。この推移は、墓主に冥界の審判が下り、上段図右脇の紐で吊り下げられた墓主の霊魂は、中段図で土地神に受け入れられたことを示している。

２人の地吏は墓主を社へ引率し、上段図で土地神を招く儀式を演じて任務を完了し、中段図ですごろく

図53　江蘇省徐州市の范山墓石槨

に興じているといった光景になる。5つの璧はいずれも微妙に異なり、両脇に2つあることの意味も不明だが、ポイントはトリの止まる前後の変化にあり、画工の関心が璧の変化にあることは疑いない。

つぎは、江蘇省徐州市の范山墓の石槨図（図53）である。これも同じ趣旨で、墓主を表象する璧が、土地神に受け入れられて土地神のマークであるX字形が付けられたことを示している。注目すべきは中央の2層建物で、2層目の屋根棟の○印にはX字形がなく、1層目の軒下の○印にX字形があることである。この○印は、璧の多重円とも異なるので、墓主（璧）とは別のものを意図している。古墳壁画の解読ルールでは、○印は祖霊のマークだった。すると墓主霊だけでなく、祖霊もまた土地神の支配下にあるといっていることになる。重要なことは、○印が屋根棟にあるときはX字形がなく、軒下すなわち土地神の座に入るとX字形がつけられることである。

漢墓画像石に璧画解釈のルールを適用すると、それなりに、もっともらしい解釈がえられることを知った。これは、○、◎、Xといった符号が漢墓に由来することを示している。

墓主霊の2重円が璧を、土地神のX字形が土壇の符号とすると、祖霊の一重円が何を象ったものかが疑問になる。林巳奈夫さんによれば、礼器としての玉器は生命を再生させる力を備え、天上の神々や祖先の霊魂を憑らしめる道具だったという（「中国古代の祭玉、瑞玉」『東方学報』1969年）。2重円の璧が玉の円板を穿孔した形とすれば、一重円は円板を穿孔する前の形ではないだろうか。璧の墓主霊の生まれる前の形を祖霊にあてたという想定である。

（３）画像石の祠堂

副葬鏡の鏡背に西王母、東王父などの住む仙人世界を鋳出すものがあり、墓主の昇仙を期待するものと解されている。はたしてそうか。漢墓画像石に墓主の昇仙図があるとされ、その一例が山東省嘉祥県武氏祠左石室天井の画像（図54）である。

信立祥さんによれば、これは東王父と西王母が、みずから祠堂の主人公の墓域の上空にやってきて、昇仙する祠堂の主人公夫妻を迎えにくる光景とされる。ただし、主人公夫妻の姿はないので、雲気に浮かぶ２台の馬車のなかに墓主夫妻の姿を想像する。しかし、これに古墳壁画の解読ルールを適用すると、信説とはまったく異なる光景が出現する。

まず、最も大きく描かれた人物やモノが物語の中心と考える。この考えでは、画面下方中央にいる４人の人物が主人公になる。画面下方左端に２頭の馬がいて、その右に御者の乗る３頭立ての馬車がいる。立ち姿の３人のうち、右の若者風の２人は戟を手にしていることから左端の２頭の馬（導騎）に乗ってきた従者で、その左の老人風の人物が馬車に乗ってきた主人である。

一行がどこからやってきたかは不明だが、どこへ行こうとしているかは、右端の従者の右にいる「盾を持つ羽人」（翼が前についている）のしぐさでわかる。一行は、画面下方右端にある平屋の建物に向かおうとしたところ、盾を持つ羽人に差し止められた。つまり主従４人は、到着後どういうわけかここで足止

図54　上：山東省嘉祥県の武氏祠左石室天井全体図　下：部分拡大図

めを食らい、なぜ建物に入れてもらえないか困惑しているといった光景になる。

平屋の建物内に1人がいて、その左にある1本柱の建物（門闕）の左右に2人の人物がいる。信説では門闕の右側の2人は使用人、左は羽人で仙界の人物とされる。門闕の1本柱を挟む2人は、会話を交わしているように見える。羽人の手は雲文（雲気）の梯子にかかり、片方の足は上の土饅頭に、他方の足は下の土饅頭にかかっている。3つの土饅頭は墓とされる。羽人の下の足がかかった墓の中に1人の人物がいて、今にも飛びだそうとしている。しかし、その左上の土饅頭のなかにも羽人がいて、主従の方向を見やりながら墓中の人物を制止している。この羽人の上方から雲気が立ち昇り、２層３層に連なって画面上方に広がる。

画面左方上部と右方中央に御者の乗る馬車がいて、それぞれの馬車の前方で羽人が馬を制止している。これは、誰かが乗るのを待っている光景である。画面上部の中央と右方にいるのは、仙人である東王父と西王母と解されている。こういう背景のなかで、中心人物である４人の主従や羽人、墓中の人物などが、どういう会話をしているかという問題になる。

車馬を駆って主従４人はここに到着したが、主人は、なぜ建物のなかに入れてもらえないのかと従者に問いかけている。右端の従者は空を見上げ、仙人は見えないなあとつぶやき、隣の従者は、仙人はまだ到着されていないようだと主人に伝えている。建物のなかでは、仙人の到着かと思って小走りに出てくる者がいる。しかし雲気の梯子を降りてきたのは羽人で、仙人は出発が遅れているようだと伝えている。羽人が、梯子を登ろうとしているか降りようとしているかが問題になるが、降りきる直前で足を止めたと解すべきだろう。登るときは前を見て足をかけるのがふつうで、話すことがあれば梯子に登る前に話せばよいからである。

３つの土饅頭は主人の先祖の墓で、空の土饅頭にいた２人はすでに出発し、今、平屋の建物のなかにいる。最後に残った土饅頭の先祖が、さあわたしの出番だと駆けだそうとしている。それを羽人が、まだ早い、仙人の到着が遅れている、一行も外でお待ちですと主従を見やりながら押しとどめている。他方、仙界に浮かぶ２つの馬車は、東王父と西王母のためのもので、乗車待ちのため空車になっている。

つまりこの絵は、仙人が到着するのを主従４人や主人の先祖、羽人など関係者一同が待っているといっ

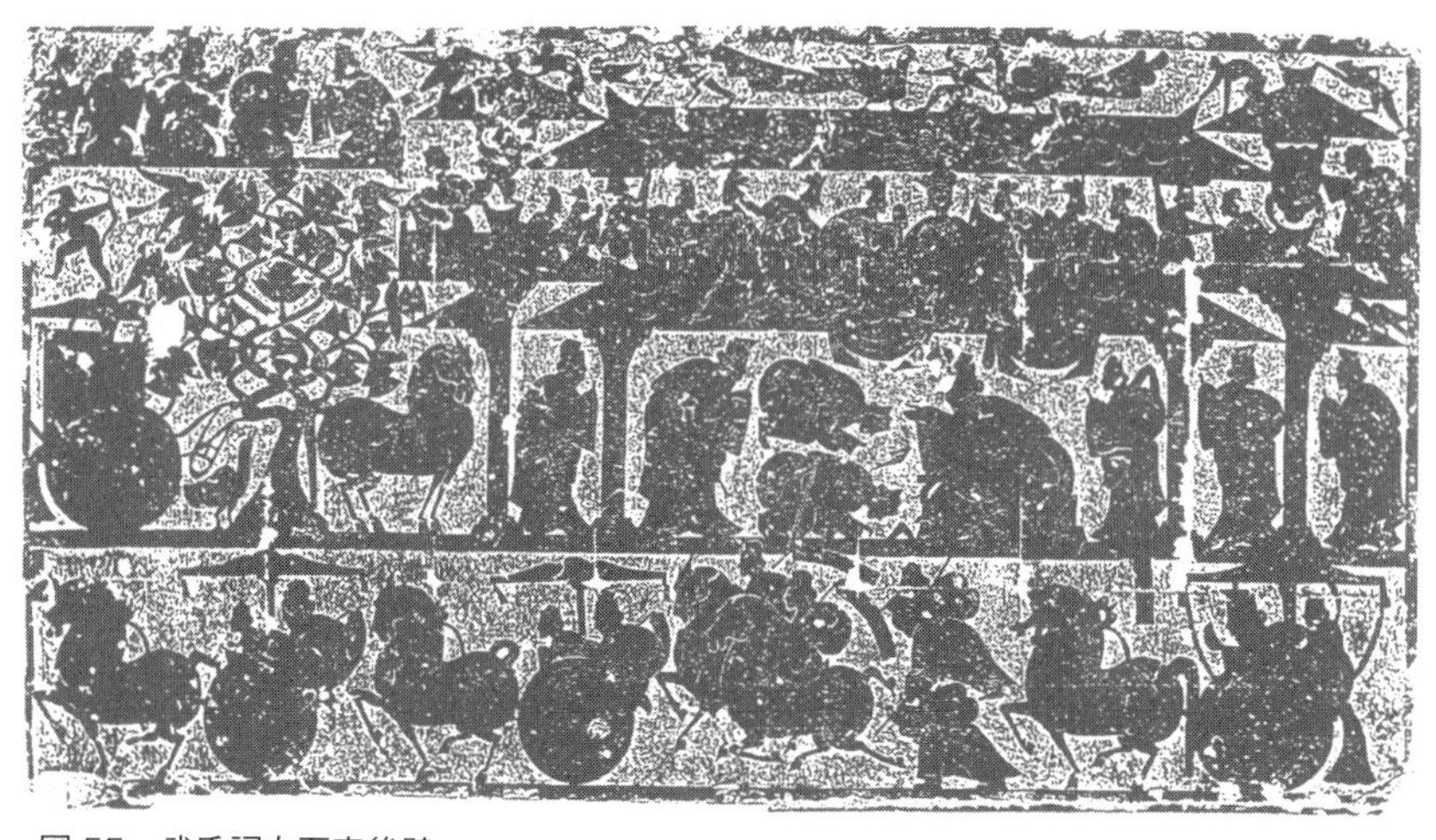
図55　武氏祠左石室後壁

た光景になる。では仙人はどこに到着するか。それは、同じ武氏祠堂の楼閣礼拝図（図55）と呼ばれる画像石でわかる。

（4）楼閣礼拝図

武氏祠堂の楼閣礼拝図は、上下2段に分かれている。上段図で、仙人が到着すると、図54の平屋の建物に、（人物がささえる）側柱が継ぎ足されて2層の楼閣になり、屋根に大きなトリが止まる。つまり、仙人は平屋の建物に到着する。継ぎ足された2層目は仙人とその取りまきのための特別席になるが、仙人はここでは1人（西王母）になっている。1本柱の門闕にも支柱が継ぎ足され（右は逆立ちしたヒキガエルが支柱になっている）、全体として2層目は仙界の存在で満たされる。左の門闕の脇には、枝が絡みあった連理樹（れんりじゅ）が描かれる。トリや継ぎ足された支柱、連理樹などは仙人の到着すなわち降臨を示すシグナルである。

仙人をこの建物に招請したのは誰だろう。仙人の降りてくる雲気の道は土饅頭からはじまっているので、土饅頭のなかの先祖が手配したものと考えられる。この人物の冠は、王冠のように直立していて、身分の高いことを示唆している（図54）。仙人が2階の特設会場に鎮座すると、この人物も屋内に入り主従一行を迎えるのだろう。

主従4人は2人の従者から先に屋内に入り、従者2人は平伏する。主人はそのうしろに立ち、身をかがめ、御者がそのうしろにつづく。主従が今到着したと報告すると、土饅頭のなかにいた人物（3人の先祖のうち最も身分の高い人物）が手を差し伸べて応答する。つまりこれは、墓主である主人の到着を筆頭先祖が歓迎している様子で、その光景を、降臨した西王母が見守っているという場面である。

図55を補足しよう。下段図で主従は車馬を駆って到着する。3台の馬車のうち、右端の、やや大きな覆いと緩やかに垂れる紐のつく馬車（車輪の右に垂れ下がった房またはキレ状のものがある）は、主人用である。上段図で連理樹の横に止められた車は、下段図の右端の車と同じで主人のものである。したがって、建物の主たる訪問者は主人と解するほかない。室内で最も大きく描かれているのは応対する筆頭先祖で、到着した主人にねぎらいの言葉をかけているのだろう。筆頭先祖が最も大きく描かれたのは、この人物が偉大で、この建物に住む中心人物だからである。

建物を訪問している上段図の4人の人物を、下段図のなかから探してみよう。下段図は上段図を説明する資料と考えられる。そこで図54をもとに考えると、先に屋内に入って平伏するのは導騎の2人の従者で、そのうしろの比較的大きな人物が主人、そのあとにつづくのが御者である。すると、下段図中央にいる2人の導騎の前方を行く2台の馬車と導騎のうしろにいる2人の歩兵が問題になる。2台の馬車の乗員は房のついた棒を肩にかけているので、これは墓主を先導する冥界の官吏とし、2人の歩兵は冥界側の護衛と考えておこう。主従4人を下段図のどの人物に配当するかは疑問の余地があるが、このなかにいることは疑いない。

ではこの建物はどういう建物で、主従一行はどこからこの建物をめざしてやってきたのだろう。それも画工は絵で示している。図54の平屋の建物の屋根は、左端で透視されている。中国の考古学者なら、これが墓中の家（墓室）かそうでないかはすぐわかるはずである。しかし画工は、それ以外にもヒントを与えている。それは、土饅頭の３つの墓が建物と同じレベルにあることである。墓中に土饅頭があるとは考えにくいので、これは地上の（現世の）建物と考えるべきだろう。地上の建物で主人の先祖が集い、墓主である主人が訪問する建物といえば祠堂をおいてほかにない。すると、主人がどこからやってきたかがわかる。主人は、埋葬後、霊魂として祠堂に参集したのである。こう考えてくると、図54で困惑する主人公のセリフを想像することができる。〝あの世に到着したらすぐ祠堂に行き、先祖にご挨拶せよと聞いていたが、いったいどうなっているのだ〟と。

祠堂の住人という観点から２つの絵を見てみよう。図55には迎える側に４人の人物がいる。筆頭先祖の右にいる人物は、肩から房またはキレ状のものが出ていて、他の楼閣図（山東省嘉祥県宋山の祠堂後壁画像）では小さく描かれているので、冥界側の人物と考えるべきだろう。すると祠堂の住人は３人になる。図54には３つの土饅頭があった。つまりこの３人は、全員土饅頭のなかにいた人物（主人の先祖）で、２つの土饅頭の住人は、祠堂へ〝先発〟したので空（から）に描かれたのである。

３人を祠堂でまつられる人物とすると、天子７廟、諸侯５廟、大夫３廟というルールを想起する。つまり武氏は大夫に相当する身分だった。すると大物風の筆頭先祖は太祖（始祖）で、右奥寄りの２人は墓主の父と祖父になる。父は、祖父のほうを向いて何かをしゃべっている。それはおそらく〝父さん、わたしの息子が来たよ〟という言葉である。対応する祖父は一瞬、凍りついている。それもそのはず、祖父は孫が来ると（王塚左壁の玉突き図のように）、祠堂から押しだされるからである。

なお、図55の左上方に５人ほどの人物が描かれている。右端は到着した墓主で、その左に並ぶ４人は祠堂の住人である。墓主は筆頭先祖に向かって何やら話しかけている。それはおそらく、わたしの倅が皆さんを歓待してくれることになっています、という言葉である。これは墓主の祠堂訪問後の出来事で、時間的にあとの一場面を取りだしたものである。筆頭先祖が身を乗りだすしぐさは、五郎山の図Ⅲの祖霊に似ている。

新や後漢の時代になると、楼閣礼拝図にしばしば西王母が登場する。なぜここに西王母が登場するのだろう。それはおそらく、死者の住む地下世界が西王母の棲む崑崙山と地つづきでつながっていると信じられことによる。紀元後の画像石では、西王母は土地神に代わり、土地神よりも格上の存在として登場したのである。すると図54の雲気は、崑崙山などにかかる雲気と解すべきだろうか。

この楼閣礼拝図については、曾布川寛（そふかわひろし）さんの、死者が崑崙山に昇仙し、西王母の使者から礼拝を受けているとする神仙他界説と、信立祥さんの、死者が祠堂で孝行な子孫から礼拝を受けているとする祠堂礼拝説があり、今日、後者が有力とされている。上述の解釈（墓主の祠堂訪問図）は前者を否定するが、後者とも異なる。画像石に墓主の昇仙図があるかどうかは不明だが、この絵にかぎっては降仙図になる。

葬儀の最終段階に、死者を祖廟に合祭する祔祭（ふさい）があった。画像石に墓主の祠堂訪問図があるのは、子孫が葬儀を全うしたことを証するためで、墓主を手厚くまつり、祖先を礼賛することが孝行な子孫と呼ばれる条件だったからではないだろうか。

余談だが、列島の古代にも西王母が登場する。三角縁神獣鏡や画文帯神獣鏡といった神仙世界を鏡背に鋳出す銅鏡である。副葬したのは、画像石のこの絵と同じ状況―西王母の降臨を仰ぐこと―が理想とされたからではないだろうか。銅鏡副葬の目的は、鏡背の図像世界を石室につくりだすことだったという帰結である。

第10章　屋根裏と雨だれ落ち

はじめに

前章までに、神々が屋根裏や窓、片流れ屋根の庇や雨樋などで暗喩された建物絵画を見てきた。弥生時代には、神々は屋根裏や軒先に鎮座すると信じられた。正確にいえば、一定の地域に、神々は屋根裏や軒先の空間に宿ると信じる人びとがいたということである。今日では、屋根裏は天井板でさえぎられて意識にのぼらないし、庇からしたたる雨（雨だれ落ち）や、地面にできた雨だれの跡（雨落ち溝）に特別な関心をもたない。しかし民俗学は、屋根裏や雨だれ落ちに関する不思議な習俗を採集している。

屋根裏に関するキーワードは祖霊と戸(と)である。見えない神を屋内に封じこめた証(あか)しとして戸が必要だった。記紀や『万葉集』などには、屋根裏を神々の住まいとするとよくわかる物語がある。また先祖祭のとき、家の戸に対する作法が存在したことを示唆する歌がある。五郎山の屋根のない家も屋根裏にかかわるので、屋根のない家の意味を検討する必要がある。

他方、庇や雨樋、雨だれ落ちなどは土地神に関係する。土地神の宿る庇や雨だれ落ちは、もともと2棟造りの家の中央（中霤）に存在したが、片流れ屋根の建物に雨樋が描かれるようになり、1棟造りの建物の庇や雨樋なども土地神の座になったと推測した。庇、雨樋、雨だれ落ちは土地神の座で、死者と生者にかかわる習俗を生みだした。土地神は産土（うぶすな）の神として生に関与し、死者を受容する神として死に関与する。本章では民俗学を援用して、古代の神観念が現代に連続していることを論じよう。

1　正月と祖霊

まず屋根裏の空間に関する伝承を柳田國男の『先祖の話』（角川ソフィア文庫　２０１３年）から引用する。

春ごとに来る我々の年の神を、商家では福の神、農家ではまた御田（おた）の神だと思っている人の多いのは、書物の知識からは解釈のできぬことだが、たとえ間違いにしても何か隠れた原因のあることであろう。一つの想像はこの神をねんごろに祀れば、家が安泰に富み栄え、ことに家督の田や畠が十分にその生産力を発揮するものと信じられ、かつその感応を各家が実験していたらしいことで、これほど数多くまた利害の必ずしも一致しない家々のために、一つ一つの庇護支援を与え得る神といえば、先祖の霊をほかにしては、そうたくさんはあり得なかったろうと思う。

柳田によれば、正月に迎える神は先祖の霊、祖霊である。何回忌などと供養される近親者は祖霊に当たらない。はるか昔、田畠を開墾し、田畠に全力を注いできた名前のわからない先祖のことで、こうした先祖は、じぶんが心血を注いだ田畠の稔りに関心がある。そこで先祖祭をすれば、特に田畠の生産力が発揮され、分家もその恩恵にあずかる。その意味で正月は、祖霊を迎えて豊作を祈念する予祝祭だった。これは、春正月に祖霊を迎える五祀の「戸の祀り」に似ている。

> 正月の家の祭のかわっている一点は、常設の神棚を使用しなかったことである。そうしてその棚は年棚または年神棚、あるいはめでたく恵方棚とも名づけて、是非とも正月様のやって来られる明きの方を向けて、その棚を釣らなければならなかった。（中略）私の知っている東北のある旧家では、広間の屋根裏から樫（かし）の木の丸棒の、回転自在なものが下げてあった。年越しにはそれへ年棚のしまってあるのを取り附けて、その年の明き方に向くようにしていたのである。しかし普通にはそれまでの用意は無い。大抵はほどよいところに屋根裏から縄を下げて、それに板を渡しまたは清浄な割木を並べて、吉方を正面にこの棚を新設するので、棚には白幣（はくへい）を立て注連を張り、その四隅には若松の小枝などが結わえてあった。鏡餅も毎日の御膳も皆この棚の上に供え、常の神棚は正月には用いなかったのである。

正月に迎える祖霊は、家のどこに鎮座するか。ここでは、年棚・年神棚などと呼ばれる臨時の棚に鎮座する例が採集されている。ポイントは棚の設けられる場所で、棚は屋根裏の直下に吊り下げられ、空中に停止する。正月に到来した祖霊は、屋根裏の空間に陣取る。これまで半信半疑の仮説に、にわかに血がかよいだす。

正月の鏡餅（かがみもち）について、民俗学の宮田登さんはつぎのように指摘している。

正月の門松、鏡餅などは、正月の神が来訪する際の目印とみられている。とくに鏡餅は、その丸い形が、霊魂のシンボルとなっていた。

(『宮田登日本を語る7　霊魂と旅のフォークロア』吉川弘文館　2006年)。

丸い形をシンボルとする霊魂とは何だろう。ここまで読み進まれた読者なら容易に答えることができる。それは一重円をシンボルとする祖霊だと。祖霊の加護をえて収穫した秋の稔りを、祖霊の形につくって供えることは自然なことといえる。民俗学は、古墳壁画の〝祖霊＝一重円説〟を支持している。

2　屋根裏の民俗学

つぎに、民俗学の津山正幹(つやませいかん)さんの『民家と日本人―家の神・風呂・便所・カマドの文化―』(慶友社2008年)から屋根裏に関する習俗を引用しよう。

それは、屋根裏の定義からはじまる。

① 民家では、一般に屋根裏または天井裏に当たる桁梁(けたばり)の上から棟木の下までの空間を小屋裏とよび、その構造を小屋組といっている。

② 小屋裏は、新潟県信濃川中流域の魚沼地方では〈ソラ〉と呼ばれ、京都府船井郡ではソラニカイと、南九州ではエンソラ(家のソラ)などと呼ばれるそうである。

③ 大藤ゆきは死の場合にも、死者の魂は四十九日まで屋根棟にいるとする全国的に広がっている俗信

を紹介するとともに、死者が出た家の棟が見える範囲の者は、悔やみにいかねばならないことと併せて、死者の霊と家の神とが深く関連しているとした。そして棟は、その家の人の魂が籠るところで、さらに棟は生と死も籠り、出ていくところであったとした（傍点筆者。以下同じ）。

また森隆男は、死に関する習俗に屋根が重要な役割をもつのは、屋根が死者の世界である他界との結界として意識されているためで、棟はそうした屋根の機能を最も象徴的に示しているとする。（中略）そして奈良県山辺郡では、棟には先祖がいるとまでされている。

品田定平は、チャノマに天井を張らない家があるが、それはチャノマと小屋裏（屋根裏）との間を、神々が往来するからだとしている。また森隆男によれば、屋根に取りつけた開口部の破風（はふ）は、住居と神霊世界との境界に当たり、神霊の住居空間への出入り口の機能があるとしている。そして、住居空間の上部は、神霊のための空間と意識されているとした。（中略）

西日本を中心に、小屋裏（屋根裏）のことをツシとかズシとよんでいるところが多いが、これは神仏を安置する箱である厨子（ずし）からきているように思われる。まさに、小屋裏そのものが、神の常在する空間であったことを暗示している。

④　内田幸彦は、埼玉県春日部市庄和町での屋根からの出棺を報告している。これは肺結核で一軒の家から多数の死者が出た場合に、草葺き屋根の一部を切り取って屋根に穴を開け、そこから棺を出した「屋根棟から仏様を出す」習俗である。穴は、屋根の表側の軒から六尺幅くらいのところに、屋根葺き職人（屋根屋）が屋根の茅と下地材のすべてを切り抜いて作った。そのとき屋根屋は、一体の藁人形を作り、屋根の軒端部に埋め込んだ。

こうした採集例をみると、五郎山の図Ⅱ・Ⅲや「後光の家」の屋根裏が思いうかぶ。弥生・古墳時代の建物絵画のテーマが、ほぼ正確に現代に伝播していることに驚く。棟に先祖が住むという奈良県山辺郡の例や、屋根裏がカミの常在する空間だったとする西日本の例、屋根の開口部を神霊の出入口とする例などは、ストレートに建物絵画のテーマを受けついでいるといえる。

家普請のハイライトに棟木を上げる上棟式があり、これによって家の骨格が出来あがる。上棟式に男性器と女性器をかたどったものを棟木に吊るし、あるいは男女の人形を供え、上棟式のあとに家の主人などがその家に泊まるという習俗がある。

⑤　福島県では、上棟式に男性器と女性器をかたどったものを棟木に吊るす習俗がみられる（写真略）。一般にこれらは、ヒブセとかオカマサマとよばれ、火伏せの呪いのためにとりつけるといわれている。

（中略）

男性器は、マラとよばれ、鉋屑を丸めて玉にみたて、スギか松の材で形作るか墨書したものである。女性器は、同じく松・杉・栗の材を彫って形作るか墨書するかしている。（中略）上棟式に吊るした男性器と女性器は、そのまま吊るしておかれるので、建て替えのときや屋根の葺き替えのときなどに、煤まみれになって出てくることもある。

⑥　一方、上棟式の際に男女の人形を供える地域もある。棟上雛と称して、特に東北地方に多いことが神野善治によって指摘されている。岩手県一関市大東町では男女二体を小さな宮に入れて供えるし、

神奈川県箱根町では、男女二体の人形をカヤで作り、男性器は大根で、女性器は人参で作って挿し込んであるものを供えている。山形県村山地方では、女人形一体を供えるか、または男女二体の人形を供えるところが多いとしている。

⑦　上棟式または屋根葺き祝いの後には、家の主人か夫婦が、その家のなかで泊まるフキゴモリ（葺き籠り）という習俗を行っている地域がある。山形県最上（もがみ）郡最上町では、新しい家の屋根が葺き終った夜は、夫婦がその家に泊まり家の使いぞめをする習わしがある。福島県南会津郡南郷村（現南会津町）では、上棟式をした家で一坪ほどの板囲いを作り、夜はそこで若夫婦が泊まる風習がある。

埼玉県ふじみ野市大井町では、家ができ上がる以前の日柄のいいときに、主人や姑が新しい家に一晩だけ泊まることがある。奈良県奈良市でも、上棟式の夜に、当主が布団を持ち込んで少し寝ることが行われている。

大分県佐伯市や日田郡・南海郡では、主人が上棟式から屋移りの日まで新しい家に藁を敷いて泊まっており、これをしないと獣や悪神、魔物が先に入ってしまうといわれている。また大分県国東（くにさき）地方では、屋移りの夜に家主が蓑を着て泊まるか、泊まらないときは蓑だけを新居の中心になる柱に括（くく）りつけておいた。そして蓑笠は神の姿といわれている。（中略）

⑧　神野善治は、福島の男性器と女性器を吊るす習俗や、葺き籠りの習俗、さらには男女の人形を供える習俗は、子孫繁栄を願い、火伏せを目的にしたものとしている。

上棟式に人形などを棟に上げる習俗と、その後、家に泊まる習俗を多数引用したのは、⑧の結論に異議があるためである。

まず、棟木に⑤男女の性器を吊るす例や、⑥屋根裏に男女の人形を供える例。これは子孫繁栄や防火鎮護という前に、〝屋根裏に何者かが存在する〟という状況をつくり出したものとみるべきではないだろうか。その何者かを象徴するものが性器や人形で、素直にみれば、それは②と同様、人格神たる先祖で、先祖は夫婦神とも考えられていた。すると⑦の葺き籠りの習俗が、「これをしないと獣や悪神、魔物が先に入ってしまう」と信じられたことがわかる。葺き籠りは屋根裏に祖霊を迎える儀式で、主人が迎えに出ないと祖霊は入ることができず、そのスキに悪神などが棲みつくと信じられた。こうした屋根裏に関するさまざまな習俗は、屋根裏に霊魂が住むという一点から出発している。これは壁画解釈の結果と一致している。

3　神話のなかの屋根裏

(1)　屋根からの投入

『日本書紀』にスサノオがアマテラスに乱暴をはたらく場面があった。「天照大神が神衣を織るため、神聖な機殿(はたどの)においでになるのを見て、まだら毛の馬の皮を剥いで、御殿の屋根に穴をあけて投げ入れた」というくだりである。まだら毛の馬が交雑種で、犠牲動物にふさわしくないことは別にしても、なぜスサノオは御殿の屋根に穴をあけるという面倒なことをしたかである。

民俗学の平林章仁さんは、家の窓や煙突から大地の恵みである獲物を家のなかに投げ入れる古代ヨーロッパや中央アジアの習俗を採集している（『神々と肉食の古代史』吉川弘文館　２００７年）。これは、

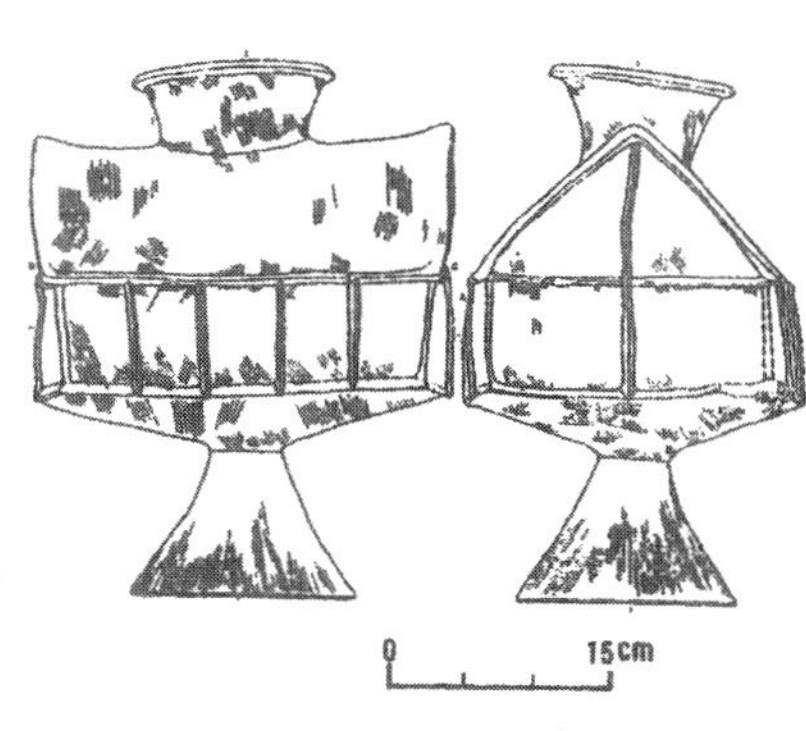

図56　屋根に注ぎ口をもつ家形土器
（鳥居松遺跡）

屋根を穿（うが）って供物を投入することが、むしろ作法だった時代が存在したことを示唆している。その理由は、神々は屋根裏に宿るという観念に求めるべきだろう。例えば弥生時代の家形土器で、屋根の真上に注ぎ口をもつものがある（図56）。ここから他の容器につぎ分けるとしても、一次的には中空の屋根裏を液体で満たした状態で目的を達したと考えるべきだろう。家形埴輪の屋根に魚と鳥を描く例（大阪府今城塚古墳）も同じ趣旨で、屋根に窓をつける建物絵画（図31）や雷神小窓をもつ貫前神社の神座のつくりでは、窓から供物を投入することも可能になる。

（2）屋根と大刀

古代のあるとき、祖霊は屋根裏に宿るという観念が存在した。これを前提にするとよくわかる説話がある。以下に引用する説話には共通した〝わかりにくさ〟がある。わかりにくい理由は、今日その前提となる観念が失われているからである。このとき「後光の家」などの屋根裏を思いうかべると、手にとるようにわかるはずである。

『古事記』で神武東征のとき、カムヤマトイワレビコ（神武天皇）は熊野でクマに遭遇して突然病に倒れる。そのときタカクラジ（高倉下（たかくらじ））という人物がやってきて、一振りの大刀を献上するとイワレビコは目がさめる。イワレビコがその大刀の経緯を尋ねると、タカクラジは夢に見たつぎのような話をする（三浦

『口語訳古事記』を要約）。

天照大神と高木の神はタケミカヅチを呼びだしてこうおっしゃった。「葦原の中国がひどく騒がしく、わが御子たちも苦しんでいる。葦原の中国はお前が平らげた国だから、お前が降って行け」と。するとタケミカヅチは答えて、「わたしが降らなくても国を平らげたその大刀さえあれば事足りるので、この大刀を降ろし与えてください。そして、この大刀を降ろし下すさまは、タカクラジの倉の屋根に穴を開け、そこから落とし入れるのがよろしいでしょう」と言われた。続けてタケミカヅチは「それだからタカクラジよ、なんじは朝の目覚めも爽やかに、倉のなかの大刀を取り持ち、天つ神の御子に差し上げなさい」と仰せになったのです。

タカクラジは、つぎのように注釈されている。

原文に「高倉下」とあり、高倉は祭祀の場であるから、タカクラジはシャーマンである。夢を見るのも彼がシャーマンであった証し。

ここでの設問は、高天原から大刀を下界に送るとき、なぜタカクラジの倉の屋根に穴を開け、そこから落とし入れるという面倒なことをしたかである。ポイントは、タカクラジがまつる高倉である。高倉は祭祀の場と注釈されているが、どういう祭祀なのだろう。前章で検討した稲吉角田家屋Aは、高所に屋根をもつ建物で祖霊を高々とまつる祠と考えた。すなわち高倉とは祖霊祭祀のための建物で、高倉の屋根裏は祖霊たちの集う場になる。クラは倉庫の意ではなく、神聖な人物が鎮座すべき場所すなわち座（クラ）で、高座（タカクラ）の意と考えるべきだろう。

他方、高天原はヤマト王権を構成する人びとの祖霊の集う場である。すると当時の観念では、「高倉の屋根裏＝祖霊の世界＝高天原の世界」という共通の時空が生まれる。タケミカヅチは、地上にあるタカクラジの高倉の屋根裏（祖霊の集う場）を〝借用〟し、そこを経由して大刀を現世へ送りだした。これは、屋根裏が霊魂の世界で、現世との境界と信じられていたと考えるとよくわかる。

この物語は、この世とあの世の共時空性を前提にしていて、五郎山の図Ⅰ（現世）と図Ⅱ（墓主霊の世界）・図Ⅲ（祖霊の世界）の関係に対応している。「立ち姿の射手」は、祖霊の世界から墓主霊の世界に出張し、現世に向かって矢をつがえていた。これは、この説話と同様、〝矢は現世に届く〟と信じられていたことを意味する。

『古事記』編者と五郎山の描き手との間に齟齬はない。わたしたちは、神武と祖神たちの物語を、ありえないことで〝当時の人もそう思っていた〟と考えている。しかし『古事記』編纂当時の人びとは、ありうることと考えていた。『古事記』も五郎山も、彼我の交流を現在の視点で描写しているからである。この種の説話を理解するには、彼我の共時空性という視点が欠かせない。

（3）屋根と返し矢

つぎは『日本書紀』で、国譲りの交渉のために派遣されたアメノワカヒコ（天稚彦）が、就寝中に〝返し矢〟に当たって死ぬという物語である。これも五郎山の図Ⅱの「立ち姿の射手」を思い浮かべると、同じ構図であることがわかる。

ワカヒコは強力な弓矢を与えられて出雲へ派遣されるが、地元の女性と結婚して長らく復命を怠っていた。そこで高天原の責任者であるタカミムスヒノミコト（高皇産霊尊）が、キジ（雉）に様子をうかがわせにやったところ、ワカヒコは、その弓矢でキジを射て殺してしまう。そして、血のついた矢がタカミムスヒの眼前に届く。

タカミムスヒはその矢を見て、昔ワカヒコに与えたものと気づく。血に染まっているのはクニツカミ（国津神―下界の神）と戦っているのか、と言ってその矢を下界に投げおろすと、つぎのような結末になった（岩波文庫『日本書紀』（一））。

> その矢落（お）ち下（くだ）りて、則（すなは）ち天稚彦が胸上（たかむなさか）に中（た）ちぬ。時に、天稚彦、新嘗（にひなへ）して休臥（ねふ）せる時なり。矢に中（あた）りて立（たちどころ）に死（かく）れぬ。

文中の新嘗とは、その年の新穀を神々に供え、自身も食する儀式である。現在では宮中行事などにかぎられているが、古くは庶民の行事でもあった。ここでの設問は、高天原から矢を投げ落とすと、どうして、ものの見事に（就寝中の）ワカヒコに命中するかである。当たった場所は、胸上と書いて〝たかむなさか（高胸坂）〟と読まれているので、大胸筋のふくらみのやや下あたりをいうのだろう。今風にいえば、心臓にヒットして即死した。このとき矢は胸上に〝立った〟というから、ワカヒコは〝あお向け〟に寝ていたことになる。

矢は横からではなく真上から飛んできた。どうして真上から飛んできたのだろう。その疑問に答えるのが「新嘗の時」という一句である。新嘗のときワカヒコは祖霊を屋根裏に迎えた。ワカヒコにとって祖霊は高天原の神々である。ワカヒコが寝入った部屋の屋根裏は、このとき祖霊の世界（高天原）になっていた。だからピンポイントで心臓に命中した。この説話も、霊魂の世界と現世が屋根裏で接続しているという観念を前提にするとよくわかる。現代の目からは、ご都合主義としかみえないが、古代の読者にしてみれば、ふむふむ、なるほどといったスジのとおった展開だったのではないだろうか。

（4）屋根裏からの落下

さきにみた民俗例では、屋根裏は先祖の霊魂が宿る空間と意識されていた。五郎山や後光の家の霊魂たちも屋根裏の存在だった。先祖の物語は、現世の家でも進行していた可能性がある。すると、先祖の物語を現世につなぐためには、屋根裏の存在が現世に落下する必要がある。この点、興味深いのは記紀の伝える天孫降臨（てんそんこうりん）説話である。アマテラスの孫のニニギノミコトは、真床追衾（まとこおうふすま）につつまれて地上に降り立った（『日本書紀』第四、第六の一書）。真床追衾とは、床を覆う掛布団のような夜具とされている。

高天原を地上のどこかと考えると落下行為は不要になる。他方、天上界とすると夜具ではとても身がもたない。先祖の一員を現世の存在にするためには、屋根裏からの落下というエピソードが必要で、それを暗喩するものが真床追衾だったという想定である。高天原の物語は、先祖は屋根裏に住むという共通の観念を下敷きにしている。この神話に古代の読者は何の疑問ももたなかっただろう。それぞれの氏族にそれぞれの高天原があり、天下りを必要としたのは、ひとり王権の先祖にかぎらなかったからである。

こうした想定を裏づける資料がある。9世紀ないし10世紀初頭の成立とされる『先代旧事本紀（せんだいくじほんぎ）』（地祇本紀）に、出雲の大己貴（おおなむち）神が「屋上自（よ）り零（おち）入（い）り来て坐（いま）す」という記事がある。「屋上」とはどこか。屋根の外とすると落下元を特定できないので、屋（家）の上、すなわち屋根裏と考えるほかない。今日、オオクニヌシの神座は高床にある。これは、屋根裏から降臨して高床に鎮座したということである。

屋根裏と神座との関係は、今日の神殿建築に引きつがれている。神座は現在では床上にあるが、もともとの住まいが屋根裏だったとすれば、神々は屋根裏から降臨したことになる。これは、祖霊があの世（屋根裏）の存在からこの世の存在になることで、天孫降臨説話と同じように落下行為が必要だったことを示している。これに対して、祖霊が床上に落下していない状態の神社建築もある。それは先にみた群馬県の貫前神社で、この神は依然として屋根裏にとどまっている。神座の位置といい、雷神小窓といい、驚くほど古態を残していると評すべきだろう。

今日、神社建築で神座と屋根裏を天井板などで遮断しないのは、神の在所だった屋根裏との一体性を保つためである。これに対して寺院建築では、仏座の上に天井板や天蓋などを設けて屋根裏を遮断する。寺院建築にとって、屋根裏は見せてはならない場所なのである。

4　神話のなかの戸

（1）屋根裏と戸

古代のあるとき、「戸に神が宿ると信じられた」という仮説も、屋根裏という虚(うつ)ろな空間に霊魂が宿ると信じられたという仮説以上に信じがたい仮説である。この仮説を平たくいうと、つぎのようになる。

霊魂という目に見えない存在は、仏像とちがって御開帳ということがない。祖霊や土地神は、仏像のように建物のなかに入って拝観することができなかった。そこで、見ることのできない存在をまつる場合、その存在を保証するもの、あるいはその存在を仮託するものが必要で、それが戸だった。

戸と屋根裏との関係はつぎのとおりである。祖霊を屋根裏に迎えるときは戸を開放し、迎え入れたあとは戸を立てる。戸を立てることは祖霊を封じこめ、退去を阻止することになる。いったん祖霊に常在を強いると、祖霊を礼拝する行為は祖霊を封じこめている戸に向かう。今風にいえば、戸は祖霊の存在を対外的に証明するもの、祖霊と同視しうる存在になる。今では不思議に思わないが、神社に参拝するとき、わたしたちは閉ざされた扉に向かって礼拝している。

(2) 霊魂と斎戸

祝詞(のりと)のなかに、現在も皇居で行われているとされる「鎮御魂斎戸祭」(御魂(みたま)を斎戸(いはいど)に鎮(しづ)むる祭)がある(『延喜式』八巻)。

> (前略)皇(すめら)が朝廷(みかど)を常磐(ときは)に堅磐(かきは)に斎(いは)ひまつり、茂(いか)し御世に幸(さき)はへまつりたまひて、この一二月より始めて、來たらむ一二月に至るまでに、平らけく御坐所(おほましどころ)に御坐(おほま)さしめたまへと、今年一二月の某の日、斎ひ鎮めまつらく。

祝詞の趣旨は、御魂が一年間、平安に、御坐所にいてくださいと祈るものである。誰の御魂かについては、天皇、皇太子などのほかアマテラスとする説もある。ここでの問題は「戸と御坐所の関係」である。標題に「御魂を齋戸に鎮むる」とあるので、鎮齋の対象は戸である。しかし御坐所そのものを鎮魂の対象としてもいいのに、なぜその戸なのかという疑問がある。

御坐所のつくりは不明だが、戸が存在したことは確かで、その建物に屋根があったことも疑いない。そこでこの問題は、つぎのようにイメージすることができる。その建物の戸を開けると、なかには何もなかった。ただ屋根裏と、その下の漠とした空間があるだけだった。漠とした空間に御魂をつなぎとめるためにはどうすればいいか。それは戸を立て、戸を鎮齋して戸に御魂を封じこめることである。

この点、民俗学の折口信夫は「『いはふ』は、霊魂を外へ出さぬこと。『いはひど』は、その場所のこと。天子の御魂を鎮齋しておく場所」といっている（「神道概論」『折口信夫全集　ノート編追補第一巻』）。齋戸は戸というモノではなく鎮齋する「場所」としているが、行為（齋ふ）の目的は霊魂を外に出さないことと指摘している。

祝詞の目的・効果は、文字どおり戸への直截的な鎮魂で、鎮魂されたあと戸は齋戸になり齋戸が霊魂の存在を表象する。戸は、屋内に入って目に見えない霊魂と直接、対面・対座することが憚られた時代の、いわば霊魂の依り代と考えられたのである。

余談だが、伊勢神宮の用材中最大のものは棟持柱（むなもちばしら）にあてられ、二番目のそれは扉にあてられるそうである。これが優先順位を示しているとすれば、棟持柱はかつて祖神の御坐所だった屋根裏をささえ、扉には祖神が鎮齋されたことと整合している。

これまで祖霊信仰と戸をまつることが関係すること、戸を神としてまつる習俗が存在したと論じてきた。ここまできて、ようやくその関係に肉薄する習俗に遭遇したことになる。祖霊という目に見えない存在を戸を開けて招き入れるが、戸を閉めて戸に鎮魂すると祖霊は屋内にとどまる。閉じられた戸は、祖霊の存在を表象するものとして礼拝の対象になった。

（3）糞戸と祝詞

祝詞や記紀には不思議な「罪」が記されている。例えば「糞戸」と表記された「天つ罪」である。糞戸の読みは「くそへ」で、戸はドアの戸ではなく新嘗祭などの祭場を指すと解されている。しかし他の天つ罪をみると、畔放、溝埋、樋放など、行為の対象が「畔」、「溝」、「樋」などと明示され、放つ、埋めるという行為の内容も具体的である。すると、この戸だけ祭場を意味するとか、糞戸を呪的行為と解するのは恣意的である。この点、『古語拾遺』（斎部広成撰　８０７年）は、新嘗のときスサノオは「屎を以て戸に塗り」と正しく指摘している。これは神を冒涜する行為で、糞を塗りつけられた祖霊の憤懣は察するにあまりある。

ノリトはふつう祝詞と表記されるが、『古事記』（天の岩屋戸）で太詔戸言とあるように、詔戸と表記されることもある。祝詞は当て字で、もとの意味は詔戸だったとすると、祝詞とは祖霊を表象する戸に捧げる言葉だったと解する余地がある。

余談だが、畔、溝、樋という造作には共通点がある。それは水を湛える容器、あるいは流路を支持する造作という性質である。見えない祖霊のために戸が神とみなされたように、見えない土地神のために畔や溝、樋などが土地神の依り代とみなされた可能性がある。先にふれた鳥居松遺跡の中空の家形土器（図56）は、畔のなかに埋めこまれていたという。切妻風の家形は土地神の住まいで、畔は土地神を表象する。切妻風の中空家形土器は、土地神祭祀の産物なのである。

畔、溝、樋などを破壊したスサノオの行為は灌漑稲作を妨害する行為と解されているが、スサノオは全財産を剥奪（はくだつ）されたうえ高天原から追放されている。これは溝埋めなどの破壊行為が財産的な罪ではなく、土地神を冒涜する行為だった可能性がある。頻播（しきまき）も土地神に過重な負担を与え混乱させる行為で、土地神を冒涜する行為とみなされたのではないだろうか。埴輪に造形された水槽や、それにつながる流路も土地神を表象する造作である。この点、第15章（埴輪群像の機能論）で検討しよう。

（4）新嘗と戸

つぎは『万葉集』の有名な東歌（あづまうた）である（３４６０　作者未詳）。

誰（た）れそ　この屋（や）の戸　押（お）そぶる
新嘗（にふなみ）に　我が背（せ）を遣（や）りて　斎（いは）ふこの戸を

この歌は、夫（背（せ））を新嘗に送りだした妻の家に、下心のある男が家の戸を揺さぶる情景をうたったと解するものが多い。例えば『新日本古典文学大系』は「誰ですか、この家の戸を揺さぶるのは。新嘗の祭に夫を遣って、斎み慎んでいるこの家の戸を」と解している（「萬葉集三」岩波書店　２００２年）。

ポイントは戸で、この屋の戸を斎うのは、この歌の作者である女性（妻）である。つまり、彼女は自家で新嘗を行っている。大系のように、夫の派遣先の新嘗のために妻も家で斎み慎んでいると解すると、焦点がぼける。戸を斎うことと新嘗が無関係とすると、何のために戸を斎っているのかわからなくなってしまう。では、夫はどこへ行ったのだろう。おそらく実家である。新嘗は祖神を自家にまねく祭りで、妻問婚のもとでは、祖神を異にする夫は実家の新嘗に参加したのではないだろうか。

彼女は祖神を招き入れると戸を立て、戸を鎮斎して祖神の退去を阻止した。この状況で戸を揺さぶる者がいる、それは誰だろうという歌になる。すると本家の新嘗に、分家の妻が夫を派遣したその留守に間男が、といった解釈は成立しないことになる。

これに対して祖神の到来と考えると、少しひねった解釈にならざるをえない。魂おろしをしたのはこの家の主婦（妻）である。戸はすでに斎戸になっているので、祖神は例えば屋根裏や屋根裏から吊り下げられた魂棚などに鎮座しているはずである。

それなのに、誰だろう、戸を揺さぶる人がいるなんて
（もしご先祖様なら、わたしの魂おろし、失敗だったかしら）

といったニュアンスになる。「斎ふこの戸を」というフレーズから、「斎ふ」対象が戸であることに疑いない。「斎ふ」は折口のいうように「霊魂を外へ出さぬこと」で、そうすることによって新嘗の舞台がととのう。

（5）五郎山の家の戸

戸口が描かれたものに五郎山の家（図Ⅰ「現世」）（口絵 図12）がある。屋根のない家で、戸口の左右と上辺は直線になっているが、底辺は墨をふくませたように太い線で、そのなかほどは下向きに弧を描いている。これは戸口の下方が凹凸のある地面で、この戸口に戸が立っていないことを表現しているのではないだろうか。戸の中央あたりに取っ手をつける復元図（口絵 図11）もあるが、それに従えば、ここが戸に相当する場所であることを念押ししていることになる。戸口の輪郭の上部に霊魂の青（実際は緑）がほどこされているのは、そこが霊魂の入口と信じられたからである。

古墳（の玄室）は人工的な他界だから、霊魂ははじめからそこにいたわけではなく、また霊魂が勝手にそこへ行ったとも考えにくい。霊魂の運搬手段（大船やトリ、馬、船）が描かれていることから、霊魂はこれらの乗物に乗ってどこからか出発したと考えた。それに関係するのが、図Ⅰ（現世）の「横顔の人物」と「両手をあげる大きな人物」である。現世にはこの2人しかいないから、霊魂たちはこの2人によって、家の屋根裏に懸けられ、さらにその屋根裏から玄室へ出発したと考えるほかない。

祖霊や、それぞれの持ち場で立ち働いている墓主霊は、「両手をあげる大きな人物」によって家の戸口から屋根裏に招きよせられ、2人の被葬者霊は直接、屋根裏に懸けられた。ただ「片手をあげるのっぺらぼう」（祖霊）だけは、その地位にかんがみ特別の招待席（神床）が用意された。そして、霊魂が全員集合したところで「横顔の人物」によって玄室の天井空間に持ち送られた。「奔馬の射手」が乗る馬やイヌも随葬されて霊魂になり、奔馬の射手とともに大船に乗ったのだろう。それで大船に描かれた。

（6）屋根のない家の意味

五郎山の最大の疑問は、屋根のない家と、弧を描く横棒の梁（はり）である。なぜ屋根がないか、なぜ梁が撓（たわ）んでいるのだろう。これは、描き手が屋根のない家と撓んだ梁を〝想像で描いたか、それとも実在したものを描いたか〟という問題である。五郎山の家を、屋根がないと認めた瞬間に誰でも遭遇する問題で、決して荒唐無稽な設問ではない。とはいえ、すぐに結論をだすべき問題でもないので想像説と実在説を併記し、読者の追考にゆだねたい。

まず、想像説。霊魂たちは屋根裏にいたので、屋根裏から出発したことをわかりやすく屋根のないことで表現し、霊魂が多数であることを梁の撓みで誇張したと考える。第6章（五郎山古墳壁画）では、煩雑さを避けるためこの立場によった。

つぎに実在説。屋根を取りはらって遺骸を搬出したと考える。

これにはいくつかの傍証がある。まず、屋根の一部を壊して出棺したという習俗の存在である。第2節「屋根裏の民俗学」で、〝屋根棟から仏を出す習俗〟を引用した。弥生絵画で切妻風建物や入母屋風建物は、土地神の住まいにあてられ、庇（軒端）や雨樋も土地神の座とされた。仏教の普及前には、死をつかさどる土地神の座を経由して遺骸を搬出する習俗が存在した可能性がある。

つぎは、実際に屋根のない家が出土したことである。群馬県の金井下新田（かないしもしんでん）遺跡（渋川市）から出土した建物群のなかに、屋根のない複数の家があった。①一辺9m、深さ1・6mの「大きな竪穴式建物」を中心として、その西南方向に展開する②3間×5間の「総柱建物」、③径3m、深さ数cmの「円形遺構」、④一辺4m前後の「方形竪穴遺構」、⑤3間×3間の「2棟造りの総柱建物」である。

①の竪穴式建物には屋根があったが、②と⑤の計3棟の総柱建物内部には榛名山の火山灰が存在し、降灰時、屋根がなかったことが証明された（群馬県埋蔵文化財調査事業団HP「金井遺跡群」『古墳人だより特集号』など）。

屋根のない理由については〝解体途中で廃棄されたもの〟と説明されているが、利用価値の高い柱材をすべて残すような解体作法が存在したとは思えない。また、①にだけ屋根が存在することの説明もむずかしい。むしろ、常のときには屋根がなかった（あるいは利用するときにだけ屋根をかけた）と解することもできる。

結論を先にいえば、このエリアは共同の斎場ではないだろうか。死者が出ると、遺骸は①の大型竪穴建物に搬入され通夜などが営まれる（モガリの場で屋根があり、建物は目隠しされた）。モガリの終了後、遺骸を②または⑤の建物の1棟に運び葬儀を営む。あるいは、その建物に事前に屋根をかける。祖霊の座を円形と信じる人びとは③円形遺構で祖霊を招きおろし、方形と信じる人びとは④方形竪穴遺構で祖霊を招きおろす。②と③は近接し、④と⑤は近接しているので、利用する建物は出自によって決められていたのだろう。そして、遺骸は屋根裏から（あるいは屋根を取り払って）搬出された。つまり、葬儀のないときは屋根がなかった。

見てきたような想定で気がひけるが、はじめから屋根がなかった（あるいは、利用時にだけ屋根がかけられた）と考える道も留保しておくべきだろう。東北の壁画で追考する機会がある。

5　先祖祭の情景

古代中国の葬制でも祖霊はシャーマン（祝）によって招きおろされるが、列島のシャーマンとは大きなちがいがある。中国では、招きおろされた霊魂が憑依するのは木主（位牌）である。これに対して列島では、弥生・古墳時代の位牌は出土していない。列島のシャーマンは、みずからに、あるいは他人に憑依させたので位牌をつくる必要はなかった。位牌があるとシャーマンの生業に支障をきたすからである。

シャーマンは、魂おろしの際に体を張ることもあったといえば驚かれるだろうか。巫女の人物埴輪に陰部を露出するものがある。これにかぎらず人物埴輪には、あやしげな姿態や表情をつくるものがある。これらの人物像は、どういう脈絡のもとで製作されたのだろう。

一方に、陰部を露出する女子埴輪（図57　宮崎県百足塚古墳）や男根を屹立する人物埴輪、さらには交合する男女（大阪府豊中市野畑遺跡）など性的な姿態を造形するものがあり、他方、いわゆる盾持ち人（たてもびと）埴輪に驚愕や怒り、えもいわれぬ笑いの表情をつくるものがある（埼玉県前の山古墳など）。性的しぐさを造形する人物埴輪は、祖霊や祖父霊を招きおろす際の巫覡（ふげき）（巫女と男巫）の所作ではないだろうか。

図57　陰部を露出する女子埴輪（百足塚古墳）

盾持ち人埴輪は招きおろされた霊魂で、その表情は招きおろされる際にシャーマンの性的しぐさを見た反応である。

盾持ち人は古墳を寿墓の段階で守護する必要があるため招きおろされた。祖霊や祖父霊は畏敬すべき存在のため品よくつくられたが、盾持ち人は下級兵士だったためリアクションがそのまま写しとられたのである。
〝シャーマンが祖霊などを招きおろすとき陰部を露出することもあった〟という仮説もにわかには信じられないことに属するので、それを検討しよう。『万葉集』に先祖祭の情景を歌うものがあり（３７９）、そのなかでシャーマンの役割を担当する一家の主婦は、恋人に語りかけるように祖霊を招きおろしている。『万葉集（一）』（岩波文庫　２０１３年）によって全文と校注を掲げよう。

大伴坂上郎女の、神を祭りし歌一首　短歌を併せたり

ひさかたの　天の原より　生れ来たる　神の命　奥山の　賢木の枝に　しらかつく　木綿取り付けて　斎瓮を　斎いほりすゑ　竹玉を　しじに貫き垂れ　鹿じもの　膝折り伏して　たわやめの　おすひ取りかけ　かくだにも　我は祈ひなむ　君に逢はじかも

（ひさかたの）高天原以来生まれ継いで来た神々さまよ。奥山の賢木の枝に（しらかつく）木綿を取り付けて、斎瓮を土に穴を掘って据え付け、竹玉を緒にびっしりと貫いて垂らし、鹿のように膝を折って拝み、手弱女として襲を身体に掛けて、こんなにまでして私は祈っていましょう。それなのにあなたに逢えないのでしょうか。

大伴坂上郎女（以下「イラツメ」という）は、親しい恋人に対するように神（氏神と解するのが通説）

に話しかけている。「こんなにまでして私は祈っているのに、あなたに逢えない」と嘆いている。訳文中の「あなた」は、ふつう氏神のことではなくイラツメの恋人で、氏神に対し、じぶんの恋人に会えるように祈っていると解されている。

これに対し文献史学の岡田精司さんは、氏神との交信のなかでじぶんの恋人を持ちだすのは不謹慎で、「君」（あなた）とは氏神と解すべきだという。そして、氏神に対して恋人のように話しかけてよいとする。その根拠として、説話や民俗に巫女が神の妻（または一夜妻）だった時代が存在したことをあげる（『新編神社の古代史』学生社　２０１１年）。

すると妻が、あるいは一夜妻になろうとする巫女が「こんなにしてまで」の〝こんな〟には、さまざまな態様がありうるはずである。ここでは竹玉を緒にびっしりとつらぬいて垂らし、鹿のように膝を折って礼拝している。この時代、大伴という名家の主婦ではこれが限界だったのだろう。しかし前代のシャーマンは、もっと露骨に祖霊を勧誘したのではないだろうか（図4参照）。例えば祖霊が男子の場合はシャーマンが陰部を露出して挑発する。あるいは男女和合を演出して好奇心をそそる。祖神が女性と信じられた場合には男巫が露出して挑発する。盾持ち人は墓域守護のため現世に招きおろされた墓主霊で（この点、後述する）、巫女の露骨な姿態を見た盾持ち人は驚き、不謹慎だといって怒ることもあれば、えもいわれぬ卑猥な表情を浮かべることもある。盾持ち人の多彩な表情は、巫女の性的姿態を見たリアクションなのである。

余談だが、男女交合のしぐさなどは、後世、奉納芸になることもある。例えば奈良県飛鳥坐神社（明日香村）の「おんだ祭」はそれでにぎわう。そのルーツが春正月の祈雨祭祀（祖霊祭祀）にあれば、奉納芸になることも了解できる。

6　雨だれ落ちの民俗学

（1）現世と他界の境界

まず津山正幹さんの前掲書から、雨樋と雨だれ落ちの定義をみてみよう。

町屋(まちや)には、二つ割の丸太をえぐった雨樋や、竹などを用いた雨樋が古くから用いられていたが、農家では九州の二棟造りや、くど造りなどのような二つ以上の棟をもつ民家においてのみ、軒の接合する部分に平瓦などを並べた雨樋があった。棟が一つしかない一般的な農家は、雨樋をもたないのが普通である。

雨樋のない茅葺(かやぶ)きの屋根の民家では、屋根に落ちた雨は軒に伝わり、雨垂れとなって軒下に落ちることになる。その落ちた雨垂れによってできた窪んだ溝が、雨垂れ落ちである。民家の外壁から軒の出た分だけ外側に、ぐるりと民家の周囲に残る溝が、雨垂れ落ちになる。

雨だれ落ちには禁忌がある。

新潟県南魚沼市塩沢町では、アマオチとよばれる雨垂れ落ちで遊ぶなとか、小便をするなといって、子どもを戒めることがある。（中略）徳島県でも雨垂れ落ちに小便をすると金神(こんじん)がたたるといわれているし、高知県四万十市では雨垂れ落ちの水で手を洗うとイビラ（イボ）ができるといわれている。雨だれ落ちは、また産土に関係する。

丸山久子や宮田登は、子どもの出産からお七夜までの毎日、雨垂れ落ちの小石を二つ拾ってきて洗ったものを膳に載せ、床の間のオブノカミサンに供える高知県長岡郡（現南国市）の事例を引いている。（中略）

新谷尚紀はさらに詳しく出産前後に雨垂れ落ちの石を供える事例をあげている。出産前には、産神に供えるものとして雨垂れ落ちの石を三個神棚に上げる（長野県大町市）。そして出産後三〜七日目の名付けのときには、雨垂れ落ちの石を膳に載せて供える（愛媛県宇和地方）ほか、同じく名付けのおりに川からひろってきて膳に供えた石を、終了後に雨垂れ落ちにおいてくる（兵庫県宍粟郡）などということも行われている。

雨だれ落ちはまた葬送儀礼に関与する。

宮田登は、間引きや堕胎が行われた際の埋葬の場の一つとして雨垂れ落ちを上げている。新谷尚紀は、納棺において雨垂れ落ちの小石と茶の葉を入れた晒の枕を死者の頭にあてがうことや、棺のふたを打ちつける釘は雨垂れ落ちからひろってきた石で打つこと、棺を雨垂れ落ちの外の庭に据え死者の茶碗を雨垂れ落ちの石に打ちつけて割ることを示している。

そのほか

死者の霊は雨垂れ落ちをこえることができず、雨垂れ落ちは冥途につながるといい、宮田登は、雨垂れ落ちは現世と他界との境界点であると説明する。

土地神は産土の神として生をつかさどり、また大地の主として死者を受容する。雨だれ落ちのもとになる庇や雨樋の意義は忘れられたが、こうした習俗に反映している。

（2）死者の来訪

『万葉集』に霊魂が出現する歌がある（３８８９）。死者は土地神の支配下にあるが、五祀で土地神をまつる季夏に、祖霊や近親者の霊魂が集団で現世に帰還する光景と解した建物絵画があった（図29　稲吉角田家屋）。『万葉集全解６』（多田一臣訳注　筑摩書房　２０１０年）によって、霊魂が出現する場所を推測してみよう。

人魂（ひとだま）の　さ青（を）なる君が　ただ一人（ひとり）　逢（あ）へりし雨夜（あまよ）の葉非左し思（おも）ほゆ

人魂のまっ青な君がただ一人、それに出逢ってしまった雨夜の葉非左が思われてならない。

注釈は、「君」とは死者で、「青」には強い霊性が宿るという。また「逢へりし」の主語は「君」とする。〝雨夜の外出〟は重大な禁忌で、その侵犯ゆえに死者と出逢ってしまったと説く。原文の「葉非左思」の「葉非左」は訓義未詳で、死者との出逢いの場かといい、墳墓の地と解する説を引用する。また「思（し）」は強意の用法とする。

この歌のポイントは「ただ一人」の一人とは誰かである。登場人物は2人しかいないので、人魂である「君」か、作者である「私」（女性）になる。この点、「逢へりし」の主語は「君」だから、「君」が出逢ったのは「私」と解するほかない。つまり、人魂の「君」がどこからか出現して、誰に出逢っても不思議ではないのに、ただ一人「私」にだけ出逢ってしまったという歌になる。

「君」が出現した場所を、雨夜の外出先や墓地と解するのは恣意的である。この歌は「恐ろしいものの歌三首」のなかに収められていて、外出先や墓地では予見の範囲内になり〝ぞっとする〟話にならない。人魂が出現したのは、「私」以外の誰でも見ることのできる、ありふれた場所だったのではないだろうか。それはどこか。

その手がかりが「雨夜」の一句である。「私」は外出していないから、屋内から「君」を見たはずである。「君」は、どこからか現れて、それを「私」が屋内から見た。この出来事があって以来、雨夜の〝その場所〟が思われてならないと歌っている。

作者である「私」の住んでいた家のつくりは不明だが、雨夜であれば、雨だれがしたたり落ちていたことだろう。すると「葉非左思」の語義に思いあたるものがある。例えば寝殿造り風の住居であれば廂（ひさし）の間の端、そうでなければ庇（ひさし）の端、つまり端庇（はひさし）である。端（はな）には「物の突き出た先の所、先端」という意味がある。人魂の「君」は、雨の夜、雨だれのしたたり落ちる廂の間の端、あるいは庇の下端あたりに出現した。そして作者である「私」は廂の間から、あるいは今日の縁側や渡り廊下に相当する場所からそれを見た。「君」は、誰にでも出逢えたのに私だけに出逢った。その端庇が思われてならないという趣意になる。文法的にいえば、思は強調の副助詞ではなく名詞の一部だったことになる。

こう考えてくると、民俗学が到達した「死者の霊は雨だれ落ちを越えることができず、雨だれ落ちは冥途につながるもので、現世と他界との境界点である」という結論に一理あることがわかる。余談だが、盆の夜、地域によっては雨戸などを少しだけ開けておくそうである。昔も今も、近しい人は軒先に現れる。

第11章　祖霊と土地神の共住

はじめに

王塚では、靫で暗喩された祖霊が輪郭だけになり、その内実は土地神の三角文で満たされていた。これは祖霊と土地神が重なりあい、一体化した表現と考えた。本章では、こうした祖霊と土地神の関係を古代の伝承や古墳の副葬品などを例にして検討する。

記紀説話には〝何がしの祖、誰々〟という記事が頻出し、編者は当事者の祖について並々ならぬ関心を払っている。平安時代初期（８１５年）には氏族の由緒を記した書物が編纂され（『新撰姓氏録（しんせんしょうじろく）』）、千あまりの氏姓が皇別、神別、諸蕃など出自ごとに記録された。こうした事実は祖霊信仰の存在を強く推測させる。他方、記紀は土地神についても関心を寄せ、オオクニヌシ（大国主）やオオモノヌシ（大物主。三輪神）などに関する説話を残している。祖霊や土地神に関する伝承が史実かは疑わしいが、それを物語に仮託する心性が存在したとすれば、それに対応した現実（観念世界）も存在したと思わざるをえない。

祖霊と土地神の存在形式の代表的なものに伊勢神宮があるので、神宮の創建説話や神宮のつくりについても検討する。神宮の正殿がなぜ切妻造（きりづまづくり）か、なぜ平入（ひらいり）か、なぜ内宮と外宮は離れているかといった点を、祖霊と土地神の関係のなかで検討しよう。もっとも、神宮のまつりは明治になって改変を受けているので、本章で論じるのは江戸時代までの古式のまつりである。

1　土地神との共住

まず古代のある時期に、〝祖霊は土地神とともに住むべき〟という観念が存在したことである。『日本書紀』（崇神天皇五年）では、アマテラスと倭大国魂神の2神を大殿に並祭したが、うまくいかなかったと記している（宇治谷『日本書紀』上）。なぜ並祭したか、なぜうまくいかなかったのだろう。

> 国内に疫病多く、民の死亡するもの、半ば以上に及ぶほどであった。六年、百姓の流離するもの、或いは反逆するものあり、その勢いは徳を以て治めようとしても難しかった。それで朝夕天神地祇にお祈りをした。
>
> これより先、天照大神・倭大国魂の二神を、天皇の御殿の内にお祀りした。ところがその神の勢いを畏れ、共に住むには不安があった。そこで天照大神を豊鍬入姫命に託し、大和の笠縫邑に祀った。よって堅固な石の神籬（神の降臨される場所）を造った。また日本大国魂神は渟名城入姫命に預けて祀られた。ところが渟名城入姫命は、髪が落ち体が痩せてお祀りすることができなかった。

この記事のほか、書紀（垂仁天皇二十五年）に引く一説では、アマテラスは伊勢国の渡遇宮に移る前、倭姫命によって磯城の「神木」の本にまつられている。疑問の発端は、ヤマト王権の盟主である皇室の祖神アマテラスなら、誰に遠慮することなく任意の地に任意の神殿をつくって鎮座すればよいではないかというものである。ところがアマテラスは他神と並祭され、それがうまくいかないと、神木の本や神籬(ひもろぎ)にまつられた。神籬とは「往古、神霊が宿っていると考えた山・森・老木などの周囲に常盤木(ときわぎ)を植えめぐらし、玉垣で囲んで神聖を保ったところ」で、「後には、室内・庭上に常盤木を立て、これを神が宿る所として神籬と呼んだ」(『広辞苑』)ものである。

神籬は土地神を表象する造作で、神木も、先に漢墓の塼画でみた社に植える代表木と同様に、その地の土地神を表象するものである。こうした経緯は、祖霊は単独ではなく土地神とともに住むべきであるという観念が存在したことを示唆している。

2　土地神との並祭・共住

アマテラスが王権の祖神に当たることは疑いないが、もう一人の神、ヤマトノオオクニタマの経歴は明らかではない。国魂という名を負っているので盆地内の国土神（土地神）と考えられている。この２神を天皇の「御殿の内」でまつったが、その神の勢いを畏(おそ)れ、共に住むには不安があったという。原文は「並祭於天皇大殿之内。然畏其神勢、共住不安」で、天皇は「その神」の勢いを「畏れ」、共住することに「不安」を感じた。この神とは誰だろう。アマテラスか、それともオオクニタマか。そして並祭とはどういうことか。

並祭共住の様子を想像してみよう。天皇の住まいは数棟あったかもしれないが、２神はそのうちの１

棟（大殿）にまつられた。大殿は、オオクニタマとともに住むために切妻風で、大殿の内とあるので両者は屋内でまつられた。大殿に廂の間があれば廂の間でまつられたはずである。ともあれ2神は、日ごと至近距離で暮らすことになった。2人のまつりは、おそらく日時も、食事（御饌）も、作法も異なっていた。その何かが原因で両者に確執が生じ、角突き合わせるという事態に発展したのではないだろうか。これに対して大殿は複数存在し、2神はそれぞれ別の大殿にまつられたと解することもできる。その場合には「並祭」を、敷地内の別棟でまつることと解することになるが、そういう状況ではたがいに張りあう場面は生じない。2神がひとつ屋根の屋根裏で、あるいは屋根裏と廂に分かれて角逐するのを見て、天皇はこの状況（並祭）に不安を感じたのである。

　2神がともに居心地の悪かった理由のひとつに、2人の出身地がちがうことがある。オオクニヌシのように土地神で、かつ祖神でもある場合にはまったく問題はないし、土地神である姫神に同郷の祖神（男神）をまつっても問題は起こりにくい。

　しかし記紀では、王権は奈良盆地に侵入した異邦人として構成されているので、アマテラスは当然、盆地出身ではない。祖霊は、子孫の移動にともなってどこへでも行ける。新天地に招かれれば、喜んで降臨する。土地神も墓地などに招きよせることができるが、祖神の共住すべき土地神は勧請（分祠）された土地神ではなく、自前の聖地（神体山など）をもつ土地神が好ましい。アマテラスは、盆地内で折りあうことのできる土地神を探すほかなかった。そのとき身近に、この神――倭大国魂神――がいた。

　このころ、奈良盆地の有力な土地神は蛇神雷神の性格をもつ三輪神（大物主）だったが、これに同調しない土地神もいた。王権は、この神に目をつけたのである。

余談だが、この説話の後段では、引き離されたオオクニタマはヌナキイリビメに預けられた。しかし彼女は髪が落ち、体が痩せて、まつることができなくなったという。彼女はなぜ髪が抜け落ち、痩せてしまったのだろう。髪が落ちて痩せたという表現に、古代の読者はピンときたはずである。それは〝祟り〟である。ヌナキイリビメは、たぶん、うら若い女性だった。このころ美人の条件があれば、それは豊かな黒髪と、ふっくらした体つきだったのではないだろうか。その２つがともに失われたという。では誰の祟りか。むろん三輪神である。三輪神は、じぶんをおろそかにし、他神に依りつく王権を祟った。

3　土地神を求める旅

『日本書紀』ではこのあと、アマテラスは諸国をめぐって最終的に伊勢南部に鎮座する。有力説はこの伝承を疑問とし、アマテラスはもともと伊勢の一地方神（太陽神）で、王権の伸長にともなって王権内部に取りこまれたと考える。その理由のひとつに、当時の伊勢が僻地で、王権の本拠地でも故郷でもないことをあげる。しかし、古代の常識からみるとこうした経緯は自然で、ありうることと思われる。その理由はつぎのとおりである。

① オオクニタマとの一件のあと、奈良盆地の大地主神・三輪神に睨まれたので、盆地内ではもう並祭相手に立とうとする土地神はいなかった。

② アマテラスの理想の並祭相手は、蛇神雷神信仰と無縁で、かつ先占されていない聖地に依りつく土地神である。すでに他氏族が祖神を共祭している場合には、その祖神に退去してもらえることが条件

になる。そこで、この条件にかなう土地神を探す旅がはじまった。

③　京都府籠神社（宮津市）の社伝では、アマテラスは当社を訪れる。籠神社の祭神は天火明命とされる。ホアカリは天忍穂耳尊の子で、アマテラスの孫に当たる。王権は、天孫である籠神社の祭神に向かって、〝どけ〟とはいいにくかったのではないだろうか。

④　鎮座地である伊勢南部度会の地は銅鐸の破片が出土していて（伊勢市桶子遺跡）、蛇神信仰と無縁ではなく、また未開の地でもなかったが、当地の有力者の理解をえて鎮座することができた。有力者とは、後に伊勢神宮内宮の宮司を務める荒木田氏である。荒木田氏は中臣の系譜につながると自負する者で、中臣氏は天孫降臨以来の王権の一員である。王権は、ようやく話のわかる相手を見つけた。

⑤　こうしてアマテラスは伊勢に安住の地をえた。しかし、現在地が当初鎮座地かどうかは疑問の余地がある。鎮座地を決める際、「伊勢国はしきりに浪の打ち寄せる、傍国（中心ではないが）の美しい国」といっているので、鎮座地は海辺からそれほど離れていなかったと思われる。しかし現在の内宮は奥まった山裾にあり、砂州の堆積などを考慮しても現在地から海が見えたとは思えない。また、境内に聖地（土地神の住まい）が存在したという伝承もない。現在地は当初鎮座地ではなく、後世、何らかの事情で移転したと考える説に一理ある。

4　樋代と船代

祖霊は土地神とともに住むべきという観念が、モノの組合わせで表現されることがある。それは、伊勢神宮内宮の神体鏡の保管形態である。谷川健一編『日本の神々　神社と聖地（6）伊勢・志摩・伊賀・紀伊』（白水社　1986年）に、つぎの一文がある。

> 内宮の御神体の八咫鏡は、御樋代という小箱に入れたうえで、いろいろな衣と裳・比礼・帯・おすひ・履・鏡・御衾・櫛筥・枕などとともに御船代という大きな櫃のなかに納め、正殿（本殿）の神座の床の上に置かれていた。

これによれば、ご神体の鏡はまず小さな容器に納められ、その容器はほかのものとともに、さらに大きな容器に納められている。外側の大きな容器は御船代、内側の小さな容器は御樋代と呼ばれる。御船代は船の形、御樋代は円筒形をしているという。

ここでの設問は、2つの容器の名称と神体鏡が御樋代に納められた理由である。ここまで読み進まれた読者なら容易に回答することができるだろう。ご神体の鏡は祖霊を体現するから神霊の乗物である船（御船代）に納められた。祖霊は土地神とともにあるべきと信じられたから、土地神の表象である樋（御樋代）に納められたと。

ヤマト王権にとって、固有の地域神（国津神）を奉じる諸国との関係は重要な政治問題だった。対立と妥協を経て王権は伸長し、仏教という拠りどころをえて従来の土地神信仰と決別する。神宮のご神体の存在形式は、創建当時の土地神との関係を反映している。

なお神体鏡の存在から、鏡の使用方法に神霊を憑依するものがあったことがわかる。鏡に憑依させる対象は『万葉集』に2例ある。「白栲（しらたえ）のたすきを懸け、まそ鏡、手に取り持ちて、天つ神、仰ぎ祈（こ）ひ禱（の）み」（904）、「祝部（はふり）らが斎（いわ）ふ三諸（みもろ）のまそ鏡」（2981）。前者は天つ神を、後者は御諸山（三輪山）の神を憑依している。被葬者は祖霊や土地神とともに眠るという信仰のもとでは、祖霊や土地神を憑依する鏡も存在したことと思われる。

5　真野古墳の副葬例

副葬品を容器の形で区別した例がある。それは滋賀県の真野（まの）古墳（大津市）である。

真野古墳は4世紀末～5世紀初頭の築造とされる直径約20mの円墳で、墳丘中央部の「割竹形木棺」内から「埴（はに）製舟形容器」と「埴（はに）製樋形容器」が出土した（図58。奥に舟形容器、手前の台座の上に樋形容器）。

① 割竹形木棺内には鏡1面、瑪瑙製勾玉、緑色凝灰岩製勾玉、管玉、臼玉などの玉類98点があった。

② 埴製舟形容器（長さ約87cm、幅約27cm、高さ約13cm）には、衝角付冑1、ミニチュア短甲1、鉄刀7、鉄剣3、蕨手刀子9、刀子1、滑石製琴柱（ことじ）形石製品1、滑石製管玉4が納められていた。

③ 埴製樋形容器（長さ約90cm、幅約13cm、高さ約6cm）には、鉄斧1、鉄鎌1、鉄鍬先1が納められていた。

④ 埴製樋形容器の付近から、小形鉄斧1、鉄鎌1、鉄刀1、鉄剣1、鉄鍬先1が出土した。

真野古墳では、割竹形木棺のなかに舟形容器、樋形容器という2つの異なる容器があり、副葬品が3つに分別されていた。これまで提案してきた仮説では、副葬品を区別したことに意味がある。〃副葬品には宛て先がある〟からである。小林行雄さん以来、棺内、棺外といった副葬品の配置場所に注意が払われてきた。しかし、副葬品に宛て先があるといった観点は従来の研究にないので、にわかには賛同できないというのが大方の感想だろう。

しかし、真野古墳の例はこの仮説を支持している。すなわち、舟形容器の副葬品は祖霊に宛てたもの、樋形容器の副葬品は土地神に宛てたもの、それ以外の割竹形木棺内の副葬品は被葬者に宛てたものである。

具体的にいえば、①は墓主に宛てたもので、②は祖霊に宛てたもの、③の副葬品の性格は土地の開拓に関するもので、人格神である土地神に宛てたものである。④の樋形容器付近からの出土物は②と③に似ているので祖霊に宛てたもの（鉄刀1、鉄剣1）と土地神に宛てたもの（小形鉄斧1、鉄鎌1、鉄鍬先1）に分別することができる。

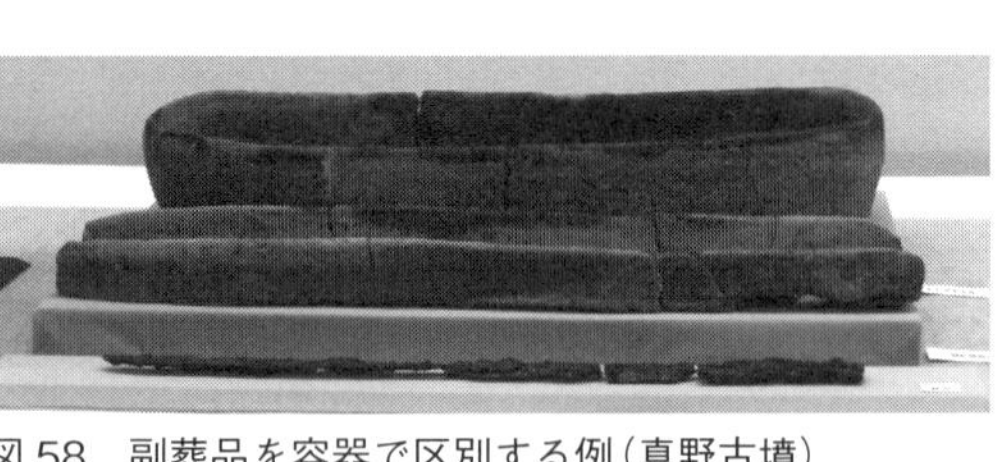
図58　副葬品を容器で区別する例（真野古墳）

もっとも、副葬品の種類によって一義的に宛て先が決まるものではないと考えるべきだろう。例えば、祖霊もあの世では農耕に関与する（アマテラスも神田をもっていた）ので農工具が祖霊に宛てられても不思議ではないし、土地神である雷神は刀剣の神でもあるので武器が宛てられることもある。

考古学は、副葬品を墓主ひとりのものとしている。真野古墳の造墓者は容器による3分法を採用した。彼は前方後円墳をつくる立場になかったが、容器の形の意味を理解し、古墳内部で3者（被葬者霊、祖霊、土地神）に礼をつくした。副葬品に宛て先があるという観点は、広く古墳に適用することができる。

6　心柱の文様

神宮には御樋代以外にも土地神が存在する。それは、正殿の床下に埋められた心の御柱（以下「心柱」という）である。民俗学の吉野裕子さんによると、心柱は素木でつくられ、まつりのとき「五色の布」がまかれるという（吉野裕子『天皇の祭り』講談社学術文庫　２０００年）。以下、伊勢神宮に関する事実で同書を引用する場合「吉野『天皇の祭り』」と略記する。

五色の布で連想するもの、それは五色の土で領土を表現する思想である。心柱は王権の版図を象徴する代表木で、土地神を表現している可能性がある。

神宮の歴史のなかで、外宮の心柱が損傷して取り替えることがあった。そのとき、従前の心柱の位置と高さを確認したうえで掘りだし、新しい心柱を埋めた。13世紀後半に行われた、その作業の「見取り図」（図59）が残っている（丸山茂「心柱ノート」『跡見学園短期大学紀要31』p50　１９９４年）。見取り図は、鎌倉時代後期の神道家で外宮の禰宜を務めたこともある度会行忠の撰による『心御柱記』に掲載されている。

従前の心柱に、小さな三角文（△）が2個ずつ8段に分かれて計16個ほど描かれ、各段の下には、二の字のような符号が付属している。これまで検討してきたところ、弥生絵画や古墳壁画の三角文は土地神を意味していた。するとこの三角文も土地神を意図している可能性がある。

この図像配置については、大きく分けて2つの見方がありうる。その一は、行忠ら関係者が実際の心柱に、あるいは見取り図上の心柱に加筆したというものである。その二は、この文様は心柱に存在したもの

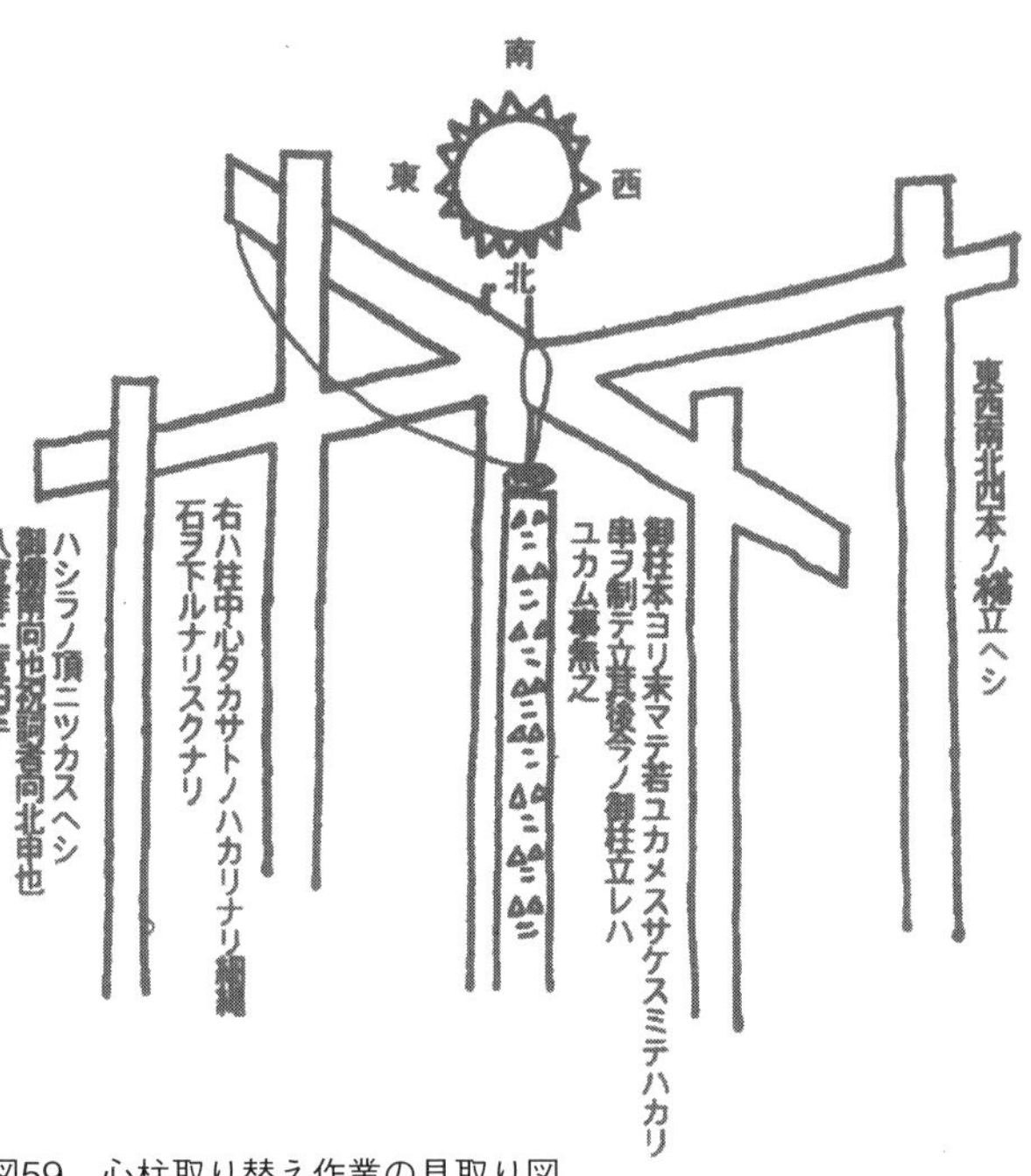

図59　心柱取り替え作業の見取り図

で、造替の都度、写しとられてきたというものである。前者の場合には、当時の関係者の間に心柱は三角文で修飾されるものという観念が存在したことになるが、16個の三角文の意味は不明とならざるをえない。

　後者の場合には、さらにつぎのような推測が可能である。すなわちこの心柱は、ある時点で王権の版図に組み入れられた諸国の土地神（国々の社）を表現するもので、それは16ヵ国ほどの地域神で成り立っている。版図の国々を律令制の旧国とみれば、近畿を中心とする東西の領域に収まり、伊勢南部はその東限に当たる。各段を分ける二の字の意味は不明だが、三角文をのせる座布団のような仕切りと考えておこう。さまざまな推測が可能だが、確実にいえるのは〝心柱と三角文は関係がある〟ことで、16個の三角文に具体的な意味を与える後者の方向に一理ある。

7　切妻造と心柱

神宮の建築様式で最大の問題は、唯一神明造（しんめいづくり）というつくりの採用された理由ないし経緯である。正殿は、①切妻造の、②平入で、現在では屋根の荷重をささえていないが、妻側の外に③棟持柱があり、床下に④心柱があるという構成である。パーツごとの意義と、それらで構成される全体像の意義が問題になる。

まず、アマテラスが祖霊に相当する霊魂で、祠堂に鎮まるべき存在と考えられていたことに疑いない。それは、記紀とも内宮のはじまりを（社ではなく）、「祠（シ）」（読みは「やしろ」）と表記しているからである。

つぎに切妻造という屋根形式。第9章で主に奈良盆地の弥生の建物絵画を検討して、祖霊には寄棟風建物が配当されたと推測した。しかし、寄棟風建物は祖霊が単独で住む建物である。またアマテラスにとって冠のように戴（いただ）く土地神は不要だから、入母屋風建物では難がある。そこで土地神との共存形式と考えた切妻風建物が残る。しかし（オオクニタマとの苦い経験があるので）、土地神を廂の間にまつることはできない。そこで祖霊を切妻造の空間に鎮め、土地神を心柱として床下にまつるという設計理念が生まれたのではないだろうか。

多くの神殿建築が、土地神とともに、それに依りつく祖霊をまつるのに対し、神宮は土地神との間に厳格な一線を設けている。土地神と祖霊との関係は、〝心柱と棟木の距離〟に現れる。出雲大社の心柱は棟木に届かないものの梁に接し、群馬県貫前（ぬきさき）神社の心柱は棟木に達している。床下にとどめられた心柱は、忌憚の程度を示唆している。

神宮のつくりは、直接棟木に接する棟持柱が印象的である。棟持柱が敬意を表され、用材中、最大の木が使用されるのは、霊魂の住まう屋根裏をささえていたからである。正殿では、棟持柱が祖霊をささえ、床下で土地神が祖霊の座を守護する。しかし、心柱の土地神は版図を象徴する抽象的な存在で、王塚でみたような、祖霊と重なりあい一体化する土地神ではない。そのかぎりで神宮の建築様式は、御霊屋（みたまや）、祖廟という性格を強く残しているといえる。

8　土地神の移譲

（1）問題の所在

切妻造の平入という様式は、外宮の豊受大御神（とようけのおおみかみ）の勧請に関係する。これは、祖霊がともに住みたいと思った土地神に、すでに他の氏族が奉じる祖神が依りついている場合にどうするかという問題でもある。

伊勢神宮外宮の祭神であるトヨウケはアマテラスの食事を担当する。外宮創建の記事は記紀になく、『止由気宮儀式帳（とゆけぐう）』（８０４年）によれば、雄略天皇の夢にアマテラスが現れ「一所での暮らしは苦しく、食事にも不自由するので丹波国の等由気大神（穀物神とされる）を呼びよせるように」と神託があったことによる。原文は「然吾一所耳坐波甚苦」（しかれどもわれひとところのみませばいとくるし）」で、この意味について２つの解釈があるという（吉野『天皇の祭り』）。

①　しかし、一所にいるのはまことに苦しい。

②　しかし、一人でいるのはまことに難儀である。

これは、一所という場所（神殿）にかかわるものか、ひとり暮らしという境遇に関するものかという問題である。遠回りになるが、外宮の創始の経緯から検討しよう。

（2）伝承の真実性

外宮の西南に高倉山と呼ばれる神域の森があり、その頂上に高倉山古墳がある。6世紀中ごろの円墳（径32ｍ、高さ8ｍ）で、長大な石室（全長18・5ｍ、高さ4・1ｍ）をもっている。問題は、他氏族の古墳が神域の中にあり、かつ外宮を見おろす位置にあることである。このことをもって有力説は外宮の伝承を疑い、トヨウケを、（もともと）高倉山古墳を造営した度会（わたらい）一族の奉斎する神だったと考える。しかしこれまで検討してきたところ、この伝承にも一理あり、古墳造営の経緯にも理由がある。

神宮の建築様式である切妻造の平入というつくりは、分棟型家屋の生活を念頭に置くとわかりやすい。分棟型家屋は主屋（おもや）と釜屋（かまや）の2棟（以上）で構成され、主屋には田の字形に座敷などがあり、釜屋は土間で、作業場をはじめカマド、炊事場、馬屋などがある。分棟型家屋に一人で住む場合には、日中は釜屋で立ち居振る舞い、夜になると主屋に移る。従者がいる場合には釜屋は従者の作業場になり、釜屋で食事をつくって主屋の主人に届ける。2棟は内部でつながっているので、これを分離すると平入の出入口になる。

分棟型家屋をモデルにしている神殿建築は宇佐神宮である。宇佐神宮の社殿はいわゆる八幡造（はちまんづくり）で、2棟造りの社殿が3殿並立する（ウェブで公開されているので参照されたい）。2棟とも切妻造で、平側（ひらがわ）を雨樋でつないでいる。前殿と後殿の間に「相の間（あいのま）」があり、その上の屋根と屋根の間に〝金の雨樋〟がかかる。前後2棟とも神霊の住まいとされ、神霊は日中を前殿で過ごし、夜になると（相の間をとおって）後殿に移るという。ちなみに弥生絵画の稲吉角田家屋Ｂ（図29）は雨樋と中室を描いていて、中室は後に相の間になる。

3殿のうち一之御殿（いちのごてん）の雨樋の先に水槽があり、水槽にはなぜか小さな階段が付属している。後世の発意で雨樋に水槽や階段を付加したとは思えないので、当初から存在したものが変化したと考えると、雨樋や水槽は土地神の宿る〝雨受け〟で、階段は〝神梯〟になる。相の間は馬道（めどう）とも呼ばれるが、それは、かつて相の間に相当する場所が、釜屋から馬を引きだす際の通路だったからである。

そこで本題にもどろう。内宮が創建の当初から平入だったとすると、不便のほどがわかる。妻入（つまいり）の場合には1棟を前後に使い分けることができるが、平入で中央に出入口をつくると、横に長い空間を一体的に使用せざるをえない。この場合、二所（主屋と釜屋）ではじめて一個の家として機能するのに、切妻造の平入というつくりの一所（主屋）では、それが機能しない。これが神託の生まれた契機とすれば、それは自然で、ありうることといえる。前記2説のうち一所説に一理あるが、一人説も実情を反映していて誤りとはいえない。

一人住まいのときの一所のつくりは不明だが、トヨウケを呼びよせると決まったときの設計理念は分棟型家屋だったというのがここでの仮説である。

（3）外宮の聖地性

招致されたトヨウケにとって伊勢は異郷だから、鎮座するには地元の土地神の住まう聖地が必要になる。外宮の境内には〝三ツ石〟と呼ばれる聖地がある。この地は従来から土地神の住まいと信じられ、そこには先占していた有力者の祖神が同居していたはずである。それは誰か、むろん度会氏である。

王権は、度会氏に聖地の明け渡しを求めた。度会氏側は祖神を移動しなければならないので、その代替措置として祖神を高倉山（の聖地）に移すことを求めたのではないだろうか。すると外宮を見おろす位置に、度会氏一族のものと目される古墳や先祖祭の跡があるのもありうることになる。

こう考えてくると、内宮と外宮は現状で5㎞ほど離れているが、機能的には一体の存在といえる。すると、分棟型家屋であれば2棟を近接して建てるべきなのに、なぜこれほど離れているかが疑問になる。思うに、近接して2棟を建てると、その間に空地すなわち土地神の座が生まれるからである。王権はこれを回避した。王権にとって土地神は細心の注意を払うべき問題で、それが伊勢神宮のつくりに反映している。内宮と外宮は遠く離れることによって、「相の間」が「間の山（あいやま）」（内宮と外宮との間にある丘陵）にかわるが、それは当時の王権の規模と心理を反映している。

9　神宮の謎

（1）内宮・外宮と呼ばれる理由

伊勢神宮を例に、祖霊と土地神の関係を論じてきた。吉野『天皇の祭り』によれば、神宮にはまだ多くの謎がある。この際、いくつかの謎にアプローチしてみよう。

最初に、内宮・外宮と呼ばれる理由である。分棟型家屋では、従者は土間で立ち居、振る舞う。カマドや水屋で食事をつくり、雨樋の下をとおって主人に届ける。トヨウケも外宮で食事をつくり、間の山をとおって内宮に運んだ。主人の暮らしの場である主屋は〝内〟で、従者の作業場である土間の釜屋は、主人にとって〝外〟になる。内宮や外宮と呼ばれるのは分棟型家屋の暮らしを理念としているからで、神宮の主人（主神）がアマテラスであることを確認するものである。

（2）鰹木の数

神宮の主従の別を示すものに鰹木（かつおぎ）の数がある。内宮の鰹木は10本で、外宮のそれは9本である。これも主従の別を表わしている。内宮も外宮も構造は同じだから、外観で建物の機能（主屋と釜屋）を区別しにくい。そこで、外観でわかる鰹木の数で主従の別を示した。しかし主従の別を表わすためには、正殿のつくりを大小、異にすることもできたのに、なぜ〝ほとんど同じ〟なのかが、かえって疑問になる。

アマテラスとトヨウケは、主従の別はあっても同じ時間をともに生きる。アマテラスに奉仕するトヨウケも現世ではまつられる。2人の暮らしが円満につづくために、まつる側にできることは、内紛の原因をつくらないことである。後述するように、大嘗祭（だいじょうさい）では多数の神々をまつるにつき差異を設けない。建築様式それじたいもまつりの一態様であれば、ここでもその配慮がはたらいているといえる。

（3）私幣禁断の制

これは、神宮は天皇ひとりの廟で、例え皇太子などであっても、天皇の許可なく参拝（奉幣）してはならないというものである。この問題は、彼我の共時空性という古代の通念を考えるとわかる。天皇以外の子孫が祖霊をもてなして頼みごとをすると、祖霊は、それを聴きとどけるおそれがある。そこで、制度的に他者の参拝を禁じて天皇位の安泰を図った。

（4）屋形文と刺車文

式年遷宮の際、アマテラスのご神体は「屋形文錦（やかたもんのにしき）」（図60）に覆われ、トヨウケのご神体は「刺車文錦（さしくるまもんのにしき）」（図61）に覆われて新宮に移動するという（吉野『天皇の祭り』）。

屋形文は基壇のある寄棟風の平地式建物のようで、祖霊の宿る建物である。これは、アマテラスが渡御の際も家に住むことを表現している。他方、刺車は小さな車のようで、牛ではなく人が曳く（ひく）（または押す）2輪の運搬車である。荷台は人を乗せるほどの大きさはなく、籠のような造作が取りつけられている。トヨウケは、この車で食事をアマテラスにとどけたのだろう。刺車文は、彼女の職掌を表わしている。

上：図60　屋形文錦　下：図61　刺車文錦

（5）天皇親拝皆無

江戸時代まで歴代天皇は神宮を参拝しなかった。その理由を考える場合、参拝するよりもっと丁重に内宮の神々をまつっているので参拝する必要がないという視点で検討すべきだろう。では天皇のまつりで、親拝と同等以上の効果をもつまつりとは何か。

正殿でまつられるのは、祖神のアマテラスと諸国の土地神（心柱）と考えた。天皇が毎年この2神を丁重にまつっていれば、伊勢へおもむく必要はない。

そのまつりとは、おそらく新嘗祭（しんじょうさい）である。新嘗祭は、その年の新穀を神々に供するもので、天皇も相伴にあずかる。新嘗祭でまつる神々が何者かを考える場合、大嘗祭が参考になる。天皇の即位後はじめて行う新嘗祭を大嘗祭といい、天皇は悠紀殿（ゆきでん）と主基殿（すきでん）の2殿（2棟）に神々を迎え、新穀を捧げる。吉野『天皇の祭り』によれば、心柱に供える神饌は由貴大御饌（ゆきのおおみけ）と呼ばれる。すなわち、ユキという語は土地神に関係する。すると同じ音をもつ悠紀殿に迎える諸神は土地神で、その反射として主基殿に迎える主神はアマテラスと考えることができる。天皇は、年ごとの新嘗祭で厚く内宮の2神をまつるので神宮に詣でる必要はなかった。この点、第13章（前方後円墳の他界観）で再論しよう。

（6）荒祭宮考

そのほか吉野『天皇の祭り』によれば、アマテラスの荒御霊（あらみたま）をまつる宮が「荒祭宮（あらまつりのみや）」と呼ばれることが疑問とされている。これは、〝天照大神の和魂宮〟が、皇大神宮や伊勢神宮（内宮）と呼ばれる理由を考えるとわかる。そこには、アマテラスという神名や和魂（にぎみたま）という言葉がない。つまり、神名や霊魂の性格を字にすることや、口にのぼせることが回避されている。もし荒祭宮を荒御霊宮（あらみたまのみや）と呼べば、至高神のアラミタマという霊魂が字に書かれ、言の葉にのぼせることになる。王権はこれを忌（い）んだ。

以上、いずれも平易な解釈で物足りないとも感じられるが、古代信仰の核心にある忌憚という心理を考慮すれば、それもありうることと思われる。

第12章　北関東・東北の壁画

はじめに

ずいぶん遠まわりした。壁画に、被葬者霊のほか祖霊や土地神が描かれていると考えたため、古代の祖霊・土地神信仰を推測した。また壁画の家は霊魂の住まいと考えたため、前代の建物絵画に遡及することになった。さらに、これから検討する北関東・東北の壁画には蛇神信仰が描かれていると考えたため、蛇神信仰の系譜をたどった。本章では北関東・東北の3つの壁画を検討する。ここでは、祖霊・土地神・家に関する仮説や描法上のルールに関する仮説の当否が試される。

3つの壁画とは、福島県の泉崎4号横穴（西白河郡泉崎村）と清戸迫(きよとさく)76号横穴（双葉郡双葉町）、そして茨城県の虎塚古墳（ひたちなか市）で、いずれも6世紀末から7世紀前半（古墳時代終末期）の作とされている。

古墳壁画は九州有明海沿岸の筑後川や菊池川流域でさかんに描かれたが、なぜか遠く離れた茨城県や福島県でも描かれた。同じような壁画が、同じように家を模した横穴墓などに描かれた。北西部九州の壁画に似ているのはテーマと図像で、泉崎と清戸迫は主として五郎山に、虎塚は王塚と五郎山を足し合わせたような構成になっている。しかし異なる点も少なくない。そのひとつが「渦巻文」である。渦巻文は渦文のように描かれるが、これをそのまま渦文と解するか、それともすでに説かれているように、西日本の多重円（同心円文）の変形と解するかが問題になる。関東では蛇神雷神信仰が遅くまで残った。渦文は蛇神を表象する符号だったから、この文様は北関東・東北の蛇神信仰に関係する。

泉崎では初出の幾何学文がある。また虎塚では〃判じ物〃のような描写があり、描き手の蘊蓄が聞こえてくるようである。3つの壁画は渦巻文を介して連動するが、ユーモラスな筆致で思わずほほ笑んでしまう清戸迫からはじめよう。

1　清戸迫壁画

清戸迫丘陵地に展開する円墳・横穴墓群のうち76号は、玄室（全長約2・6m）の奥壁（幅約2・6m）に彩色画がある。ここでも日下現状模写図（口絵 図14）によって検討しよう。

画面中央に問題の渦巻文が大きく描かれている。渦巻文の（向かって）右に大きな人物がいる。渦巻文の左にも、この人物と同じような装束の比較的大きな人物がいる。渦巻文の右にいる人物の姿態には見覚えがある。人物の窟の「人物Z」や五郎山の「靫の脇で片手をあげる人物」、「片手をあげるのっぺらぼう」で、これは祖霊のポーズだった。そこで、渦巻文とつながっている右の人物を祖霊A、渦巻文の左にいる人物を祖霊Bとしよう。

祖霊Aの横に伸びた左腕の下方に、馬に乗る人物（以下「馬上の人物」という）がいる。渦巻文の下には牡ジカやイヌのほか、祖霊Bの足の横に弓矢を持つ人物（以下「射手」という）がいる。またシカの上に矢を受けているかのような動物もいる。祖霊Bの左やシカの左横にも動物らしきものがいるが、不明としておこう。

祖霊Aと馬上の人物は相対していて、これは、祖霊Aが被葬者霊である馬上の人物の到着を歓迎する様子である。馬は霊魂を運ぶと信じられた。

馬上の人物の描き方は迫力がある。この人物は何かをかぶっていて、馬上で両腕を広げているが、手には手綱が握られていて、手綱は馬の口につながっていると想像すべきだろう。馬上の人物は、両手で手綱を引き馬を急停止させた。そのため馬はあごを引き、後ろ足でふんばり、尻尾は急停止したため後端が下行している。

馬上の人物のこうした描写で、描き手は何をいいたいのだろう。それは、馬上の人物が少年で、短時間のうちに亡くなったということである。そのため早馬で、あの世に急行したように描かれた。早馬を駆って祖霊のもとへ到着した少年は、急死だったことを示唆している。五郎山の被葬者霊である「奔馬の射手」も、これを参考にして急死と考えた。

他方、射手や動物は、現世で墓主霊が祖霊祭祀のための狩りをしている場面である。矢を受けている動物は立ち姿だが、死んで横たわっていると解すべきだろう。射手が獲物を捧げて祖霊を饗応すると、祖霊Bは喜々として小躍り（こおどり）する（だから片手をあげる定番のポーズではない）。これは五郎山の図Ⅲ（祖霊の世界）で、親しげに身を乗りだす祖霊に相当する。

さて問題の渦巻文である。これを渦文とすると、渦文は蛇神のマークだからこの絵に蛇神信仰が描かれていることになるが、この絵からはその徴候を確認できない。しかしこれを、墓主霊マークである多重円の東北的表現とすると、多重円が肩口あたりから上に伸びだしていることに意味がある。前腕を屈曲して上腕に力を入れると、このあたりに〝チカラこぶ〟ができる。つまり描き手は、墓主霊は祖霊のチカラこぶから生まれた、子孫は祖霊のチカラこぶの産物だと主張している。これは露骨な祖霊賛美である。

この絵は五郎山と似ているが、五郎山のように現世（図Ⅰ）と、墓主霊の世界（図Ⅱ）、祖霊の世界（Ⅲ）が区別されていない。その仕切りを取り払ったあとの世界が、混然として描かれている。

射手については疑問がある。五郎山の「盾を持つ馬上の射手」は、墓主霊の世界から現世へ出張している墓主霊で、現世で彼に弓矢を持たせるわけにはいかないので、それに代えて盾を描いたと考えた。この射手は、弓を持っているので五郎山と異なる。この点、東北では祖霊と墓主霊に配当された武器武具が異なっていたと考えておこう。虎塚で再論する。

2 泉崎壁画

(1) 奥壁の図像

屋根の形に、4面の天井を三角形につくる宝形造(ほうぎょうづくり)がある。泉崎壁画は、天井に宝形を削りだした玄室に描かれている。図像は天井（屋根裏）の4面と、奥壁、（奥から入口を見て）右壁及び左壁にあり、壁面の図像は天井とつながっている。ここでも日下現状模写図によって奥壁天井図と奥壁図（口絵 図15）を検討しよう。

奥壁の上の天井に3つの渦巻文があり、向かって左から大、中、小と並んでいる。渦巻文を墓主霊マークの多重円の東北的表現とすると、ここは墓主霊の世界になる。
奥壁は、左から順につぎのように並んでいる。

①　向かって左側に、スカート状の装束で両手を胸前に差しだす3人の人物（以下「3人の人物」と呼び、右端の人物をAとする）。
②　人物Aの右横に、立ち姿で手をつなぐ4人の人物（以下「4人衆」という）。
③　4人衆の足元に1本の横線。
④　4人衆の手前に1本の短い横線。
⑤　4人衆の右に、馬上の射手（弓が見える）とシカ、右端に下向きの三角形。
⑥　馬上の射手とシカの下あたりに多数の小さな点文。

3人の人物と4人衆は、五郎山の図Ⅰ（現世）と図Ⅱ（墓主霊の世界）の関係、すなわち葬儀における魂おくりの様子を描いていると思われるが、不審な点も少なくない。

まず、わかることからはじめよう。この絵で生身の人物は、3人の人物だけである。3人は横から見て描かれていて、五郎山の「傾頭」というポーズをとる横顔の人物に似ている。彼女たちは手に何かを持っているようにも見えるが、不明としておこう。

つぎに、横線の上にいる立ち姿の4人衆。4人衆は、頭に何かをかぶっているように見えるが、これも不明としておこう。3人の人物をキサリモチ（横顔の人物）とすると、この光景は葬儀の一場面になる。すると、キサリモチによって持ち送られた霊魂が存在するはずで、それがこの4人衆になる。ただし、キサリモチの身体の向きは五郎山とは逆になっているので、その説明が必要になる。

４人衆の足元の横線を考えてみよう。この横線には船首や船尾の表現がなく、それらを描くスペースもないので、船とは考えにくい。足元の横線の下方に、もう一本の横線がある。これを足元の横線と一対のものと考えてみる。下の横線は短いことを意図するのではなく、上の横線とは〝ずらして〟描いたとすると、２本の横線は水平に並んでいること、つまり４人衆は、同一の平坦面に並んで横たわっていることを表現している。横たわる姿を描きにくかったので立ち姿にしたという想定である。

　では、この２本線は何か。これは、屋根の梁(はり)を意図しているのではないだろうか。現世の家の２本の梁を描くことで、４人衆が梁の上に懸けられた霊魂だったと示唆している。五郎山の屋根のない家に撓(たわ)んだ梁があった。横から見て描かれたので１本線になったが、ここでは斜め横から見て２本の梁を描いたという想定である。同様のモチーフは羽山横穴（南相馬市）の奥壁図にもあり、こちらでは１本の長い横線に、螺旋(らせん)状に屈曲する蛇行線が上方に向かって取りつけられている。これは、屋根棟から縄などで吊り下げられた梁または棚を意図しているのではないだろうか。縄の結び目をほどいて玄室に移し替えたので、縄は緊張を失い螺旋状になったと示唆している。

　葬儀の様子を想像してみよう。流行病(はやりやまい)か戦(いくさ)のためか、一家のうち４人がほぼ同時に亡くなり、この非常事態に対処するために壁画が用意された。

　４人の霊魂は屋根棟（梁の上）に懸けられた。遺族はキサリモチに、４人そろって仲良くあの世へ到達できるようにと依頼したはずである。それを受けてキサリモチは、傾頭してキサリの呪術をほどこした。すると４人の霊魂は、そろってこの場に到着した。キサリモチの描写に誤りがなければ、この状態で持ち上げると後方に持ち送ることになる。そこでここでは、墓外の家の屋根裏の空間を、玄室に〝持ち降ろした〟と解すべきことになる。

4人が手をつなぐ描写には、別の含意があると思われる。それは王塚の右壁で、抽象的な墓主霊がおずおずと土地神の領域を進む場面で、墓主霊たちは太い帯でつながっているかのように描かれた。

泉崎の右壁天井図（図は省略）には、三角形を2つ上下に合わせた図像（以下「砂時計三角」という）があり、この天井空間は土地神の世界でもある（砂時計三角については虎塚で後述する）。つまり4人衆は、手をつなぎ勇気を奮って土地神の支配する玄室に到着した。壁画が死後の環境を設定するもので、遺族の望む理想を描いているとすると、4人がそろって玄室に到着し、ともに暮らすことが遺族の願いだったと考えることができる。

4人衆の右にいる「馬上の人物とシカ」は、やや問題である。横線は4人衆の下にしかないので、馬上の人物とシカは、キサリモチと同様、現世の出来事を描いていると考えるべきだろう。すなわち馬上の人物は、五郎山と同じように現世に出張中の墓主霊で、五郎山と異なるのは狩りの目的が祖霊のためではなく、右端の三角形すなわち土地神のためのものと示唆していることである。この考えでは、狩りは玄室に到着した4人衆の手土産を獲(え)るためのものになる。

これらの図像の下にある赤い小さな点文（珠文）は珍敷塚にあり、王塚や五郎山では天井や側壁の船の上方に描かれていた。この壁画では、奥壁だけでなく左壁にも右壁にも馬などといっしょに描かれている。この珠文に特別の意味を見いだせないので、現世に浮遊する名もない無数の霊魂と考えておこう。

（2）シャーマンと霊魂

最後に、シャーマンと霊魂の関係を確認しておこう。人物の窟や五郎山、この泉崎で女性シャーマン（巫女）が描かれ、そこに壁画の主人公である霊魂が描かれていた。シャーマンが壁画に描かれることには意味がある。それは、バンザイポーズや傾頭する巫女の存在するところ、必ず霊魂が存在するということである。シャーマンの職掌に故人などとの交信があることは一般に認められている。しかし、それが解釈に反映しているとはいえない。これは人物埴輪でも同様で、巫女埴輪の存在は、魂おろしされた霊魂が人物埴輪に造形されている可能性を示唆している。この点、第15章（埴輪群像の機能論）で論じよう。

3　虎塚壁画

（1）虎塚古墳の概要

虎塚古墳は、7世紀前半につくられた横穴式石室をもつ前方後円墳である。周堀（しゅうぼり）（周濠）から羨道が内部に伸びて、玄室に達する。玄室の奥行は2・8m、幅1・8m、高さ1・4m。壁や天井は近傍で採取された部田野石（へたのいし）と呼ばれる軟質の凝灰岩の切石で築かれた。床には板石が敷かれ、玄門は扉石で閉塞されていた。玄室壁画は、全面に白色粘土を下塗りした上に、酸化鉄の赤で描かれていた（口絵 図16。全景模式図）。

玄室に石棺はなく、成人男子の遺骸1体がそのまま床に置かれていた。副葬品として漆塗小大刀（うるしぬりこだち）、毛抜形鉄製品、ヤリガンナ、鉄鏃、鉄板などがあった（大塚初重『「考古学」最新講義シリーズ　装飾古墳の世界をさぐる』祥伝社　2014年）。

虎塚のテーマは王塚や五郎山に似ているが、異なる点もある。初出の図像も少なくない。ここでも王塚などと比較しながら、わかるところからはじめよう。

（2）左壁の天秤図

（奥から出入口を見て）左壁の、ほぼ中央上方に1本の横線があり、その上に3つの盾と2つの靫が並んでいる。また、出入口寄りの上方に「家」と目される図像があり、その下方にこまごまとした描写がある。

まず盾と靫。盾は輪郭線で描かれ、靫は三角形を合わせたようになかほどがすぼまり、赤で塗りつぶされている。横線の中央あたりから楕円状の突起が下方に出ている。この描写から想定できるのは、天秤の上に盾と靫が載っていて、両者が釣り合っているということである。王塚左壁と同様に考えると、輪郭線で描かれた3つの盾は長年月を経て形骸化した墓主霊で、2つの靫は祖霊である。つまり天秤で、3人の墓主霊は2人の祖霊に釣り合うと表現している。墓主霊の全員が祖霊成りできるわけでなく、墓主霊3に対して祖霊2の割合でしか祖霊成りできないと、描き手は主張している。

王塚の左壁では、靫という形ある祖霊になれなかった墓主霊が存在し、それが珠文（小さな円文）になって昇華すると考えた。虎塚では、祖霊（靫）になれなかった墓主霊（盾）が存在することを、天秤の均衡で表現している（以下「**天秤図**」という）。その趣旨はわかるにしても、なぜこんな〝判じ物〟のような描写が考案されたかは一考の余地がある。後述しよう。

この天秤図は、そうとしか解釈しようのない描写で、王塚左壁の解釈に一理あることを示している。もっとも、靫を祖霊とし盾を墓主霊とする〝あてはめ〟が正しいことまで立証されたわけではない。そこで、この天秤図をもう少し吟味してみよう。

天秤図であることは認めるにしても、たんに靫と盾の〝重さを量っている〟と考えることもできる。しかしそれでは、なぜそれが玄室に描かれたか、なぜ2対3という比率なのかの説明に窮する。

天秤図で量っているのは、靫と盾の〝格〟とみると、靫は奥壁に描かれた武器群の一部を構成しているので、靫が盾より格上と認めざるをえない。すると残るは、靫と盾が〝何を意味しているか〟という問題になる。このとき、墓室に霊魂が暗喩的に描かれることがあることを肯定すれば、格上の靫を祖霊とし、格下の盾を墓主霊と解する説が成立する。靫や盾を辟邪の文様とする考古学では、この天秤図は解きがたい謎になる。

図62　虎塚壁画左壁部分図

（3）左壁の家

つぎに家。出入口寄りの上方に井桁（いげた）を組んだような描写があり、考古学の大勢は、これを家と考えている（以下「井桁家屋」という）。その下方にあるこまごまとした描写は、奥壁寄りから横並びにつぎのとおりである（図62）。

①2本の棒状のもの、②ネックレスと解されている楕円状のもの、③用途不明の武具と解されているもの。その右に、凹字状の上に漢字の夫（ふ）のような字をつけた図像（以下「夫の字つき凹字形」という）が2つ並ぶ。図ではわかりにくいが、夫の字つき凹字形は右側の手提げ袋のようなもので、2つに分かれている。取っ手は小さな塊（かたまり）に見えるが、夫の字のように2本の短い横線になっている。夫の字

つき凹字形の上に、左向きに馬具のアブミ（鐙）があり、その上に井桁家屋があるという配置になる。①〜③は、そのなかに②ネックレスがあることから、全体として被葬者の身のまわりの品と解されている（以下「**ネックレス等3点セット**」という）。夫の字つき凹字形は、右壁にも右向きのアブミとセットのように描かれている。

これまでみてきた壁画では、被葬者霊や祖霊は、何らかの運搬手段で玄室に到着している。ポイントはアブミで、これは馬を示唆している。すると井桁家屋や夫の字つき凹字形は、霊魂たちが玄室へ到着する直前の居場所を表現しているのではないかという推測が生まれる。つまり霊魂たちは、従前の居場所から馬（アブミ）で玄室に入場した、従前の居場所とは井桁家屋であり、夫の字つき凹字形だったという想定である。

井桁家屋は壁体が輪郭線で描かれ、屋根が省略されている。五郎山でも屋根のない家があった。この家は妻側から見て描かれているので屋根は切妻風になり、やや太い線で囲まれた井桁部分は下部構造の立ち上がりを表現している。井桁家屋を五郎山の家と同じとみれば、描き手は古墳外の家（おそらく神殿）の屋根裏から、霊魂がこの玄室にやってきたと主張している。

つぎは、夫の字つき凹字形である。これも、屋根が省略された家ではないかと疑ってみる。凹字部分は壁体で、「夫の字」部分を屋根の骨格とすると、これは屋根の小屋組（こやぐみ）で、妻側にのせる扠首（さす）を表現しているのではないだろうか。扠首には、合掌形に組むものや鳥居形に組むものなどがあり、竹や丸太を合掌形に交差させ、交点の上に棟木を渡すと切妻風になり、鳥居形や夫の字形に組むと寄棟風にもなる。そこで、夫の字つき凹字形で表現される家を「**夫の字家屋**」と呼ぶことにしよう。描き手は、夫の字家屋を２つ描いて（妻側の2つの側面を描いて）、2つで1棟の家だと主張している。これは、古墳外の夫の字家屋の屋根裏からやってきた霊魂が玄室にいることを示している。

ここまでのところを整理しておこう。虎塚の玄室内には靫と盾で暗喩された（抽象的な）祖霊と長年月を経た墓主霊がいる。また、ネックレス等3点セットで暗喩された（具体的な）被葬者霊がいる。他方、これらの霊魂の従前の居場所として井桁家屋と夫の字家屋が描かれている、といった状況になる。そこで、これらの霊魂の出発地となった家を推測してみよう。

左壁全体の配置をみると、井桁家屋は天秤図と同じレベルに描かれ、図像の大きさも天秤図上の靫や盾とほぼ同じである。そこで、井桁家屋の屋根裏からやってきたのは、天秤上の祖霊と墓主霊と考える。夫の字家屋と同じ並びにネックレス等3点セットがあるので、夫の字家屋は被葬者霊にあてる。井桁家屋と夫の字家屋の中間に描かれたアブミは、上下2つの家にかけたもので、祖霊と長年月を経た墓主霊、そして被葬者霊は、馬でこの玄室に到着したと主張している。屋根のない2つの家を描いて描き手がいいたかったこと、それはこの玄室が、古墳外の家の屋根裏を集合したものということである。

余談だが、井桁家屋を切妻風の高床式建物とみると、現在の神殿建築によく似ている。これまでの解釈に一理あれば、祖霊や長年月を経た墓主霊は、この当時、高床の神殿でまつられていたことになる。祖霊や墓主霊が墓内に移行すると、従前の神殿はもぬけの殻になるか、それとも重畳的に存在するのかが疑問になるが、不明とせざるをえない。

他方、夫の字家屋は寄棟風の平地式建物で、これは、この地方の有力者（被葬者）の住居が高床式ではなかったことを示している。先にみた家屋文鏡の4つの建物のうち、被葬者（有力者）の家は竪穴式建物

Cで、高床式ではなかった。五郎山の家も平地式だった。これまで見てきた古墳をつくるほどの有力者の家に、高床式建物がなかったことに留意しておこう。

（4）奥壁図の概要

中央に2つの太い帯状の一重円（以下「**極太一重円**」という）があり、その上に泉崎で省略した「**砂時計三角**」がある。最下段に鋸歯文が描かれ、その上に左から槍（やり）や靫、右端に大刀が並べられている。わかることからはじめよう。奥壁の武器群は、北西部九州のルールでは靫や大刀など祖霊に配当されたものがあるので、初出の槍も祖霊に配当された武器と考えることができる。この品揃えで注目すべきは、五郎山で祖霊の装備だった弓矢がないことである。弓矢が祖霊に配当された武器群にないことに意味があれば、虎塚では弓矢は墓主霊に配当された可能性がある。すると、清戸迫や泉崎で墓主霊に弓矢が与えられていることも了解できる。つまり北関東・東北では北西部九州のルールが変容し、弓矢は墓主霊に配当された武器だったという帰結である。

つぎに、砂時計三角を見て気づくのは、極太一重円などとは対照的に、頼りなさそうな細線で描かれていることである。その目で全体を見渡すと、太く描かれた図像に付属するように、細線で描かれた図像がある。それは右壁の船、左壁の双頭渦文などで、これらの図像は、その付近にある図像を〝解説〟するかのような位置に描かれている。奥壁の左端中央の高さにある小さな一重円は色あせているが、当初からあったとするとこの部類に入る。今風にいえば注意書きの付箋（ふせん）のようなもので、太線の図像は、この付箋の趣旨に沿って解釈してほしいと注釈していることになる。

（5）極太一重円

西日本のルールでは、一重円は祖霊の、三角文は土地神のマークだったから、極太一重円は祖霊で、砂時計三角は土地神と解釈できそうである。すると奥壁は全体として、上下を鋸歯文の土地神に挟まれて中段に祖霊（2つの極太一重円）が存在し、祖霊が土地神（砂時計三角）を戴いているといった構図になる。また、色あせた小さな一重円は、奥壁図の全体が祖霊にかかわるものと注釈していると解することもできる。

しかし王塚と異なる点もある。王塚石屋形の奥壁では全面が靫と三角文で構成され、最終的に「輪郭線の靫」に収斂するが、虎塚では、それに相当する最高神の描写がない。また、砂時計三角を極太一重円の解説文様としたのに、これでは祖霊を土地神と解説していることにすぎないことになる。

これらをどう考えるべきだろう。原因は、極太一重円を祖霊のマークと解したことにある。しかし祖霊はすでに槍や靫、大刀などで表現されているから、重ねて描く必要はなかったとすると、極太一重円は祖霊ではなく、それ以上の神格を表現しているのではないかという発想が生まれる。

この点、志田諄一さんは、2つの極太一重円を「蛇の目（じゃのめ）」とし、同時に砂時計三角を、ヘビを意図するウロコ文と解している（前掲書）。細線のウロコ文をヘビの解説文様とすると、上記の疑問を一挙に解消できる。北西部九州の三角文ではヘビは背景にしりぞき、土地神という観念が表出していた。それに対し虎塚では、生々しいヘビが描かれているという想定である。

そこで、デザインとしての蛇の目の由来を考えてみよう。まず、実際のヘビの目にヒントをえたと考えることができる。ヘビの目には太い輪郭をもつものが多い。また、目全体が赤く輝くヘビもいる。ヘビの目を蛇神信仰のシンボルとしたとしても不思議ではない。つぎは、魚子文（ななこもん）と呼ばれる蛇の目によく似た小さな円文があり、これを拡大したのではないかという発想である。魚子文は縄文土偶の装束や志賀島出土の金印にもあった。金印では蛇鈕（じゃちゅう）のヘビの背に刻まれていた。このシンプルな文様が口伝されたとしても不思議ではない。もっともこの極太一重円は、銅鐸絵画で棒を持つ大男が叩こうとした小蛇（こをろち）ではなく、大蛇の目である。

　ともあれ描き手は、ヘビの目を連想させるように極太一重円を描き、最高神である蛇神を表現することにした。しかし、極太一重円は蛇の目とわかってもらえないために、補足的に細線で砂時計三角（ウロコ文）を付加して、極太一重円がヘビの目であると解説した。砂時計三角の△は、土地神を表象する前にヘビを表象する文様だからである。この仮説の当否は奥壁図だけでは判断できないが、右壁図を合わせて考えると一理あることがわかる。蛇の目説では、右壁の９つの円文を統一的に説明できる。

（６）右壁の赤彩円文

（奥から出入口を見て）右壁に、赤で塗りつぶされた９つの円文（以下「**赤彩円文**」という）がある。これも初出の文様である。赤彩円文の中央あたりの下に船が1隻描かれている。これを弓と解する説もあるが、弓はふつう縦位置に描かれると解する説に従えば、これは横位置で描かれているので船になる。

　では、赤彩円文は何を意味するか。それを解説するものが細線で描かれた船である。船は霊魂の乗物で、赤彩円文は霊魂であると解説している。しかし、９人の霊魂が1隻の船で、ここに到着したという意味ではない。

王塚右壁では盾で暗喩された墓主霊が袖石寄りに滞留し、下方で1人ずつ奥壁に向かって進む様子が描かれていた。これは玄室内に存在する具体的な墓主霊（被葬者霊）ではなく、抽象的・理念的な存在と考えた。虎塚左壁は王塚左壁を参考にしているので、右壁も王塚を参考にしていると考える。すると9つの赤彩円文は被葬者霊ではなく、抽象的な墓主霊と解すべきことになる。この墓主霊は、出入口寄りに描かれた「夫の字家屋」の屋根裏から、馬（アブミ）で玄室にやってくる。

問題は描法上のルールである。もし右壁が、王塚右壁と同じように抽象的な墓主霊を描いているとすると、赤彩円文は、墓主霊を意味する多重円を置きかえたものになる。しかしそれでは、墓主霊の東北的表現である渦巻文を採用しなかったことになる。では、なぜ多重円や渦巻文を捨てて赤一色で塗りつぶした赤彩円文という文様を考案したのだろう。この点、蛇の目説では、極太一重円（最高神である蛇神）と赤彩円文（抽象的な墓主霊）の関係を統一的に説明できる。それは、つぎのような発想である。

まず、描き手の腕（技量）を考慮する必要がある。率直にいって虎塚の描き手は、王塚や五郎山の描き手に及ばない。左壁の「輪郭だけの盾」も、かろうじてそれとわかる代物で、描き手には盾を王塚のように具象的に描く自信がなかった。そこで、単純な幾何学文で墓主霊を表現しようとした。

西日本の墓主霊は多重円だが、このころ北関東では渦巻文に変化していたとすると、渦巻文では現実の墓主霊になってしまう（描き手が描こうとしたのは〝抽象的な墓主霊〟である）。そこで、描き手は一考した。当時、大蛇の目は赤酸漿（あかほおずき）のような赤と信じられていたので（『古事記』神代　ヤマタノオロチ）、真っ赤な円（赤彩円文）で墓主霊を表現した。しかし、赤で塗りつぶした円文は墓主霊と理解してもらえないため、補足的に細線でその下に船を描いて、霊魂（ここでは抽象的な墓主霊）の意であると解説した。

極太一重円（最高神である蛇神）と赤彩円文（抽象的な墓主霊）は、ともにヘビの目で、格のちがいを極太一重円と赤彩円文で区別したという想定である。

こう考えてくると虎塚の全体は、奥壁の最高神と祖霊、左壁では祖霊と長年月を経て形骸化した墓主霊（天秤図）、ネックレス等3点セットで象徴される被葬者霊、そして右壁の抽象的な墓主霊になり、王塚玄室の構成と一致する。

赤彩円文の意味が抽象的な墓主霊に定まると、左壁の〝判じ物〟のような天秤図が考案された理由がわかる。描き手は、王塚左壁のような昇華する珠文（小さな円文）を描けなかった。長年月を経て実体を失った墓主霊だから、右壁のように抽象的な墓主霊である赤彩円文はつかえない。かといって奥壁に陣取る最高神ではないから、極太一重円も使えなかった。極太一重円、赤彩円文につぐ3番目の（王塚の珠文に相当する）円文を考案できなかったので、別の表現方法（天秤図）にならざるをえなかった。

なお、赤彩円文を抽象的な墓主霊と考える理由については、王塚右壁の条線の問題にかかわるので、次章（前方後円墳の他界観）で論じよう。

（7）鋸歯文と双頭渦文

残る図像を検討しよう。まず天井と床。天井と床が赤で塗りつぶされているのは、この玄室が土地神の支配する聖空間であることを示している。つぎに天井の下（軒先に当たる）の鋸歯文は、ここが庇または雨樋の位置に相当し、土地神の座であることを示している。

左壁の奥壁寄りに、鋸歯文から小さな円文がぶらさがっていて、その下に双頭渦文がある。小さな円文を鏡とする説もあるが、これは円筒形の樋をイメージしている。渦文は雨をもたらす蛇神のマークで、描き手は、小さな円文は水に関係すると解説している。ただ、ふつうの渦文ではなく、なぜ双頭渦文にしたかという疑問は残る。それは、ふつうの渦文では渦巻文に見えてしまうからである。

つぎに、玄室と羨道の間の赤と、扉石の両側の赤。扉石の両側の赤は、ここが祖霊を表象する戸の位置で、玄室と羨道の間の赤は、ここが中室に相当する空間だからである。しかし、ここにも疑問がある。描き手はなぜ、庇や雨樋、戸、中室に相当する場所に赤をほどこして注意を喚起したのだろう。それはおそらく、この玄室が家を模していないからである。壁画は家を模した石室に描かれるという鉄則に従うために、絵で家のように修飾した。

虎塚壁画を一言でいえば、北西部九州から西日本にかけて普及した描法上のルールを承知の上で、蛇神信仰によってルールを変容した点にある。7世紀にもなると西日本では蛇神信仰は衰退し、重心は雷神信仰に移っていたと思われる。しかし関東ではなお蛇神信仰が生きていた。つぎにそれをみてみよう。

(8)蛇神信仰と二次埋葬

7世紀前半の築造とされる虎塚古墳に、蛇神信仰にもとづく他界観が描かれていた。それに関係すると思われるのは、この被葬者が最初の被葬者ではなく、追葬でもない「2番目の被葬者(二次埋葬)」だったことである。

虎塚では、前方後円墳をつくって葬られた人(一次埋葬)の遺骸や副葬品をすべて玄室から排出し、その上で、二次埋葬の被葬者の遺骸と副葬品を持ちこんだと考えられている。すると壁画は、一次埋葬のときか二次埋葬のときか、どの時点で描かれたかが問題になる。大塚初重さんによれば、前主の副葬品などの出土状況はつぎのようなものだった（前掲書）。

発掘していくと墓道の縁（へり）、つまり堀の斜面に凝灰岩を砕いたような石が東西二つに分かれて置いてあるというよりも、掻き出して捨てたように凝灰岩の塊（かたまり）がある。（中略）このなかから鉄製の鉾（ほこ）とか、鉄製の腕輪とかの遺物が出てくる。（中略）つまり、先代の親方の遺骸とともに葬った鉄製の鉾や腕輪などの遺物を一緒に、堀の中に掻き出している。（後略）

「掻き出して捨てた」という表現は、前主の遺骸や副葬品を丁寧に取りだしたのではなく、玄室内にあった凝灰岩の砕片とともに、鍬などでまとめて掻きだしたことを意味している。つまり、前主の副葬品は無造作に扱われている。また、凝灰岩の削り屑（くず）が、石室前の平坦面に7ｍ四方にわたって散らばっていたとも報告されている。

前主の副葬品が、凝灰岩の砕片とともに外表の周堀に打ち捨てられ、凝灰岩の削り屑が石室前に散布されたという事実は何を意味しているのだろう。掻きだされた凝灰岩の塊や、散布された凝灰岩の削り屑のなかに、白色粘土や酸化鉄がふくまれていれば、壁画が描かれたあとに二次埋葬が行われたといえる。玄室の平坦面も彩色されていたので、無造作に掻きだすと酸化鉄などがふくまれているはずだからである。しかし、そうした事実は報告されていない。つまり、壁画は二次埋葬のときに描かれた。前主の遺骸を運びだし、壁面を荒削りしたあと、凝灰岩の砕片とともに前主の副葬品を周堀に掻きだした。その上で、壁面をはつって成形した際の残滓が、石室前に散布された凝灰岩の削り屑ではないだろうか。

こう考えてくると、白色粘土を全面に下塗りしたことが意味をもってくる。つまり、前主の痕跡をあとかたもなく消して、無垢(むく)の空間（霊魂の浮遊する家型の石室）を創出するという意識である。虎塚の被葬者は前主に追葬されることを拒否し、おそらくこの前方後円墳に葬られることも潔(いさぎよ)しとしなかった。

前主の副葬品を掻きだして捨てるといった現象は、権力の承継が尋常なものではなかったことを示唆している。被葬者は自前の古墳に葬られることを望んだのだろう。しかし彼に、それを実現する資力や権力がなかった。

では、律令政治のはじまる前夜の北関東に、なぜこうした壁画が生まれたか。同じ疑問は弥生時代の銅鐸にもあった。銅鐸を埋納する習俗が終わりに近づくころ、近畿式や三遠式といった大形の銅鐸が出現する。それは、おそらく蛇神信仰の衰退と表裏の関係にある。巨大青銅祭器や蛇神信仰を描く虎塚壁画は、ほろびゆく者が放った最後の光芒といえるのではないだろうか。

（9）蛇神信仰と祖霊・土地神

最後に、蛇神信仰のもとで祖霊と土地神はどのように考えられたかを確認しておこう。まず祖霊。奥壁の下方に並べられた槍、靫、刀剣のたぐいは、西日本で祖霊を表象する靫や大刀に相当する。その上（中央）に蛇の目が位置することは、蛇の目が靫や刀剣以上の存在であることを示している。つまり、蛇神信仰で蛇の目すなわち蛇神は、祖霊以上の神格と信じられていた。

他方、土地神はどうか。奥壁の底部に大きな鋸歯文があり、奥壁と両側壁の天井部の太い帯線の下に、小さな鋸歯文があった。このうち左壁の鋸歯文に樋がぶらさがり、それを双頭渦文が解説していた。太い帯線を軒先とすれば、その下の鋸歯文は庇で、これを双頭渦文の蛇神が解説していることになる。つまり、蛇神信仰で土地神は蛇神と考えられていた。

なお蛇神信仰では、奥壁で過半を占める槍に意味がある。槍は、弥生時代に北部九州で盛行した武器形青銅祭器の矛（ほこ）に相当するもので、弥生時代後期の対馬では墓中に副葬された（長崎県対馬市塔の首遺跡）。これは武器形青銅祭器が、土地神であり、かつ祖霊以上の神格である蛇神に宛てた副葬品であることを示している。

それにしても弥生時代に盛行した蛇神信仰が、古墳時代の終末期になって、なぜ北関東に壁画として出現したのだろう。虎塚が影響を受けた壁画は、有明海沿岸の菊池川、筑後川流域にはじまるとされているので、描き手が北西部九州から招請された、あるいは描き手が北西部九州で修行したと考えることもできる。

しかし北西部九州の画題になかった渦文が北関東・東北に存在し、墓主霊マークの多重円が渦巻文に変化し、祖霊の武器だった弓矢が墓主霊に与えられ、また祖霊の武器に槍が加わる。こうした変遷に一定の時間が必要だったとすると描き手だけの問題ではなくなり、古墳時代のある時期に、北西部九州から北関東・東北へ移住した集団があったという仮説が生まれる。するとさらに、壁画文明の中心地帯から、なぜ僻遠の地に移住しなければならなかったかが疑問になる。その疑問にこたえるためのシナリオを次章（前方後円墳の他界観）と第14章（黄泉の国の物語）で用意した。

第13章　前方後円墳の他界観

はじめに

これまでに積み残してきた課題がある。その一は王塚右壁の条線の意味、その二は壁画の描かれることのなかった石室の他界観、その三は北西部九州とよく似た壁画が北関東・東北に分布する理由である。これらに答えるためには、前方後円墳の墳形や内部構造を、他界観という視点で検討する必要がある。

まず、王塚のタテの短い条線が壁画の限界まで達していることから、描き手は、この条線には先があり、玄室の外に伸びていると示唆していた。すると条線は、王塚古墳という前方後円墳の墳形や埋葬施設に関係する可能性がある。

つぎに、壁画の描かれることのなかった石室の他界観を知るためには、壁画の描かれた石室とのちがいを比較検討する必要がある。壁画の描かれるのは家を模した横穴式石室で、壁画の描かれることのなかったのは畿内型石室と呼ばれる横穴式石室である。このちがいは、他界観に2つの潮流があったことを示している。

最も困難な問題は、北西部九州とよく似た壁画が北関東・東北に分布する理由で、その可能性はシナリオで提案するにとどめざるをえなかった。

前方後円墳という墳形に壁画解釈のルールを適用すると、祖霊・墓主霊の座と土地神の座の結合になる。墳形論の行き着く先は、前方後円墳のまつりとは何かである。

埋葬施設である石室に、家または家の一部に見立ててつくるものがあった。棺（ひつぎ）にも家を模した家形石棺があり、また家形埴輪が墳丘上に展示された。家という要素は、古墳の内部構造に反映している可能性がある。

弥生時代の2世紀後半から3世紀前半を倭国争乱の時代と呼べば、倭国争乱の時代を経て、前方後円墳という〝他界観を可視化した墳形〟が開発されたことになる。倭国争乱の一因に他界観―宗旨の対立があれば、それを止揚するものとして前方後円墳の祖形である纏向（まきむくがた）型前方後円墳など先駆的な前方後円墳が創始された可能性がある。

壁画解釈の結果が既存の考古学の体系におさまらないため、考古学の定説や有力説を修正して受け皿をつくった。壁画解釈が優先するのは、壁画解釈が古代人の観念を直接明らかにするものであるのに対し、考古学は考古学的事象から帰納または演繹された二次的な体系だからである。

古代社会では暗喩をともなう図像が流通し、それを理解できることが社会の一員であることを保証した。これまでの図像解釈に一理あれば、わたしたちはすでに古代社会の一員たる資格を取得している。造作物にイメージをこめることはヒト特有の行為で、前方後円墳の諸要素に投影されたイメージを抽出できれば、言葉や論理によるよりもはるかに確実に古代人の観念的営為（例えば前方後円墳の築造）を知ることができる。

1　墳形論

（1）前方後円墳のイメージ論と機能論

代表的な墳形である前方後円墳は、「円形の主墳に前方部とよばれる台形壇部を付設した」ものと定義され（近藤義郎『前方後円墳の時代』岩波書店　1983年）、大陸由来ではなく、わが国独自の墓制とされている。こうした墳形は何らかのイメージを表現しているとし、壺や蓬莱山（ほうらいさん）をかたどっているとする説や、後円部が天を、前方部が地をかたどっているとする説が生まれ、ユニークなものに松本清張さんの、前方部の三角形またはクサビ形は男性自身で、後円部は子宮を表象するという男女交合説がある（『遊古疑考』新潮社　1973年）。他方、こうしたイメージ論を排し、前方部は後円部への通路（登り口）から発達したとして、前方後円墳を機能的な発展形態と考える説がある。

寺沢薫さんによれば（前掲『王権誕生』）、今日、これまでの研究史をふまえて検討に値するのは、①壺（蓬莱山）説、②天円地方説、③通路発達説とされるが、④男女交合説の〝前方部が後円部に嵌入（かんにゅう）している〟という着想も、墳形を動的にとらえる点ですぐれている。後述するさまざまな現象は、前方部が後円部に嵌入しているとイメージすると、よりよく理解できる。以後「嵌入説」と呼んで、この説に一理あることを論じよう。

群馬県の保渡田八幡塚古墳のように復元整備された前方後円墳を見ると、機能美ともいうべき美しさが感じられ、この墳形が自然発生したものではなく、何らかのイメージを表現していると考えるのは、もっともなことと思われる。しかし発生的にみると、前方部が埋葬部への通路状の造作から発達したことも明らかで、定型化した前方後円墳の出現をみるまでにいくつかの試行段階があったことも確認されている。前方後円墳のイメージ論と機能論の関係は、ひとまずこう考えておこう。前方部は確かに通路状のものとして生まれ発達したが、前方後円墳を定型化するにあたって、それまでに試行されたプランをもとに、前方後円墳の構成部分ごとに固有のイメージが投入されたと。

(2) 前方後円墳の基本形

通説によれば、弥生墓と古墳を区別する第一の指標に「巨大な前方後円形の墳丘」があり、奈良県箸墓古墳（桜井市。全長約２８０ｍ）のような巨大な前方後円墳の出現をもって古墳時代がはじまる。そこで前方後円墳の基本形は、箸墓古墳を念頭に置いて議論することになる。これは、箸墓古墳の造墓者の前に、どのような設計図があったかという問題でもある。

前方後円という墳形の意味は、前方後方墳や帆立貝式古墳、柄鏡形古墳など、前方部をもつすべての墳形のなかに位置づけられることが好ましい。その点、壺説や天円地方説は、前方後円墳にしか通用しない点で説得力にとぼしい。では通路発達説はどうか。前方部の意味は、造営に従事した人びとや、それを見る人、例えば外国の使節などにも説明されたことだろう。その説明は即座に了解されるもので、かつ、その説明でこの墓形への敬意をえられることが望ましい。この点、前方部はもともと墓の登り口だったという説明で敬意がえられたかは疑わしい。

定型的な前方後円墳に投入されたイメージは壺や山、あるいは円と方形（正方形）ではなく、「円と三角形」で、それを立体化した円錐と三角柱である。この発想では、前方後円墳の立体的イメージは円錐と三角柱の組み合わせになる。ただし、前方後円墳の直接の祖形とされる纏向型前方後円墳の理念は、これと異なる（この点、後述する）。

考古学に築造企画論という分野がある。墳丘の測量図をもとに定点をさだめて図形を描きおこし、墳形を類型化することから出発し、今日では、当時の設計図や使用尺度を推理する学問になっている。それによれば、前方後円墳の平面プランは円と三角形である（図63）。実際に使用された単位は直径を等分割した値で、説によって6等分値、8等分値、24等分値などと異なるが、こうした計数化によって前方後円墳の平面プランを復元できるとする。築造企画論では、前方部の長さはCDとされるので、前方部が後円部に嵌入しているという視点はない。

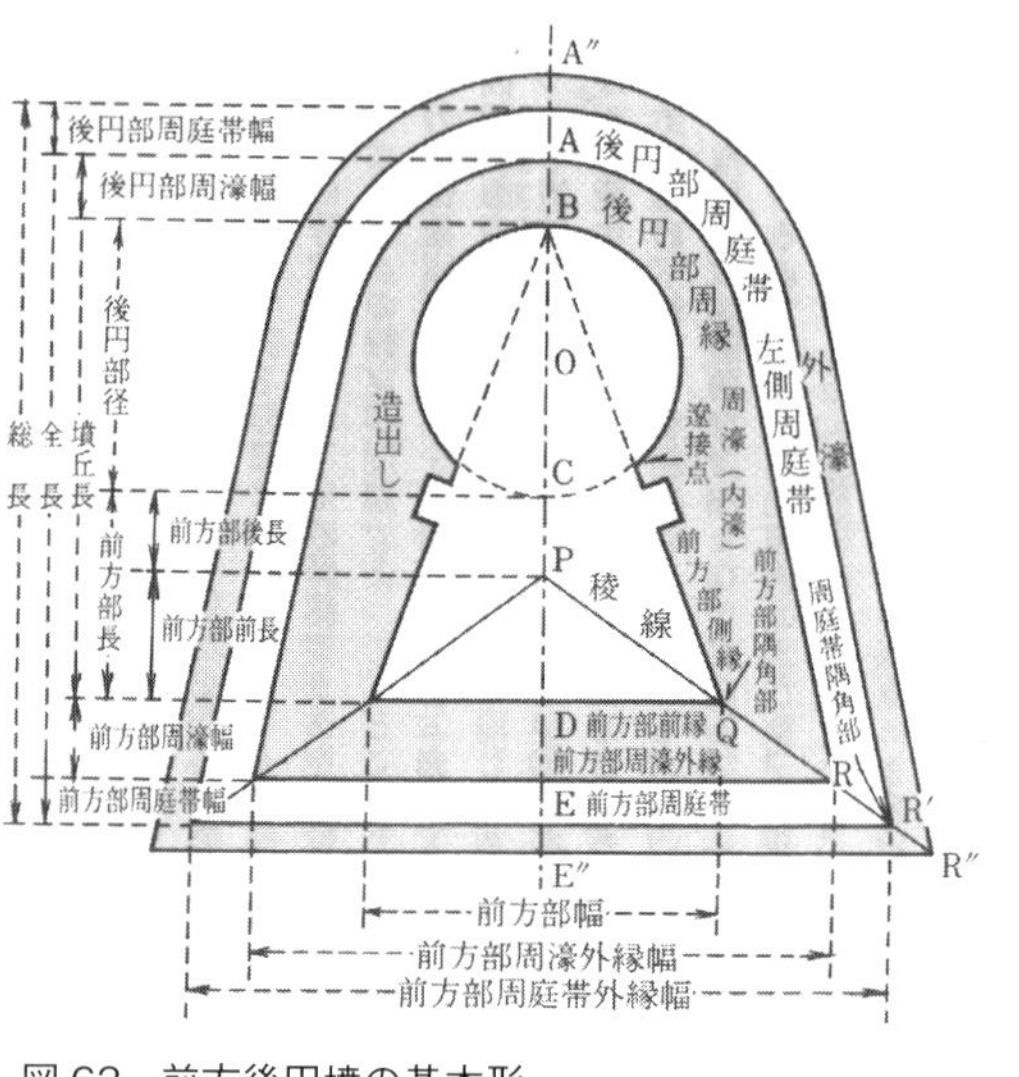

図63　前方後円墳の基本形

この平面プランを構成する幾何学文は、これまでみてきた弥生絵画や古墳壁画に出現している。古墳の内部と外表で文様の意味に齟齬がなければ、後円部の段丘は墓主霊の多重円を、後円部頂の円形平坦面は祖霊の一重円を、三角形の前方部は土地神の三角文を表現している。墳形は他界観を可視化したもので、前方後円墳という墳形は祖霊・墓主霊の座と土地神の座の結合を意図している。

古墳に設計図があったとすると、事情は大略つぎのように進行した。

まず予定地を決め設計図を描く。設計図を現地に落とすとき、最初に杭を打ち、縄を張るのは中軸線（AE）である。中軸線を決めないと古墳の向きが決まらず、円や三角形を左右対称につくることができない。つぎに落とすのは円と三角形である。工事は、円や三角形の輪郭線に沿って盛土（削土）することからはじまるので、図中の円や三角、中軸線の交点（B、C、D、E）、前方部端の幅、後円部と前方部の連接点などは、すべて着工前に決められる必要がある。なおP点は、前方部の隅角の稜線を延長して中軸線と交わる点である。想定上の三角柱を接合部に向かって狭小にし、左右対称の上部平坦面や斜面をつくりだすためのポイントになる。

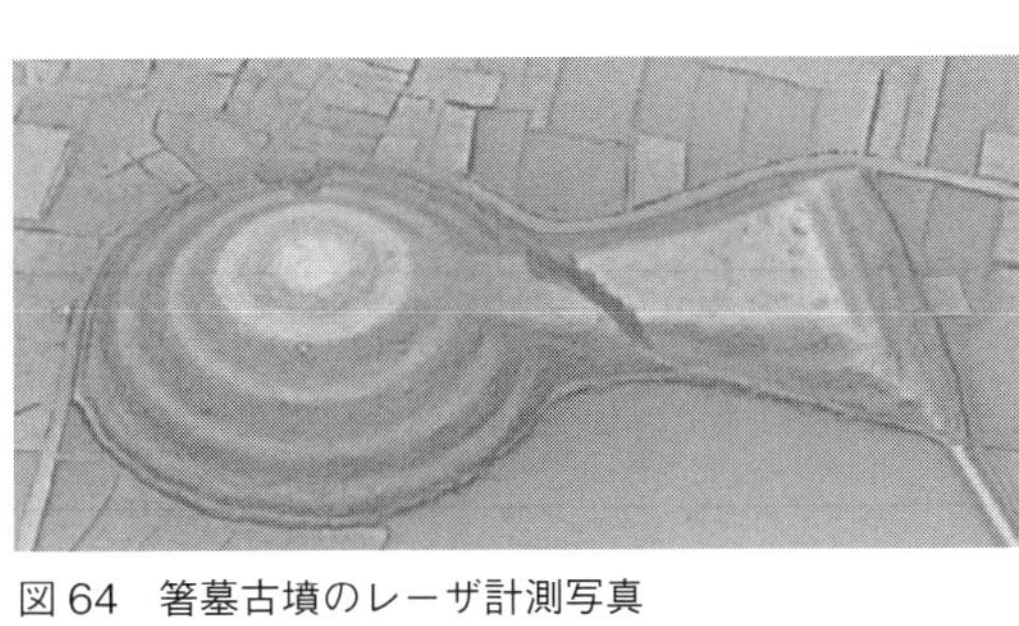

図64　箸墓古墳のレーザ計測写真

問題は立体像（立面プラン）である。図のBを頂点とする二等辺三角形で、直径BCの円のなかに隠れる部分がどのようにイメージされたかである。参考になるのは、後円部と前方部の接合部の状況で、近年、レーザ計測によって箸墓古墳の外観が判明した（図64）。これによると、前方部端と後円部頂をむすぶ「道」は、前方部端から見るとまっすぐに伸び、徐々に細くなって後円部に取りつく。接合面は後円部の4つの段丘（テラス）を無化して4段目のテラスに取りついていて、円墳なら存在するはずの段丘は道のために犠牲になっている。この道に〝土台〟があり、土台は後円部の内部にもあるとイメージすると、前方部は後円部に嵌入していることになる。

箸墓古墳の測量図では、接合部から前方部端に向かってバチ形に広がる。しかしレーザ計測写真では、前方部は3段築成で、前方部端に近づくにしたがって、盛土を高く積み増すために2段目のテラス幅が広くなっている。バチ形に開くのは2段目で、最上段は台形壇につくられている。測量図の平面形がバチ形を呈しているのは、台形壇の隅角や側縁の盛土が2段目のバチ形に開くテラスに崩落したためではないだろうか。2段目以下の側縁が接合部を過ぎたあたりからバチ形に開いていくのは出現期の前方後円墳にみられる傾向で（これには理由があると思われるが）、だからといって最上段もバチ形とはいえないということである。

嵌入説は一見、荒唐無稽のようにみえるが、築造企画論で想定された円形と三角形を立体化する際に、誰でも遭遇する問題である。嵌入説は、壺説や天円地方説と同様イメージの問題だから、接合部を調査してわかるというものでもないが、本章では、さまざまな徴候をあげて嵌入説に一理あることを論じよう。

（3）箸墓古墳の設計理念

観点をかえて、造墓者は箸墓古墳のどの部分を重視したかを推測してみよう。後円部頂は、埋葬施設（竪穴式石室）を内蔵するためだけなら、山なりの斜面でよかった。しかし後円部頂は平坦で、前方部は坂道のように後円部の平坦面につながっている。後円部頂と前方部を結ぶ「道」は、のちに円筒埴輪で囲繞（いにょう）された。

松木武彦さんは、箸墓古墳の逆放物線のスロープ状の平坦面に着目し、「後円部上から前方部端までの、埋葬部とそれに続くスロープからなる上面をいかに造作するかということこそが、前方後円墳築造の真髄だった」と指摘している（『古墳とはなにか―認知考古学からみる古代』角川選書　２０１１年）。

この指摘は、つぎの2点をふくむ。ひとつは、埋葬部（後円部）の上面を平坦につくること、もうひとつは、その平坦面と前方部を平坦な坂道でつなぐことである。前者は、本来静謐（せいひつ）に保たれるべき埋葬部の直上を、なぜ突き固めて平坦面をつくったかという問題で、後者は、なぜ前方部と後円部を結ぶ道が必要だったかという問題である。前者を後円部固有の問題とすれば、後者は後円部と前方部に関係する問題、すなわち前方後円墳の意義にかかわる問題になる。

嵌入説では、前方部の三角柱は後円部に食いこんでいるとイメージされ、それを土台にして前方部からつづく細長い三角形の道がつくられた。道の土台は、竪穴式石室を内蔵する最上段の盛土の底に達している。これは、祖霊と墓主の座を土地神がささえていることを意味する。前方後円墳という墳形は、祖霊・墓主霊と土地神が深く契合する頂部の平坦面で行われた儀式のために考案された可能性がある。その儀式を「墳頂祭祀」と呼び、それが行なわれた場を「頂部平坦面」と呼ぶことにしよう。

同書で松木さんは、箸墓古墳の特徴を、①後円部の埋葬施設をより高く持ち上げること、さらに②前方部と後方部をつなぐ坂道を高く持ち上げて見栄えをよくしたと指摘している。出現期の定型化した前方後円墳が「何を目的にしたら巨大化したか」という問いに、松木さんは、後円部をより高くしようとしたこと、後円部と前方部を結ぶ通路を高く持ち上げて誇示するためだったと答える。するとここからさらに、なぜ後円部頂を高くしようとしたか、なぜ前方部と後方部をつなぐ通路を高く持ち上げようとしたかという疑問が生まれる。

前期古墳の埋葬施設は後円部頂の直下につくられたから、埋葬後は死者の静謐を考慮して、できるだけ手を加えないという選択肢もあったはずである。しかし実際には、整地したうえで何らかの造作物（墓上の造作）をつくった。これは死者の静謐を害してでも、頂部平坦面で儀式を行う必要があったからと考えるほかない。前方後円墳の最大のイベントは頂部平坦面で行われた墳頂祭祀で、そのまつりの場として前方後円墳という墳形が考案された。墳頂祭祀を主宰することのできる地位・権力が前方後円墳という墳形を生みだしたとすれば、前方後円墳の墳形論は最終的に「墳頂祭祀とは何か」という問題に帰着する。

（4）弁天山C1号墳

考古学の手法で嵌入説を立証することは不可能に近いが、まれに、それを推測させるような痕跡が出土することがある。その一例が、大阪府の弁天山古墳群（高槻市）のC1号墳である。C1号墳は、地山を効率的に利用してつくられた4世紀の前方後円墳である。後円部3段、前方部2段で、調査によって「墳丘の構築過程」が明らかになった（図65。『弁天山古墳群の調査』大阪府文化財調査報告第17輯）。

上段は地山想定図で、中段と下段に、地山を削った範囲が、主に前方部の周囲に薄い

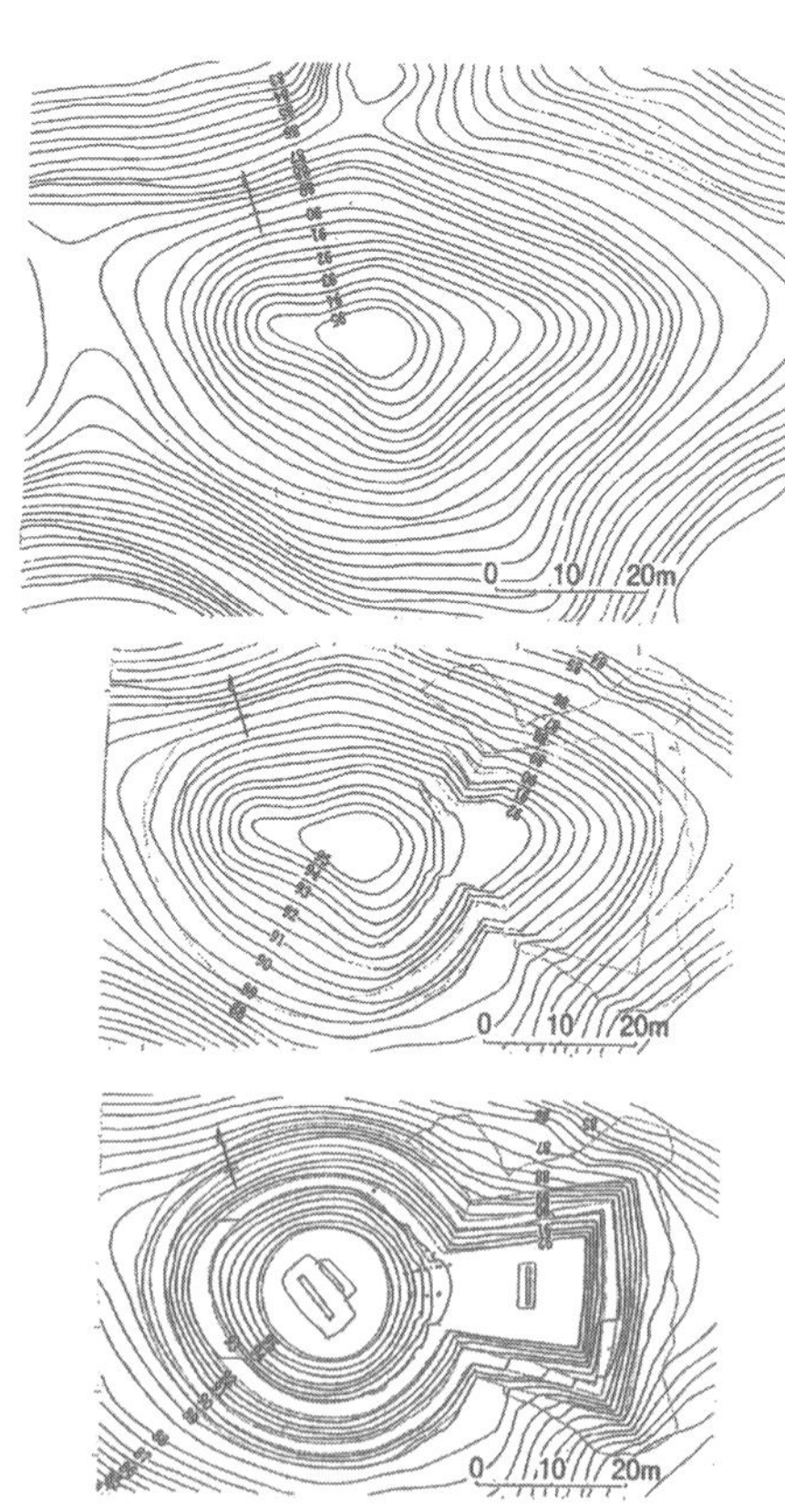

図65　弁天山C１号墳の構築過程（上段・地山想定図、中段・削土図、下段復元図）

線で引かれている。一瀬和夫さんは、調査報告書の所見をつぎのように引用している（『古代時代の考古学3　墳墓構造と葬送祭祀』「積石と盛土」）。

① 地山と盛土の境目に薄い黒色灰層を部分的に認め、これは築成に先立ち、丘陵上の草木を焼いた痕跡と推定される。

② 後円部北側くびれ付近では、赤褐色粘質土が断面三角形を呈し、あたかも〝頂部外縁を意識する〟と判断された。

③ 葺石は、一辺3〜5mの三角状の面を連接するように葺かれていた。

④ 盛土は、はじめに概略の基礎部分を盛り上げ、その周縁部から順次、内方へ傾斜させせつつ積み上げ、最後に内方の凹部を平坦にした。

興味深いのは②の断面三角形の赤褐色粘質土（以下「三角形土」という）で、これは、その形になるように意図的に削りだされたと考えざるをえない。削土図（中段）では、くびれ部が削りこんであるので、後円部と前方部を区別した時点で赤褐色三角形土がつくりだされたのだろう。この図から、削土する段階には設計図は地表に落とされ、各段の円と三角形の外形が確定していたことがわかる。

問題の三角形土は、一部が前方部にかかるものの大半は後円部側の下方にある。三角形土は〝墳丘の外縁〟を意識させるが、これが〝頂部外縁〟を連想させるかは疑問の余地がある。草木がない状態の後円部は、三角形土の目印がなくても識別できるし、完成すれば葺石や円筒埴輪などで墳丘全体を眺望できる。するとと三角形土は〝後円部に三角形が内在すること〟を暗喩したものではないかという発想が生まれる。

つぎは③の「葺石の三角形積み」という工法である。葺き方に幾通りもの工法があるなかで三角形積みという工法が選ばれたとすると、これも後円部のなかに三角形の要素が存在するという認識を表現している可能性がある。

最後の徴候は、前方部第1段の前端中央が、ややふくらんでいることである。この緩やかな張りだしは、菱（ひし）の実や葉を連想させる。菱の実であれば先端は鋸歯状にとがり、菱の葉なら三角形の葉を連想する。菱の実は『万葉集』（1249、3876）にも歌われた身近な植物で、この形状を見て菱を連想することはありうることといえる。つまり、このふくらみは、前方部の先端が三角形にとがっていることを連想させるための造作と考える道である。

（5）前方後方墳の意義

前方後円墳についで重要な墳形は前方後方墳である。古墳の墳形と規模について都出比呂志さんは、墳形は出自を示し、規模は政治的地位（実力）の表現とし、前方後方墳は前方後円墳より格下の墳形で、江戸時代の外様大名のようなものと説く（図66）。後述するように、墳形が出自を示すという視点は画期的で、考古学が早くからこうした認識に到達していたことに驚く。

もっとも後段については、つぎのような異論が指摘されている。前方後方墳は古墳時代前期に各地でさかんにつくられ

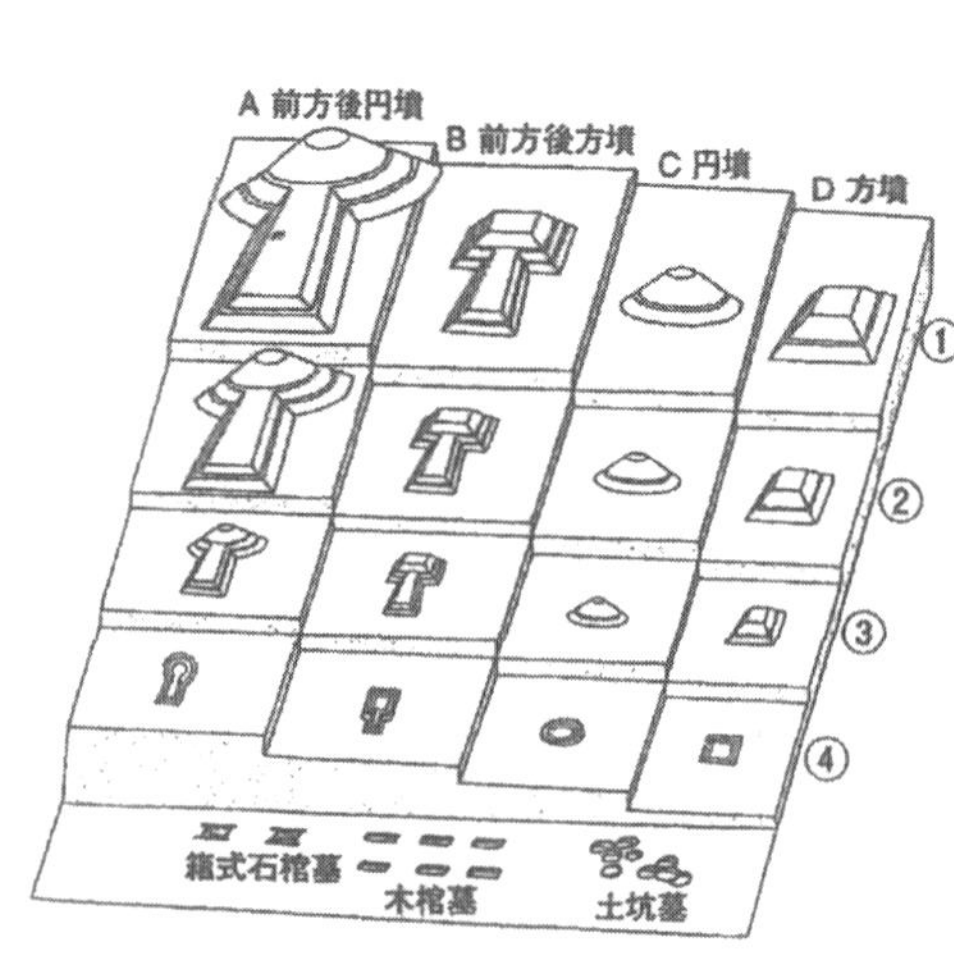

図66　墳形と出自・実力（模式図）

たが、中期になると姿を消し、終わりごろになって出雲（島根）や関東（千葉）で復活する。前期には格下が多く、中期には極端に少なくなり、終わりごろになって、格上の前方後円墳が近畿で見られなくなるころに格下の墳形が復活したことになる。また、奈良盆地東南部で、目と鼻の先に2つの墳形が共存することを思うと、両者の関係を譜代・外様大名にたとえることも適切とはいえない。前方後方墳の不自然な消長を説明するためには比喩ではなく、前方後方墳の墓主の座がなぜ方形（正方形）なのかを正面から問う必要がある。

前方後方墳やその前身である弥生の方形墓を考える場合、ポイントは分布域である。分布域のちがいは出自のちがいで、地域によっては、出自が同時に思想、信仰を表現している可能性がある。このころ方形に意味を認めるとすれば、さしあたり「天円地方」の「地方」という概念である。天円地方説は、殷周の時代には成立していたとされる中国最古の宇宙論で、方形墓や前方後方墳は、みずからを在地、在来などと考える人びとの墳形ではないだろうか。

弥生時代は渡来人によって開始された。近時の考古学は、前方後方墳のルーツが弥生時代の方形周溝墓で近畿以東に濃厚に分布し、前方後円墳のそれは円形周溝墓で、吉備、讃岐、播磨など東部瀬戸内を中心に、一部、九州の日向灘沿岸に分布することを明らかにしている。東部瀬戸内の渡来人やその子孫が墓形に円形を選び、近畿以東の人びとが方形を選んだとすると、墳形の地域的遍在という現象を説明することができる。すなわち東方在地の人びとは、渡来系弥生人と自己を区別する指標として墓形に方形を選んだ。円形墓や方形墓は属人的な性格をもって生まれたという想定である。

（6）連作4銅鐸の弥生社会

方形墓や円形墓がつくられた弥生時代中期（1世紀）の世相を写しとった絵画に、いわゆる連作4銅鐸がある。連作4銅鐸は同一工人か同一工房でつくられたと考えられていて、うち1口（谷文晁旧蔵銅鐸）の出土地は不明だが、2口（桜ヶ丘5号銅鐸、同4号銅鐸）は兵庫県の六甲山から出土し、最後の1口は香川県出土と伝えられている。出土地からみて、東部瀬戸内の世相が描かれていると考えて大過ないだろう。

この絵をどうみるかは、弥生後期から古墳時代への展開を考える上で重要である。ここでは当時の地域社会を復元して、弥生後期さらに古墳時代へつながる萌芽を抽出してみよう。

連作4銅鐸には、頭を○に描かれた人物と△に描かれた人物がいる。考古学の定説は△頭を女性と解しているが、この△頭はヘビを頭上にのせるシャーマン（図33）で、棒を持って叩こうとする大男から頭上のヘビを守るために両手で円をつくり、頭上のヘビが転落しないように、頸を曲げず体幹を横にしならせている。○頭は世俗の人物で、I字状の止水板（堰板）を持って灌漑稲作の水口を管理する（放水する）様子（図67）や、犠牲動物であるシカの角を押さえつけて祭場に引きだす様子が描かれていた（図68）。

上：図67　I字状のものを持つ人物
下：図68　牡鹿の角を押さえつける人物

連作4銅鐸の絵画は34枚で、そのうち14枚に人物が描かれている。その内訳は、○頭だけが登場する場面10、△頭だけが登場する場面3、両者の登場する場面1となっている。さらに細分すると、○頭だけでつくる場面（10）は、水田の止水板を取り上げる場面4、犠牲動物のシカを射る場面1とシカを祭場に引き出す場面3、田植の風景1、犠牲動物であるイノシシを狩る場面1である。△頭だけでつくる場面（3）は、杵（きね）と臼（うす）を奔放に振るう場面2（後出 図86）、銅鐸を山あいの斜面に埋納すると、上空に雲と一体になったヘビが出現する場面1（図16）である。○頭と△頭が登場するのは、先に紹介した、棒でヘビを叩こうとする大男を制止しようとするもう1人の△頭を描く場面である。

これらの場面から、つぎのことがいえる。

① 鋳物師の視点では、播磨、讃岐など東部瀬戸内の弥生社会は○頭と△頭で構成されていた。○頭と△頭以外の構成員の有無などは不明である。

② ○頭が水田の止水板を取り上げる場面が多いのは、灌漑稲作で、水田に水を引きこみ、引きこむことをやめる権限を○頭がもっていたこと、すなわち○頭が主要な生産力を支配していたことを示している。2人の△頭が杵と臼を奔放に振るう場面は〝杵つき踊り〟という雨乞いの儀礼で、△頭が農耕に関与していたことを示すものではない。△頭は銅鐸祭祀（雨乞い）の執行者として描かれている。

③ ○頭のなかには、シカやイノシシなどの犠牲動物を供出する者がいた。これは、○頭のなかに銅鐸祭祀に協力的で蛇神信仰を肯定する者がいたことを意味する。

④ ○頭のなかで特筆すべきは、棒を持つ大男（図33）である。この場面が取りだされたのは、△頭の危機感を反映しているといえる。

こうした状況から、当時の墓制を推測してみよう。

⑤ ○頭が墓をつくるとすれば円形で、方形を選ぶことはなかったと思われる。すなわち、連作4銅鐸のつくられた弥生時代中期の○頭と東部瀬戸内の円形墓は連動している。

⑥ 他方、銅鐸祭祀の担い手だった△頭の墓形はどうか。主な墓形に円形と方形しかない状況では、△頭など○頭以外の人びとの墓形は方形だった可能性がある。銅鐸の分布域と方形墓の分布域は重なるので、恣意的な推測ではない。

その後の展開は容易に推測できる。

⑦ ○頭の墓形を円形墓、△頭など○頭以外の墓形を方形墓とすると、それぞれ弥生時代後期に円形（方形）周溝墓へ、古墳時代に前方後円（方）墳へと発展する。

⑧ 問題は、○頭のなかの棒を持つ大男である。繰り返しになるが、この場面はたんなるいやがらせではなく、△頭にとって切実な場面だったので絵にしたと考えられる。比喩的にいえば、この○頭がのちに勢力を拡大して、銅鐸祭祀を圧迫した可能性がある。その展開は本章第7節で追考しよう。

弥生文化が博多湾岸から東方へ普及するとき、縄文人の手ごわい抵抗に遭遇したことは前述した。縄文人の歓心をえるために弥生文化に縄文文化が投影され、銅鐸は金属器文明にもかかわらず縄文文化の影響を受けていると考えられている。銅鐸の導入時期については議論があるが、弥生文化が東部瀬戸内に到達して数百年後には両者の力関係は逆転し、灌漑稲作を支配した○頭が圧倒的に優位に立った。

弥生文化は渡来人によって波状的、重層的に伝播し、従前の弥生文化を漸次、更新していったものと考えられる。すると、新来（あらき）や今来（いまき）の渡来人にとって銅鐸は前代の遺物で、銅鐸祭祀の内実である蛇神雷神信仰は、縄文人の後裔の信仰と思われたことだろう。ここから、銅鐸祭祀は滅亡への道を歩みはじめる。

(7) 墓地に祖霊と土地神を招く習俗

弥生時代の終わりから古墳時代のはじめにかけて、周溝墓の溝などから建物を描いた土器が出土し、その絵に祖霊や土地神を招きよせるものがあった(図43、44、46)。なぜ、墓地の近傍からこの種の絵画土器が出土するのだろう。それは、埋葬に当たって、墓地に祖霊や土地神を招きよせる習俗(墓祭)が存在したと考えるほかない。

弥生時代から古墳時代にかけて、土地神は三角文、祖霊は一重円、墓主霊は多重円で暗喩された(稲吉角田遺跡の多重円、養久山前地家屋の一重円、荒尾南遺跡の帆船絵画の一重円と多重円など)。そして、土器に描くだけでは足りず、祖霊と土地神を招きよせた結果を墳形に反映しようとした。これは墓地に祖霊や土地神を招きよせる習俗が発展したもので、招きよせた祖霊と土地神を墓地に常在させようとするものである。弥生時代後期に起こった墳形の試行はそうした動きの反映で、過渡期を過ぎるとこの種の絵画土器が出土しなくなるのは、その習俗が現実化したためと考えられる。

(8) 墳形の試行

① 当初手がつけられたのは墓地の平面形である。方形周溝墓も円形周溝墓も、墳丘に土地神の座または通路が付設され、ほどなく周溝の内に取りこまれた。その後、神の座は方形や三角形状に、外に向かって開くようにつくられた(図69)。付設されたのはヒトの通路ではなく神の通路または座で、付

設部の周溝の幅が狭く浅いのは、取りこまれた神の座が周溝外の土地と近縁関係にあることを示すためと考えられる。

② 岡山県の楯築墳丘墓（倉敷市）では2方向に土地神の座が設けられた（図70）。招きよせられた2神は、孤帯文と呼ばれる文様が彫りこまれた2つの孤帯石で象徴された。一方は、亀石または白頂馬龍神石とも呼ばれて神体になり（寺沢前掲書）、他方は破砕されて墳丘上の円礫堆に埋め置かれた。墳丘上で一種のパフォーマンスが演じられたのだろう。そこで一方の神を否定し、他方の神を信奉することが宣言された。

破砕されたほうの孤帯文（図71）は、遠近法を駆使してバチ形と環状部の高まりを表現している。

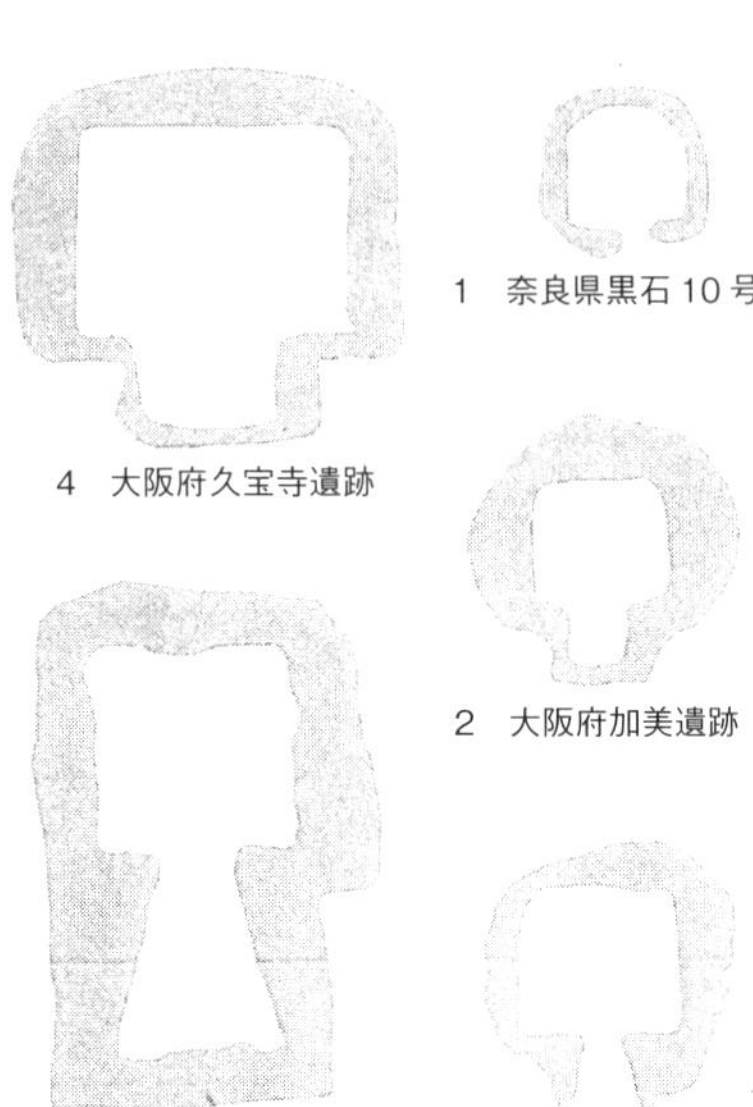

図69　前方後方形周溝墓

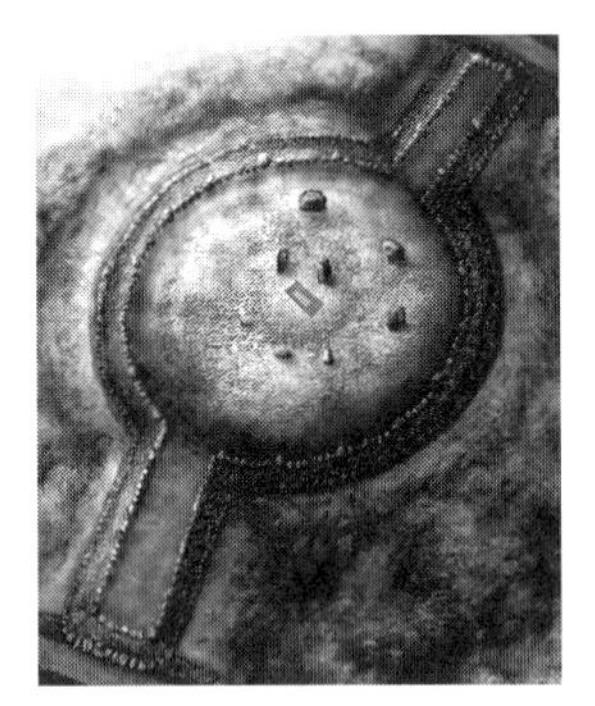

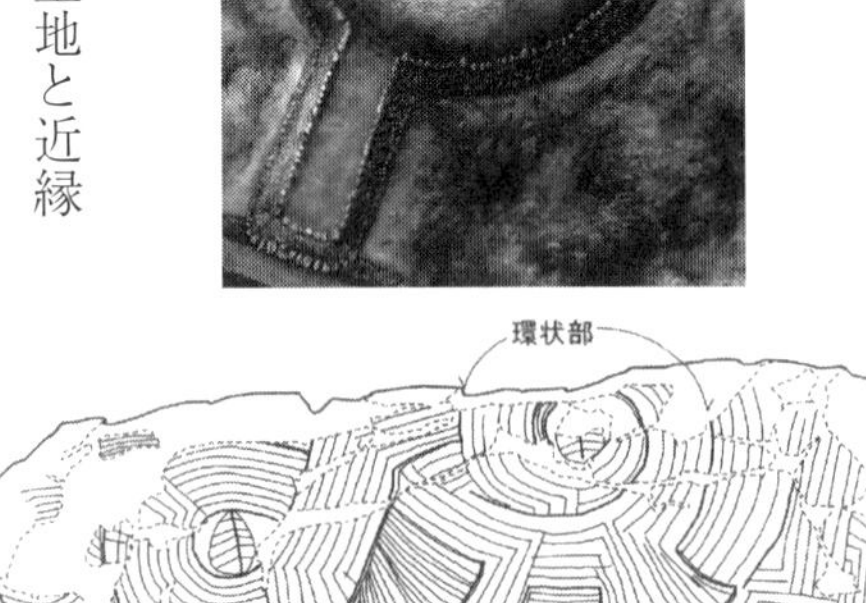

上：図70　楯築墳丘墓　下：図71　孤帯文

バチ形は、折り目のできる布（または帯）を絞って三角形をつくりだすことをイメージしたもので、下端の孤形のふくらみは、布を底辺（おそらく大地）から引きはがすときに生まれたイメージである。布の他端と他の布でつくる環状部は円丘状で、頂部に木の葉のような文様がある。これを、のちの木の幹で祖霊を、葉で墓主霊を暗喩する先駆例とすれば、バチ形と環状部は、のちの前方後円墳の要素を内包している。

２つの墓壙のひとつには、棺の下に大量の水銀朱が敷設されていた。赤や朱は土地神を表象する色で、土地神を忌憚する趣旨である。楯築墳丘墓は倭国争乱の時代の産物で、吉備の勢力が新しい土地神祭祀を開発し、諸国を牽引したものと思われる。

③　出雲や伯耆などの日本海側や岡山県の山間部では四隅突出型（よすみとっしゅつがた）墳丘墓（図72）と呼ばれる独創的な墳形が出現した。四方から土地神を招きよせるために、四隅に土地神の座または登り口が考案された。出雲の四隅突出型墳丘墓は４つの神奈備山をイメージしていると考える説に一理ある。

楯築墳丘墓で創始された土地神祭祀でいわゆる特殊器台が開発され、四隅突出型墳丘墓の島根県西谷３号墓（出雲市）で供用された。在地の供献土器が大型化したのは新しい土地神祭祀に対応するためである。

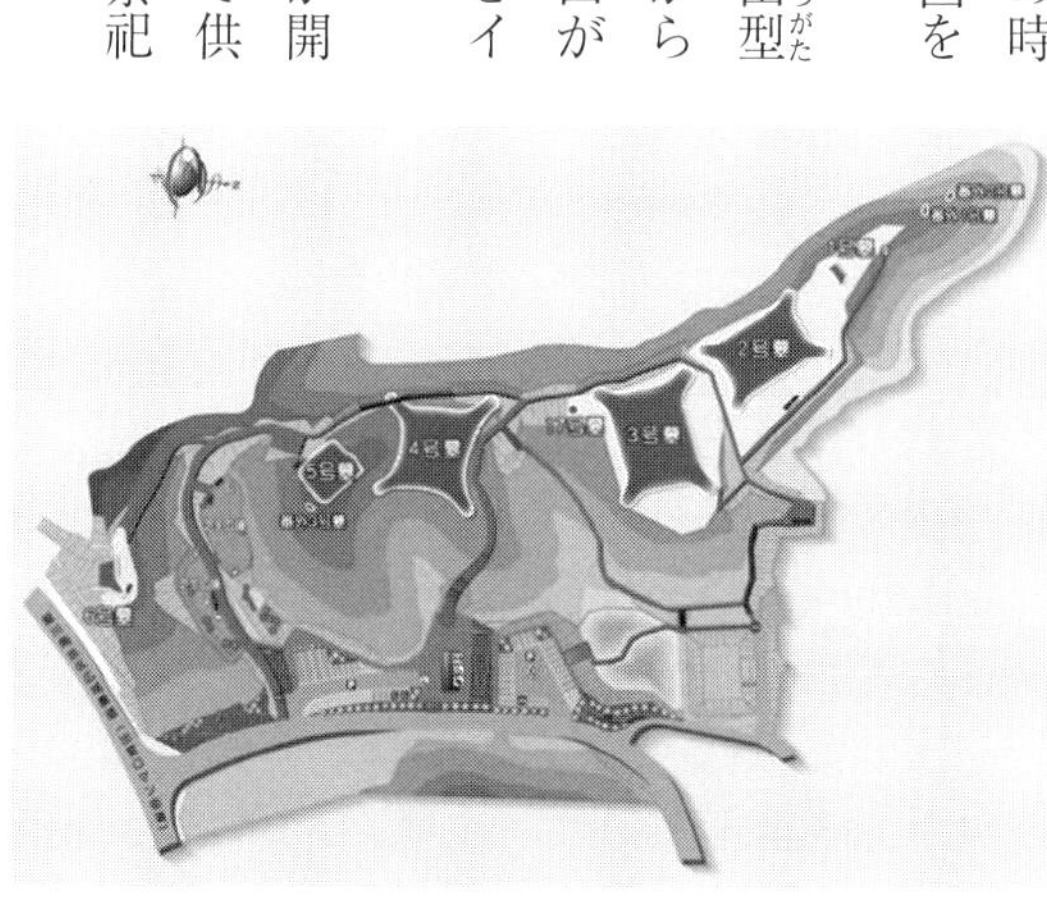

図72　四隅突出型墳丘墓

④　奈良盆地の纏向遺跡（桜井市）では、前方部が低く短く、墳丘全長と後円部長、前方部長の比が3対2対1になる古墳が出現する（図73）。寺沢薫さんの提唱する纏向型前方後円墳（以下この節で「纏向型」と略称する）で、箸墓古墳と同時期か直前の成立とされる。箸墓古墳など定型化した前方後円墳は纏向型を巨大化し、埋葬施設や副葬品を規範化したもので、纏向型は定型化前方後円墳の祖型と考えられている。

　纏向型の築造手順を推測すると、まず前方部の後円部への嵌入比率が1対1程度の低平な前方後円形の土台をつくる。つぎに後円部上に、頂部に円形の平坦面をもつ墳丘（円丘壇）をのせる。第1段階では、なぜ祖霊の座と土地神の座をこの比率で契合しようとしたかが問題にな

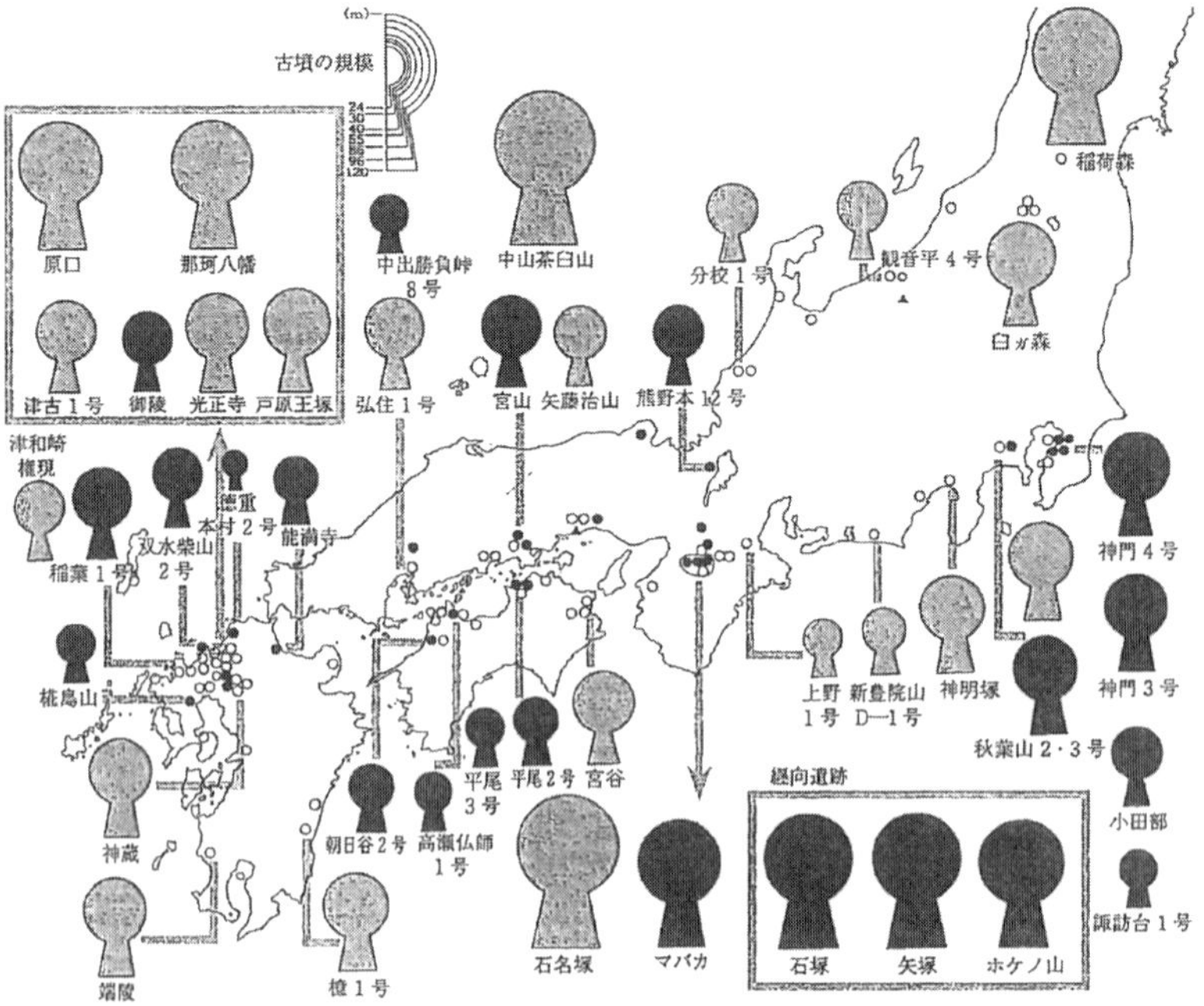

図73　纏向型前方後円墳の分布

る。これは、纏向型が他者との関係のなかで生まれたことを推測させる。第2段階では、なぜはじめから後円部頂を平坦にしようとしたかが問題になる。これは、円形の平坦面をつくって祖霊を招きおろす習俗が存在した地域があったことを推測させる。

纏向遺跡では、纏向型の比率をもつ前方後方墳（メクリ1号墳）や方形周溝墓が存在する。こうした墳形の共存状況は倭国争乱後の社会を示すもので、争乱の地を推測する際の指標になる。なお、箸墓古墳が出現するまで、人びとは箸墓古墳にくらべて矮小で低平な纏向型など先駆的な前方後円墳を見ていたことに留意しておこう。

余談だが、箸墓古墳をもって古墳時代がはじまるとすると、纏向型は弥生時代に属するから古墳という呼称は適切でない。しかし形状はどうみても古墳で、時代区分は念頭にあればよく、提唱者に敬意を表して古墳という呼称を用いる。

（9）前方部の意義

円形や方形という埋葬部の形を出自のちがいとすれば、形を同じくする前方部は〝前方後円墳でも前方後方墳でも同じ意義をもっていた〟と考えるのが論理的である。前方部は土地神の座で、死者は土地神に受容されて眠り、あるいは死者を通じて土地神の加護を期待する生者の理想を実現するものである。この点は、おそらくすべての墳形で異なることはない。

しかし、前方部には規範的な意味が存在した。円墳や方墳、横穴墓あるいは伝統的な周溝墓など多様な墳形が存在するなかで、前方部をつけることができたのは、造墓者に、円墳や方墳などの造墓者にない一定の資格があったからと考えることができる。つまり、前方後円（方）墳の造墓者と円（方）墳などの造墓者とは、何かがちがっていた。そのちがいとは、外観の示すとおり造墓者と土地神の関係である。前方部の長短、高低といった形状や規模は造墓者と土地神の関係を示すもので、その関係を推測すれば、さしあたり〝土地の支配関係〟といった観点のほか思いうかばない。

当時の土地神信仰の状況は憶測するほかないが、集落ごとに産土（うぶすな）の土地神がいて、それを束ねる大地域に大地主神がいたとすると、広域で多数の集落を支配する有力者は、相対的に大きな前方部をつくることができた。これに対して、地域の土地神をまつる立場にない者は前方部をつくることができず、小地域の土地神をまつる者はそれなりの規模で前方部をつくることができたと考えておこう。

ここにいう土地神とは、前方部という墳丘で表現される土地神で、庶民もまつることのできる家屋の一部（庇、窓、雨樋、水槽など）に配当された土地神ではない。また祭祀者とは、石室内でひっそりと土地神をまつる者ではなく、前方部という外表で公然とまつることのできる者である。前方部の象徴する土地神は、版図、勢力範囲といった現実の土地の土地神を意味し、前方部を設けることのできた造墓者には一定の支配領域があったという想定である。後述するように、後円（方）部は祖霊・墓主霊という氏族性を表現しているので、前方部をもつ墳形は造墓者が氏族的首長であることを示している。巨大な前方後円墳の造墓者は巨大な版図を掌握し、小さな前方後円（方）墳の造墓者はそれなりの版図をもった。一族を統率する長であっても版図をもたない者は、古墳に前方部をつけることができなかった。

王塚や虎塚では、祖霊や土地神は抽象的に描かれたので、このころ祖霊や土地神は抽象的な概念としても存在したと考えられる。しかし、前方部にイメージされた土地神は、地域ごとに個性的な存在だった可能性がある。その地域の名を負う土地神や四囲の山々などに宿ると信じられた山岳神である。もっとも巨大前方後円墳の前方部は、版図を構成する多数の地域神を内実としているので抽象化されざるをえなかった。そう考えると、ヤマト王権の祖神をまつる伊勢神宮の土地神（心柱）が、五色の布や16個の三角文で修飾された理由がわかる。

（10）後円部の意義

奈良盆地東南部に出現した初期の古墳群に巨大なものが多い。徐々に大きくなっていくのではなく、箸墓古墳のように、いきなり巨大化した姿で出現する。松木武彦さんの言葉を借りれば、出現期の前方後円墳が、なぜ高い後円部（長大な径）を追求したかという問題である。この難問に松木さんは、それを内実とする「新しいカルトが生まれた」と答える（前掲書）。考古学からみれば、いっときの宗教的な情熱にとりつかれたとでも考えないかぎり説明のつかない現象なのだろう。しかし、その動機は祖霊信仰にある。倭国争乱の時代を経て平和が訪れると、戦いや防御のために費やしてきたエネルギーを祖先崇拝に振りかえたために巨大な後円部が生まれた。

ヤマト王権の王者でも墓中では匿名で、祖霊や土地神の風下に立つ存在だった。後述するように、墓主に宛てられた副葬品は、棺内の「質・量ともにきわめて限られた、ごくわずかの品々」だったからである。ではなぜ、彼のために巨大な後円部が用意されたか。

弥生絵画や古墳壁画を見た目からは、つぎのように回答できる。祖霊の恩寵を受け、土地神の加護をえること（少なくとも祟（たた）りを免れること）が、一族の繁栄に不可欠と信じられた。亡き首長に期待されたのは、あの世で祖霊祭祀にはげみ祖霊に気にいられ、土地神の勘気に触れず、一族の危急にあたって祖霊や土地神の加護をえられるよう働きかけることである。これは死者を通じて神々に働きかける道で、被葬者の死後の働きによって子孫が恩恵を受けようとする思想である。

そこで平和が訪れると、有力な氏族は競って祖霊や土地神の意にかなう座をつくろうとした。古墳のなかで最も重要な祖霊の座である後円部は、その高さが一族の盛衰や禍福に直結すると信じられた。巨大前方後円墳についていえば、被葬者を神とみなしたから巨大化したのではなく、祖霊と土地神という神々の満足をえようとして巨大化した。

こうして氏族間で、祖霊崇拝の程度を競う競争がはじまった。これは一面、〝祖霊の格付け競争〟といってもよいだろう。祖霊の格付け競争は、最強とみなされた氏族が最大規模の後円部をつくるという結果をもたらした。それ以降近畿では、最高位の祖霊をいただく勢力が、最大規模の前方後円墳をつくるというルールが生まれたことと思われる。ときの王者が後円部の規模を決めると、他者はそれをしのぐことが憚(はばか)られた。各氏族は、最大勢力の動向に注意しながら後円部の規模を調整したという想定である。

後円部の高さを競う競争は氏族の祖霊を、ひいて氏族そのものを序列化することになった。それは聖なる一族と、それ以外の氏族に分けるもので、その格付けは記紀の高天原神話や平安時代はじめにつくられた『新撰姓氏録』に反映している。

もっとも、こうした祖霊の格付け競争は主として前方後円墳の間で行われ、前方後方墳側はそれに同調しなかったと考えられる。なぜか。前方後方墳は、奈良盆地東南部と関東地方で生まれた初期のものをのぞけば墳長が50ｍ前後のものが多く、前方後円墳にくらべて小さい。前方後方墳が小粒なのは、造墓者たちの出自が同じで、かつ造墓者と造営に従事した人びとの出自も同じだったからと考えられる。

出自を同じくする有力者間で競争する意味はとぼしい。これに対し前方後円墳の造墓者たちの出自は多様で、祖霊もそれぞれ個性的である。造営に徴発された人びととも、それを異にしたことだろう。すると自己の祖霊を高みに置く競争が意味をもつ。他者に見せつけて一族の優越性を誇示できるからである。ここに、墓づくりという宗教的行為が政治的行為に転化する契機がある。

前方後円墳は、その形のとおり、氏族性を表わす後円部と首長性を表わす前方部で構成される。前方後円（方）墳の反映する政治的秩序とは、氏族的首長による国土の分割統治と要約することができる。

(11) 前方部と後円部の消長

近畿の大型前方後円墳は3世紀後半につくられはじめ（箸墓古墳）、5世紀末ないし6世紀はじめにはつくられなくなる。その間、後円部は径と各段の高さが変化するものの形状はかわらない。これに対して前方部の形状（長さ、高さ、容積など）は、時代により変化する。前方後円墳の外観に変化を与えるものは主として前方部で、その推移は土地神の位置づけにかかわっている。

箸墓古墳では、前方部端から後円部に向かって下り坂になり、後円部にさしかかると急な登り坂になっていた。箸墓古墳のテラスは後円部と前方部を別々にめぐっているが、その後一体的にめぐるようになり、古墳時代中期の大阪府津堂城山（つどうしろやま）古墳（藤井寺市）などでは、2つの頂部は一体化して頂部平坦面は前方後円形になる。

前方部の後円部嵌入説では、こうした経緯を、土地神の地位が上昇した結果、祖霊と土地神が一体化した現象と説明することができる。これは珍敷塚や王塚でみた〝祖霊と土地神の一体化〟というテーマと軌を一にする現象といえる。もっとも後述するように、祖霊と土地神の一体化を拒否したヤマト王権は、この問題を石室と棺の関係に解消した。

弥生絵画に、稲吉角田家屋Aのように梯子を高所にかけて霊魂の座が高所にあることを示すものや、唐古・鍵遺跡から出土した楼閣風の建物絵画がある。この観念は、「三角屋根の家」（図48）の4層建物のように古墳時代に継続した。霊魂の座は高所にあるべしという理想を示すもので、松木さんの指摘する「後円部の埋葬施設をより高く持ち上げること」は、この理想を実現しようとするものである。箸墓古墳の後円部の登り口が急になっているのは、稲吉角田家屋Aの急角度の梯子がイメージされているのではないだろうか。出現期の古墳であれば、前代のイメージが投影されていても不思議ではない。

前方部は後円部をしのいで巨大化する場合があるが、6世紀後半の築造とされる奈良県五条野丸山古墳（橿原市五条野町など）では、いったんつくった前方部を無意味化して、円墳につくりなおしたと解する説がある。これは前方部が理念的な存在で、理念の変化が前方部に影響することを示している。前方部が後円部の中心に嵌入することの意義が失われると、前方後円墳の約束事、例えば埋葬施設を後円部の頂部平坦面にかかるようにつくるというルールも形骸化する。

なお、遺骸は後円部だけでなく前方部にも埋葬（追葬）されることがある。前方部はもともと土地神の座だから、埋葬することに支障はない。ただし、被葬者の出自に関係する可能性がある。

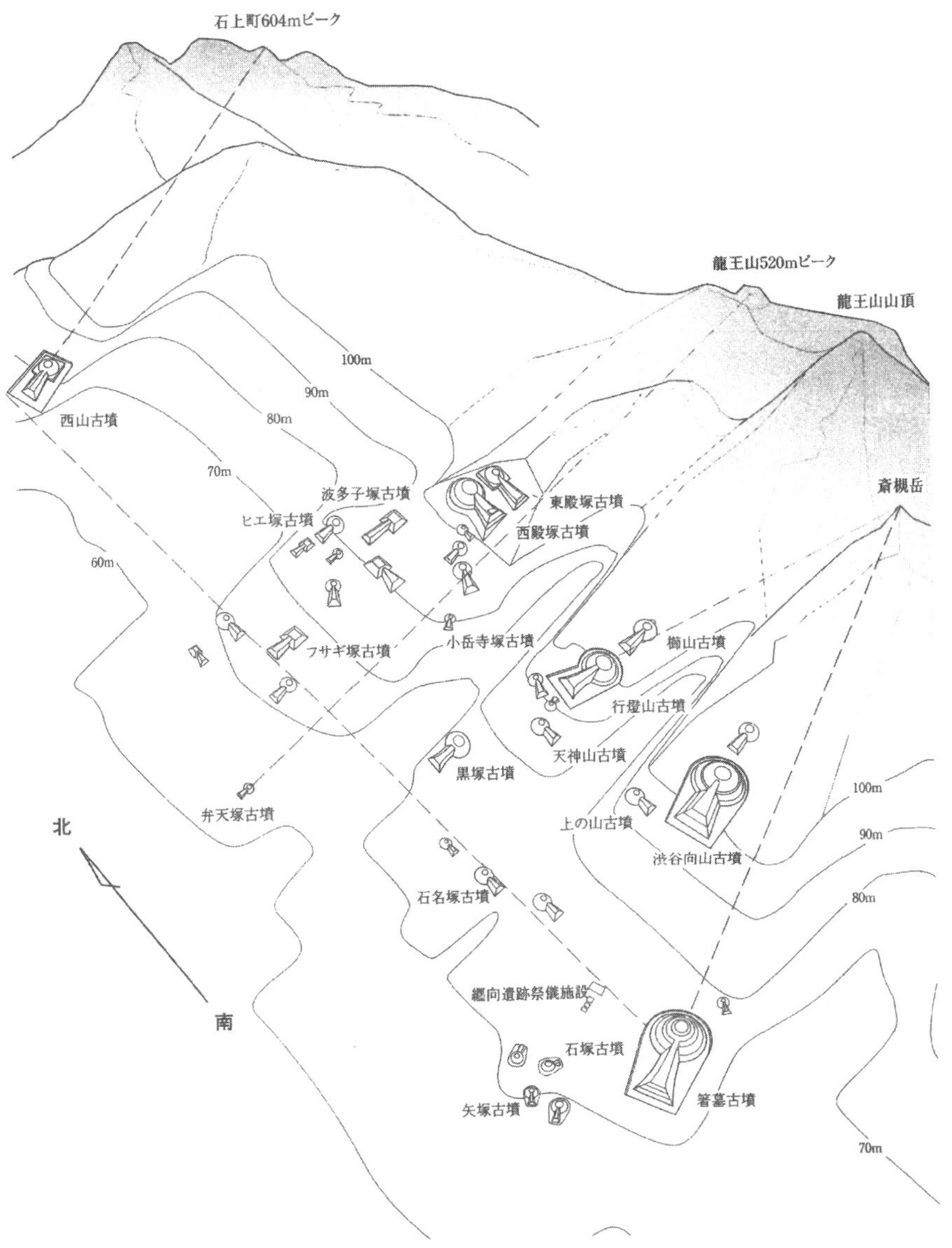

図74　奈良盆地東南部古墳群

(12) 共同墓地の意義

地域的な遍在という性格をもって生長した前方後円（方）墳が、遍在性を残しつつ、奈良盆地東南部に共同の古墳群を形成する。図74は北条芳隆さんによるもので、奈良盆地東南部古墳群の全容を示している（「黄泉国と高天原の成立過程」『季刊考古学第122号　特集　心と知の考古学』雄山閣　2013年）。古墳に、軸線を東の山々に向けるものと南北に向けるものがあることを区別しつつ、全体として初期ヤマト王権は龍王山山麓を墓域とし、龍王山一帯を聖別して皇祖の高天原をイメージしたと考える。これは北条さんの論旨のごく一部にすぎないが、古墳の軸線の先に四囲の山々を見る視点は重要と思われる。この図を借りて古墳群の全体を概観しよう。

箸墓古墳、渋谷向山古墳、行燈山古墳、西殿塚古墳などの大型前方後円墳にまじって、北寄りに西山古墳をはじめ波多子塚古墳、ヒエ塚古墳、フサギ塚古墳などの前方後方墳が存在する。このうち北半に集中する前方後方墳5基は、西山古墳（全長180m）を最大としてすべて100m以上で、当時最大規模の前方後方墳がここに集中している。最古かつ当時最大の2つの墳形が盆地の一角に共存する事実は重要である。纏向遺跡に纏向型前方後方墳が存在したので、共存の歴史はさらにさかのぼることになる。

前方後方墳は古墳時代前期に出雲や東海、関東などでさかんにつくられたが、九州では20数基にとどまり、南九州（宮崎県、鹿児島県）では今のところ存在が確認されていない。2つの墳形が近距離に共存するのは、奈良盆地や播磨・美作地域など一部の地域にかぎられる現象であることに注目する必要がある。

後円部と後方部の形を出自のちがいとすると、それを異にする最古の2つの墳形が、狭小な一角に共存することをどう考えるべきだろう。とりわけ前方後方墳は近畿以東の方形周溝墓―旧銅鐸圏を母胎にしているので、銅鐸をまつった人びとの子孫（縄文人の後裔）がこの墓地に参加したことになる。

この古墳群が平和の産物だったことに疑いない。弥生時代後期に大規模な集落再編が起こり、従来の拠点集落は途絶するか衰退し、あるいは新たな集落が生まれた。纒向遺跡もそのひとつで、各地から人びとが集住して水路や墓づくりに熱中した。巨大古墳が古墳時代のはじめに登場したことは、それまでの時代が緊張を強いられる不安定な時代だったことを示唆している。

このころ出自は、おそらく運命を決定する事柄で、それを異にする2つの墓形が奈良盆地の一角に群して出現すること（共同墓地の造営）は、祖霊を同じ空間に置くこと、すなわち〝倶（とも）に天を戴（いただ）く関係〟が成立したことを意味する。後に前方後円墳をつくる勢力は、新しい文物をたずさえて入植した銅鐸絵画の〇頭の後裔で、その物資と技術によって後に前方後方墳をつくる勢力を圧倒した。

墳形（出自）を異にする共同墓地の存在は、弥生から古墳時代への過渡期に両者の間に雌雄を決するほどの深刻な争いがなかったことを示唆している。奈良盆地の共同墓地は、前方後円墳側が方形墓との長い共存の歴史と、前方後方墳側の広大な後背地を顧慮して、平和的な解決を志向した結果生まれた現象といえる。

平和的な解決にあたって、前方後円墳側が前方後方墳側に示した条件を推測してみよう。後述するように（第7節）、前方後円墳祭祀と青銅祭器のまつりは両立しない。その条件とは、青銅祭器のまつりをやめることで、その見返りとして彼らの支配関係（すなわち前方後方墳という墳形）を保証することである。

では銅鐸のまつりをやめること、銅鐸を放棄することはどういう意味をもっていたか。比喩的にいえば、前方後円墳側とりわけヘビを叩こうとする〇頭の子孫が欲したのは、蛇神雷神などが付着していない土地神である。おそらくそのころの地域神（国津神）には、蛇神雷神をはじめ、さまざまな土着の神が付着していたのだろう。前方後円墳側が支配下に置いた土地は、そういう土地だった。

ヤマト王権にとって一族の加護を願う土地神は、邪神とりわけ蛇神雷神であってはならなかった。前方後円墳の後円部に嵌入する土地神も蛇神雷神ではならなかった。王権は、祖霊と一体化するような土地神を認めることができなかった。要するに銅鐸による土地神祭祀は、王権の他界観と決定的に対立した。

弥生時代後期に西日本各地で起こった大規模な集落の再編は、血縁や地縁によるほか、出自や信仰、とりわけ蛇神信仰を放棄するかどうかを踏絵にするような選別だった可能性がある。にわかには信じられない想定だが、虎塚壁画の強烈な蛇神信仰や、後述する黄泉の国の物語（第14章）をみれば、それもありうることというべきだろう。

銅鐸の放棄は蛇神雷神信仰の放棄を意味したが、信仰は心の問題だから、破砕された銅鐸と異なり目で確認できない。銅鐸絵画の○頭のなかには銅鐸祭祀に協力的な者もいたので、蛇神雷神信仰の放棄を強制できず、銅鐸の廃棄をもってよしとしなければならなかったのではないだろうか。以後、蛇神雷神信仰は、銅鐸なき蛇神雷神信仰、いわば許容された蛇神雷神信仰として存続したことと思われる。

(13) その他の諸問題

前方後円（方）墳にはまだ多くの謎がある。いくつかの問題を考えてみよう。

まず出現期の巨大古墳が、なぜ纏向遺跡に出現したかという問題である。纏向遺跡の選地理由については合理的な理由を見いだせない。鉄製農工具が普及せず、表流水に頼るほかなかった農村風景のなかに突如として纏向遺跡という宗教都市が生まれ、纏向型前方後円墳という先駆的な前方後円墳がつくられた。今でも便利とはいえない奈良盆地が、当時交通の要衝だったとか、物流の結節点だったという主張には従えない。そうであれば、唐古・鍵遺跡などより早く開発され、4世紀で途絶することはなかっただろう。奈良盆地の奥まった一角が選ばれたのは、現代の目から見て非合理な理由、例えば漢代に流行した占地（相地）術によって〝盆地の山際〟という地形が選択された可能性を考慮すべきだろう。

つぎに、先駆的な前方後円墳が、なぜ各地に波及したかという問題がある（図73）。前方後円（方）墳という祭式が普及したのは、それ以前に、墓地に祖霊と土地神を招く習俗が普及していて、それが前方後円（方）墳という祭式を受けいれる素地になったことがある。しかしそれ以上に、造墓者が倭国争乱に参加していたという可能性を留保すべきだろう。先駆的な前方後円墳は倭国争乱の時代に倭国争乱の地で創始され、争乱に参加した有力者が、この墳形を故郷にもたらしたという可能性である。

つぎは特異な墳形で、後円（方）部を出自の表現とすると、例えば西山古墳（図74参照）の墳形を説明できる。西山古墳は前方後方形の基盤の上に前方後円墳がのっている。前方後方形の基盤は被葬者の出自を示しているが、被葬者に前方後円墳の家系の血がまじっていれば、墳形を前方後円形に変更する理由がある。墳形は属人的なもので、被葬者が2つの血を引いていれば2つの墳形が出現してよい。地域の最初の古墳が前方後方墳ではじまるものの、次代から前方後円墳にかわる現象も同様である。西山古墳は有力者間の通婚の結果を示すもので、このころ有力者の子は同族的擬制関係を実現するための手段だった。

最後に、古墳時代の終わりごろになって前方後方墳が増加する理由である。墳形は出自（血統）に規定されるから、円形の血筋が途絶え、あるいは方形の血縁者を当主に戴くと前方後方墳が復活する。いわば民族主義的な復古運動で、虎塚壁画もこの流れにある。ヤマト王権は、地方のこうした動向に危機感を抱いたことだろう。記紀神話では、王権は出雲の宗主権を奪って成立したとされているので、とりわけ出雲の動向に無関心ではいられなかった。出雲国造の代替わりごとに朝廷に出向いて臣従を誓う出雲国造（いずものくにのみやつこ）神賀詞（かむよごと）も、こうした文脈に置くとよりよく理解できる。

2　王塚の条線論

（1）台形壇の嵌入

王塚玄室の右壁に不可解な条線があった。短いタテの条線と、比較的長いヨコの条線である。これらの条線は、前方後円墳の構造に関係すると考えた。王塚古墳は盾形の周濠をもつ全長約８６ｍの前方後円墳で、墓主霊マークの盾を周濠の輪郭線にしている。盾形の周濠は、祖霊・墓主霊と土地神で構成される他界を墓主霊マークの盾で守護する趣旨で、古墳美学の到達点を示している。

墳丘想定復元図（口絵 図9）の平面図では、後円部・前方部とも2段築成で、上段下段とも円形の後円部に二等辺三角形の前方部が接合している。葺石は上段にだけ貼られていたので、下段は基盤を意図していると考えられる。そこで、台形壇は上段を基準とし、上段の前方部を上段の後円部に嵌入（延長）して想定上の台形壇をつくる。

この作図からつぎのことがわかる。平面図で見ると、玄室は後円部の頂部平坦面の内側に収まる（嵌入した台形壇のなかに収まる）が、前室や墓道ははずれる。横穴式石室の玄室を後円部の平坦面の下につくること、すなわち玄室が想定上の台形壇に重なることをたんに習慣とみる説もあるが、前方後円墳築造上の約束事とみるべきだろう。先にみた五条野丸山古墳が、前方部をやめて円墳としてつくりなおしたとすると、この約束事は後円部ではなく前方部に由来することがわかる。つまり五条野丸山古墳は、前方部を無意味化したために、玄室を後円部平坦面の下につくらなくてもよくなった。

他方、立面図で見ると、後円部の頂部平坦面は想定上の台形壇の上にあって、想定上の台形壇のなかに収まらない。これは後円部頂の平坦面が祖霊の座で、土地神の座でないことを確認するものである。以上を要約すると、王塚玄室は想定上の台形壇のなかにほぼ収まるが、後円部頂の平坦面はそれに収まらないという状況になる。これらの点に留意して右壁の条線にアプローチしてみよう。

（2）玄室への入場

王塚玄室の四壁の図像と霊魂の関係は、つぎのとおりである。

①　前壁　上下2段に靫（抽象的な祖霊）
②　右壁　袖石寄りに盾（抽象的な墓主霊）。ただし、盾の背後に三角文はない
③　左壁　袖石寄りに2つの靫（2人の子の父母を誘導してきた祖霊）と上段に祖霊成りした墓主霊。
　下段に上段から移行してきた祖霊
④　奥壁　靫（抽象的な祖霊）、輪郭線の靫（最高神）
⑤　四壁の背景に三角文（土地神）

ここでも五郎山と同じように〝これらの霊魂はどのようにしてこの玄室空間に入場したか〟という問い

を立ててみよう。古墳は人工的な他界で、玄室壁画は招きよせられた霊魂によって成立していた。はっきりしているのは2人の子の父母で、船で玄室に入場した（左壁）ので、この2人は検討対象から除外できる。④の「輪郭線の靫」は祖霊と土地神に還元されるので、これも検討する必要はない。

すると残る検討対象は、2人の子と祖霊のほか、②の盾（右壁の抽象的な墓主霊）と⑤玄室の四壁に広がる三角文（土地神）になる。2人の子と祖霊の運搬手段は副葬品の馬具に関係するので、副葬品論（第4節）で後述しよう。

（3）条線の意味

まずタテの条線。右壁には、墓主霊を意味する盾と土地神の三角文の間に、3～5条からなる線が5ヵ所ほど描かれ、そのなかに1ヵ所だけタテに伸びる短線があった。タテの条線は壁画の限界まで描かれているので、描き手は、この〝つづきが外にある〟ことを示唆していると考えた。これは抽象的な墓主霊が玄室の外から玄室に到来したことを表現するもので、墓主霊たちはこの条線の上あたりから玄室に進入したと示唆している。

では、なぜこの場所（右壁の袖石寄り）なのか。それは、この部分だけが想定上の台形壇と重ならない可能性があるからである。右壁の袖石寄りの外は純然たる後円部で、四壁のうちこの箇所だけが円丘の外表に近接し、その他の壁面はすべて想定上の台形壇のなかに収まる。この箇所だけに土地神の三角文がないのは、この部分が墓主霊・祖霊の領域だからである。こうした解釈は、後円部のなかに想定上の台形壇がすっぽりと嵌入しているとイメージすることによって可能になる。

つぎはヨコの条線である。右壁図の全体は、抽象的な墓主霊たちが袖石寄りの天井の外（後円部の外表）から玄室空間へ落ちこんできて、そこであたかも手をつなぐように滞留し、ひとりずつおそるおそる土地神の領域へ進み、それを土地神が迎える状況と考えた。地下世界を支配する土地神は忌憚すべき存在で、この描写はその近寄りがたい感覚を表現している。

タテの条線は、抽象的な墓主霊が玄室の外から進入した経路を示していた。墓主霊は、上から降りてきて滞留し、そのあと三角文のなかを３つの盾（３人の墓主霊）が順次右横に進む。横に進むためには、そのための通路が必要になる。つまりヨコの条線は、抽象的な墓主霊たちが〝これから進むべき道〟で、３人の墓主霊が下方からおずおずと進む光景は、この通路の縁（へり）を、文字どおり、へりくだって進む様子を表現している。しかし、条線の含意がこれで尽きたとは思えない。その理由は、右壁に多用された白色の三角文を説明できていないからである。白色の三角文で思いつくのは、これが外表の明るさで、右壁は現世を反映しているのではないかという推測である。

（４）玄室と土地神

つぎの設問は〝土地神はどのようにしてこの玄室に進入したか〟である。弥生の土地神（雷神）には運搬手段として船があった。壁画に、土地神の運搬手段と解すべき図像は存在しない。しかし描き手は、（右壁の袖石寄りを除いて）四壁に三角文を充填し、ここが土地神の領域であることを強調している。

これは、玄室のほぼ全体を土地神が覆っている状態で、前方後円墳の設計理念もここにある。つまりここは、後円部に嵌入した想定上の台形壇のなかで、そもそも全体が土地神の座だから運搬手段を描く必要がなかった。王塚の描き手は古墳の設計にも関与し、石室の配置を念頭に置いて、石室を構築する前に壁画を描いている。それゆえに、前方後円墳の設計理念と壁画のテーマを連動させることができた。王塚の描き手にして可能だったと思わざるをえない。

（5）抽象的な墓主霊の意味

これまでみてきたところ、王塚の描き手は、いわば完全主義者の風貌を備えていた。その完全主義者が、なぜ右壁のような中途半端な盾を描いたのだろう。これは、中途半端な墓主霊を誰にあてるかという問題でもある。回答のひとつは、遺骸ではなく墓主霊という〝霊魂の追葬〟を描いているという想定である。盾の墓主霊は途中経過のように描かれたので現実の墓主霊（被葬者霊）ではなく、抽象的な墓主霊と考えた。赤で縁どられた3人の墓主霊（3つの盾）は、左壁の2人の被葬者霊が祖霊成りする可能性があるのに対し、彼らにはそれが予定されていない。

視点をかえて、五郎山の墓主霊の世界（図Ⅱ）にいた被葬者霊とは異なる「両手をあげる小さな人物」や「頭上に壺をのせる人物」を考えてみよう。この2人は、墓内で祖霊祭祀に励み、あるいは宴会の準備をしていた。王塚や虎塚にも被葬者のほか祖霊や土地神がいるのに、この2人に相当する人物がいない（2人の墓は五郎山古墳とは別に存在したのだろう。にもかかわらず五郎山の玄室に参加している）。

こう考えてくると、盾の墓主霊にどんな人物を想像すべきだろう。この玄室に進入してくる以上、4人の被葬者とは赤の他人ではありえないとすると、それは主たる被葬者（人物A・Bの父母）の縁者、あるいは彼らと生活をともにした従者（使用人）である。これらの人物は将来亡くなり霊魂になると、この玄室に進入して、生前と同様、被葬者とともに暮らす。つまりこの盾は、墓外から進入する〝将来の墓主霊〟を描いている。白色の入れ子をつけられた盾は、サンプルとしての赤の入れ子の盾とは逆に、彼らがまだ生きていることを示唆している。地表の明るさを示唆する白色の三角文が多用されていることもその傍証になる。完全主義者の面目躍如というべきだろう。

（6）9つの赤彩円文

他方、虎塚の右壁はどうか。虎塚右壁では、抽象的な9つの墓主霊は、出入口寄りに描かれた墓外の「夫の字家屋」の屋根裏から馬（アブミ）で玄室に到着した。この筆致に、中途半端とか未完成といった風情はない。虎塚の描き手も、おそらく霊魂の追葬のあることを描きたかったのだろう。左壁には右壁のような被葬者を特定する身のまわりの品々（ネックレス等3点セット）がないことが傍証になる。しかし悲しいかな、彼に王塚の描き手ほどの技量がなかった。王塚玄室の四壁や袖石では、すべての絵が連動し一個の物語になっているのに、虎塚の3つの壁画はそれぞれ独立しているように見えるからである。

しかし、虎塚の描き手のために起死回生の一手を試みよう。それは、9つの赤彩円文が〝生きている目〟を描いているという想定である。赤彩円文は将来の墓主霊だから、まだ生きている。では、最高神である2つの蛇(じゃ)の目(め)はどうか。むろん生きている。五郎山の祖霊や墓主霊は、生き生きと活動していた。玄室に集合した霊魂は、この世界ではみな生きている。この被葬者は、死後を生ける大蛇（蛇神）のもとで暮らすことを理想としていた。ヘビの苦手な人にとっては戦慄すべき状況になるが、蛇神信仰の黄泉の国なら、ありうることといえる。

蛇の目について、もう一歩踏みだしてみよう。奥壁の2つの目を1人の蛇神の目とすると、9つの赤彩円文はどう考えるべきだろう。9という数が落ちつかない。そこで、唐古・鍵遺跡出土の「屋根にのぼる2人の人物」（図41）を参考にしよう。2人の頭部は小さな円になっていた。これを目とすると、上の人物は3つ目、下の人物は2つ目のように見える。この2人は夫婦または兄妹と考えた。大柄の2つ目を男神とし、3つ目を女神とすると、9つの赤彩円文を3つで1人、計3人と考えることができる。つまり虎塚では、奥壁の蛇神を男性で、将来参加する墓主霊を3人の女性で表現している。王塚右壁の赤で縁どられた盾も3つで3人の墓主霊を意味していた。虎塚が王塚を模倣していれば、数でも一致することになる。

虎塚右壁を整理しておこう。虎塚右壁は王塚右壁を模倣していて、9つの赤彩円文は将来玄室に参加する3人の墓主霊を描いている。赤彩円文の中央下の1隻の船は、霊魂の運搬手段の意ではなく、赤彩円文が霊魂であると解説する符号である。将来の墓主霊も出入口寄りに描かれた家の屋根裏からアブミ（馬）で玄室に到着するように描かれたので、被葬者霊と誤解されるおそれがある。そのため描き手は、9つの円文を赤彩して、まだ生きている目であると解説した。右壁の家を左壁の家と同じとすると、この3人はひとつ屋根で暮らした被葬者の縁者または従者などと考えることになる。

王塚と虎塚が異なるのは、王塚の将来参加する墓主霊に運搬手段が描かれていないのに、虎塚ではアブミ（馬）という運搬手段が描かれていることである。王塚の描き手が運搬手段を描かなかったのは当然で、彼らはまだ玄室に到着していないからである。虎塚では運搬手段を描いたため、まだ生きていることを赤彩円文で強調せざるをえなかった。描き手には、神々や霊魂は〝墓中で生きている〟という認識があり、これは後述する「黄泉の国の物語」（第14章）の他界観と共通の土台に立っている。

他方、王塚・虎塚と五郎山には共通点がある。それは、右壁（五郎山では図Ⅰ）は現世で生者の世界を、中央（五郎山では図Ⅱ）は遺骸を安置する平坦面で墓主霊の世界を、左壁（五郎山では図Ⅲ）は祖霊の世界を描いていることである。

（7）追葬への欲求

王塚や虎塚の右壁は、将来、被葬者ゆかりの墓主霊が玄室に参加すること、つまり霊魂の追葬を描いていると考えた。もうひとつの答えは、将来の現実の（遺骸の）追葬を描いているという考えである。それは、北部九州の前期古墳に〝追葬を予定する〟竪穴式石室が存在するからである。佐賀県の経塚山古墳（唐津市）で、その様子を辻田淳一郎さんによって要約しよう（「北部九州の前期古墳における竪穴式石槨と葬送儀礼」九州大学学術情報リポジトリ　２０１０年）。

（経塚山古墳は）唐津平野の東北部に位置する。標高約50ｍの丘陵端上に作られた径27ｍの円墳で、主体部に竪穴式石槨を用いている。江戸時代に墓地として利用されていたことにより大きく攪乱を受けている。墓壙は6・1ｍ×4ｍで、2基の棺床を設置しようとした形跡があるが、後述するように竪穴式石槨が構築されたのは南東側の棺のみである（図は省略）。南東側の木棺は長さ4・15ｍ、幅0・7ｍで、断面U字形の粘土床を持つことから割竹形木棺と推定されている。（中略）

主体部（南東棺）は墓壙を一段掘りくぼめた上に粘土床を設けている。（中略）北西棺については同一墓壙内に南東棺と同様に一段深い掘り込みを設けているが、粘土棺床は敷設しておらず、実際には棺の搬入も含めた埋葬行為は行われなかったものと想定されている。ただし、同一墓壙内に2つの棺を設置するスペースを当初から用意している点では、いわゆる墳丘併葬や追葬の出現を考える上でも重要な事例といえよう。蒲原宏行氏は本古墳の事例について、こうした「追葬への欲求」ともとれるあり方が、谷口古墳のような竪穴系横口式石室を生み出した可能性を指摘している。（後略）

北部九州の前期古墳に追葬を予定する古墳が存在すれば、後期古墳に将来の追葬を描く壁画が出現しても不思議ではない。しかし、王塚や虎塚の被葬者は個性的だから追葬はなじまない。王塚の場合、枕石や屍床の数は4体分しかないから、もともと追葬を予定していたとは思えない。かりに現実の追葬があれば壁画の趣旨は大きく損なわれてしまうことになる。

経塚山古墳と王塚・虎塚の共通点は、追葬のあることを予測させながら、現実の追葬はなかったことである。これをどう考えるべきだろう。手がかりは王塚右壁の将来の墓主霊で、祖霊成りが予定されていないことから被葬者の縁者または従者と考えた。王塚古墳の造営は一族総出で行われ、分家筋や従者も参加したことだろう。すると完成した古墳を主家（しゅけ）が独占することになる。造墓者はこれに配慮したのではないだろうか。つまり、古墳時代後期になって集団墓が普及してくると、一族の汗の結晶ともいえる古墳を一家族が独占することは、祖霊や土地神の非難に値すると信じられるようになり、いわばその弁明として追葬のありうることが描かれたという想定である。

王塚と虎塚の右壁は、霊魂の追葬とも遺骸の追葬とも解することができる。あるいは、遺骸の追葬（前期古墳）から霊魂の追葬（後期古墳）という変化も想定できる。問題の提起にとどめ、読者の追考にゆだねたい。

王塚右壁の袖石寄りだけに三角文がない理由を追求してここまできた。結論は、前方部が後円部に嵌入しているというイメージなくして三角文不存在の理由を説明できないこと、ひいて王塚右壁の全体を解釈できないということである。

3 「家」論

(1) 墳頂の家形埴輪群

古墳時代前期の終わりごろから中期のはじめにかけて、後円部頂に家形埴輪を立て並べる様式が普及する。考古学が、これを豪族居館（または被葬者霊の依り代）と考えていることは前述した。和田晴吾さんは、それをつぎのように要約している（「古墳の他界観」『国立歴史民俗博物館研究報告第152集』2009年）。

後円部頂上中央の埋葬施設の上には、方形壇を中心に方形埴輪列が樹立され、その中心に家形埴輪群が置かれ、周辺には蓋(きぬがさ)・盾・靫・大刀形埴輪などの器財形埴輪が配された。埴輪群全体の中心は家形埴輪群で、それは複数の異なる型式の家形埴輪から構成された首長の居館を表現したもので、他は、家形埴輪群を邪悪なものから護るために配された武器・武具類、および権力者や貴人の身辺やその建物を護り権威づける道具類からなっている。（後略）

これを一読すれば、壁画解釈の定説と同じ発想に立っていることがわかる。守るべきものは家形埴輪の首長居館で、それを盾や大刀で防御しているという辟邪の発想である。しかし、弥生の建物絵画や古墳壁画を見た目からは別の視界が開かれる。

① 家形埴輪は、神々の住まいを表象している。
② キヌガサ形埴輪や大刀形埴輪などは、神々の存在を示唆している。
③ 盾形埴輪は、家形埴輪で表象される神々を墓主霊が守護する趣旨である。
④ 墳頂の家形埴輪を中心とした一群は、墓主の埋葬後、頂部平坦面で行われた儀式が終了し、墓として完成したことを意味する記念碑的な造作である。家形埴輪群は神々の常在を暗喩するもので、家形埴輪を対象とした儀式が行われたわけではない（この点、後述する）。

鳥船塚や虎塚で、大刀や靫は祖霊を指示する文様と考えた。盾は墓主霊に配当された（ただし、東北壁画では弓矢も墓主霊に配当された）。盾は、はじめ表を外に向けて配置されたが、その後、裏を外に向けて配置するケースが出てくる。前者は祖霊を防御し、後者は祖霊を仰ぎ見るもので、祖霊への畏敬の念を表現することにかわりはない。

家形埴輪は弥生の建物絵画や家形土器の系譜にあり、建物絵画の建物を埴輪につくると家形埴輪になる。つまり家形埴輪は、弥生の祖霊信仰や土地神信仰に由来している。例えば、土地神の住まいを表象する家形埴輪のルーツは弥生の建物絵画にある。片流れの屋根をもつ建物や切妻風の建物で、中霤から生まれた中室を起源にするものもある。それは、西都原古墳群１７０号墳から出土した、いわゆる子持ち家形埴輪である。中霤という空間を間仕切りして一個の部屋にすると中室になる。埴輪工人は中室を「中央の家」と考えて、四方に家を配した。

家形埴輪でイメージされた神々は祖霊と土地神である。両者が重なりあって一体化した氏神の家（入母屋造）もありうることは前述した。家形埴輪の表象する神が祖霊か土地神か、一人住まいか共住かなどは家形埴輪の種類と配置によって異なる。

壁画解釈で王塚や虎塚の被葬者は、祖霊や土地神の風下に立つ無名の存在だった。五郎山や虎塚で被葬者の家は切妻か寄棟風で、高床式建物ではなかった。家屋文鏡でも被葬者の家は竪穴住居だった。その被葬者が後円部頂という最高峰に、しかも高床式という神殿形式で位置づけられるはずはない。古墳時代の有力者の住まいは考古学が考えるよりはるかに質素で、それを墳頂に飾るほど厚かましくはなかった。

つぎに具体的な埴輪配置で、家形埴輪群が祖霊と土地神の家で構成されていることを論じよう。

（2）赤堀茶臼山の家形配置

5世紀の中ごろから後半の築造とされる群馬県伊勢崎市の赤堀茶臼山古墳（帆立貝式古墳。全長約62m）では、後円部頂から8棟の家形埴輪と1個の囲形（かこいがた）埴輪が出土した。この埴輪群は主屋（おもや）と納屋などに分類され、豪族の屋敷配置を模したものと解されている。しかしこれは、虎塚左壁の天秤図のような〝判じ物〟で、豪族居館などのミニチュアを展示したものではない。小笠原好彦さんの復元案（図75）によって検討しよう。

建物は中央の列に4棟と囲形があり、両脇の列にそれぞれ上下2棟ある（以下「中央列」、「脇列」などという）。公表されている復元案のうち小笠原案に一理あるのは、つぎのようなルールを内包しているからである。

① ひとつしかない形の建物は、２つ以上ある建物より重要である。
② 最も重要な建物は、それなりの徴表を備えている。
③ 重要な建物は中央列に置かれ、そうでない建物は脇列に置かれる。脇列に置かれた建物は、中央列の建物を補足する資料である。

こうしたルールに従って８つの建物に符号をつけよう。符号は、うしろ（上）から順につける。

まず、ひとつしかない中央列の一番上の建物をX、その下ひとつ飛んで最も小さな建物をY、その下の鰹木をのせる建物をZとする。最前列の囲形は、最も小さな建物Yにすっぽりとかぶせる（その理由は次項で後述する）。ひとつしかない建物X・Y・Zのうち、最も重要な建物は鰹木をのせる最大の建物Zである。

複数ある建物はひとつしかない建物を説明する資料で、中央列の上から２番目の建物をA１とし、脇列上段左右の建物はA１

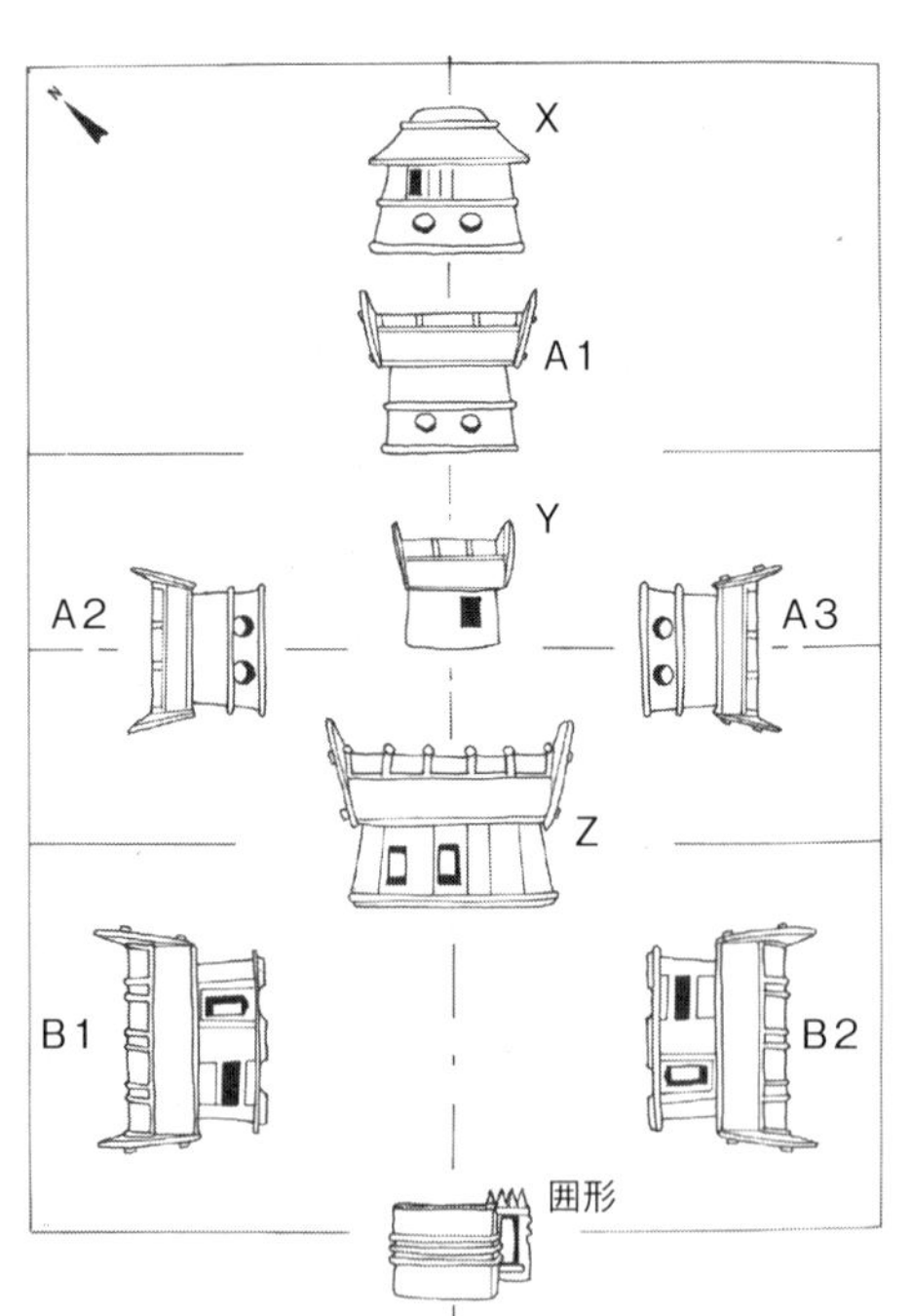

図75　赤堀茶臼山古墳の埴輪配置（小笠原復元案）

と似ているので、A2・A3とする。脇列下段左右の2つの建物をB1・B2とする。こうして符号をつけると、この建物配置は、ひとつしかない建物X、Y（+囲形）、Zの物語になり、それを脇役である建物A1・2・3と建物B1・2が補足するという構成になる。

建物配置でつくる物語には、これまで提案してきた仮説を適用する。また、平側を見せないと鰹木の有無がわからないので、建物はすべて平側を見せるように配置する。

④ 寄棟風建物Xは祖霊の住まいで、戸がひとつあるので1人の祖霊が住む。

⑤ 最も小さな切妻風建物Yは土地神の住まいで、戸がひとつあるので1人の土地神が住む。

⑥ 鰹木をのせる切妻風建物Zは、もともと土地神の住まいだが祖霊も共住することができる。この建物には戸が2つあるので、土地神と祖霊の2人が住む（これが物語の結論になる）。

この配置の語る物語を図式化すると、つぎのようになる。

建物X（祖霊）+建物Y（土地神）・囲形＝建物Z（祖霊+土地神）

つまり造墓者は、赤堀茶臼山古墳の後円部頂に土地神と祖霊を招きよせたと主張している。建物Zは、建物Xと建物Yを足し合わせたもので、そのことを〝2つの戸〟で示した。建物X・Yの戸はひとつで、それぞれ1人の神が住み、建物Zに2つの戸をつくって、ひとつ屋根の下に2人の神が入ったと主張している。

つぎに建物配置を復元する（図76）。建物配置は、平側を見せるように横向きに置く。中央列にくるのは建物X・Y（+囲形）・Zである。前後の並びは王塚の「輪郭線の靫」を参考にする。王塚玄室奥壁図を3次元的にみると、後列に三角文の土地神がいて、中列に靫の祖霊、前列に輪郭線の靫が置かれるはず

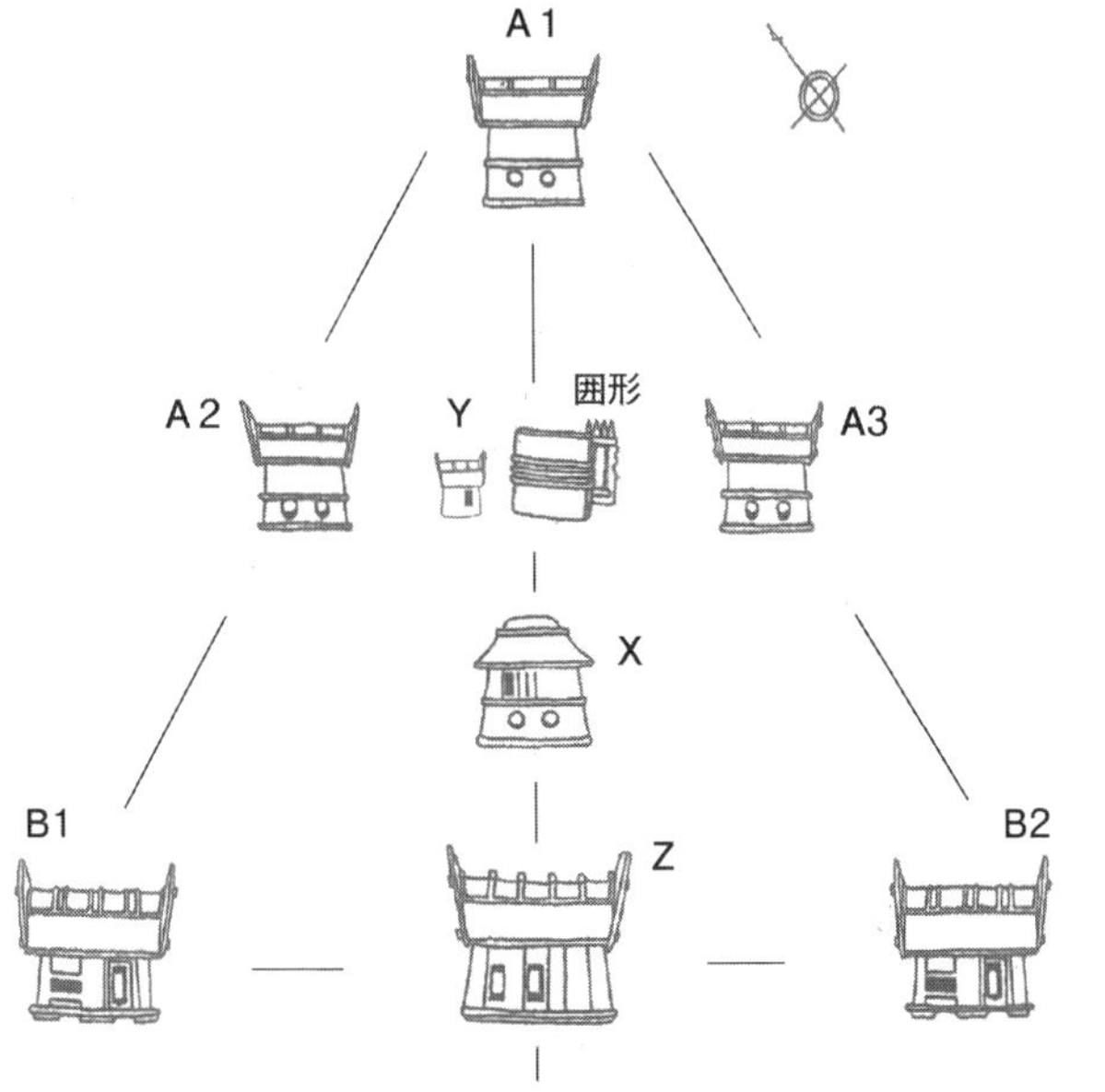

図 76　赤堀茶臼山古墳の埴輪配置（筆者試案）

である。すると建物配置はうしろから順に、土地神の建物Y（＋囲形）、祖霊の建物X、両者がともに住む建物Zになる。

脇列にくるのは、切妻風建物A１・２・３と建物B１・２である。建物A１・２・３には、平側に戸がない。これは建物の存在じたいに意義があることを示している。つまり戸や窓をつけると混乱するので省略された。そう考えると、この条件に適合する中央列の相手方は、土地神の建物Yである。土地神の座は中霤（中室）だから、両脇に建物を置くことで条件を満足する。しかし建物Aは３棟あるので、１棟が余分になる。そこで、１棟（建物A１）を建物Yの背後に置き、両脇に建物A２・３を配置する。こうすると、建物A１は中央列にあるものの最後尾にしりぞくことによって、物語の本筋からはずれる。

切妻風建物B１・２には、戸がひとつと土地神を表象する窓があり、この建物に１人の土地神が住むことを示している。建物B１・２は、建物Zに２人の神が住むことを対比させるための資料である。そこで建物B１・２を脇列に置き、建物Zを中央列の前面に置く。

つぎに具体的配置。まず物語の本筋に関与しない複数の建物群の配置。頂点を建物Ａ1とし、底辺を建物Ｂ1・Ｂ2で三角形をつくる。この三角形のなかに、うしろから順に、ひとつしかない建物Ｙ（＋囲形）、建物Ｘ、建物Ｚを置く。建物Ｙの両脇に建物Ａ2・Ａ3を置き、建物Ｚは三角形の内側に収まるように置く。小笠原案では不徹底の感があった建物Ａ1が背後にしりぞき、ポツンと取り残された囲形は中央列に収まる。この配置では、建物群はＡ1を扇のかなめとして前方部側に開き、すべて平側を見せているので、それなりの存在感がある。

では造墓者は、後円部頂に切妻風建物で三角形をつくり、そのなかに土地神と祖霊の建物そして2神が同居する建物を置いて何をいおうとしているのだろうか。これは〝判じ物〟である。ヒントは、脇役の建物群でつくる三角形が、5つの切妻風建物で構成されていることである。切妻風建物は、もともと土地神の住まいにあてられた。造墓者は、後円部に土地神が存在することを、切妻風建物でつくる扇形の三角形で暗喩した。これは造墓者に、前方部が後円部に嵌入しているという認識があり、後円部で祖霊は、嵌入した土地神と仲良く共住しているといいたかったのである。

（3）「囲形埴輪」論

赤堀茶臼山の家形埴輪群は、よくいえば理念的、率直にいえば虎塚と同じように理屈っぽい。しかしそれだけに、教えられることも少なくない。「家」の議論からはそれるが、囲形埴輪（以下「囲形」という）で、それを確認してみよう。

囲形は周囲の視線を避けることに意義があり、その内側にあるものが忌憚すべき存在であることを示している。囲形に類する造作として、覆屋(おおいや)、垣(かき)、塀(へい)などがある。埴輪で、導水施設や井筒（井戸枠）に覆屋をかけるのは三重県宝塚1号墳（松坂市）、遺跡・遺構で導水施設に目隠し塀を設けるのは奈良県南郷大東遺跡（御所市）、建屋に目隠し塀を設けるのは同県桜井茶臼山古墳（桜井市）の墓上の造作などで、近年、埴輪も遺構も出土数が増加している。

近時の考古学は、導水施設とみられる遺構や埴輪の意義の解明につとめ、聖なる水まつりの場とする説をはじめ、ミソギの場、産屋、トイレなどとする説や、遺体を洗う湯灌などを象徴する施設と解する説など定説をみない。その理由は、囲形などで隠す対象が多種多様で（建屋、導水施設、井筒など）、出土場所が墳頂、造り出し、平地の遺跡などと一定しないからである。

こうした状況のなかで、赤堀茶臼山の囲形は現在も研究者を悩ませている問題である。前述したように、家形埴輪を豪族居館あるいは豪族の死後の住まいとみる説が有力で、被葬者にかかわるものとすることでは諸説一致している。その目で見ると、矮小な建物Yは納屋かトイレにしか見えず、トイレでは不謹慎なので納屋などにあてるほかなかったものと思われる。しかし、納屋を囲形で囲むわけにはいかず、そのため囲形は囲む対象を失い、いわば〝お荷物〟として放置されることになった。

囲形が邪魔物扱いされたのは、家形埴輪群を豪族居館などと考えたことにある。そこで、囲形埴輪で囲むべき建物を考えてみよう。児戯に類する議論で気がひけるが、こういうことである。家形埴輪群の実物（東京国立博物館蔵）を見ると、囲形のなかに収まりそうなものは建物Yしかない。建物Yに戸があり、囲形にも扉があるので、囲形で建物Yを囲っても出入りに支障はない。囲形で囲むべき建物を子どもに選ばせれば、躊躇なく建物Yを選ぶことだろう。それが〝ふつうの目〟だからである。

これまでに提案してきた仮説では、切妻風建物は土地神の住まいで、囲形の扉の上に土地神を表象する鋸歯文が取りつけられているので、両者は、ぴたり適合する。同時に出土した椅子形埴輪には、三角文や綾杉文など前代の文様があるので土地神にあて、甲冑形埴輪は祖霊にあてる。鶏形埴輪は祖霊や土地神などの水先案内人で、神々の到着を示している。つまり造墓者は、墳丘に土地神や祖霊が到着したことを家形埴輪の配列で示したのである。

つぎに豪族居館説に対する反論である。豪族居館説では実際の建物配置を模したものを展示したと考えるので、ふだん住んでいる居館をわざわざ墳丘上に再現したことになる。しかし、家をつくるよりもはるかに多くの労力をついやした墳丘に、矮小化した家のミニチュアを置くことにどれほどの意味があるのだろう。再現されたミニチュア居館は平地からよく見えないので、威信を示すという効果は期待できない。遺族が見たとしても特別な感慨を抱かず、誰が見ても実物の方がマシということになりかねない。

では、家形埴輪群を墓主の死後の住まい（霊魂の依り代）と考える説はどうか。今風にいえば、家形埴輪は仏壇の位牌に相当することになる。この説では依り代が野晒（のざら）しで放置され、墳丘上で追善供養が行われた形跡がないことが難点になる。

こう考えてくると墳頂の家形埴輪群は、豪族の（死後の）居館を展示したものではなく、またそこで埴輪を対象とした儀式が行われたのでもない。後述するように、墓主の埋葬後、墳丘に祖霊と土地神を招きよせる儀式が終わったこと、すなわち墓として完結したことを告知するためのモニュメントである。その目的は人びとに周知することで、もともと墳頂では見えにくいことや、草木の生長によって告知機能が害されると、モニュメントは平地から見やすい場所に移動してくる。古墳がめずらしい存在でなくなると、人びとの関心はその古墳が寿墓か埋葬墓かに向かい、造墓者はその要求に応えたのである。

最後に、文献資料で囲形は社（しゃ）の属性をもつ建物や造作を囲うものであることを確認しておこう。囲形は土地神祭祀の属性といいかえることもできる。

社の性質をもつ対象が垣などで囲われることは、『万葉集』や『古事記』にみえている。

ちはやぶる神の斎垣も越えぬべし今はわが名の惜しけくもなし（２６６３）
（ちはやぶる）神の社の斎垣もきっと越えてしまいそうだ。今はもう私の名など惜しいこともない。
（『新日本古典文学大系　萬葉集三』岩波書店　２００２年）

御諸に　築くや玉垣　築き余し　誰にかも依らむ　神の宮人（『古事記』雄略天皇）
三輪山に築く玉垣の築き残しのように、誰に頼ればいいのか宮仕えの女は。

斎垣（いがき）や玉垣（たまがき）、瑞垣（みずがき）などで囲われる対象は明確ではないが、社の神にかかわるものであることに疑いない。とりわけ『万葉集』では「神の斎垣」と解され、斎垣で囲まれるものが神と明言している。万葉人が生きた7～8世紀や『古事記』編纂時の8世紀初頭に社が存在したことは確実で、それが斎垣や玉垣で囲われていると歌っている。その前代にあたる5～6世紀の古墳時代に、社の原形（切妻風建物、片流れ屋根の家、樋、水槽・導水施設など）が存在し、それが囲形で囲われていたと推測することはむしろ穏当な解釈なのである。

（4）家を模した竪穴式石室

古墳の埋葬施設である石室の構造や棺の形状なども、造墓者の他界観によって決定されたと考えられる。すると、埋葬施設のありようから他界観を推測することができる。墓主霊の座は、遺骸や副葬品の配置などにより棺内か石室空間にある。また土地神の座は石室の封土中にあるので、問題は祖霊の座がどこにあるかである。

石室には、家を模したものと、そうでないものがある。前期古墳では、後円部の最上段に竪穴式石室と呼ばれる埋葬施設がつくられた。高松雅文さんによると、竪穴式石室のつくりは「垂直系統」と「持ち送り系統」に分類され（図77）、両者とも弥生時代の東部瀬戸内に祖形があるとされる。畿内の大型前方後円墳に垂直系統が多いことから、ヤマト王権中枢の石室は垂直系統と推測されている（『古墳時代の考古学3　墳墓構造と葬送祭祀』「木槨と竪穴式石室」）。

石室のつくりは他界観を表現している。持ち送り系統は地震などに対して脆弱で、控え積みなどの手間もかかることから、この工法が意図的なものだったことに疑いない。石積みの壁を内傾させ、断面を合掌形や台形に組む持ち送り系統は、切妻や寄棟の屋根裏をイメージしている。五郎山のキサリモチの持ち送る先がここにあるといえば理解が早いだろうか。キサリモチの習俗が古墳時代前期にさかのぼることは立証できないが、弥生の建物絵画や壁画解釈と持ち送り系統が整合することから、この習俗は古墳時代前期にはすでに存在していた可能性がある。持ち送り系統は、稲吉角田家屋Aなどでみた〝霊魂は高所の屋根裏に住む〟という観念を反映し、祖霊の居場所を示している。

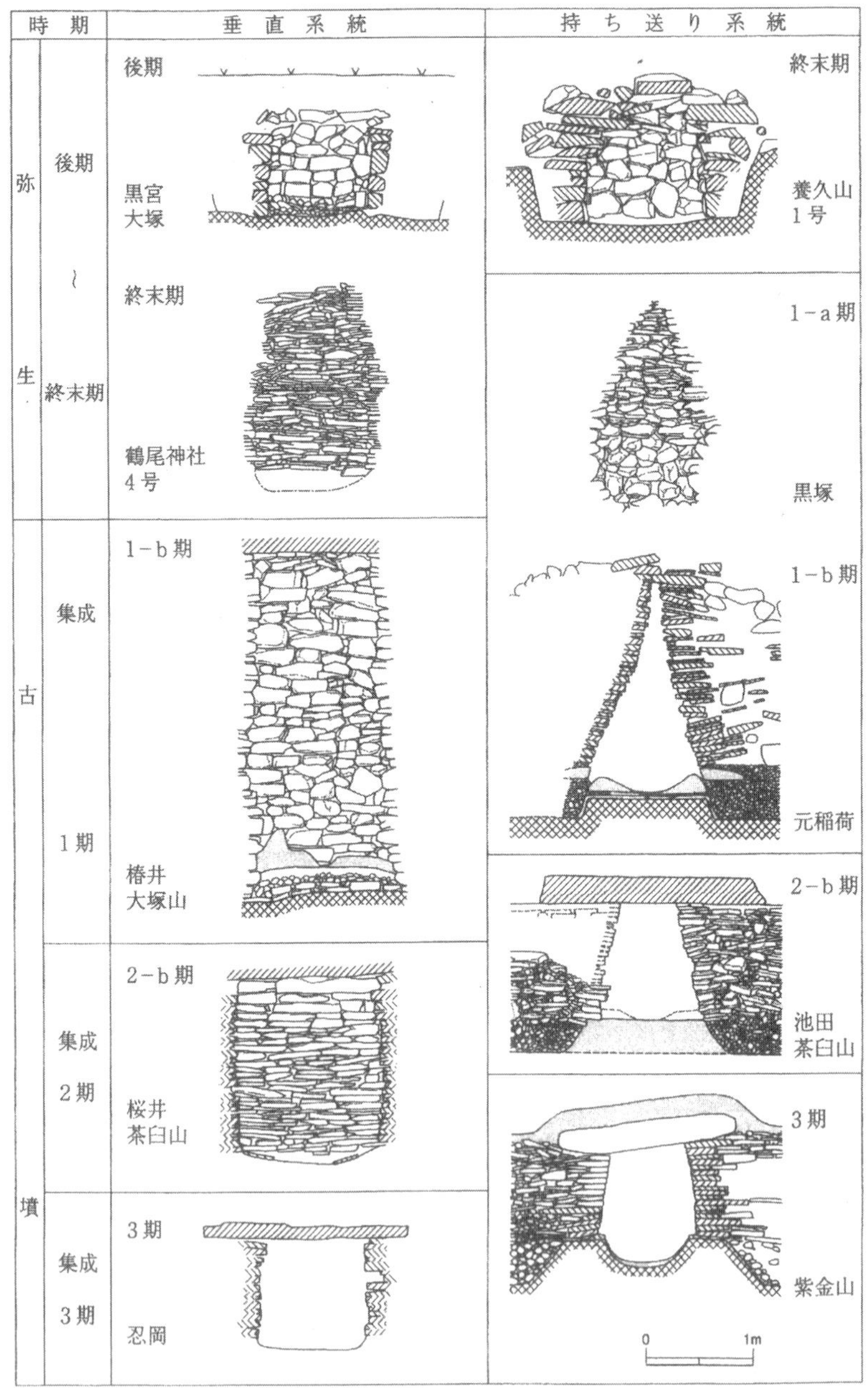

図77　竪穴式石室の垂直系統と持ち送り系統

これに対して、垂直系統は、石室を屋根裏ではなく直方体の箱のようにつくる。前期古墳は墳頂の直下に石室をつくったので〝霊魂は高所に住む〟ことは実現しているといえる。

持ち送り系統の石室では祖霊の座は石室内にあるが、垂直系統の石室では明確ではない。定型化した前方後円墳の属性とされる割竹形木棺では、棺のなかに祖霊の座が存在した可能性がある。参考になるのは前述した滋賀県真野古墳の例で、副葬品は3種（割竹形木棺内、舟形容器内、樋形容器内）に区別されていた。考古学は副葬品を容器によって区別する意義を認めないので、こうした事例の説明に窮する。

この副葬は例外とされているが、原則の変形と考えてみよう。すると1人の遺骸を納めるには長大すぎる割竹形木棺の意義がわかる。つまり、真野古墳の造墓者の調達した割竹形木棺は、前代のサイズよりも短かった。そこで、不足する部分を舟形容器と樋形容器でおぎなった。この想定では、長大な割竹形木棺のなかに祖霊または土地神、あるいは双方の座が存在した可能性がある。後述するように（第4節（2）祖霊の居場所）、畿内型石室では祖霊は家形石棺のなかに封じこめられたので、棺のなかに祖霊の座を設ける習俗は前期古墳にさかのぼる可能性がある。

（5）家を模した横穴式石室

古墳時代後期になると横穴式石室が普及する（図78）。横穴式石室には、墳丘中にまるごと家をつくることを志向するものと、直方体の箱のようにつくるものがある。五郎山でキサリモチが持ち送った霊魂の行き先は、家を模した横穴式石室である。

初期横穴式石室は、4世紀後葉の九州・玄界灘沿岸と有明海沿岸ではじまり、さまざまなタイプが出現

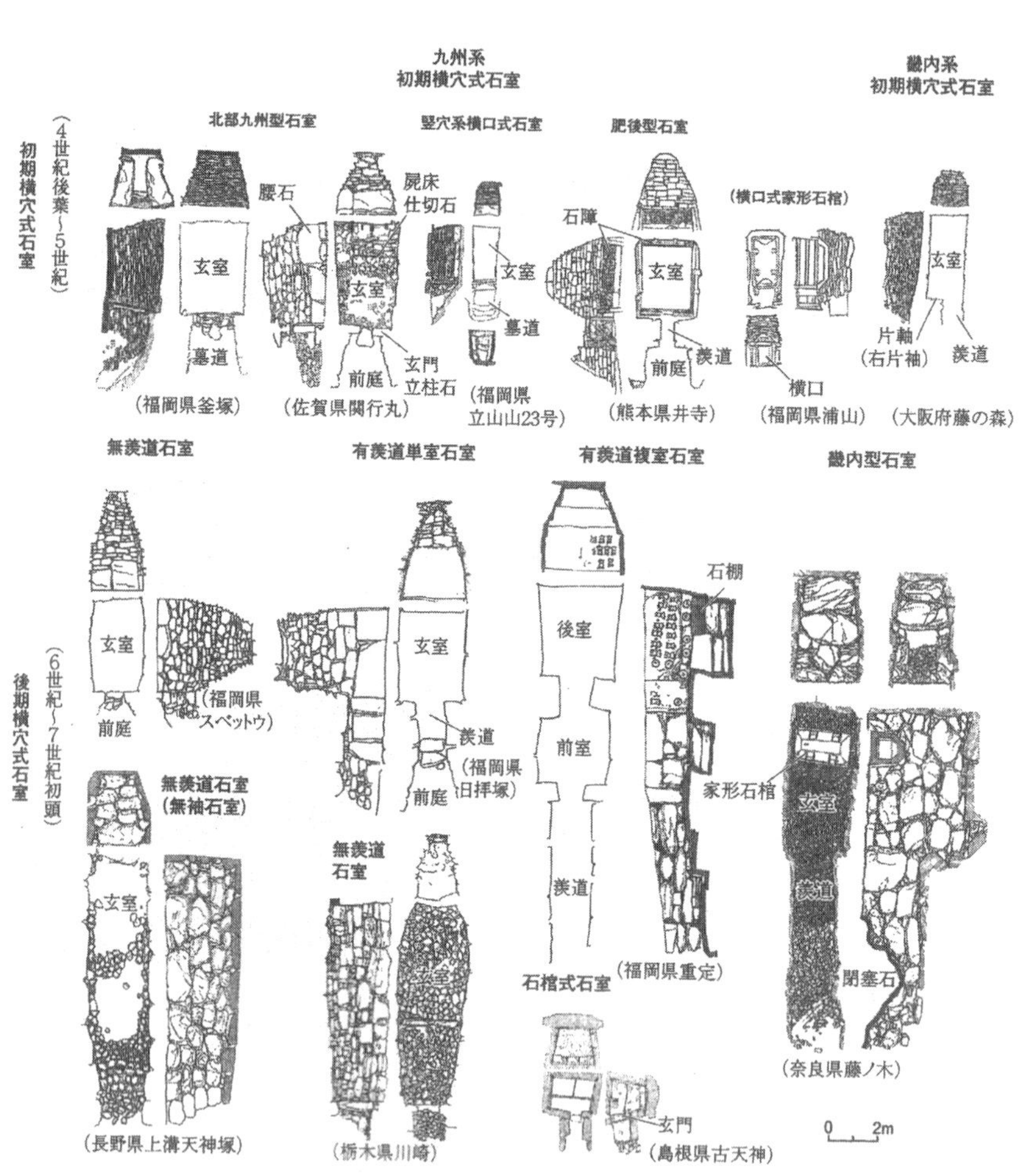

図78　家を模した石室と箱形の石室

した。これらの石室は、6世紀になると九州系石室と呼ばれる特徴を備えるようになる。その概要は、玄室が前壁をもつ、天井は平天井かドーム型で、床面は方形や胴張りで屍床がつくられる、玄室は羨道と区別され、立柱石や楣石（まぐさいし）、梱石（しきみいし）などで玄門をつくり、板石で閉塞する。これを一言でいえば、家をイメージした石室である。五郎山の玄室では、被葬者霊は祖霊や墓主霊とともに家を模した空間で暮らす様子が描かれた。家をイメージした玄室に集合した霊魂は、玄室に浮遊して壁画を見ることができた。

九州系石室は、石室を棺内空間と同義ととらえていたと評されることがあるが、棺の機能は屍床や石障、仕切石、石屋形などに残されている。棺の蓋や側壁は退化するが、それは遺骸から離脱した霊魂を家を模した石室空間に解き放つためで、棺を巨大化したものが石室と考えていたわけではない。

これに対して5世紀中葉になると畿内型石室と呼ばれる石室が出現し、6世紀以降7世紀中葉まで継続する（図78の奈良県藤ノ木古墳、長野県上溝天神塚古墳）。その特徴は、床面が長方形の単室構造で明確な羨道（天井石を架けた墓道）をもつ、天井は平天井、玄門や羨門（羨道の入口）を内側に突出させない、閉塞は羨道内で塊石を積む。これを一言でいえば、棺の保管庫、屋根裏のない箱のような保管庫である。畿内型石室は、密封型の家形石棺や釘付け（くぎづ）木棺などとあいまって、霊魂を玄室に浮遊させない。この点で九州系石室と他界観を異にする。堅固な羨道は外界との連絡を確保するもので、石室が後述する黄泉の国の「殿」ではなく、棺の保管庫とその通路という認識を示している。

畿内型石室が霊魂を石室内に浮遊させないのは、後円部に前方部（土地神）が嵌入していること、すなわち石室が土地神の支配下にあることを前提にしているためと考えられる。墓主霊や祖霊が土地神と遭遇するとどうなるか。漢墓画像石や古墳壁画の他界観では、祖霊や墓主霊は土地神の審判を受ける、また祖霊は土地神と一体化するおそれがある。畿内型石室の登場が九州系石室より遅れるのは、九州系石室の他界観を拒絶したためと考えることができる。

鈴木一有さんは、九州系石室と畿内型石室の分布についてつぎのように指摘している。6世紀初頭から7世紀中葉までヤマト王権中枢で共有された畿内型石室について、「畿内型石室が構築される地域は律令制下の畿内地域とほぼ重なり、その影響下に構築された石室（畿内系石室）の面的な拡散も、畿内外縁の一部の地域にとどまる。畿内型（系）石室の分布圏は、日本列島全体から見れば限定的で、構造的にも他地域の石室との違いが際立っている」。

他方、九州系石室の拡散については「地方形式にみられる九州的要素は部分的で、淵源地の石室との直接的な比較が困難なことから、その情報移入の時期や地域は限定的であると評価されることが多い。しかし、6世紀を通じて本州各地にもたらされた九州的要素は多様で、各要素の導入時期にも時間幅がみられることから判断すると、日本列島内における九州的要素の情報移入は流動的かつ継続的であったととらえることができよう」と指摘し、その例として、壁画装飾の伝播した太平洋沿岸部（常陸北部）、切石胴張り石室が発達する武蔵北部、石棺式石室が首長墓に限定的にみられる下野などをあげる（『古墳時代の考古学3　墳墓構造と葬送祭祀』「横穴式石室」）。この見解に従えば、畿内型石室は、それとは異なる他界観をもつ石室群に包囲されて存在することになる。

（6）棺と他界観

埋葬施設の一部である棺は、時代や地域によって材質や形状が異なる。材質は木棺から石棺へ移行する。

形状は、割竹形木棺、舟形木棺、長持形木棺、組合せ式木棺などに分類され、多くは同名の石棺に変化する。棺もまた他界観によって決定されたと考えられるが、名称がそのまま製作意図を表わすわけではないので、棺の名称から他界観を推測することはできない。木棺から石棺への変化を遺骸護持のためとすれば、畿内型石室は石棺とあいまってその機能を強化することを目的にしているといえる。

木棺で重要なものは割竹形木棺で、畿内の前期古墳では、割竹形木棺などをさらに粘土で被覆し、その下に礫を敷きつめて排水溝を設けた。これは、骨とりわけ頭骨を保全する趣旨で、後述する民俗例にあるように、骨が溶けてなくなると〝孫に生まれかわれない〟と信じられた可能性がある。骨を保全する習俗は、弥生時代中期に北部九州で盛行した甕棺葬で、甕棺の底部を穿孔する例にみられる。

木棺はおおかた腐朽しているので、原形は棺の土台になった粘土棺床の形状などで判断される。このうち先端が舳先のようにカーブし、後尾を垂直につくるものは舟形木棺と呼ばれるが、これは霊魂の運搬手段を棺にしたものである。後期古墳の珍敷塚や王塚、五郎山などでは、霊魂は船に乗って玄室へ到着した。墓主霊がこの船に乗って、さらに古墳外のどこか（例えば四囲の山々）へ旅立つわけではない。五郎山や王塚などでは家を模した玄室が他界で、終の棲家と信じられた。持ち送り系統・九州系石室では、古墳時代を通じて他界は古墳と信じられた。

石棺で重要なものは、家を模した家形石棺である。屋根は寄棟風で、蓋石の内側は刳り抜かれているので屋根裏もある。縄掛突起と呼ばれる蓋石の突出部は、棟木と梁をイメージしている。家形石棺は2種に大別され、近畿に多い刳り抜き式・密封型のものと、九州に多い組み合わせ式（底石がない）・開放型がある。密封型の刳り抜き式家形石棺は、鶴山丸山古墳の蓋絵で予測したように、また次節で後述するように、棺のなかに墓主霊と祖霊を封じこめ、霊魂を石室内に浮遊させないことを目的としている。

家形石棺は、古墳時代中期に舟形石棺・長持形石棺などの後に登場し、その時期は初期横穴式石室の成立時期にあたっている。とりわけ長持形石棺は竪穴式石室の最後の段階で、家形石棺は、それまでの墓室構造が変化する過程で創出された可能性がある。

（7）畿内型石室の理念

畿内型石室と密封型家形石棺の理念を一言でいえば、堅固な棺を守る堅固な保管庫である。畿内型石室のルーツと目されているものに、5世紀後半の大阪府高井田山古墳（柏原市）がある。百済由来の石室で、平面形や羨道、閉塞石などの構造は畿内型石室に似ているが、前方後円墳ではなく円墳で、石棺ではなく釘付け木棺である（百済では、その後も円墳と木棺のセットが継続する）。

この埋葬施設から、わが国固有の家形石棺が創出されたとは考えにくい。百済系石室と畿内型石室のちがいは祖霊の居場所である。百済系石室では棺は墓主霊専用で、祖霊は石室内に存在する。百済系石室では土地神に屈託がないので、被葬者は土地神と祖霊に見守られて眠る。穹窿（きゅうりゅう）（ドーム）状の天井も百済系で、王権中枢はこの他界観を受け入れることができなかった。

前方部の後円部嵌入説では、石室の位置や棺の形状は、祖霊や土地神の座に関係する。垂直系統の石室をもつ前期の大型前方後円墳では、しばしば後円部頂に墓上または墓中の造作がつくられた。桜井茶臼山古墳（桜井市）では目隠しした建屋が、メスリ山古墳（桜井市）では円筒埴輪で庇付きの家がイメージされるとともに持ち送り系統の小さな石室が、佐紀陵山（さきみささぎやま）古墳（奈良市）では円筒埴輪で2棟の中央がイメージされ、石室の直上に家形埴輪が埋め置かれた。目隠し、庇、別室、家の中央といったシグナルは土地神を、家の屋根裏や家形埴輪は祖霊の存在を示唆している。つまり垂直系統の前期古墳では、石室の外に祖霊や土地神の座が設けられた可能性がある。

竪穴式石室では、嵌入する土地神に石室が覆われても、棺内に、あるいは墓上または墓中の造作に祖霊（または土地神）の座を設けることができた。しかし、横穴式石室は地表近くに造営されるため、石室を取りまく封土全体が土地神の支配下に入り、祖霊の座を墓主霊の近くに設けることができなくなった。そこで造墓者は祖霊の座に腐心し、横穴式石室への過渡期に家形石棺を案出したのではないだろうか。垂直系統の石室を引きついだため、直方体の石室と家形石棺という組み合わせが生まれたという想定である。

他方、北西部九州でも福岡県石人山古墳（広川町）に家形石棺が配置されるが、持ち送り系統の石室の屋根を引きついだため、屋根が石室と棺に二重に存在することになった。そこで重複する家形石棺の屋根が不要と意識され、徐々に石屋形や石障に変化したという想定である。こうした発想は、前方後円墳という墳形と石室や棺の形状などを無関係と考える考古学では理解不能になる。

考古学の先達である小林行雄さんは、今から70年以上前に、家形石棺に「家葬」（家に葬ること）という観念が存在すると指摘している。家葬観念からみると、九州系石室では石室に家葬観念が拡大し、畿内型石室では家形石棺に家葬観念が凝縮された。宗廟との関係を問わなければ、九州系石室の他界は石室で、畿内型石室の他界は石棺のなかという帰結である。

4　副葬品論

（1）副葬品の宛て先

古墳の副葬品の性格については諸説あるが、考古学の大勢はすべて被葬者にかかわるものと解し、和田晴吾さんはつぎのように要約している。

前期前葉の古墳の副葬品は、基本的に、鏡、武器類、農工漁具類から構成されていて、時には、これに玉類や武具類が加わる。それらは宗教・政治（鏡、玉類）や戦争（武器・武具類）や生産（農工漁具類）の道具で、被葬者である首長が生前に担っていた社会的諸機能・諸権益を象徴するもの、言い換えれば、首長の地位を保証する象徴的な品々であった。したがって、それらを首長の遺体とともに副葬する意味には、首長が首長として死に、死後の世界においても現世と同様、首長としてありつづけるという思いがあったものと思われる。（前掲書）

この立場では、副葬品は被葬者の生前の地位を象徴するもので、副葬によってその地位が死後の世界で保証されることを期待するものである。しかしこの説では、被葬者の生前の地位は、墓誌（名前、没年、生前の役職、功績などを記したもの）によって簡単に説明できるのに、それがないことが難点になる。また副葬品は、副葬によって目的を達するので、副葬の時点で現世との関連を失い死蔵になる。刀剣や馬具のなかには丹精こめた逸品が少なくない。死蔵されるものに、なぜ惜しみなく財をつぎこんだのかが疑問になる。

学説の大勢に対して松木武彦さんは、副葬品で重要なものは棺外副葬で、古墳の意義が解明されていないことを前提として「棺外副葬は古墳の意義に直結する」と指摘する（前掲書）。以下、その論旨を追ってみよう。

弥生時代の墓や過渡期の前方後円形墳墓では、1~数面の鏡と1組程度の刀剣、玉飾りのセットが、遺骸とともに棺のなかに納められた。古墳時代になると、「棺の外」にも副葬品が置かれるようになる。棺内の副葬品は「質・量ともにきわめて限られた、ごくわずかの品々」で、これは弥生時代の傾向を引きついでいる。これに対して棺外には、例えば「黒塚（くろづか）古墳では25本以上の刀剣が、雪野山（ゆきのやま）古墳では5本以上の剣およびヤリ、青銅製や鉄製の矢尻をつけた矢の束、それを収めた矢筒が、棺をとり囲むように並べられていた。農工具は、棺外でも遺骸の足元の方向にまとめて置かれていることが多い」。

注目されるのは、「武器のたぐいが大量に並べ置かれるのは、棺の外側、すなわち木棺と竪穴式石室の壁の間の空間」という点である。そして「棺外、すなわち長大な木棺と竪穴式石室の壁のあいだの空間に、武器や農工具や三角縁神獣鏡をたくさん並べ置く慣わしこそが、古墳の祭祀として新たにはじめられたことであり、弥生の墳墓と古墳の違いを、ひいては前方後円墳をその冠たるものとする古墳そのものの意味を、じかに反映していることになる」。北部九州では、早い段階から銅剣を甕棺の外に置く習俗が存在し（福岡県三雲南小路（みくもみなみしょうじ）遺跡）、古墳時代になると副葬品の置き場所を明確に区別するようになる。棺内副葬と棺外副葬を比較して、棺外副葬が古墳の意義に直結すると推理する松木さんの論旨はエキサイティングである。

（2）祖霊の居場所

家を模した九州系石室では祖霊は石室内の空間に存在したが、畿内型石室では石室のどこに祖霊が位置するかが不明だった。それがわかる稀有の例がある。

奈良県藤ノ木古墳（6世紀後半の円墳）では、畿内型石室（図78）に家形石棺が置かれ、2人の遺骸が収められていた（図79）。遺物は石棺内に、底に浅く水につかった状態で閉じこめられていて、丹念な同定作業を経てほぼ完全に復元されている。被葬者は2人で、ともに死装束に包まれていた。副葬品の出土状況はつぎのとおりである。

石棺内に銅鏡4面、大刀5、剣1、刀子6があり、石棺外に馬具が3セット、武器（鉄刀1、多数の鉄鏃など）、ミニチュア農工具（多数のヤリガンナ、斧、刀子、鑿、鎌、鋤）、多数の玉などがあった。不思議なことに、3組の馬具についていた歩揺（ほよう）はすべて馬具からはずされ、石棺内の遺骸の上に3つの分布域をなして散布されていた。

前園実知雄さんは、石棺内の副葬品について、つぎのように新旧二面性を指摘している（『斑鳩に眠る二人の貴公子・藤ノ木古墳』新泉社　2006年）。

まず大量の装身具は、金属製品とガラス製品に限られていることである。それは古墳時代前期以来の古墳被葬者の装束とは違った新しいファッ

図79　祖霊の居場所
（藤ノ木古墳の石棺内）

ションの登場を意味するのだろう。ところが、刀剣類を見ると、なるほど全面に施したきらびやかな装飾は装身具に通じる部分が多いが、肝心の形態は、伝統的な倭風大刀のスタイルを踏襲しているのである。銅鏡の多量副葬、棺外のミニチュア鉄製農工具などにも伝統的（保守的）な葬制の名残が認められる。

装身具は時代に応じて変化しているが、副葬品の品揃えは前代の例を踏襲しているという。問題は馬具である。馬具3セットのうちAセットは金銅製鞍金具、B・Cセットは鉄地金銅張鞍金具で、Aセットのほうが優品とされる。つまり、馬具Aセットは祖霊のためのもので、B・Cのセットは2人の被葬者のためのものである。祖霊と2人の被葬者霊は、この馬具（馬）で石室に到着し、棺のなかに収まった。それを示唆するのが、棺内に散布された歩揺である。わざわざ馬具から歩揺を取りはずし、3つに分けて棺内に散布したのは、〝棺の内外の連続性〟を意図したと考えるほかない。霊魂が馬（馬具）で玄室にやってくるという観念は、弁慶ヶ穴や五郎山、王塚、虎塚などでみた。壁画に描かれるほか、この例のように副葬品の馬具で表現する場合があったことになる。

この例で判明したことを確認しておこう。

第一に、畿内型石室の密封された家形石棺内には、被葬者霊のほか祖霊が存在することである。その結果、棺外の石室空間にヒトの霊魂は存在せず、棺外副葬された武器やミニチュア農工具などは土地神への奉献物と解すべきことになる。畿内型石室は、石室内で霊魂が土地神と接触することを忌避したと推測したが、この例でその可能性が立証されたことになる。なお、石棺内に副葬された4枚の銅鏡は、祖霊を憑依するもののほか、石棺内に鏡背の世界をつくりだすものがあると考えておこう。

余談だが、仏教が伝来すると理想郷に極楽浄土が加わり、仏像鏡（仏獣鏡）が副葬されるようになる。しかし、前方後円墳は祖霊と土地神による救済思想の産物だから、仏による救済思想（極楽浄土）とはあいいれない。仏教の受容によって前方後円墳思想は解体に向かうが、円墳や方墳は継続する。それは、円墳や方墳が前方後円（方）墳思想に立脚していないからである。

第二に、副葬品の馬具の置き場所によって祖霊の居場所を推測できる場合があることである。竹原古墳では、不相応に大きな石棚の上に馬具が置かれていたという。石棚は魂棚や後世の神棚につながるもので、当初は祖霊の座だったことがわかる。

第三は、死装束が明確になったことである。この点、第15章（埴輪群像の機能論）で後述する。

なお、王塚でも3組の馬具が副葬されていた。頭側の灯明石の前に置かれていたもので、3つの霊魂が馬で玄室に到着したと示唆している。玄室に葬られたのは、幼い太郎、次郎とその父母の4人で、平坦面の2つの枕石は太郎と次郎のもの、屍床石の2体分は父母のものと考えた。このうち父母については、左壁に描かれた2隻の船で玄室に到着した。運搬手段の描かれていない者は、左右の袖石に「馬に乗る人物」として描かれた太郎と次郎である。すると、馬具3組のうち2組は太郎と次郎の乗物にあてることになる。では残る1組の馬具は誰のものか、それは藤ノ木古墳でみたように祖霊である。つまり祖霊は、太郎と次郎が葬られた段階で玄室に招きよせられた。馬具で到着した祖霊の居場所は巨大な石棚である。

（3）宛て先のわかる副葬品

副葬品に祖霊や土地神を表象する造作がほどこされていて、宛て先がわかる場合がある。４世紀後半の前方後円墳である奈良県の東大寺山古墳（天理市。全長約１３０ｍ）から、多数の刀剣に混じって家形飾環頭柄頭が出土した。環頭に、家屋文鏡でみた入母屋式竪穴住居（建物Ｃ）に似た家形の造作が取りつけられている。これは被葬者の家で、その屋根裏に住む祖霊を石室に招きおろしたと解したので、祖霊に宛てたものになる。

つぎに、５世紀後半から６世紀はじめの築造と推定される熊本県江田船山古墳（和水町。全長62ｍほどの前方後円墳）の横口式家形石棺から出土した銀象嵌銘大刀である。刀身に、馬、花（花弁）、トリ、魚が彫りこまれている。花で象徴される祖霊が、馬でこの石室に到来した。くちばしのとがったトリで魚を捕まえ、祖霊に捧げようというほどの物語になる。家形飾環頭柄頭や銀象嵌銘大刀などは、文化遺産オンライン（文化庁ウェブ）の鮮明な画像を参照されたい。

刀身が屈曲する蛇行剣も宛て先がわかる例である。西日本を中心に30本以上出土しているとされる。弥生時代の銅剣は青銅製というだけで蛇剣信仰の範疇にあったが、鉄剣にその属性はないので刀身や環頭などに意匠をほどこす必要があった。蛇行剣の宛て先は土地神である。青銅祭器の廃絶後も、前方後円墳に葬られるほどの有力者に蛇神雷神信仰が存在したことを示している。

畿内型石室の石室内の副葬品は、前述のように土地神への副葬品と解することになる。前代の垂直系統の竪穴式石室では、割竹形木棺のなかに祖霊の座が存在した可能性があり、その場合には副葬品の置かれた木棺内の副室が祖霊の座になる。持ち送り系統の竪穴式石室や九州系横穴式石室では、石室内に祖霊と土地神が共存するので、宛て先は副葬品の性格や遺骸との位置関係などで区別することになる。

辻田淳一郎さんは棺外副葬の特殊な例として、前出・経塚山古墳の石室の壁体から方格規矩鏡と鉄剣片が出土したことに注目する。類例に京都府寺戸大塚古墳（向日市）の前方部石室内から出土した、元来壁体内に挟みこまれていた可能性のある鉄器や銅鏃をあげ、さらに粘土棺床断ち割の際に粘土内から出土する鉄剣等も、埋葬施設の一部に副葬品を封入する例との共通性を考える（辻田前掲書）。

〝壁体副葬〟という特殊な態様は、副葬品の宛て先を示している可能性がある。それは石室を支配する神すなわち土地神である。石積みの壁や粘土棺床に副葬品を封じこめるといった発想は、石室を支配する神を想定しないことには理解しにくい。つまりここでも、後円部の埋葬施設に前方部に宿る神が嵌入しているという認識をうかがうことができる。

前方後円墳に葬られるほどの有力者の遺族が、何の見返りも期待しないで副葬品に財貨を注いだとは思えない。造墓者が期待したのは、土地神に最高の贈り物をし、その見返りとして現世の子孫を加護してくれることである。一族の繁栄と安定が土地神に左右されると信じられるようになると、土地神の地位が飛躍的に向上した。産土の神である土地神は、被葬者が誰かを百も承知、祟り（たた）や災異をもたらすこともある土地神の前では、被葬者はひたすら謙虚であるべきで、名乗りを上げることなどもってのほかと信じられたのではないだろうか。これが、古墳に墓誌の類いが一切ない理由（古墳の匿名性）を説明する唯一の方法と思われる。

以上さまざまなケースをあげて、前方後円墳の前方部が後円部に嵌入しているとイメージされていたことを論じてきた。つぎに検討する箸墓説話では、前方部が後円部に嵌入していることが直接暗喩される。

5　箸墓説話のイメージ論

（1）箸墓説話

古墳祭祀は漢・魏晋朝以来の儒教文明のなかで成立したので、仏教を重用する北朝系の唐を盟主と仰ぐ8世紀の律令政府にとって、おそらくふれたくない遺制になった。そのため、記紀など王権の史書に古墳に関する記述は少ない。そのなかで『日本書紀』の伝える箸墓説話は異彩を放っている。古墳造営に関する唯一の説話で、しかも出現期の前方後円墳に関するものだけに、文献史学はもとより考古学も無関心ではいられない。箸墓説話は暗喩に満ち満ちている。この説話のどこが箸墓古墳に投影しているかを検討してみよう。箸墓説話は虚構だが、箸墓古墳も観念的営為の産物だから、両者をイメージのレベルで比較することができる。

箸墓説話の要旨は、つぎのとおりである（宇治谷『日本書紀』上）。

① 倭迹迹日百襲姫（ヤマトトトヒモモソヒメ）（第7代孝霊天皇の子。以下「ヒメ」という）は、大物主神（オオモノヌシノカミ）（以下、「オオモノヌシ」という）の妻になったが、夫は夜しか訪れてこないので、姿をはっきり見ることができなかった。

② そこでヒメは、朝までいて姿を見せてほしいと懇願する。オオモノヌシはそれに応じるが、じぶんの姿を見ても驚かないでくれと要望した。翌朝、櫛箱のなかを見ると美しい小蛇が入っていた。ヒメは驚き叫んだ。するとオオモノヌシは恥辱を感じて人の姿になり、お前はわたしに恥をかかせた、今度は逆に、わたしがお前に恥をかかせてやろうといい、天空を踏みとどろかせて御諸山（三輪山）にのぼっていった。ヒメは、天空を去りゆく神を仰ぎ見て後悔し、どすんとしりもちをついた。そして

箸で陰部をついて死んだ。

③　そこでヒメを大市に葬った。それゆえ時の人は、その墓を名づけて箸墓（はしのはか）といった。この墓は、昼は人がつくり、夜は神がつくった。

④　人びとは手渡しして、葺石にする石を大坂山から運んだ。

①と②から、オオモノヌシの実体がヘビで、カミナリに変身することがあると示唆されている。この時代、オオモノヌシは蛇神かつ雷神の性格をもつ地主神だった。①の「夜しか訪れてこない」というくだりは、オオモノヌシが蛇神で夜行性であることとの伏線になっている。

2人の婚姻の経緯は不明だが、ヒメの名前であるトトヒ・モモソについては、日（太陽）が10×10＝100日つづいた（百襲）と考えられること、すなわち、いわゆる百日日照りが暗喩されていて、前書では、日照りを解消するため雨をもたらす雷神との婚姻譚が創作されたと考えた。

③の、昼は人がつくり、夜は神がつくったという一文は、一般に昼夜兼行で箸墓古墳をつくったと考えられているが、このころヒトと神は区別され、前書では蛇神の夜行性という伏線を重視して、ヒトと神は〝作業現場を異にした〟と考えた。すなわち、ヒトが昼につくったのは後円部で、オオモノヌシが夜につくったのは前方部である。この帰結は、これまで検討してきた〝前方部は土地神の座である〟という仮説に一致する。

（2）形状の暗喩

この説話のポイントのひとつは、③の「箸の墓」という命名である。何をもってこの古墳が箸の墓と命名されたのだろう。説話のもとになった何らかの事実が先に存在し、その後、箸墓ができたとすれば、説話のキーワードである箸を墓の名にしたと考えることもできる（説話はこの立場に立っている）。しかし箸墓古墳が先に存在し、箸墓古墳に関する何らかの事実をもとに説話が創作されたと考えることもできる。結論を先にいえば箸墓説話は後者で、一種の命名説話ではないだろうか。

　例えば、箸の墓とは、文字どおり箸のようにまっすぐに伸び、先端にいくほど細くなる形状の墓の意で、先端にいくほど狭まっていく〝前方部の台形壇の形状を箸にたとえた〟という想定である。むろん、長さをたとえると白髪三千丈の類いになる。しかしこの古墳にかぎっては、そう形容することが許された。なぜなら、それまで人びとが目にしていたのは、纏向型前方後円墳という前方部の低くて短い墓だったからである。箸墓古墳の西に点在する纏向型前方後円墳の寸詰まりの前方部と比較すれば、箸墓古墳の前方部を〝箸のようにまっすぐ長く伸びている〟と形容することも許されるだろう（図74参照）。

　箸墓説話が箸墓古墳の前方部の形状を暗喩しているとすれば、箸墓説話はさらに〝箸墓古墳の立体像〟を暗喩しているのではないかという推測が生まれる。箸でつくの〝つく〟は、原文では撞くで、「衝突する」の意である。すると箸墓古墳の前方部（箸）の先端は、鐘をつくように後円部の下方に衝突しているとイメージすることになる。

　ここに、この説話の最大のポイント、すなわちオオモノヌシの報復・祟り（ヒメに恥辱を与えること）というテーマを投入しよう。この場合、ヒメに降りかかった災難が死か負傷かは重要ではない。必要なのは〝恥ずかしい〟死に方や負傷でなければならないということである。するとこの説話は、箸墓古墳の墳形、とりわけ接合部の状況を〝口にだすことが憚られるような経緯〟で暗喩していると解すべきことになる。説話の作者は、この程度の暗喩なら誰でもわかると踏んだのではないだろうか。

（3）箸墓説話の必要性

箸墓説話は、後円部という墓主（及び祖霊）の座に土地神の座が嵌入していると説くもので、結局これは、前方後円墳の意義を説いていることになる。では、なぜそれを説話にする必要があったか。前方後円墳の墳形の意義に、天円地方説や壺（蓬莱山）説などがあることは前述した。これは、現代のわたしたちが前方後円墳の意味がわかっていないことを示している。

しかし〝当時の人びと〟も、わたしたちと同じように前方後円墳の意味がわからなかったのではないだろうか。後円部は墓とわかる。しかし前方部が何者で、なぜあのような形状で後円部に接続しているかがわからなかった。この疑問に応えるために、箸墓説話が用意された。前方部は土地神であるオオモノヌシの座で、それがヒメの座である後円部に嵌入していると答えたのである。

こう考えてくると箸墓説話の核心は、箸（前方部）の陰部（後円部）への嵌入にあり、これをはずして説話解釈は成り立たないというべきだろう。前方後円墳の前方部嵌入説は荒唐無稽ではなく、奇をてらったものでもない。むしろ王道を行くものなのである。

前方後円墳の男女交合説は松本清張さんの説で、嵌入説はそれをいいかえたものであることは前述した。清張さんにしてみれば男女交合説は疑う余地のないほど自明で、その確信は人間の通有性に対する洞察力に由来している。前方部が後円部に嵌入しているというイメージを伝えるとき、男女にたとえることが正確に、かつ長く語り継がれるだろうと考えた。それがヒトの通有の心理で、説話はそうした人間によって語り継がれたという確信である。こう考えてくると、箸墓説話は実に要領よくまとめられた説話で、この作者であれば、天円地方や壺で前方後円墳を暗喩することもたやすかったと思われる。清張さんの投じた一石は、諸説を撃沈したといえるだろう。

（4）説話と史実性

箸墓説話で見逃してはならないのは④で、人びとは手渡しして、葺石にする石を大坂山（二上山）から運んだという。ここにいう人びととは、後円部の造成に従事した人と前方部の造成に従事した人をふくむだろう。オオモノヌシの三角文を奉じる人びとと、円文をシンボルとする王権との間には、それまでわだかまりがあった。その両者が墓づくりに協力したことは、この地に平和が訪れたことを意味する。逆にいえば、それまで両者は争い、反目していた。箸墓を協力してつくるというこの説話の帰結は、両者の間に妥協が成立し、対立が終わったことを示唆している。

ここから、両者の対立の原因を推測することができる。それは、この説話が暗示するようにオオモノヌシとヒメの出自（宗旨）がちがうことである。ヒメは、オオモノヌシの正体が蛇神雷神であることを知らなかった。記紀では、ヤマト王権の始祖は南九州から東進して奈良盆地に侵入した異邦人として構成されている。ヤマト王権の宗旨は不明だが、ヒメの墓が円形で、先祖に龍から生まれたとする者（ウガヤフキアエズノミコト。書紀本文では豊玉姫が龍の姿になって生んだという）がいることから、王権は、蛇神に対抗する龍を旗印にしたと考えることもできる。

在地の人びとは蛇神雷神を土地神とも祖霊とも信じ、新来の人びとの後裔はそれを信じなかった。出自と宗旨を異にする人びとの間で争いがあり、争いをやめたことの証しとして箸墓を協力してつくるという物語が創作されたとすると、倭国争乱の時代を経て両者の優劣が決し、和解・妥協が成立したという史実を抽出することができる。

しかし、これで箸墓説話の含意がつきたとは思えない。箸墓古墳が超絶的なパフォーマンスとして出現したことを説明できていないからである。結論を先にいえば、箸墓古墳は他者に見せつけるためで、その対象は東方、蛇神信仰の国々である。お前たちの信奉するオオモノヌシは、これこのとおり王権の墓づくりに協力した。王権は、オオモノヌシに破格の座を与えた。お前たちが抵抗しなければ、その地位を保証しようという征服者のメッセージである。

近畿では、倭国争乱の時代に蛇神雷神信仰のシンボルである銅鐸が姿を消し、前方後円墳の祭式に銅鐸の姿がないので、土地神祭祀である銅鐸祭祀の廃絶と前方部で土地神をまつる祭式の出現との間に因果関係がある。前方後円墳祭祀と銅鐸のまつりが両立しないというためには、前方後円墳のまつりとは何かに踏みこんでいかなければならない。

6　まつり論

（1）頂部平坦面の儀式X

松木武彦さんの指摘のなかに「後円部上から前方部端までの上面をいかにつくるかが前方後円墳築造の真髄で、それを高く差しあげて見栄えをよくした」というものがあった（前掲書）。造墓者が精魂こめて仕上げた前方後円墳上で、何も行われなかったとは考えにくい。そこで、前方後円墳の頂部平坦面で行われたまつりを「儀式X」として、それがどういうものだったかを推測してみよう。頂部平坦面上には後円部頂と前方部頂があるので、儀式Xは2つの頂部で行われた祭祀（墳頂祭祀）である。ただし嵌入説では、前方部は後円部に嵌入しているとイメージするので、赤堀茶臼山の家形配置で検討したように、前方部のまつりを後円部頂で行うこともできる。

頂部平坦面上の現象の推移は、つぎのとおりである。

3世紀後半に円筒埴輪の展示がはじまる。出現期の前方後円墳では後円部頂に設けられた方形壇を取り囲むように、ついで頂部平坦面を囲むように外周に立て並べられた。円筒埴輪は、囲繞された区域が聖域（神の座または通路）であることを示している。円筒埴輪のルーツは、弥生時代後期の吉備で生まれた特殊器台・特殊壺で、さらにそのもとになった特殊器台形土器などは、神々を饗応する儀器だったと考えられている。このことから儀式Xは「飲食をともなう儀式」だったと推測することができる。

余談だが、円筒埴輪など大形の埴輪には〝透かし孔〟がある。透かし孔は弥生土器にもあったが、古墳時代になると円形、三角形、長方形などに定形化する。壁画解釈のルールを円筒埴輪に適用すれば、円形の透かし孔は祖霊を饗応するもの、三角形や長方形のそれは土地神を饗応するものになる。それ以外の形の透かし孔は、迎える霊魂のちがいを表現していると思われるが、不明とせざるをえない。この仮説では、例えば円形の透かし孔がある水鳥形埴輪は祖霊を運ぶもので、これに対して神々の到来を示唆するキヌガサ形埴輪や船形埴輪（祖霊や墓主霊のほか土地神も運ぶ）の透かし孔は、神々に応じて変化する。

つぎに、4世紀の中ごろから後円部頂に設けられた方形壇に、複数の家形埴輪やキヌガサ形埴輪、大刀形埴輪、盾形埴輪などが出現する。これが墳頂に祖霊などを招きよせた結果を告知するためのものであることは前述した。後円部頂の家形埴輪群は竪穴式石室の直上に設けられたので、墓主の埋葬が終了したことを示すシグナルになる。こうして後円部を祖霊の座、前方部を土地神の座とすると、頂部平坦面は祖霊と土地神の座を結んでいることになり、儀式Xは「祖霊と土地神にかかわるまつり」だったと推測することができる。

最後に、墓主の埋葬によって頂部平坦面の整形や葺石が完成することである。頂部平坦面は、それとしてはじめから完成していたわけではない。前期・中期古墳では（寿墓の場合）、いったんつくった後円部頂を掘り下げて竪穴式石室を構築し、遺骸を収めたあと石室を完成させ、それを覆いなおした上で墳頂に平坦面をつくった。覆いなおす過程で、（壺や蓬莱山のように）球形や山なりの斜面にしようと思えばできたはずなのにそうしなかったのは、儀式Xの執行に頂部平坦面が不可欠だったと考えるほかない。

頂部平坦面が墓壙の掘削土の仮置き場や作業用通路などとして使われたとすると、頂部平坦面が完成するのは墓主の埋葬後になる。すると、完成した頂部平坦面で行われた儀式Xに、墓主（被葬者）は参加できず、儀式Xは「墓主の後継者の主宰する儀式」だったと推測することができる。

儀式Xで使用された儀器（土器）は判明している。在来の工法でつくられた土器（土師器（はじき））で、壺や高坏、ザル形土器、食物形の土製品（魚、モチ、アケビ）などである。出土状況からみて儀式Xは、食物供献の儀式で「1回かぎりのもの」だったと推測されている。

ここまでのところを要約しよう。前方後円墳に氏族的首長が葬られた場合、頂部平坦面で行われた儀式Xは、前首長の埋葬後、前方後円墳に祖霊と土地神を迎えて飲食を捧げる儀式で、後継者である新首長からみれば、前首長の墓を墓として完成させる最初で最後の（1回かぎりの）儀式になる。

（2）儀式Xと大嘗祭

前方後円墳上で行われたと仮定した儀式Xに似ているものに、大嘗祭がある。研究者にも、前方後円墳のまつりが、のちの大嘗祭であることを示唆するものがある。

大嘗祭では、悠紀殿（ゆきでん）と主基殿（すきでん）の2棟を設けて、異なる2種の神々を迎える。伊勢神宮の土地神を表象する心柱に供えられる神饌が、由貴大御饌（ゆきのおおみけ）と呼ばれたことは前述した。これは、ユキという音を同じくする悠紀殿に迎える神が土地神であることを示している。そこで、これを手がかりに大嘗祭と儀式Xの異同を検討してみよう。

大嘗祭の概要は、平安時代につくられた律令（『延喜式』）に定められているが、その起源はさらに古いと考えられていて、大嘗祭が前方後円墳の頂部平坦面で行われた儀式Xといえるかという問題になる。今日、大嘗祭とは、新天皇の即位後、最初に行われる新嘗祭をいい、年の新穀を2種の異なる神々に捧げたあと、自身も相伴にあずかる。律令にもとづく大嘗祭のポイントは、つぎのとおりである。

①　2種の神を迎える建物（悠紀殿と主基殿）が近接して設けられること。
②　神座（の調度）は高床でも板敷でもなく、地面に敷物を敷いて設けられること。
③　天皇は、裸足で2棟を往来すること。
④　一夜のうちに2種の神をまつること。
⑤　2種の神はそれぞれ複数で、饗応するについてまったく差異を設けないこと。

⑥　新天皇の一世一代の（1回かぎりの）儀式とされること。

まず、儀式Xと大嘗祭の似ている点をあげよう。これまでの検討結果では、新嘗祭でまつる神は祖霊と土地神で（第11章　祖霊と土地神の共住）、儀式Xも祖霊と土地神をまつる。伊勢神宮の心柱に描かれた土地神は多数で、壁画に描かれた祖霊も1人や2人ではなかった。祖霊や土地神が複数存在することは支障にならない。

ヤマト王権の王墓と考えられる前方後円墳を、全長200～300m程度で、神座が後円部頂と前方部頂にあるとすると、①2種の神の座は近接しているといえる。したがって④一夜のうちに2種の神を迎え、饗応することも不可能ではない。②神座が地面に敷物を敷いて設けられることや、③天皇が裸足で往来することは、大嘗祭を前方後円墳の頂部平坦面上の儀式とすればもっともなことといえる。頂部平坦面はヒトの通路ではなく、神の通路または座だからである。

⑤の、天皇が異なる2種の神（それぞれ複数）を、まったく同等に饗応する点は興味深い。王権には、アマテラスとオオクニタマを共祭した苦い記憶があった。2種の神々の反目を招かないためには、饗応に差を設けないことが必要とされたのではないだろうか。この方針は、同種の神々の間でも徹底されたことと思われる。同種の神々の内部で異なる取り扱いをすると、内紛を招くおそれがあるからである。儀式Xは後継者の1回かぎりの儀式と考えたので、⑥は儀式Xと一致する。全体として儀式Xと大嘗祭はよく似ているといえる。

大嘗祭の実質である新嘗祭の意味を考えてみよう。古代人が秋の稔りを手にしたとき、どういう順序で自身の口にしたかという問題である。思うに、第一に土地神に捧げる。新穀は土地神の賜物（たまもの）だからである。

つぎに祖霊に捧げる。祖霊の加護をえて収穫できたからである。そして、2種の神々に感謝しつつ自身も食する。これが新嘗祭の本質と考えて大過ないだろう。すると、前首長を埋葬した場合にかぎって、年ごとの新嘗祭を、埋葬後の前方後円墳に2神を招く儀式として行ったという推測が成立する。新嘗祭も、埋葬後の前方後円墳上で行われたであろう儀式Xも、招きよせて飲食を捧げるのは土地神と祖霊だったから、常のときは古墳外で行う新嘗祭を、埋葬後の前方後円墳を墳墓として完成させる行為（いわば古墳の完成記念式典）として行ったという想定である。この考えでは、大嘗祭は前天皇の治世ひいてその人生を完結させる行為となり、それは新天皇にふさわしく、しかも一生に一度の機会になる。

他方、新嘗祭を前方後円墳上で行うことは、死のモニュメントである墳墓に大地の生命力を象徴する新穀を捧げることになる。その意味で大嘗祭は、死のケガレを新穀で祓(はら)い清めるとともに、新天皇の治世を開始するにあたって、祖霊の恩寵と土地神の加護をえるために必ず経なければならない儀式とされた可能性がある。

つぎに、文献に即して大嘗祭で迎える神々を検討しよう。

（3）大嘗祭の概要

文献史学や民俗学は大嘗祭に大きな関心を寄せている。神々を迎える悠紀殿と主基殿に一揃えの神座（ベッド）があり、この神座を与えられる1人の「主神」が不明とされているからである。

吉野『天皇の祭り』によって状況を整理してみよう（図80、81、82）。

（Ⅰ）大嘗祭は『令義解(りょうのぎげ)』の2ヵ所に記されている。

○大嘗〔謂フ。新穀ヲ嘗シテ、以テ神祇ヲ祭ルナリ。朝ニハ諸神ノ相嘗ノ祭。夕ニハ新穀ヲ至尊ニ供スルナリ〕（職員令中の神祇官の条）

○凡ソ天皇位ニ即キタマハバ、惣ベテ天神地祇ヲ祭レ〔謂フ。位ニ即キタマヒテ後ノ仲冬ニ乃チ祭ル。下条ニ所謂大嘗ハ毎世ニ一度ナルハ国司事ヲ行ヘトイヘル是ゾ〕（神祇令中の即位の条）

（Ⅱ）まつる対象は、諸家の研究によってつぎの三種にしぼられている。

a天神地祇　b天照大神　c天皇

（Ⅲ）神饌供進の実際は、『践祚大嘗祭』（田中初夫著　木耳社　1975年）によると、つぎのとおりである。

①神饌の盛り分けは、五枚または十枚の枚手（柏の葉を合わせ竹の針で刺し、とじて作った平たい食器—筆者注）の上に各々、御飯、御菜、御菓子、御酒が盛られる。神は五柱か十柱、それ以上の多数。

②しかし、第一の神座（ベッド—筆者注）に設けられる坂枕、衾、単衣、櫛などはみな一つずつで、祭儀の対象となる神は一柱である（この神の御名は文献上明らかにできないが、大嘗祭の祭神の主神であることに疑いない）。

③この主神が神座にお寝みになり、坂枕をされ、着物を召し換えられ、お櫛をお使いになり、諸神をお相伴にして神饌を召しあがる。その給仕役を天皇がされる。つまり天皇は、悠紀殿・主基殿で神饌を神に供され、その後で箸を三度御飯につけて嘗され、また御酒を召し上がる。それはお給仕の済んだあと、そのお余りを陪食されるわけで、世間一般の客人接待のやり方と似ている。

（Ⅳ）神饌供進の次第は、つぎのとおりである。

①　大嘗祭は旧十一月中卯日にはじまる四日間の祭で、中心となるものは、卯日夜半から翌辰日の暁にかけて、悠紀殿・主基殿両殿で行われる神饌の供進である。

②　天皇は十一月卯日戌刻（午後八時）、大嘗宮の北の中央に設けられた廻立殿に渡御する。ここで衣服を改めるなどして、悠紀殿に渡る。その道中、天皇は裸足で、歩みにつれて蓆が前方に展開され、後端から巻き収められていく。

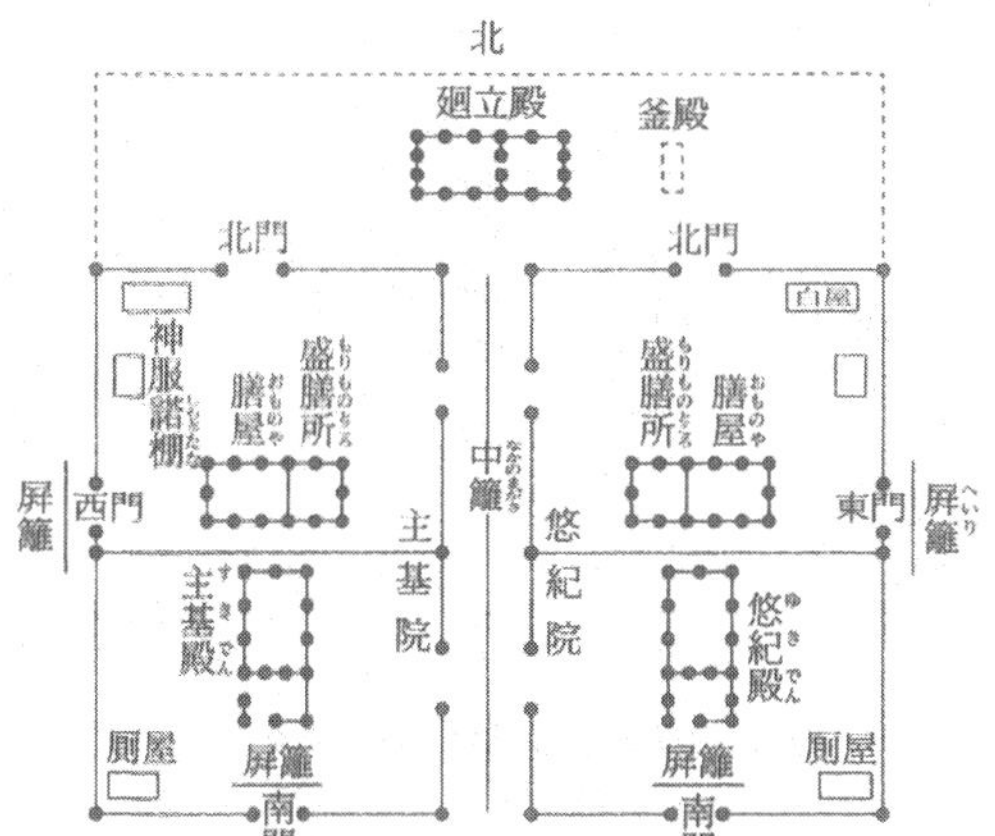

図80　廻立殿と大嘗宮の位置

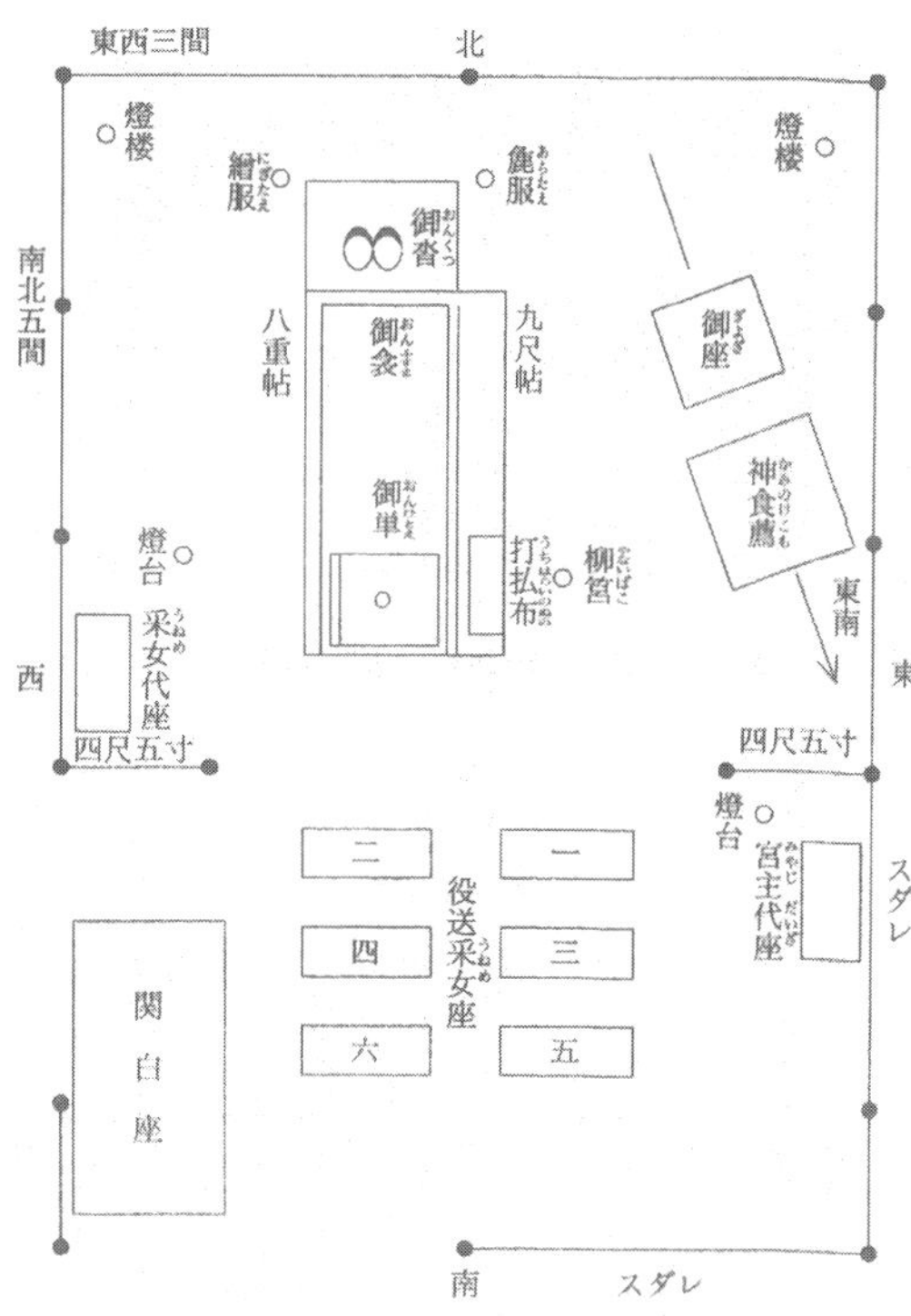

図81　悠紀殿・主基殿の内部構成

③　亥一刻（午後九時）になると、天皇みずから「宵の御饌」と呼ばれる神饌、神酒を供える。神膳には箸が六膳用意されるが、そのなかの一膳は天皇の御料で、天皇は神と共食する。

④　亥二刻（午後九時半から十時の間）、宵の御饌は撤饌となる。子一刻（午後十一時から十一時半の間）、天皇は廻立殿に還る。

⑤　丑刻（午前二時）、こんどは主基殿に渡御する。寅刻（午前三時）に「暁の御饌」を供進する。以下、悠紀殿の場合と同様に撤饌、廻立殿への渡御がつづき、衣服をかえて本殿に還る。

（V）室内の調度

①　問題の神座については『貞観儀式』に、つぎのようにある。

「掃部寮ハ白端ノ御畳ヲ以テ席ノ上ニ加ヘ、坂枕ヲ以テ畳ノ上ニ施ク」

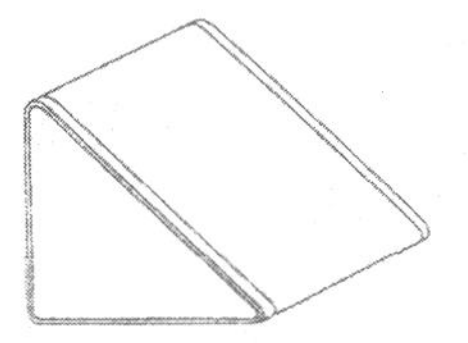

坂枕の図（『古事類苑』より）

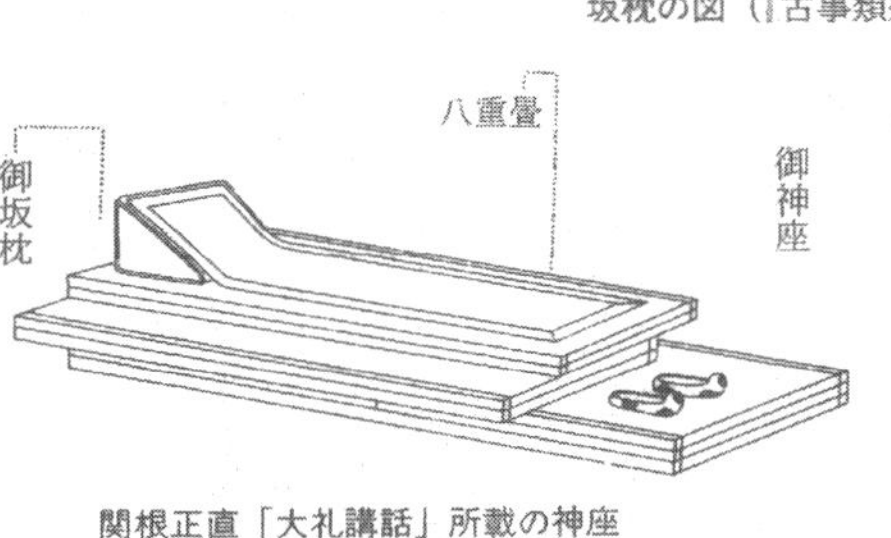

関根正直「大礼講話」所載の神座
（田中初夫『践祚大嘗祭』大嘗祭と神座130頁より）

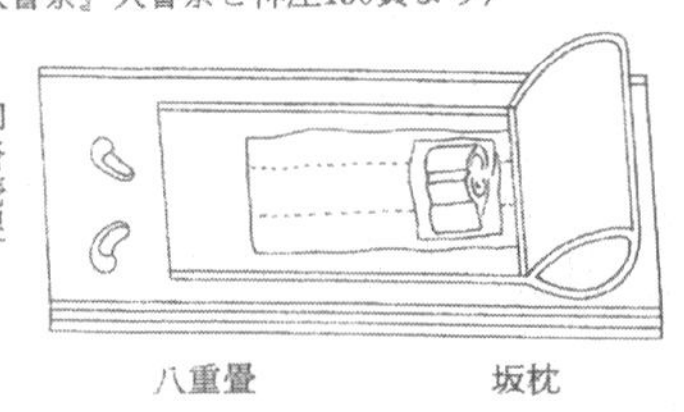

大嘗会悠紀殿内平面略図「太陽」御大礼盛儀号所載。関根正直図（田中初夫『践祚大嘗祭』より）

図 82　神座の調度

ここにいう畳とは「帖」ともいわれる「薄べり」（敷物）のこと。「席」は「蓆、筵」。坂枕は傾斜面をもった枕。この一文は「まず筵の上に白絹で縁どった薄べりを敷き、その上に『坂枕』を置く。これは掃部寮の責務」といっている。

②「沓」は、神がお出ましのときお換えになる。「打ち払い布」は、神がお到着のとき、路の途中でついた塵埃をお掃いになるか、手をお拭きになるもの。「神食薦」は、神饌をのせる薦（マコモを粗く編んだむしろ）である。

（4）諸神と天神地祇

大嘗祭でまつる神の名が不明な理由のひとつに、文献と実際の齟齬がある。例えば『令義解』の神祇官の条では、朝の食事から書きおこして夕の食事につづくのに、実際では悠紀殿の「宵の御饌」（神の夕食）にはじまり、主基殿の「暁の御饌」（神の朝食）へつづく。また夕食を「至尊」（天皇を指すと解されている）に供するとあるが、天皇は神々にお給仕をし陪食するだけで、天皇ひとりのために神饌が供されることはない。そこで実際を重視しつつ、文献を実際に調和するよう解釈すべきことになる。

まず、朝―諸神、夕―至尊という時間的順序である。実際を重視すると、夕食からはじまるので、夕食（悠紀殿）―諸神、朝食（主基殿）―至尊と解すべきことになるが、それでは文献の文言に真っ向から反することになる。この点は古代人の感覚と論理を想像して、つぎのように考えるべきだろう。

神がヒトの姿をとって活動するのは夜で、日没から夜明けまでが神の時間である。例えばオオモノヌシがヒトとして活動するのはもっぱら夜で、朝には小蛇に変化していた。また高天原のタケミカヅチが神剣を下界の高倉下に送ったのも夜で、高倉下は朝になって剣を発見した。新嘗のとき祖神が家々を訪れるのも夜である。神の時間とヒトの時間は異なると考えると、朝夕は神の視点からみるべきことになり、日没後の悠紀殿の最初の食事が諸神の朝食で、主基殿で暁に供進する食事は至尊の夕食と解すべきことになる。

つぎに、まつる対象である。律令に登場するのは、神祇と諸神、至尊、天神地祇である。このうち神祇＝天神地祇とすれば、天神地祇、諸神、至尊の三者が検討の対象になる。天神と地祇は異種の神だから、そのまままつるべき2種の神─天皇家の祖神（天神）と諸国の土地神（地祇）─に置きかえることができる。

つぎに、諸神と至尊は異なる神とされているので、これらの神が天神または地祇のどちらに属するかという問題がある。まず至尊。天皇はまつりの主宰者だから、これは天皇にとって至尊とは誰かという問題で、それは天皇家の祖神すなわち天神と考えるべきだろう。すると諸神は、地祇すなわち諸々の土地神を指すことになる。天皇が版図の土地神をまつるとすれば、諸神という語で諸国の土地神が表現されていることになり適切な用語になる。諸国の土地神は日没とともに目覚め、ややあって悠紀殿に招きよせられ、人格神として飲食の饗応を受ける。

問題は、多数の天神を、なぜ至尊と表現したかである。皇室の祖神にはアマテラスをはじめ天之御中主神や高皇産霊尊などがいるが、至尊という語には、ただ1人というニュアンスがあるからである。この点は、神座が一揃え（1人分）しかないことに関係するので次項で検討しよう。

（5）神座と調度

文献資料では、2つの神殿（悠紀殿・主基殿）は茅葺きの掘立柱建物で、床は高床ではなく板敷でもない。地面に薦を敷き、その上に「薄べり」を敷いて調度がしつらえられる。諸家を悩ませているものは、箸が6膳あるのに（そのうち1膳は天皇のもの）、ベッドや坂枕、衾、櫛などの調度が一揃えしかないことである。

通説は、神座を天皇が饗応する主神の座と考える。すると、主神の座はあるものの、その他の神々の座がないので、古来、〝第二の神座〟が「御座」（天皇の座）と「神食薦」（神饌の置かれる場）の間あたりに存在すると考えられてきた。しかし、神座を与えられなかった神々も道中のほこりを落とし、髪をととのえ、着替えなどのあと神饌の供進を受けたことだろう。それなのに調度は1人分しかない。これは、問題が第二の神座ではなく第一の神座にあることを示唆している。

結論を先にいえば、第一の神座すなわちベッドや坂枕、衾、櫛、沓、打払布など調度一式は、1人の主神に供されるものではなく、迎える（迎えた）神々が人格神であることを示すための道具立てと解すべきではないだろうか。もし一柱の神だけに神座が用意されたとすれば、神々の内部で、神座を与えられた主神と、そうでない神々との間に内紛を招くおそれがある。2棟に2種の神を迎え饗応するについて、まったく差異を設けなかった大嘗祭の立案者が、そうした内部の差別を容認したとは思えない。坂枕や衾、櫛、沓などの一揃いは人格神としての神を暗喩する調度で、具体的な一柱の神（主神）を意図するものではない。律令が、天神地祇といい、諸神といい、至尊といって特定の神名をあげなかったのは、神の名を明らかにすること、それじたいが内紛の原因になると考えたという想定である。

古代の人びとが目に見えない神々を饗応するとき、どういう痕跡を残すかを想像してみよう。饗応は飲食を捧げる儀式だから、それを入れた大きな容器や器台、銘々に盛りつける容器などが出土する。しかしそれだけでは、じぶんたちだけで私的に酒盛りをしたのと区別がつかない。そこで神の憑依するモノや、神の到来を示唆するモノを用意し、神を迎えたという外形をつくったうえで饗応、共食する。その外形が神々の運搬手段である鳥形（鶏形）や船形である。墳頂の家形埴輪の内部にあるべき神座を取りだして、その象徴としたといえば理解が早いだろうか。

6世紀にもなると壁画に祖霊が描かれ、後述するように人物埴輪にも造形されたが、大嘗祭の起源はそれよりも古く、少なくとも家形埴輪で神を暗喩する時代にさかのぼる。すると大嘗祭では、神々を饗応する儀器は存在するが、神を迎えた（神が到来した）という徴表がないことになる。神を迎えたという儀式の開催要件を証する道具立てが、坂枕や衾、櫛、沓などの調度一式（神座）だった。

では、王権が想定した至尊とは誰だろう。それは伊勢神宮内宮でまつる神、すなわちアマテラスである。王権の祖神は1人にかぎらないが、律令で大嘗祭を制定する時代になると、アマテラスの地位はゆるぎないものになっていた。しかし、天照大神と言葉にすることが憚られたため、至尊という表現になったのではないだろうか。こう考えると、アマテラスは天神の一員として饗応を受けることになるが、それはおそらくこのまつりが、アマテラスの権威確立前のもので、饗応は2棟で、それぞれ1回しかないことを思えば、至尊といえどもこのなかにおさまらざるをえない。これに対して土地神は、律令の用語どおり諸神の域を出ることはなかったと思われる。心柱に描かれた16個の△は、まさに諸神を表現しているからである。こう考えてくると『令義解』の条文は、神々の内紛を避けるために熟慮に熟慮を重ねた文言と解することになる。

（6）神々の出立

大嘗祭に招きよせられる神々は、裸足でやってくる。天神の一員として参集するアマテラスも裸足でやってくる。それは、天皇が裸足で廻立殿と2棟の間を往来することや、順路に蓆が敷かれることでわかる。まず裸足。弥生時代の神々は、裸足でやってきて梯子をのぼって鎮座した。神々は裸足だったから天皇もそれにならった。つぎに蓆。前方後円墳の頂部平坦面はそもそも神々の通路だから、蓆はそれを汚さないための配慮とみるべきだろう。天皇ではなく、神々を中心に解釈すべきだからである。

大嘗宮という建物一式は築後四日で壊却（かいきゃく）されるが、神々の滞在期間や出立（しゅったつ）の有無については明らかでない。大嘗祭を、神々を前方後円墳に迎えるまつりと解すると、神々は出立せず、それぞれ後円部と前方部に鎮座することになる。この点、神座の調度に沓があることが問題になる。沓の存在をもって一柱の神（主神）がどこかへ旅立つものと解すると、他の神々の沓がないことになる。このことからも、調度一揃え（神座）は具体的な神を意図するものではない。

今日、大嘗祭の翌年、大嘗宮壊却後の跡地で地鎮祭が行われる。壊却された部材の一部や饗応された食材、絹布などが奉納（埋納）される。これは、地中に鎮座する神々に向けられた行為と解するほかなく、大嘗祭が前方後円墳のまつりに由来することの傍証になる。

（7）悠紀・主基、命名の由来

悠紀殿と主基殿という命名の由来を考えてみよう。悠紀の由来については諸説あるが、由貴大御饌と関係があるとみるべきだろう。由貴大御饌は、死者が土地神のもとへ行く（往く、逝く）際に土地神に捧げる神饌の意ではないだろうか。主基殿は次すなわち2番目の意で、いずれも神名を口にすることを憚った符牒という想定である。これに、字義の理由を加えてみよう。悠は、「はるか。時間的・空間的にどこまでも続くさま」の意で、悠久の大地というように土地神の形容として適切である。紀は紀律の紀で「筋道をきちんと立てた掟」（いずれも『デジタル大辞泉』）をいう。死者は、あの世では土地神の紀律に従うと信じられたので、これも土地神の形容として適切である。

これに対して主基は、文字どおり王権の基礎となる主人─最高神であるアマテラスを形容している。アマテラスを至高神とし、土地神を忌憚して心柱に仮託する王権の神観念は、伊勢神宮の建築様式に反映している。

（8）天皇のまつりと前方後円墳思想

天皇のまつりである大嘗祭と伊勢神宮祭祀を、前方後円墳祭祀と比較してみよう。この3者はよく似ているが異なる点もある。

大嘗祭は前主の葬られた築山（古墳）を墓として完成させる行為で、後継者以外の余人をもってかえがたい。新天皇の治政は、祖先の恩寵のもとに土地神の加護をえて行われるべきだから、これを執行して治政を開始すべきと考えられたのはもっともなことといえる。前方後円墳祭祀が墳丘に2種の神を招く行為であれば、大嘗祭も祖霊と土地神を招く行為で、両者は一致する。

神宮祭祀と前方後円墳祭祀はどうか。内宮では正殿にアマテラスをまつり、床下に心柱で諸国の土地神をまつる。まつる神は祖霊と土地神で前方後円墳祭祀と一致するが、前方後円墳では祖霊の座（後円部）

と土地神の座（前方部）が結合しているのに対し、神宮祭祀では土地神は床下に隔離される。その距離は、王権の土地神に対する忌憚の程度を示している。

神宮祭祀と大嘗祭はどうか。神宮祭祀も大嘗祭も、祖霊であるアマテラスと諸国の土地神をまつる。神宮祭祀では心柱に捧げる由貴大御饌はあるが、大嘗祭で主基殿に招く神々に捧げる主基大御饌に相当するものがない。それは当然で、アマテラスは至尊としてトヨウケから日々飲食の提供を受けるからである。

大嘗祭に前方後円墳思想が反映していると考えられる現象がある。それは、悠紀殿に供進する新穀は畿内より東の国で、主基殿のそれは畿内より西の国で選ばれるというルールが存在したことである。

これを要約すれば、

東国（東）―悠紀殿―諸神（地祇）

西国（西）―主基殿―天神（至尊）

となり、大嘗宮の神殿配置に一致する。悠紀殿に捧げる新穀が東国から選ばれるのは、東国に濃厚な土地神信仰に配慮したもの、また主基殿に西国の新穀が捧げられるのは、西国が王権の安定した版図だったからではないだろうか。王権は西日本で祖霊の格付け競争を勝ちぬき、さらに東国の土地神を統率して前方後円墳祭祀（大嘗祭）を執行した。その範囲は、それぞれの時代の王権の版図に一致している。

7　青銅祭器と前方後円墳

（1）青銅祭器から前方後円墳へ

まだ積み残してきた課題がある。北西部九州の壁画とよく似た壁画が、なぜ北関東・東北に分布するかという問題である。北関東・東北の壁画が北西部九州と異なるのは、虎塚のように生々しい蛇神信仰を描くことである。渡来系習俗である壁画に、なぜ縄文以来の蛇神信仰が描かれたか。これは難問である。描き手が九州で修業したとか、九州から描き手を招請した可能性も否定できないが、描法上のルールに変容があり、この変容には一定期間を要すると考えられるため、すでに指摘されているように北西部九州から移住した人々がいたと考えるのが自然である。以下は、その経緯を説明するシナリオで、ポイントは北西部九州がたどった複雑な歴史の中で蛇神信仰が圧迫されたことである。

青銅祭器は、縄文人が弥生文化を受け入れるにあたって採用した信仰上の産物である。銅鐸絵画に、頭上のヘビを護（まも）ろうとするシャーマンの頭が△に描かれ、銅鐸や銅戈などに描かれた白目は蛇神の変身した雷神の顔だった。記紀や風土記では、ヘビは社でまつられる土地神だった。文様（△＝ヘビ）と文献（ヘビ＝社でまつる土地神）が一致するので、銅鐸は土地神である蛇神雷神信仰の産物であることに確定する。また、銅剣や銅矛が蛇剣信仰の系譜にあることもすでに検討した。

他方、前方後円墳は、祖霊の恩寵と土地神の加護をえて一族の繁栄を願う墓制である。青銅祭器は縄文の蛇神信仰を受けつぎ、前方後円墳は漢・魏・西晋へとつづく儒教文明の外縁で生まれた。両者は土地神をまつる点で一致するが、内容的にはまったく異なる。纏向型前方後円墳など先駆的な前方後円墳に青銅祭器の姿はないので、青銅祭器をまつる集団とは異なる集団が、前方後円墳という祭式を創始したと考えるほかない。

問題は、青銅祭器の廃絶と先駆的な前方後円墳の成立に因果関係があるかどうかである。弥生時代後期に銅鐸が大形化するのは神威の増大を期待するもので、銅鐸の分布圏が近畿から東海へ移動することをみれば、銅鐸祭祀圏は西方から圧迫を受けていたといえる。つまり、縄文系弥生人の宝器である銅鐸は、危機に直面して大形化し、危機が現実化して廃絶した。北西部九州の銅矛祭祀も、那珂八幡古墳（福岡市）など先駆的な前方後円墳に銅矛の姿はないので同様の運命をたどったと考えられる。

はじめて前方後円墳がつくられたとき青銅祭器が地上に存在したかどうかは、弥生時代終末期の年代幅が短く、土器によって地域間の時間的並行関係を明確にできないため議論がある。しかしこれまで検討したように、2つのまつりは両立しないので、地域で最初に前方後円墳がつくられるころには、青銅祭器は地上から姿を消していたと解すべきである。例えば、弥生時代後期の2世紀後半には青銅祭器はおおかた埋納が終わり、終末期の3世紀中葉には最初の前方後円墳の造営が開始されるといった推移である。

(2)　○頭の東方進出と銅鐸

連作4銅鐸に、弥生時代中期（1世紀）の播磨、讃岐など東部瀬戸内の社会が描かれていた。そこでは○頭と△頭が共同体を構成していたが、○頭が、頭上にヘビをのせる△頭のシャーマンを迫害する場面があった。以下、比喩的にいえばつぎのようになる。

このころ○頭が墓をつくるとすれば円形墓と考えた。播磨から出土した建物絵画の養久山・前地家屋

図83　龍（岡山市足守川加茂Ａ遺跡出土線刻土器）

（図46）で、屋根棟の妻飾りに祖霊の目印である○印が描かれていたこととも符合する。他方、△頭をふくむ○頭以外（以下、△頭で代表する）の墓は、近畿以東の銅鐸分布圏と方形墓の分布圏が重なることから方形墓と考えた。そこで、蛇神信仰を迫害する○頭が東部瀬戸内から畿内中枢へ進出しようとすると、銅鐸祭祀圏すなわち△頭が多数を占める国々と衝突する。

銅鐸などに雷神の顔が描かれていることから、銅鐸は神体でもあったと考えた。銅鐸は同じ信仰をもつ集団をつなぐ紐帯、ひいて共同体を統合する象徴でもあった。蛇神信仰を否定する○頭からみれば、銅鐸は前代の遺物で、脅威を除去し東方進出を確実にするためには△頭の共同体を解体すること、ひいて銅鐸そのものを廃絶する必要があった。

弥生時代後期の近畿や北部九州などで、拠点集落の解体、再編が進行する。そのとき○頭の一部は、龍の絵（図83）を踏絵にした可能性がある。青銅祭器を護持するか、龍の絵をとるかの選別である。龍は雨をもたらす神で、蛇神雷神信仰と対立する。弥生後期に普及する龍の絵は政治的な役割をもっていたと解すべきで、龍を拒絶した集落は解体・再編を余儀なくされたと考える道である。

（3）○頭の西方支援

弥生時代中期までは鉄器が貴重品だったため、加工具として石斧や石包丁、石皿などの石器が流通した。

紀元前の青銅祭器全盛時代は石器文明と重なり、青銅祭器と石器の流通ルートは重なっていた可能性がある。東方進出を志向する○頭は、△頭が支配していた流通ルートを解体し、新たなルートの開拓・支配を欲した。そのときネックになったのは、北部九州の銅矛祭祀圏である。弥生時代中期の北部九州は、須玖岡本遺跡（春日市）に代表される青銅祭器の総本山で、地の利をえて遠距離物資の流通機構を支配していた。

蛇鈕の金印は青銅祭器と同じ作法で埋納されていたから、西暦1世紀に北部九州に蛇神雷神信仰が存在したことは疑いない。しかしその後、北部九州の銅矛は急速に、一括埋納によって地上から姿を消していく。問題は、その理由である。

福岡平野や糸島平野の沿岸部には、もともと青銅祭器のまつりに消極的な勢力が存在した。福岡市の比恵・那珂遺跡、糸島市の三雲・井原遺跡など銅剣・銅矛の一括埋納例のとぼしい地域である。両遺跡からも鋳型が出土するが、鋳型は戦利品の可能性もあり、砥石に転用されることもある。このような地域で蛇神にリスペクトがあったとは思えない。この集団の出自は憶測するほかないが、海浜を地盤としていることから、内部に多くの渡来人を擁し、渡来人とともに対外交渉や貿易に従事していたものと考えられる。彼らは、弥生中期までは福岡平野の後背地や筑後を基盤とする縄文系集団と協調していたが、博多湾貿易と呼ばれる国内外のネットワークを通じて勢力を拡大し、弥生後期には力関係を逆転したものと考えられる。一括埋納は、福岡平野の後背地と博多湾岸を取りまく周辺地域に多いので、銅矛を奉持する後背地の縄文系集団と博多湾岸の渡来人を擁する集団との間に、青銅祭器の存廃をめぐって緊張が生じた可能性がある。

弥生時代後期から古墳時代初頭にかけて、北西部九州はめまぐるしく変転する。まず、弥生時代後期に比恵・那珂遺跡などへ吉備や山陰系の土器が大量に搬入され、終末期から古墳時代初頭にかけて、北西部九州で畿内系土器（庄内式土器、布留式土器）が普及する。また、円形（方形）周溝墓の墓制のないところに方形周溝墓の平原1号墓（糸島市）がつくられ、終末期には那珂八幡古墳など後円部と前方部の比率が8対5になる先駆的な前方後円墳がつくられた。

不思議なことに、その後、4世紀半ばにさしかかると、繁栄をきわめた福岡平野中枢は一転して、ほぼ無人の地になるという。こうした推移は、たんなる情報の伝播や物資の流入ではなく、人の移住や移転に起因するものと考えるべきだろう。

吉備と山陰系土器の搬入は、青銅祭器の存廃に加担する勢力の存在を示唆しているのではないだろうか。楯築墳丘墓でいち早く新しい土地神祭祀を開発した吉備は廃絶を支援し、日本海側で方形貼石墓という土地神祭祀を普及した勢力は存続に加担したという想定である。そして、終末期から古墳時代初頭にかけて播磨や河内など東部瀬戸内の勢力が移住して青銅祭器の廃絶を決定づけ、前方後円墳祭祀に用いる畿内系土器を普及させたと考えられる。

廃絶に動いた東部瀬戸内の〇頭のルーツも憶測するほかないが、おそらく縄文系集団の支配する北部九州を敬遠し、比較的手薄な瀬戸内東部に新天地を求めた渡来系集団で、畿内中枢に進出できなかったのは、そこに銅鐸を奉持する強固な集団が存在したからと思われる。

こうして弥生後期から終末期にかけて、青銅祭器の存廃や土地神祭祀のありようをめぐって、近畿では〇頭と△頭が対峙し、北西部九州でも博多湾岸とそれを取りまく周辺地域との間に緊張状態が生まれた。

これが倭国争乱で、その実質は渡来系弥生人と縄文系弥生人との争いだった可能性がある。

余談だが、実在の人物である卑弥呼（日の巫女）や皇室の祖神であるアマテラス（天照大神）の存在意義は、この時代にある。蛇神雷神が雨を表象するのに対して、2人のイメージするものは、ともに〝晴れ〟だからである。

（4）倭国争乱と前方後円墳の出現

倭国争乱の時代が終わると、近畿では〇頭の子孫も△頭の子孫も古墳をつくった。近畿の弥生墓は出自に従い円形墓と方形墓だったから、〇頭の子孫は前方後円墳や円墳を、△頭の子孫は前方後方墳や方墳をつくったことになる。いち早く龍の絵を受けいれた地域では、両者の間に妥協が成立し、纏向型前方後円（方）墳という新しい祭式が生まれた。墳形はたがいの墓形に前方部を付加するもので、妥協の実質は相互に地域支配を承認することだった。

青銅祭器を遅くまでまつっていた地域では、龍の絵を受けいれなかった可能性がある。龍の絵の普及しなかった紀伊、土佐、出雲などでは、〇頭の進出を阻止して前方後円墳をつくらせなかったケースや、前方後方墳をつくらず、あるいはつくるのが遅れるケースが出現する。龍の絵しか出土しない南九州（宮崎・鹿児島県）では、青銅祭器そのものが出土せず、前方後方墳の存在も確認されていない。

近畿では、〇頭の子孫によって奈良盆地で纏向型前方後円墳が成立し、その後、巨大化・規範化して定型的な前方後円墳が生まれた。新しい土地神祭祀に対応するため、薄手の土師器（庄内式・布留式土器）がつぎつぎと開発された。

九州各地でも先駆的な前方後円墳が成立して両者の優劣は決するが（図73）、規模が小さく、系譜的に連続しないケースが多いため、両者の間には依然として緊張状態が継続していた可能性がある。北西部九州の前方後円墳には、在地勢力によって在地の埋葬施設（箱式石棺）が採用され、垂直系統の竪穴式石室をもつ前方後円墳も営まれたが、系譜をつくり他を圧倒するような前方後円墳は出現しなかった。

北西部九州の青銅祭器の廃絶を支援し決定づけた東部瀬戸内の勢力は、見返りとして鉄器や画文帯神獣鏡など遠距離物資の確保に成功した。各地の支援勢力が引き揚げると、繁栄をきわめた比恵・那珂遺跡など福岡平野中心部は空白地帯になっていった。

倭国争乱の地を畿内とすると、纏向遺跡を経営した勢力の圧倒的な力によって一方的に争乱が終結し、倭国争乱の地を北西部九州とすると、青銅祭器の廃絶過程に、他の地域を巻きこんでようやく決着したことになる。倭国争乱の時代を青銅祭器の駆逐過程あるいは先駆的な前方後円墳の出現過程とすると、倭国争乱の地には、弥生時代終末期から古墳時代初頭の箱形の埋葬施設をもつ前方後円墳が分布するはずである。これまで確認されたところによると、その候補地は北西部九州と奈良盆地にかぎられる。

（5）横穴式石室の導入と壁画

北部九州で弥生時代終末期に盛行した箱式石棺は古墳時代に継続し、古墳時代前期の久里双水（くりそうずい）古墳（唐津市）や一貴山銚子塚（いきさんちょうしづか）古墳（糸島市）、忠隈（ただくま）古墳（飯塚市）などで垂直系統の竪穴式石室が採用された（4世紀）。しかし4世紀後葉になると、玄海灘沿岸の福岡市鋤崎古墳、老司古墳や有明海・八代海沿岸で、これとは他界観を異にする家を模した横穴式石室を志向するようになる。その後、北部九州型や肥後型など呼ばれる九州系横穴式石室が成立し、各地に伝播する。北西部九州は、古墳時代の早い段階で畿内中枢とは別の道を歩みはじめた。

他方、壁画の初出は5世紀前後で、まず八代海沿岸に円文や直弧文を描く古墳が現われ（小鼠蔵(こそぞう)1号墳、長砂連(ながされ)古墳）、5世紀前葉には一重円や多重円のほかに武器、武具、船が加わって主要な文様が出そろう。しかし、6世紀になると福岡平野の後背地や筑後、肥後で、家型の石室に三角文を描く古墳が盛行する。

直弧文は、漢墓画像石の系譜を引くX字形と弧線からなる。その意味は不明だが、土地神と弧線で暗喩される者（おそらく蛇体―蛇神）との関係を示しているのだろう。この直弧文は6世紀には衰退に向かい、伝統的な文様である三角文が普及する。

こうした推移を、死者の行き先である土地神信仰からみると、先祖がえりともいえる様相を呈している。箱式石棺や垂直系統の竪穴式石室という、のちの畿内型石室につながる要素をもちながら、霊魂と土地神の接触・一体化を志向する家型の石室に転換する。また、X字形によって蛇神を規制する直弧文にかわって伝統的な三角文が復活する。この不自然さは、前節で想定した青銅祭器の廃絶過程に起因しているのではないだろうか。これまで青銅祭器と前方後円墳の意義が不明だったため、両者に対立軸があるとは意識されてこなかった。青銅祭器の廃絶は、のちに前方後円墳に箱式石棺や垂直系統の竪穴式石室をつくる勢力によって開始され完遂されたと考えると、その後の展開を容易に説明できる。

北西部九州の蛇神雷神信仰は、銅矛の廃絶後も長期間にわたって圧迫された。銅矛祭祀の盛行した北西部九州の前方後方墳が20基程度と少ないこと、北西部九州に奈良盆地東南部のような共同墓地のないことを思えば、銅矛の廃絶は雌雄を決するほどの実力をともなったもので、敗北した集団やその子孫は新天地を求めて移住した可能性がある。移住は波状的に進行し、とりわけ磐井継体戦争（527年、『日本書紀』では継体21年）の敗北が転機になった。その移住先のひとつが、縄文文化を色濃く残す北関東・東北だった。前主の副葬品を掻きだして蛇神信仰の真髄を描く虎塚の蛇の目を見れば、そうした想定もありうることと思われる。

以上のシナリオに根拠があるわけではないが、まったくの想像でもない。壁画解釈を試みる者に課せられた課題である。

第14章　黄泉の国の物語

はじめに

最後の課題は、畿内型石室で密封式の家形石棺をともなう墓制が、なぜ石室内に霊魂を浮遊させなかったかという問題である。それを検討する格好の素材が『古事記』にある。「黄泉（よみ）の国訪問譚（くにほうもんたん）」で、考古学は、物語の舞台を九州系石室（家を模した横穴式石室）と考えている。この物語の他界観はヤマト王権中枢のものとみられるので、王権と蛇神雷神信仰の距離感がわかる。すると、なぜ王権中枢が垂直系統の竪穴式石室―畿内型石室という箱形の埋葬施設を志向したかがわかる。ここまで読み進まれた読者なら、その展開は容易に想像できるだろう。

この物語の特徴は、石室内の神々に名前がつけられていることである。王塚の「輪郭線の靫」や珍敷塚の「窓のある靫」、虎塚の「蛇の目」などの意味がわかっても、これらが当時何と呼ばれていたかわからなかった。この物語に、その手がかりがある。

またこの物語に、死者がもの食らうヨモツヘグヒという習俗が登場する。人物埴輪でつくる後継者認証儀礼にも飲食する場面があった。2つの場面の関連を検討して、これまでに提起してきた仮説を補強しよう。

1　黄泉の国訪問譚

物語のあらすじは、大略つぎのとおりである（岩波文庫『古事記』倉野憲司校注）。イザナギとイザナミの2人で国づくり・神づくりをするが、その途中、イザナミはヒノカグツチの神を生んだとき、焼かれて亡くなった。イザナミは、出雲と伯耆の国境の比婆の山に葬られた。イザナギはイザナミに会おうと思い、黄泉の国へ追って行く。

① イザナミは、「殿」の閉ざされた戸から出てきてイザナギを迎えた。

② イザナギが、まだ国づくりが終わっていないので帰ろうというと「悔しい、なぜ早く来てくれなかったか。わたしは黄泉戸喫（ヨモツヘグヒ）してしまった。しかし帰りたいので、しばらく黄泉神（よもつかみ）（以下「黄泉の神」などという）と、難しい議論をしてくる。その間、わたしを見ないように」といった。

③ イザナギは長い間待っていたが、我慢しきれず、櫛の両端の太い歯のひとつを折って、「一つ火」を灯して、殿のなかに入り見ると、蛆（うじ）が涌（わ）いたイザナミの頭や胸、腹などに八柱の雷神がいた。

④ イザナギが（驚いて）逃げ帰るとき、イザナミは「わたしに恥をかかせた」といって、黄泉醜女（よもつしこめ）に追いかけさせた。イザナギが、髪飾りの蔓（かずら）を取って投げつけるとブドウの実がなり、それを拾って食べる間にイザナギは逃げた。なお追ってくるので、櫛を欠いて投げるとタケノコが生え、それを抜いて食う間にさらに逃げた。

⑤ その後イザナミは、八柱の雷神に千五百の黄泉軍（よもついくさ）を副えて追わせた。イザナギは、十拳（とつか）の剣を抜い

て後手（しりえで）に振りつつ逃げた。黄泉比良坂（よもつひらさか）の坂本に着いたとき、坂本にあるモモの実3つを取って投げつけると、全員が逃げ帰った。イザナギは、モモの実をほめて名前を与えた。

⑥最後にイザナミがみずから追ってきた。そこで千引（ちびき）の岩を坂に引き塞（ふさ）いで、その岩をなかにおいて向かい、事戸（ことど）を渡した。そのときイザナミは「こんなことをすれば、あなたの国の人草（ひとぐさ）を一日千頭（ちがしら）絞め殺そう」といった。それに対してイザナギは「おまえがそうすれば、わたしは一日に千五百の産屋を建てよう」といった。

⑦そこで、イザナミを名づけて黄泉津大神（よもつおおかみ）といい、また追いついたので道敷大神（ちしきのおおかみ）と名づけたという。

⑧また、坂を塞いだ石は道返之大神（ちがえしのおおかみ）と名づけ、また黄泉戸大神（よみどのおおかみ）ともいう。

2　輪郭線の靫

(1)　黄泉の大神

王塚石屋形の三角文のなかに浮かびあがる「輪郭線の靫」は何と呼ばれたか。

この神話に登場する②「黄泉の神」と⑦「黄泉の大神」を、王塚玄室の図像で考えてみよう。ヨモツヘグヒの件を談判に行った黄泉の神に該当する図像は見あたらないが、土地神である蛇神雷神にイザナミという祖霊の性格をもつ人格神が重なると、地縁（土地神）と血縁（祖霊）が一体化したことになり、イザナミが地下世界の最高神である黄泉の大神と呼ばれることもありうることになる。輪郭線の靫も地縁と血縁の結合だから、黄泉の大神と呼ばれた可能性がある。もっとも、こうした命名は王権によるもので、輪郭線の靫や蛇の目を至高神とする立場からは別の命名もありうる。この点後述しよう。

他方、イザナミには、⑦「道敷の大神」という別の名もある。字面の意味は、道を敷いた（敷設した）神で、〝道を追いついた〟というニュアンスはない。道を千引の岩で占居（せんきょ）したので道敷という名がついたという説もあるが、道をふさいだのは千引の岩だし、そう仕向けたのはイザナギだから、イザナミがその名を負う理由がない。道敷の大神が、「という」⑦伝聞の表現になっていることも気にかかる。

これらは一種の命名説話ではないだろうか。もともと黄泉の大神や道敷の大神という語が存在し、それをこの神話でイザナミにこじつけた。王権の物語のなかで、イザナミに黄泉の大神の役割が負わされたという理解である。

道敷の大神の問題は、王塚右壁のタテ、ヨコの条線の〝敷設者〟という問題につながる。条線は、将来の墓主霊が進む道だった。この道は誰が敷設したのだろう。将来の墓主霊たちは道を進む客体だから、道を敷設したのは墓主霊以外の者である。では背景の三角文（土地神である雷神）が、この条線を敷設したか。しかし、三角文は条線のキャンバスにすぎない。すると残るは、石屋形に陣取って三角文の上に浮かび上がる輪郭線の靫である。つまり、この道は輪郭線の靫＝黄泉の大神が敷いた。将来追葬される墓主霊は、黄泉の大神が呼びよせると信じられていた。これは、あの世からの〝お迎え〟は、輪郭線の靫＝黄泉の大神によって発せられることを意味する。この発想は、冥界に寿命の管理簿があるという漢の墓制に似ている。

珍敷塚の「窓のある靫」も同様で、巨大な靫のなかに窓がはめこまれていた。窓のある靫は祖霊（靫）と土地神（窓）が合体したもので、これもスーパー祖霊、黄泉の大神を意図している。そのため靫は、地の果ての地下（基盤部）と連絡し、靫の内部は地下を構成する珠文で充填された。祖霊の内部に入りこんだ土地神（窓）は、地下の霊魂を支配していると描き手は主張している。

余談だが、輪郭線の靫と、窓のある靫に共通点がある。それは、靫の内部に土地神の文様（三角文、窓）が存在することである。これは祖霊の座に土地神が入りこんでいることで、前方後円墳の後円部に前方部が嵌入しているという発想に似ている。

（2）畿内型石室の他界観

この神話は王権の他界観にもとづき醜悪に描かれているが、家を模した九州系石室を聖空間とみる他界観では、まったく別の描写になる。五郎山では、現世の子孫や墓主霊が祖霊祭祀にはげむと、「立ち姿の射手」のように（子孫の危急にあたって）祖霊が現世に影響力を発揮する。子孫が土地神祭祀にはげむと、土地神も現世に出動したことだろう。この神話でも、黄泉の大神や土地神である雷神が墓外に出動している。農工具だけでなく、武器もまた土地神に副葬された。

畿内型石室の他界観も、祖霊や土地神が現世の子孫を救済するという思想に立つ点では同様と考えられる。しかし畿内型石室は、石室内で祖霊や墓主霊が土地神と接触することを拒否した。それを認めると、黄泉の国の物語と同じ世界が出現するからである。畿内型石室の土地神は版図の国津神（くにつかみ）（地域神）で、蛇神雷神をはじめとする得体の知れない邪神と信じられたのだろう。王権の至高神であるアマテラスと一体化するような土地神は、断じて認めることができなかった。畿内型石室と密封式家形石棺は、土地神を忌憚して敬遠する苦心の組み合わせといえる。

3　ヨモツヘグヒ

（1）炊飯具形土器の出土

玄室の出入口付近から煤のついた竈、甑、煮炊き用の甕や、それらのミニチュア（以下「炊飯具形土器」という）が出土することがある。副葬品の土器の多くは坏や椀、壺、それらをのせる器台などの供膳具形土器で、それと異なる炊飯具形土器の出土は例外的で、室内で火を焚いて調理された痕跡と考えられている。またこの飲食は、出土状況からみて1回かぎりのものだったと推測されている。

考古学の有力説は炊飯具形土器の出土をもって、②ヨモツヘグヒの痕跡と解している。黄泉の国は異界で、異界の火で調理されたものを食べると、もう元の世界にもどれなくなると考える（以下「ヨモツヘグヒ・現世帰還不能説」という）。はたしてそうか、これは、別の目的をもった行為だったのではないだろうか。この説では、黄泉の国に、ヨモツヘグヒをすれば現世にもどれないというルールがあり、『古事記』編者はそれを知っていたことが前提になる。

第一の疑問は、ヨモツヘグヒをしたイザナミは元の世界にもどれないはずなのに、すでに墓の外（元の世界）へ出てきていると考えられることである。イザナギは、⑤黄泉比良坂の坂本まで逃げ帰り、そこで⑥千引の岩を挟んでイザナミと対峙する。また、⑤坂本に生えていた桃の木の桃を取り、追っ手の雷神に投げつけている。こうした出来事が石室の暗闇のなかで起こったとは考えにくいし、石室のなかに実のなる木が生えているとも思えない。これは墓の外で起こった出来事を描写しているのではないだろうか。

もっとも、⑧千引の岩に黄泉戸大神という名が与えられているので、千引の岩を、石室を閉塞する戸の誇張とすると、この記事は石室内の出来事を拡大して描写しているという解釈も不可能ではない。

　そこで第二の疑問。『古事記』編者がヨモツヘグヒ・現世帰還不能説を知っていれば、読者もそれを知っていた、つまりそれは当時の常識で、炊飯具形土器で調理した往時の当事者も、それを知っていたと考えるべきだろう。するとヨモツヘグヒは結果的に、〝墓主の現世帰還を阻止する行為〟になる。この考えでは、ヨモツヘグヒを供された墓主は遺族に疎(うと)まれていることになるが、現世に遺恨を抱く墓主がヨモツヘグヒの意義を忘れ、安易にその誘いにのるとは思えない。イザナミがヨモツヘグヒに応じたのは、むしろそれが、晴れがましい儀式だったからではないだろうか。

　第三に、黄泉の国や実際の横穴式石室に〝異界の火〟などという禁忌があったとは思えないし、その火を使った食事に、現世帰還を不能にするような効用があったとも思えない。その理由はつぎのとおりである。まず、忌み嫌われたのは③「一つ火」で、火一般ではない。人物の窟で見た異形の人物も火を灯していた。2人で登場したのに、1本の松明(たいまつ)しか持っていないと考えた。冥界の使者は一つ火を灯してやってくる、それを連想させるので忌み嫌われた。そもそも石室内は暗闇で、何をするにも明かりが必要になる。篝(かがり)火(び)の火もカマドの火も火にかわりはない。黄泉の国の禁忌が火一般ではなく、一つ火の禁忌だったことは明らかである。

(2) ヨモツヘグヒの目的

　こうした批判を回避するために、ヨモツヘグヒ・現世帰還不能説のなかには、火を問題としないで、〝黄泉の国で最初にする食事〟をもって現世帰還不能になると解する説がある。これに反論しよう。

横穴式石室内に供膳具形の土器が副葬されたことは前述した。これは五郎山の「両手をあげる大きな人物」のように、墓主があの世で祖霊などをまつるための儀器である。さらに、遺骸を搬入した際（霊魂が玄室に参集した際）、歓迎会が開かれたと考えたので、被葬者霊や祖霊のための多数の銘々器が石室内に存在しても不思議ではない。石室は、こうした儀式の終了後に閉め切られたのだろう。

つまりイザナミは、五郎山の霊魂たちと同様に、石室（殿）に入居したその日に飲食の提供を受けた。ヨモツヘグヒ・現世帰還不能説では、イザナミであろうと誰であろうと、入居当日から帰還不能になるはずである。しかしイザナミは、② 〝迎えにくるのが遅かった〟とイザナギを非難している。これはヨモツヘグヒが、扉石などによる石室の閉塞後に生じた飲食であることを示している。『古事記』編者は、おそらくイザナミだけに特別に生じた食事の機会をヨモツヘグヒといい、それが帰還不能になるかどうかを議論したと考えたはずである。これが②の「難しい議論」で、長時間を要していることをみても、議論の対象は黄泉の国における最初の飲食ではなかった。最初の飲食の有無であれば、議論するまでもないことだからである。

ヨモツヘグヒに火の禁忌はなく、黄泉の国の最初の食事でもなかったとすれば、炊飯具形の土器によって行われた飲食は、いったいどんな儀式だったか。玄室の様子を想像してみよう。玄室のなかに被葬者霊がいる。祖霊も招きおろされている。ここで、炊飯具形土器で1回かぎりの飲食が行われた。ここに、遺骸は〝祖父〟で、炊飯具形土器による食事（飯）を食べたのは〝孫〟という条件を投入してみよう。祖父である被葬者霊からみれば、孫に憑依して石室内でする食事になる。それに該当するのは、これまで検討してきた「相対する人物埴輪」の儀式の一部、「座位で相対する儀礼」である。座位で相対する儀礼には飲食がともなった形跡がある。祖父の遺骸を搬入した当日に石室内でこの儀式を行なうと、飲食とりわけ九飯（9回、飯に箸をつけること）のために炊飯具形土器が必要になる。

相対する人物埴輪の儀式は、祖父の葬儀後で祖父の衣服が必要という条件があるものの、儀式の日取りは埋葬時にかぎらず、場所も石室内である必要はない。しかし、棺あるいは遺骸を前にしてこの儀式を行うことも不可能ではない。これは、相対する人物埴輪の原義を知る者が、遺骸を搬入した当日にその儀式を行った痕跡と考えるべきではないだろうか。人物埴輪に造形された「相対する人物埴輪」の儀式は、当時、有力者間に広く普及していたはずで、その儀式に名称がなかったとは思えない。ヨモツヘグヒとは、黄泉の国の人（祖父）が、形代（孫）に憑依して飲食を受ける儀式だったという帰結である。

（3）黄泉戸喫・飡泉之竈・誉母都俳遇比

つぎに、いずれもヨモツヘグヒと読む3つの表記の解釈である。まず、黄泉戸喫。相対する人物埴輪の儀式には、祖父霊だけでなく祖霊を招きおろすことが必要で、祖霊をまつる春正月の戸の祀りの際に行われたために戸喫と表記されたという解釈である。相対する人物埴輪の装束は盛装で、正座やあぐらなどの姿態がみられることから、この儀式の行なわれた季節と場所を〝冬の室内〟と解することも許される。

ヨモツは「黄泉の」の意で、必ずしも黄泉の国という場所にかぎられるわけではなく、〝黄泉の国の人（死者）の〟意と解すべきだろう。重要なのはクヒ（喫）の語義で、たんに食事を調理し供えることではなく〝現に食う動作〟をいう。供えるだけなら調理済みの食事を持ちこむことで足りる。つまり戸喫とは、現実に食事を口に運ぶことで、霊魂（死者）にクヒという動作が可能とは思えない。

参考になるのは『日本書紀』の２つの一書で、ヨモツヘグヒをそれぞれ「飡泉之竈」、「誉母都俳遇比」と表記していることである。飡泉之竈という漢語風の字面のうち、泉之竈は黄泉の国のカマド、すなわち石室内に搬入されたカマドと解してよいだろう。また飡（サン）は飧（ソン）の俗字とされ、飧に「食、廟食」の意味がある（『角川漢和中辞典』）。すると飡泉之竈の語義は、石室内に搬入されたカマドで調理された食事を、何者かが食うことを意味する。食う者は被葬者（に扮した形代）で、相対する人物埴輪の儀式が原義を知る渡来人によって行われたこともあるという仮説の傍証になる。

誉母都俳遇比という表記は、さらに意味深長である。五郎山の「横顔の人物」を、持傾頭者と書いてキサリモチと読ませたように、ここでも書紀は表記（誉母都俳遇比）で実態を示唆している可能性がある。ポイントは、ヘグヒのへに俳優の「俳」という字を当てていることである。一書の編者はヨモツヘグヒを、「誉れある母」（高貴な婦人）が、「祖父を演じる俳優」（形代・孫）を相対（対比）して遇する儀式と認識していたという想定である。

壁画や人物埴輪にしばしば相対する人物が出現するのは、それが広く普及していた儀式であることを示しているのに、それを表わす言葉がないのが不審だった。ここでようやくヨモツヘグヒという名をえることができた。相対する人物埴輪の儀式のうち飲食をともなう場面、『日本紀私記』にいう「死人にかはりて、ものくらふ」儀式がヨモツヘグヒと呼ばれたのである。

最後に、イザナミのヨモツヘグヒが要件を満たすことを確認しておこう。要するにイザナミは、イザナギが迎えにきたとき、すでに現世に帰還してヨモツヘグヒを受けていた。すると、イザナミが〝祖母〟としてヨモツヘグヒの儀式を受けるためには〝孫娘〟の存在が必要になる。憑依する孫がいなければヨモツヘグヒは成立しないからである。

黄泉の国訪問譚の直前、イザナギとイザナミは国づくり、神づくりをしている。2人で生んだ神に、さらにその子（孫）の神が生まれている。孫神のうち〝女神〟とおぼしき神は、沫那美（あわなみ）の神、頬那美（つらなみ）の神、大戸惑女（おおとまどいめ）の神などで、ヨモツヘグヒを受ける条件に不足はない。つまりイザナミは、これらの神に憑依して元の世界を闊歩していると考えられたのである。

4　蛇神雷神信仰の行方

（1）地下に棲む雷神

黄泉の国の物語を、蛇神雷神信仰の観点から整理しておこう。

『華陽国志』に「雷二月出地・・・八月入地」などとあって、雷神が地中を出没すると信じられていたことについては前述した。したがって古墳時代に、黄泉の国の物語で雷神が地下（墓内）に棲むと描写されることに不思議はない。すでに指摘されているように、八柱の雷神がイザナミの頭や胸、腹などにいたという描写は、イザナミの身体にまとわりつくヘビを連想させる意図的な表現である。

イザナギを追いかけるとき、雷神は千五百人もの兵士をつけられて地上へ出動した。これも、ドドドッというカミナリの騒々しい音を想起させる伏線である。雷神につけられた兵士は武器を持っていたことだろう。すると、それを率いる雷神が素手だったとは考えにくい。弥生時代に雷神に与えられた装備は銅矛や銅剣、盾、銅鐸で、その姿は土器絵画（図38）にあった。

イザナギは雷神から追いかけられるとき、前を見て走りながら剣を尻のうしろで振っている。これもヘビを連想させるしぐさで、同類と思わせれば見逃してくれると思ったのだろうが、そうはいかなかった。

余談だが、同類を送りこんで成功したのが記紀の「国譲り神話」である。高天原の神々は、交渉人の切り札としてタケミカヅチを出雲に派遣した。そのときタケミカヅチは、剣を抜き、逆にして浪の穂に差し立て、剣の切っ先に足を組んですわったという。こういう芸当ができるのも、雷神が剣神であるとともに蛇神の性格をもっているからである。オオクニヌシが国譲りに同意したのは、彼もまた蛇神だったからで、高天原の〝同類を以って同類を制する〟作戦が奏功したといえる。

もっとも、高天原に居場所のなかったタケミカヅチは、その後、クニツカミとして、僻遠の地、茨城県鹿嶋に鎮座する（鹿島神宮）。彼は安住の地を、いまだ手つかずの蛇神信仰の海、関東に求めた。「霰ふる」は鹿島などの枕詞になっているが、かしましい（姦しい）などという語呂合わせではなく、ときとして霰や雹をもたらす発雷にかけたと解すべきだろう。

（2）聖地の徴候

立証できないものの、雷神の棲処は（相地術によって選択された）聖地と信じられ、銅鐸などが奉献されたと考えた。弥生時代前期・中期の島根県田和山遺跡（松江市）では、これといって特徴のない独立丘陵が防衛の対象とされ、弥生時代後期の伊勢湾沿岸では祭祀用土器に雲出川の砂が混入された。他方、神武東征説話で神武が奈良盆地に打って出るとき、香具山の土を窃取することが重大な任務とされた（『日本書紀』）。こうした現象や説話は、聖地の存在を示唆している。

古墳の立地もまた相地術によったと考えられるので、黄泉の国の物語のように、雷神の棲処に遺骸が葬られることもありうる。事態は、雷神の棲処（聖地）が古墳の適地（聖地）になったことで、その逆ではない。

弥生時代から古墳時代のはじめにかけて、人里近い丘陵の尾根などに「高地性集落」と呼ばれる集落が出現する。不思議なことに、銅鐸の埋納地、高地性集落、前期古墳の3者が、しばしば近距離に位置するケースがある。例えば天理市石上（いそのかみ）町に石上銅鐸が埋納され、同市櫟本町（いちのもとちょう）に高地性集落の東大寺山遺跡が営まれ、のちに東大寺山古墳群が造営される。

狼煙（のろし）台などの簡易な施設を備えた高地性集落もあるが、定住的な性格をもった集落も少なくないとされ、このタイプの高地性集落は、それ自身も聖地を内部にもち、埋納地を監視・防衛するとともに、逃避地として営まれた可能性がある。そのため銅鐸などの埋納地を見渡せる位置に立地され、圧迫されると逃避地になり、あるいは優劣が決し青銅祭器が放棄されると、高地性集落も放棄された。地域によって銅鐸などの埋納地、高地性集落、前期古墳の3者が、跡を追うように出現するのはそのためである。なお、神社の境内地や古代廃寺跡などから、銅矛や銅鐸などが出土することがある。それは、古代の神社や寺院も聖地に立地されたからである。

纒向遺跡も相地術によって選地された可能性のあることは前述した。纒向もまた聖地で、社や大溝という土地神祭祀や古墳などの適地になった。纒向遺跡で2千個を超すモモの種が発見され、放射性炭素（C14）年代で135～230年という結果が示されている。モモの実は、土地神である蛇神雷神に向けられたもので、その目的は黄泉の国の物語のとおり〝雷神の退散〟である。このころ天候不順がつづき、あるいは疫病が蔓延したのだろう。それは、土地神である蛇神雷神の仕業と信じられた。そこで雷神の棲処にモモの実を奉納して、丁重に雷神の地中からの退散を願った。

(3) 蛇神雷神の呼び名

弥生時代中期まで盛行し、古墳時代への過渡期に青銅祭器というシンボルを失った蛇神雷神は、青銅祭器の祭祀圏では唯一絶対神だったと考えられる。当時、蛇神雷神は何と呼ばれていたのだろう。それを知る手がかりが『万葉集』(104)にある。

天武天皇は、藤原夫人(鎌足の娘。夫人は后につぐ地位)に宛てて歌を贈った。じぶんの住む「明日香(清御原宮)に大雪が降っている。お前のいる大原(現在の明日香村小原)に降るのは、まだまだ先のこと」としたためたところ、里下りしていた夫人が、つぎのように返した。

わが岡の龗に言ひて降らしめし、雪の摧けし、そこに散りけむ。

私のいる大原の岡の、水の神に命じて降らせた雪の砕けた細片が、そちらに散ったのでしょう。

『万葉集(一)』(岩波文庫)

この歌について、要旨つぎのように注釈されている。

龗は日本書紀(神代上)の注では於箇美と書かれ、豊後国風土記(直入郡)の『蛇龗』には「於箇美と謂ふ」と注されている。龗の字義は龍で、龍は水神。「おかみ」は身分の低い神だったので、「降らしめし」と使役の語法を用いた。

ポイントは藤原夫人の返歌で、「おかみ」が雨をもたらす神で、「わが岡」に棲むと信じられていたことである。『豊後国風土記』では蛇という字が加わっているので、「おかみ」の実体はヘビとも龍とも信じられていたことになる。万葉人の生きた7～8世紀は、銅鐸などが埋納された時期（後2世紀頃まで）とは大きなへだたりがあるが、雨をもたらす神が小高い岡に棲んでいるという認識は継続していた。

靇や蛇靇は当て字で、継続していたのはオカミ（於箇美）と発音される言葉だったとすると、銅鐸などが埋納された当時、蛇神雷神はオカミと呼ばれていた可能性がある。『豊後国風土記』で蛇が加わっているのは、前代の記憶が付加されたためではないだろうか。この想定では、オカミは「御神（おかみ）」というシンプルな名で、蛇神雷神が唯一絶対神だった時代が存在したことを予感させる。

もっとも、オカミに岡神（おかみ）をあてることもできる。岡に棲む雨をもたらす神の意である。桜ヶ丘銅鐸の埋納地（神戸市）は、かつて神岡（かみか）と呼ばれていたという。神岡に棲むオカミは雨をもたらす神だった。すなわち神岡に埋納された銅鐸は、オカミに雨を乞うものだったものであることに確定する。

（4）王権の他界観と青銅祭器

黄泉の国の物語に史実性はないが、王権の他界観を反映している。この点を再度確認しておこう。王権中枢の墓制とされる畿内型石室の思想を一言でいえば、祖霊や墓主霊が土地神と接触することをきらったことで、それを理想とする九州系石室（家を模した横穴式石室）を拒絶したことである。イザナギは黄泉の国から遁走後、葦原の中津国で禊ぎ祓いをし、1人でアマテラスやスサノオといった神々を生む。ミソギ、ハライをしたのは、黄泉の国が穢らわしいと信じられたからである。嫌悪感は、たんに遺骸を見たからではなく、雷神と死霊の集う巣窟に身を入れたことに起因するので、王権が、家を模した横穴式石室と開放的な棺を穢れの原因とみていたことは明らかである。

王権の他界観と王権中枢の墓制は整合する。畿内型石室は祖霊のための屋根裏を家形石棺に矮小化し、墓主霊と祖霊を石棺に封じこめることによって土地神との接触を拒絶する。この他界観は、土地神を床下に隔離して忌憚する伊勢神宮の祭式とも符合する。

要するに古墳時代に、他界観を異にする2つの潮流が存在した。一方は、玄室を霊魂の集う聖空間と信じ、祖霊と土地神が一体化することを願った。他方はそれを穢れた空間と非難し、祖霊と一体化するような土地神を拒絶した。両者は石室のなかに土地神が存在するという認識で共通するが、埋葬施設から導かれる他界観は対立的ともいえる。

畿内型石室の前身は垂直系統の竪穴式石室で、そのルーツは弥生時代の東部瀬戸内にさかのぼるので、他界観のちがいは弥生時代に遡及する。比喩的にいえば、垂直系統の竪穴式石室と畿内型石室は、銅鐸絵画でヘビを叩こうとする○頭の子孫が生みだしたものといえる。繰り返しになるが、前方後円墳という墳形が普及したのは、墓地に常在させた土地神を可視化するという当時の潮流に合致したからで、墳形が同じだからといって他界観も同じとはいえない。埋葬施設からみれば、王権中枢の畿内を、他界観を異にするさまざまな勢力が包囲していると評することも不可能ではない。

（5）土地神信仰の行方

最後に土地神信仰の展開を追ってみよう。弥生時代中期の土地神信仰として、銅鐸に五祀の土地神をまつる中霤が描かれ、同時に蛇神雷神信仰が描かれたので、中霤の土地神を蛇神雷神とする信仰があったと推測した。

その後の展開をみると、五祀の土地神と蛇神雷神信仰は別々の道をたどった形跡がある。平安時代になると中霤の土地神は土公神（どくじん）と呼ばれ、春は竈、夏は門、秋は井戸、冬は庭にあって、その季節にそれを改変すると祟りがあると恐れられた。その後中世になると荒神と呼ばれるようになり、屋内では火の神や竈の神がまつられ、屋外では山の神、屋敷神、氏神、さらに牛馬の守護神などもまつられた。

土公神も荒神も祭神は混淆し絡みあうが、両者とも五祀でまつる祖霊、后土、カマド神、行神（道祖神）などを対象としているので、五祀の展開とみることができる。五祀が董仲舒の祈雨祭祀として伝播したとすれば、これらのまつりが豊作祈願の要素をもっていることも了解できる。土地神の嫉妬深く、祟るという性格も弥生・古墳時代の流れにあるといえる。

圧迫されていた蛇神雷神信仰が公式に復活するのは10世紀前半である。志田諄一さんの前掲書から引用しよう。

死者の霊魂―蛇神―雷神といえば、菅原道真をあげることができる。左大臣藤原時平（ふじわらのときひら）との政争に敗れた菅原道真は、太宰権帥（だざいのごんのそち）に左遷、延喜三年（９０３）、大宰府で没した。そのころ京都では疫病と干害が続いた。延喜二十三年（９２３）に皇太子保明（やすあきら）が薨じたときは、「世をあげて云ふ。菅帥（かんすい）

（菅原道真）の霊魂宿忿のなす所なり」といわれた（『日本紀略』）。

そこで醍醐天皇は四月に詔して、道真の本官右大臣を復し、正二位を贈ったが不幸はなおやまなかった。つぎの皇太子慶頼王は延長三年（９２５）五歳で病死、同八年（９３０）には、清涼殿に落雷があって、大納言藤原清貫が即死するのである。こうして道真は雷神と信じられるようになる。『北野天神縁起』（承久本）の第一段には、病床にある左大臣藤原時平の耳から小蛇の姿の青竜があらわれ、三善清行に語りかける場面がある。菅原道真の霊が蛇体として描かれているのは、雷神が蛇神でもあり得たという思想が、その後も受け継がれていたことを示している。

こうしてみると、わが国で異常なまでに発展した土地神信仰は、地震や噴火、落雷、疫病といった不可避的な自然現象に起因していることがわかる。青銅祭器のまつりや前方後円墳祭祀ひいて神殿の建築様式もまた土地神信仰の一態様だった。列島の心性は、縄文以来、一貫して自然環境に規定されてきたといえばいいすぎだろうか。

第15章　埴輪群像の機能論

はじめに

人物の窟にシャーマンと青年が相対する場面があり、人物埴輪にもよく似た配置があることから、両者は共通の儀式を描写（造形）していると考えた。その儀式とは「立位で相対する儀礼」で、人物埴輪にはそれ以外に「座位で相対する儀礼」があった。２つの儀礼を合わせると、祖霊の降臨をえて、亡き祖父が孫に憑依して飲食する中国古代葬制の虞祭（ぐさい）に似ており、その実質は後継者の認証儀礼と考えた。寿墓完成時に生きていた後継者は、その儀式の全部または一部を墳丘上に展示し、跡を継ぐことなく亡くなった後継者は壁画に描かれることもあった。

この仮説が成立するためには、人物埴輪に祖父霊像や祖霊像、後継者（孫）像などが存在することを立証する必要があるが、それで人物埴輪の展示された古墳が、当時寿墓だったことまで立証されるわけではない。そこで、相対する人物埴輪以外の配置―例えば隊列を組んだとみえる一団が寿墓の徴候であることを論じる。

埴輪群像は、展示された時期と場所を問わなければ、円筒埴輪のほか家形埴輪、靫・キヌガサ形埴輪、導水施設埴輪などからなる一群（「家形埴輪群」という）と、人物埴輪や動物埴輪などからなる一群（「人物埴輪群」という）に分かれる。

本章では埴輪群像の意味を、古墳に与える意義の変化に着目して検討する。例えば家形埴輪群は、古墳に家形埴輪群という意味以外の意味（埋葬墓になったこと）を与えるので機能的な意味をもっている。寿墓としてつくられた古墳は、家形埴輪群が配置されることによって埋葬墓になる。機能論の実益は寿墓の存在を認めることで、埴輪群像は一度に全部展示されたのではなく、目的をもって段階的に展示されたと考えることを可能にする。

1 埴輪群像の概要

古墳ははじめ定型的・規範的な築山（つきやま）として造成され、埋葬することによって墓になる（埋葬墓）。生前から古墳をつくりはじめ生存中に完成すると（寿墓）、埋葬墓になるまでに一定の期間がある。古墳も出現期を過ぎるとめずらしい存在ではなくなり、見る者の関心は、寿墓か埋葬墓か、版図をもつ首長墓かどうか、正統な後継者の墓かどうかなどの点に移ったことと思われる。これに呼応するように、展示場所は墳頂からテラスや造り出し、周濠の出島・中島、外堤など平地から見やすい墳丘の裾（すそ）に移り、埴輪群像に人物埴輪が出現する。

墳頂の家形埴輪群は、祖霊と土地神を墳丘に迎えて饗応する儀式が終わったことを告知するモニュメントで、それが前方後円墳上で後継者によって行われた場合には、実質的に首長権の継承儀礼になることは第13章（前方後円墳の他界観）で検討した。

家形埴輪群が造り出しなどにも展示されるようになると、導水施設埴輪が出現する。家形埴輪は祖霊と土地神（または両者が一体化した氏神。以下同じ）を表象していたので、造り出しの家形埴輪群にも祖霊と土地神の造形が存在するはずである。土地神は忌憚すべき存在で、流行に従い、さまざまな造作で暗喩されたことを論じよう。

つぎに人物埴輪群である。人物埴輪の意義については首長権（首長霊）の継承儀礼説をはじめ、殯（もがり）説、葬列説、生前顕彰説、神仙世界説、神祭り説などがあって定説をみない。人物埴輪の意義はそれぞれ異なるが、目的は寿墓であることの告知である。

人物埴輪群には相対する人物埴輪のほか、隊列を組んだと見える一団（以下「隊列」という）が存在する。相対する人物埴輪と隊列をセットとみると、隊列のなかに相対する人物埴輪の主人公（後継者）が存在する可能性がある。

隊列の常連である甲冑姿の人物像や運搬手段の馬を、王塚や五郎山などと同じ趣旨とすると、これは〝あの世への出行メンバー〟で、人物埴輪の隊列は、あの世への出行メンバーを造形しているという想定が生まれる。つまり寿墓の完成時、後継者は後継者になる儀式に加えて、〝じぶんの死後の出行場面〟を埴輪につくったことになる。こうした仮説はにわかに信じることはできないが、寿墓であることを人物埴輪でどう表現したかという観点を立てると、それもありうることがわかる。相対する人物埴輪が古墳に与える意味がわかると、相対する人物埴輪以外の人物配置でも同じ機能を果たすことがわかる。

人物埴輪では、壁画解釈から想定される人物と埴輪につくられた人物像を比較する作業が中心になる。ここでは、人物埴輪に祖霊像、祖父霊像、後継者（孫）像などが存在するか、また力士像を祖霊と解することができるかどうかが論点になる。隊列では、あの世への出行メンバーは死装束（しにしょうぞく）につくられている可能性があるため、議論は古墳時代の装束に及ぶ。

検討対象は、個々の埴輪と具体的な埴輪配置である。個々の埴輪で意味を検討し、具体的な埴輪配置で古墳に与える機能を検討する。古墳や古墳壁画は、家のほか祖霊と土地神、被葬者の3者で構成されていた。埴輪群像が古墳の属性であれば、この3者にかかわるものに分類できるはずである。その意味で埴輪群像の解明は、古墳の意義を確認する最後の作業になる。

2 埋葬墓の徴候

4世紀の終わりから5世紀の中ごろにかけて、埴輪の展示場所や種類に変化が現れる。家形埴輪やキヌガサ形埴輪のほかに、水鳥や船をかたどった埴輪や鋸歯文を上につけた門や塀、そして導水施設埴輪などが前方後円墳の裾（造り出しや出島、中島、外堤など）に立て並べられた。最初の人物埴輪と目される「盾持ち人埴輪」がつくられるのもこのころとされる。

墳頂の家形埴輪群は、祖霊と土地神を招いて埋葬墓になった結果を示しているのに、なぜ、それに加えて、同じ趣旨のものを造り出しなど別の場所に展示したのだろう。それは、墳頂の平坦面では平地から見えにくかったからである。造墓者は、見る者の要求にこたえて見やすい場所に展示した。しかし同じ趣旨なら、墳頂の家形埴輪群と同じ造作でよかったのではないか、あるいは土地神の家のかわりになぜ導水施設埴輪が置かれたかという疑問が生まれる。この点、導水施設埴輪の項で後述しよう。

図84　家形埴輪と水鳥形埴輪（巣山古墳）

水鳥形埴輪や船形埴輪は神々の運搬手段で、それひとつで古墳に祖霊または土地神が到着したこと（埋葬墓になったこと）を暗喩している（図84）。簡潔な配置で、トリのおだやかな姿態には埴輪工人の詩的センスさえうかがえる。

寿墓の段階では墓主霊がいないので、墳頂に神々を招きよせる必要はない。家形埴輪群は埋葬された時点で整備すれば足りる。しかし寿墓は、いずれ必ず使用される予定地だから、そのことを外部に知らせる必要がある。盾持ち人埴輪が最初につくられたのは、寿墓の段階で墳丘を守護する必要があると考えられたからである。

竪穴式石室の築造手順に和田清吾さんの分類があり、寿墓の判断に有効と考えられる。「掘込墓坑」と「構築墓坑」の区別で、前者は墳丘の盛土を積み上げたあとにあらためて墓壙を掘削するもので、寿墓の可能性がある。後者は墳丘の造成途中で墓壙をつくるもので、すでに遺骸が存在する場合に適切な工法になる。

3　土地神の造形

（1）畔と溝と樋

土地神は五祀の中霤に宿るが、中霤は家屋の中央だったから、2棟造りの家の中央に存在する雨受け（雨樋、水槽）や、あかりとり（窓）も土地神の依り代とみなされた。したがって、水槽や樋など雨水を受ける容器や雨水の流路を支持する工作物は、土地神を表象していることになる。これもにわかには信じられないことに属するので、こうした観念が古代に存在したことを確認してみよう。

記紀や祝詞（大祓（おおはらえ））に不思議な罪が列挙されていることは前述した。スサノオが高天原で犯した罪（天つ罪）で、例えば糞戸（くそど）である。これは祖霊を鎮斎した戸に糞をなすりつけ、祖霊を冒涜（ぼうとく）する行為である。同列とされる罪のなかに、畔放（あはなち）、溝埋（みぞうめ）、樋放（ひはなち）などがある。これらの行為は灌漑稲作の妨害行為と解されているが、糞戸は宗教上の罪だったから、これらの行為も宗教上の罪ではないかという疑問が生まれる。つまりこの罪は、スサノオが畔（あぜ）や溝などを修復しても許されず、高天原から追放されるほど重大な罪だったという想定である。

畔、溝、樋などには共通点がある。畔は田植えどきの水を湛水する造作（容器）で、溝や樋はその流路を支持する工作物である。表流水も清泉水も井水も湧水も、すべて源泉は雨水である。このころ雨は雩神（うしん）の賜物と信じられたはずで、その受け皿になる造作物が雩神と同視された可能性がある。つまり、戸が祖霊としてまつられたように、畔、溝、樋などはそれじたいが土地神の依り代としてまつりの対象になった。

この仮説にもとづいて解釈したものはつぎのとおりである。

①　弥生の建物絵画で梯子がかけられた樋（図31）。
②　真野古墳の副葬品が納められた埴製樋形容器（図58）。
③　家屋文鏡の建物C（豪族の家）の樋などをともなう周堤（図50）。
④　伊勢神宮内宮のご神体が納められた御樋代という容器。

こうした例から敷衍すると、弥生時代に近畿で流行した、いわゆる⑤湧水点祭祀、纏向遺跡などの⑥大溝祭祀なども本質を共有する土地神祭祀だった可能性がある。例えば湧水点祭祀は、掘りくぼめた土地の形状そのものが神の徴表で、湧水の容器となった窪地をまつったもの。弥生集落を囲む⑦環濠や、古墳の⑧周濠も同様で、必要なのは容器としての性質だから空濠でもさしつかえない。水をたたえる容器が囲形埴輪のなかに納められている場合、有力説は水をまつった（聖水祭祀）と考えているが、そうではなく、そのモノじたい（容器）をまつったと解すべきである。囲形や目隠し塀で囲繞（いにょう）され、覆屋（おおいや）などで隠されたものは忌憚すべき土地神の依り代で、それゆえ人目から遠ざけられたことは前述した。

（2）ヨロイを着た古墳人

こうした推測を裏づける資料がある。それは、先にふれた群馬県金井東裏遺跡の「甲を着た古墳人」である。彼は「小札甲（こざねよろい）を着装し、冑（かぶと）を両手に持つようにして顔の下に置き、ひざをついて溝の中にうずくまるような姿勢」で発見された。この姿勢は当初、噴煙をあげる榛名（はるな）の神に祈るものと解されたが、現在では「小札甲をきちんと着装していない上に、肩甲（かたよろい）などの付属具をフル装備していなかった」ことから、「およそ威儀を正して祈りを捧げていたようにはみえない」と評されている。また「周辺から発見されたた小札甲、矛なども、祈りの場に置かれたとみるよりは、避難させようとしていたとみるほうが理解しやすい状況」とも推測されている（群馬県埋蔵文化財調査事業団『平成26年度調査遺跡発表会資料』）。

はたしてそうか。

ここでの疑問は、つぎのとおりである。

（a）彼は、なぜ溝のなかにいたか。

（b）彼は、なぜ冑を両手に持つようにして顔の下に置き、膝をついてうずくまる姿勢でいたか（威儀を正して祈りを捧げていたようにみえないのはなぜか）。

（c）なぜ彼の周辺に小札甲、矛などが置かれていたか。

疑問（a）は重要で、説を立てる者はこれに向きあう必要がある。溝のなかでは首飾りをした人物（女性）も発見されていて、彼女は火砕流に巻きこまれて溝に転落したと推測されているが、彼はそうではない、はじめから溝のなかにいた。これまで検討してきたところ、溝は土地神の徴表で、彼は土地神の座で祈りの態勢に入った。しかし威儀を正す余裕がなかった。これが疑問（a）（b）の回答である。

榛名山は、それまで幾度となく噴火を繰り返していたのだろう。いつもならフル装備をして祈る余裕があった。しかしこのときは、威儀を正す間もなく火砕流が押し寄せた。首飾りの女性も溝をめがけて走り寄ったのだろう。が、間に合わなかった。疑問（c）は土地神に祈る場合の道具立ての問題で、埴輪の甲冑や挂甲と同じ意義をもつので後述しよう。

ヨロイを着た古墳人で正当に評価されるべきは〝手のひらを地面につけ、肘を脇に引きつけて屈曲し、前傾する姿勢〟である。これが、祈りの強い意志を反映していることを疑うことはできない。

水の容器や流路をまつる儀式は、時代によりさまざまなタイプが伝播し流行した。弥生時代の湧水点祭祀や纏向遺跡などの導水施設・大溝祭祀を経て、古墳時代の導水施設祭祀につながる。飛鳥時代になると奈良県の酒船石（さかふねいし）のように、巨石に刻みこまれた流路が神の徴表と信じられた。『日本書紀』では、斉明天皇が渠（みぞ）の掘削に延べ3万人、石垣の建設に延べ7万人を費やしたと記されている（狂心（たぶれごころ）の渠）。導水施設遺構にみられる石垣や貼り石、矢板などは神の座を修飾するもので、それじたいが神の依り代とみなされた証拠である。

(3) 導水施設埴輪

導水施設埴輪の本質は「屋内（中室）で雨水を受ける水槽」で、五祀の中霤に起源をもつ。埴輪工人は、“屋内にある雨受け（水槽）”という概念に苦しんだようで、原義を忠実に反映している水槽は見あたらない。三重県宝塚1号墳出土の水槽埴輪（図85）では、雨水の受け皿と排水口をつくる。外からの取水口をつくらず、上からの受け皿をつくる点で原義をとどめているといえるだろうか。水槽埴輪を内蔵した家形を囲む囲形埴輪には鋸歯文が取りつけられていて、水槽埴輪の実質が社の神（土地神）であることを示している。

造り出しなどに家形埴輪群を重複して展示するとき、土地神を表象する家ではなく導水施設埴輪や井筒埴輪などが配置される場合がある。導水施設埴輪が墳頂に展示されなかったのは埴輪の“格”が異なっていたからで、墳頂には土地神のすまいである家がふさわしいと信じられたのだろう。導水施設埴輪は導水施設遺構の出土とパラレルの関係にあり、渡来人によって伝播したと考えられる。

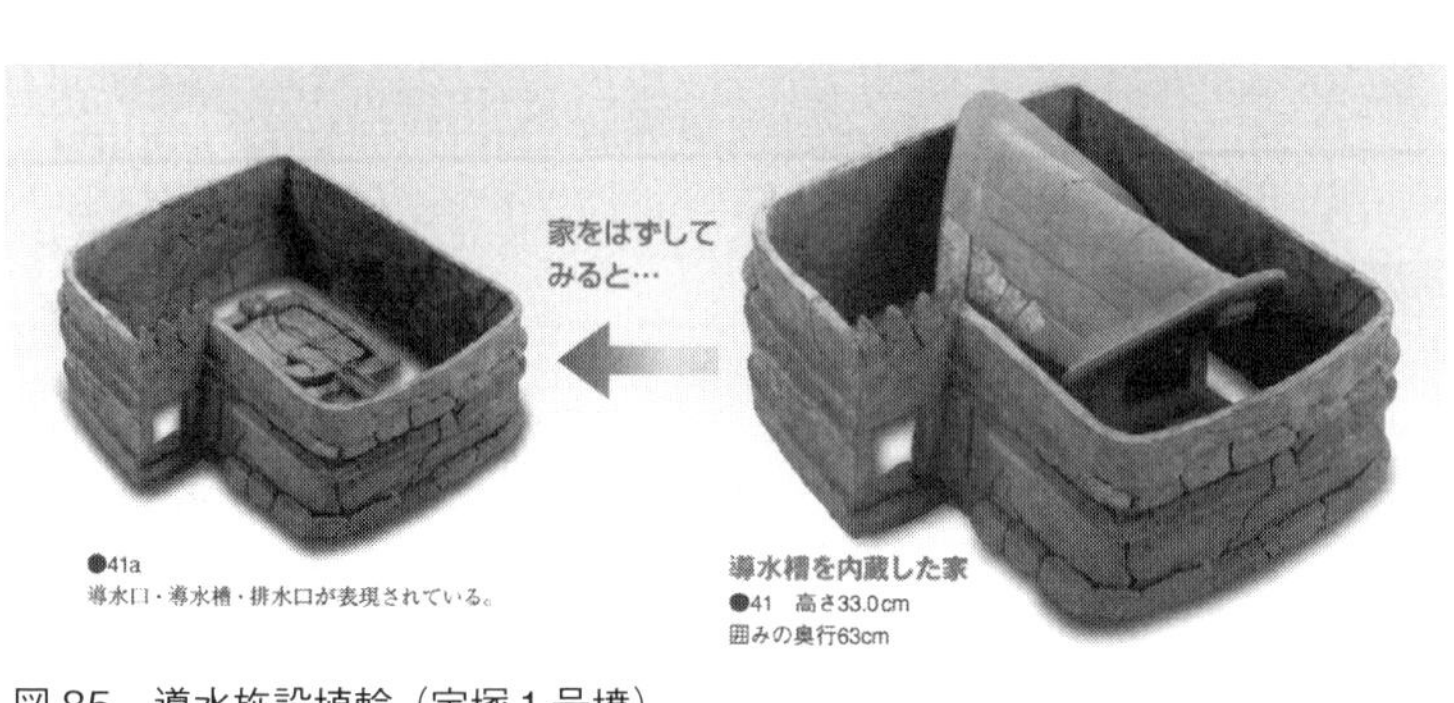

図85　導水施設埴輪（宝塚1号墳）

導水施設遺構の目的は、雨乞いである。古代中国では雨乞いは天子の職責だった（『春秋繁露』）。列島でも雨乞いは、版図をもつ首長の重要な任務だったと考えられる。現在の考古学では、弥生・古墳時代に有力者の主宰する雨乞いはなかったことになっている。しかし、『日本書紀』や『続日本紀』、『日本後紀』など六国史と呼ばれる史書は、国家的祭祀として173回の祈雨祭祀を記録している（田上善夫「気候災害・防災祈願と古代・中世の気候変動」『歴史地理学』通号267　2013年12月）。

有力者の雨乞いを最初に記すのは、『日本書紀』の皇極天皇の四方拝（642年）である。立証できないものの、小河川の表流水に依存する灌漑稲作では、それ以前に頻繁に有力者の雨乞いが存在したことを疑うことはできない。

前書で銅鐸絵画を解読して、絵のある銅鐸や銅矛など青銅祭器は、地中に棲む雷神に奉納されたと考えた。銅鐸絵画の題材には、董仲舒の祈雨祭祀（『春秋繁露』）の題材が織りこまれていた。例えば、社（図28）で雨をつかさどる土地神をまつり、水田に水を引きこむためのI字状のモノ（図67）は止水板（堰板）で、水抜きをして田んぼのサカナをとるとともに、勢いよく放流して水路のつまりを取り除く董仲舒の儀礼である。諸説腐心するのは、膝と腰を同時に屈曲する姿勢で、これは止水板を取り上げたあと（あるいは前に）、畔に腰を

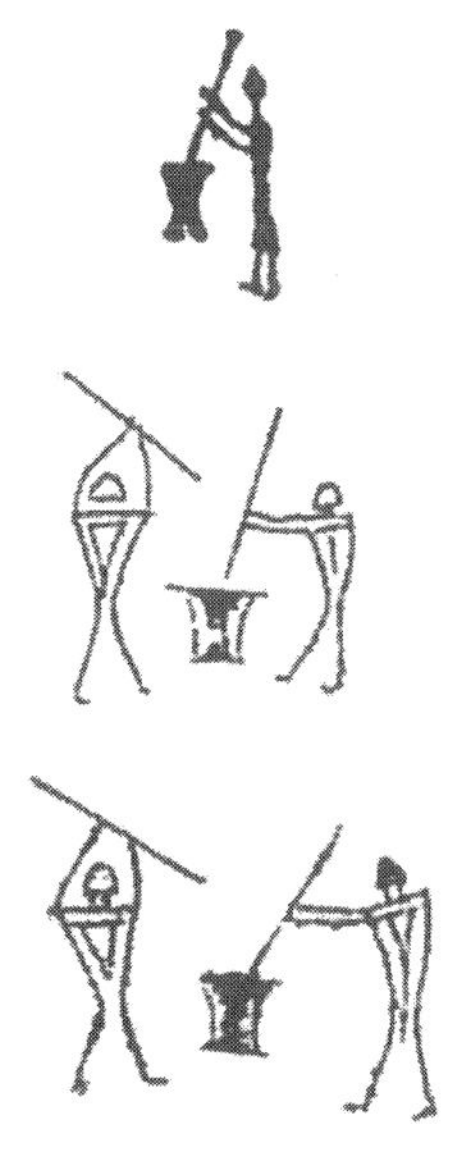

図86　脱穀図（上・井向2号銅鐸、中・桜ヶ岡5号銅鐸、下・伝香川県出土銅鐸）

かけた姿である。

臼（うす）を挟んで杵（きね）を奔放に振るう場面（図86）は脱穀風景ではなく、屋内にあった臼と杵（陰）を道路（陽）に引きだし、陰陽を逆転する董仲舒の祈雨祭祀である。鋳物師は〝背景を描かない〟というルールをもっていたので、道路という背景を描くことができなかった。そこで大道芸である杵つき踊りで、臼と杵が道路にあることを表現した。この姿勢で脱穀できるかどうかは実験考古学の領域で、この姿勢を演じてみればすぐわかることである。

銅鐸絵画にはなかったが、社につづく溝を掘って、それを村の外の溝につなぐ工事も董仲舒の祈雨祭祀である。纏向遺跡の無数の大溝を連想する記事で、その流れからいえば分割統治体制の確立する古墳時代に雨乞いの痕跡を認めないのは不自然というほかない。

しかし、まれに雨乞いの痕跡とおぼしき証拠に恵まれることがある。雨乞いは、所要の雨がえられるまで、手をかえ品をかえ延々と行われる。万策尽きると、神を冒涜して怒らせるという手段に出ることがある。それを示唆するのが纏向遺跡と南郷大東（なんごうおおひがし）遺跡（御所市）の導水施設遺構で、堆積土から〝寄生虫卵〟が発見された。つまりこれは、業をにやした有力者が、土地神を怒らせれば豪雨を降らせるだろうと、土地神の依り代に肥桶（こえたご）をぶちまけた痕跡とみる発想である。寄生虫卵をふくむ土がもともとあった土か、搬入されたものか、はたまた後世の肥料が滲みこんだものかの議論はあるが、南郷大東遺跡では導水遺構が覆屋などで隠され、鋸歯文をつけた盾が出土していることから、土地神祭祀の跡だった可能性は高い。前方後円墳に葬られるべき首長も雨乞いに腐心したことだろう。霊験あらたかな祭式を求めて、祭式は時代によって変化する。墳丘外で土地神をまつる痕跡の多くは雨乞いだった可能性がある。

4　相対する人物埴輪と隊列

(1) 相対する人物埴輪

人物の窟の解釈でえられた登場人物は、つぎの4人である。

①立位の正装（盛装）男子、②巫女、③祖霊、④祖父霊

この儀式は、祖霊の見守るなか、祖父霊が孫（正装男子）の身体に入りこむ（憑依する）場面を描写するもので、光景じたいはシャーマンの呪術の一場面にすぎない。しかし、例えば祖父が前方後円墳に葬られるほどの有力者であれば、この儀式は別の意味をもつ。すなわち〝この地は（祖父の生まれかわりである）孫が統治する〟と宣言するもので、この儀礼の本質が氏族的首長という地位が祖父から孫へ移譲されること、すなわち世襲にあることがわかる。

この儀礼は中国の祖先祭祀・虞祭の一部で、保渡田八幡塚古墳で人物埴輪に造形され、綿貫観音山古墳では、虞祭の中心になる飲食の場面が造形された。一連の儀式に、相対する人物が登場する場面が2つあることから、祖父が孫に憑依する場面を「立位で相対する人物埴輪」と呼び、人物の窟になかった飲食する場面を「座位で相対する人物埴輪」と呼んで区別した。

黄泉戸喫（ヨモツヘグヒ）は、祖父という死者（黄泉の国の人）の霊魂が、形代である孫に憑依して現世に帰還し、遺族の饗応を受ける儀礼で、座位で相対し飲食する場面がヨモツヘグヒと呼ばれたことは前章で論じた。

座位で相対する人物埴輪（飲食する場面）の主な登場人物は、つぎの2人である。

⑤正装（盛装）男子、⑥高貴な婦人

①立位の正装男子が祖父霊を憑依したのち、⑤座位の正装男子として飲食すると解すべきことは前述した。彼に飲食を捧げる⑥高貴な婦人は、祖先祭祀の虞祭に登場する一家の主婦、あるいは先祖祭でシャーマンの役を担当した一家の主婦（大伴坂上郎女）に相当する女性である。もっとも虞祭では、一家の主人も饗応にあたるので、⑥は男子の場合もある。

一家一族の行事だから、相対する高貴な女性は正装男子の母の場合もあり、乳飲み子を抱く女性埴輪では、2人は母子の可能性もある。正装男子や高貴な婦人、巫女などの意義については前述したので、検討すべきは人物埴輪群に、③祖霊像と④祖父霊像が存在することである。

(2) 隊列とあの世への出行メンバー

王塚の袖石に描かれた出行場面（2人の子）や、五郎山で復元した賑々（にぎにぎ）しい〝あの世への出行メンバー〟から想定できる隊列の編成は、つぎのようになる。

⑦被葬者霊、⑧付き添いの祖霊（五郎山の「片手をあげるのっぺらぼう」）

⑨馬曳き人と飾り馬（王塚袖石）、⑩同行する墓主霊（五郎山で現世に出張中の「盾を持つ馬上の人物」も、獲物があれば隊列のメンバーに加わる）

これらの人物の出行場面を埴輪につくると〝被葬者を先頭にした葬列〟になる。問題は、寿墓完成時に生存していた後継者を被葬者に見立てた葬列がなぜ造形されたかで、これが隊列の核心となる設問である。壁画解釈と人物埴輪群の配置からえられた想定上の人物は上記①〜⑩で、これらの人物と人物埴輪との比定は後述し、それ以外の点について補足しておこう。

第一に、この仮説では人物埴輪に祖霊（③）や、将来葬られるはずの被葬者霊（⑦）、被葬者霊以外の墓主霊（⑩）などの霊魂が造形されていると考える。五郎山などでは霊魂が人物として描かれていたので、こうした想定もありうる。

第二に、祖霊は、相対する人物埴輪にも葬列にも存在することである（③、⑧）。そこで祖霊像が1体の場合には、どの場面かを判断する必要がある。祖霊像が2体以上必要な場合には、埴輪工人は容姿をかえてつくった可能性がある。

第三に、馬曳き人と馬（⑨）は霊魂の運搬手段で、トリや船もこの範疇にふくまれる。

第四に、現世に出張した「盾を持つ馬上の人物」（⑩）の目的は、あの世の祖霊祭祀のための狩猟と考えた。したがって狩猟・漁労を表現する人物埴輪や、イノシシなど獲物を表現する動物埴輪、その他食糧を調達する人物などはすべてこの範疇に入る。五郎山では、被葬者がイノシシを仕留めて持参したと考えたので、被葬者本人の狩猟場面も埴輪につくられた可能性がある。

第五に注意すべきは埴輪群像の巧拙、完成度などの水準である。相対する人物埴輪の儀式のルーツは大陸にあり、渡来人によってもたらされた。渡来人には古来（ふるき）の渡来人がいて、新来（あらき）の渡来人もいれば今来（いまき）の渡来人もいる。すると、最近到来した渡来人の子孫の発注した埴輪群像は原義を正確に伝え、古い渡来人の子孫のつくるそれは、原義があいまいになり、変容している可能性がある。後述するように、関東の人物埴輪には、原義を正確に伝えるものがある。これは、関東に比較的新しい渡来人が定着したことを示している。関東の例を、近畿モデルの変容または例外とみる説もあるが、実際は、おそらくその逆である。

第六に、人物埴輪のなかで最初に出現する「盾持ち人埴輪」である。人物埴輪は5世紀の半ばごろになって墳丘のテラスや内堤などに出現するが、盾持ち人埴輪が最初につくられたのは、寿墓の段階でも築山は護られるべきと考えられたためであることは前述した。盾持ち人埴輪の表情は個性豊かに、ときに露骨に、ときに下品につくられる。それは彼らが下級兵士で、招きおろされる際、巫女の妖（あや）しげな姿態を見た際の率直なリアクションを写しとったものと解すべきことも前述した。

（3）装束の特徴

人物埴輪が何を表現し、何を目的にしているかについては諸説あるが、それが日常生活の一場面ではなく、何らかの儀式や特別の出来事を表現していると考える点で一致している。説が分かれるのは人物の身なりやしぐさをどう考えるかで、「身なり」の議論は人物埴輪の出発点になっている。人物のおおかたは衣服をまとい、冠や帽子をかぶり、沓（くつ）をはくものもある。また腰に太めの帯を巻き、大刀をはき、鎌や鍬などを持っていることもある。ここでは、人物が身につけているもの一式を装束（しょうぞく）と呼んで身なりの議論を進めよう。

まず「平時の装束」という問題がある。人物埴輪が儀式や特別な出来事を模しているとすると、平時の装束ではないことになる。古墳時代のふだんの装束についてはほとんどわかっていないので、人物埴輪の装束から逆に推測することになる。この点、市毛勲さんは「平装の人とは男子の場合天冠をかぶらず、大刀・刀子を佩かず、手甲を着けない服飾の人物埴輪」と指摘している（「髪形と身体装飾」『古墳時代の研究3』雄山閣出版　1991年）。たしかに屋内などで日常を過ごすとき、冠や刀、手甲などは必要ない。普段着は、人物像の着用しているものとは正反対のものと解することになる。そこで出てくるのが、「襟合わせ」の問題である。

　人物埴輪の襟合わせに右衽と左衽があり、左衽が多く、右衽は例外だった。このことから多数説は、古墳時代の平時の襟合わせは左衽だったと考えている。『続日本紀』養老三年（719）三月の記事に、元正天皇が、襟合わせを右衽にするよう命じたとあることもその根拠になっている。しかしこの説では、「長い筒袖の少年像」が右衽であることの説明が困難になる。

　中国の襟合わせは一貫して右衽である。1世紀漢のとき倭奴国は通交して漢帝国に属し、3世紀魏のとき、倭は魏の軍事的支援を受け、5世紀南朝のとき半島の覇権を争って中国に使節を送り、6世紀になると百済、新羅など半島諸国と交流を深める。倭人が、盟主と仰ぐ中国の服制を知らないはずはなく、6世紀にもなって倭国が（半島諸国とも異なる）左衽だったとは、いかにも考えにくい。むしろ平時は右衽で、左衽は例外的な場合だったとすると、事態は平明に推移する。

『続日本紀』の先の記事について若松良一さんは、前月に帰国した遣唐使が唐の服制を復命したことを契機として「平時は右衽であっても、凶事には左衽にかわる日本独自の習俗が、唐文化からすれば夷狄の習俗に該当し、見苦しいのでこれを改めさせようとしたもの」と断じている（『古墳時代の考古学6　人々の暮らしと社会』「職能の衣装―埴輪表現におけるその非日常性」同成社　2013年）。

この立場では、人物埴輪の大半は例外的な着方をしており、ごく一部の人物像がふつうの着方をしていることになる。では、この例外的な着方をする儀式や特別の出来事とはいったい何だろう。それを検討するためには、もう少し人物像のディテールに立ち入る必要がある。

装束や姿態から人物の生業や身分などを推測できるが、そうした職業差、身分差にかかわらず、「脚帯」（足結）を着用している像が少なくない。また、いわゆる力士像には「覆面」をしているものがあるという（若松前掲書）。そこで、冠（帽子、笠）、手甲、脚帯、覆面といった装束の意味を、民俗学の力を借りて追求してみよう。古川のり子さんは、花嫁の角隠しや綿帽子などの意義を説いたあと、つぎのような例を紹介している（『昔ばなし　あの世とこの世を結ぶ物語』山川出版社　２０１３年）。

　このようなかぶり物で頭や体を覆うのは花嫁ばかりではない。結婚、葬送、誕生などの人生の重要な通過儀礼において、儀礼の主役たちは共通して蓑笠をはじめとするかぶり物を身につける。たとえば死者の場合は、次のようである。

　伯耆の西伯郡大高村では、蓑を衣せ笠を入れる他に、人形をも抱かせる。之を孫を抱かせるといふ。

（「鳥取県西伯郡」柳田国男『葬送習俗語彙』民間伝承の会　１９３７年）

　シドモチ（青森県）、サガラ（福井県）、キノノ（福岡県）も死者の着物で、イロ縫いに集まった婦人たちが、尻を縫わない糸でひっぱり縫いをし、帷子（裏のない衣服―筆者注）、脚絆、手甲をつけさせ頭陀袋（ずだぶくろ）をもたせ、それに目隠しといって三角のきれを額に当て、笠と杖を添えて道行き姿に装う。

（瀬川清子「晴着とかぶりもの」『日本民俗学大系6』平凡社　1958年）

死者の額にあてる三角形の白紙（角帽子、紙烏帽子、見隠し）や、顔面を覆う白布も死者のかぶり物の一種であり、花嫁の角隠しや綿帽子に相当する。

引用文中のイロ縫いやひっぱり縫いとは、死装束をつくるとき糸の端に留め（と）（玉むすび）をつくらないで縫うこと、脚絆は、労働・旅行・防寒などのためにする脛当て（すねあて）である。若松良一さんは、大阪府野畑出土の巫女埴輪の注連縄とも見える表現は、ひっぱり縫いの可能性があると指摘している（前掲書）。そこで、人物の窟の「船下の人物」にあった胸前の斜線に付属する短線を考えてみよう。これは、仕立てる前のひっぱり縫いの布で、それを上半身に覆って、死の過程にあることを示唆したものではないだろうか。つまり船下の人物は、左衽の斜線と、ひっぱり縫いの糸の端で死が暗喩されていることになる。

珍敷塚や鳥船塚の笠をかぶった墓主霊は、文中の「道行き姿」に似ている。じぶんで船を漕いであの世へ到達したので、すでにこの時代に（あの世への）道行きという観念が存在した可能性がある。人物埴輪の、この世とあの世を往来する人物像は、道行きの姿すなわち死装束につくられていることを意味する。

文中の「死者に人形を抱かせる」という習俗は注目に値する。民俗学の宮田登さんによれば、新潟県山北（さんぽく）地方に、葬式後四十九日すぎに巫女を呼び、死者の霊魂を招きよせる習俗があり（これを「ミコキキ」という）、ミコキキでは〝孫に生まれかわってくる〟という言葉が期待されたという。死者と同じ家ですぐ赤子ができると、〝マゴジイサン（マゴバアサン）〟といい、土葬から火葬にかわるとき、老人は〝生まれかわれない〟と反対したという話を引用して、その理由を、つねに遺体と霊魂の絆（きずな）を考えていたためと推測している（『宮田登日本を語る7　霊魂と旅のフォークロア』吉川弘文館　２００６年）。

ここまで読み進まれた読者なら〝祖父が孫に生まれかわる〟という壁画のテーマを想起されるだろう。そう、人物の窟の祖父霊・漢B（C）と、その孫・人物Yである。孫に生まれかわるためには、祖父（の霊魂）が孫に憑依することが必要だった。祖父霊は漠とした姿だったが、それでも姿形の輪郭は描かれた。灰になってしまえば、あるいは骨が溶けてなくなってしまえば乗り移ることができないと信じられたのではないだろうか。祖父（祖母）が孫に生まれかわるという信仰は、列島のはるか古代にさかのぼる可能性がある。天孫降臨が、アマテラスの子（オシホミミノミコト）ではなく孫（ニニギノミコト）によって行われたことも、この観念を反映している。

副葬鏡の鏡背の文言も、この文脈に置くとよく理解できる。弥生時代後期から古墳時代のはじめに副葬された内行花文鏡（ないこうかもん）などの鏡背に「長宜子孫」、「大宜子孫」といった文言がある。「長く（大いに）子孫に宜（よろ）しい」と読まれているが、これも不思議な文言である。葬られてしまえば、子孫の有無は次世代にゆだねられるので墓主には関係がないと考えるのがふつうだろう。しかしこの当時、そう考えられていなかった。死者は、つぎつぎと子孫に乗り移って永遠の生命をえることができる。今風にいえば、この鏡を副葬して葬られると憑依すべき子孫に恵まれ、永遠に統治できる、それで（だから）宜しいと解されていたのではないだろうか。

（4）死者の装束

先に検討した奈良県藤ノ木古墳は、死装束が鮮明にわかる例でもある（図79）。家形石棺に納められていた2人を北側被葬者、右側の背の低い人物を南側被葬者と呼んで死装束をみてみよう。まず2人の共通点である。

①太い美豆良、②首飾り、③左衽の襟合わせ、④太い帯、⑤脚帯、⑥沓

北側被葬者には、それ以外に⑦冠、⑧玉蔓（たまかずら）のかぶりものがあり、南側被葬者には⑨足玉があった。この遺存状況を一言でいえば、死装束とは「左衽の正装」で、かつ「脚帯」という旅姿である。これは民俗学の収集した死装束の例に一致している。

そのほかはっきりしたのは、男子の足玉が死装束ということである。人物埴輪の椅座男子に足玉をつけている例があり（奈良県石見遺跡）、椅座男子を跡取りで生身の存在とすれば矛盾する（ただし、この点は復元とされている）。

人物埴輪に〝あの世の人〟が造形されていれば死装束で、生身の人物は、そうでないようにつくられるのが原則といえる。ただし、死者を憑依すると装束の一部が死装束になり、あるいは近親者も葬儀で死装束をまとう習俗が存在したので、生身の存在も死装束につくられる場合があることに留意しておこう。

5　人物埴輪の諸相

（1）両面埴輪

装束は着けていないものの、人物埴輪の意味論はこの像からはじめるべきだろう。和歌山県岩橋千塚古墳から出土した人物埴輪に、前後2つの顔をもつものがある（図87）。有力説は4つの目に着目して、古代中国の方相氏を造形したものと考える。方相氏とは「昔、宮中の追儺（鬼払い）の儀式のとき、黄金の四目の仮面をかぶり、玄衣に朱の裳をつけ、矛と盾をもって悪鬼を追い払った役。また、天皇・親王・太政大臣の葬送のときに棺を載せた車の先導をもした」（『大辞林』など）と説明されている。

しかし率直にいって、これは強引な議論ではないだろうか。両面埴輪の2つの顔は対照的といえるほど異なっていて、比較検討が不可欠と思われるのに、目だけを取りだして議論するのは恣意的といわざるをえない。

2つの顔の目尻に着目して、一方を〝垂れ目〟、他方を〝釣り目〟としよう。横から見ると垂れ目の鼻筋は高く、釣り目のそれは低い。顎を見ると垂れ目が自然体なのに対して、釣り目は顎を頸に引きつけている。下唇と顎のラインの幅の狭いことがそれを示している。唇は垂れ目が自然体なのに対して、釣り目は人中（鼻の下中央の縦のくぼみ）のところで上唇が上に凸に突出している。

図87　両面人物（左から正面・側面・裏面〈大日山35号墳〉）

2つの表情から受ける印象は、垂れ目が柔和、温厚なのに対して、釣り目は緊張、険阻などと表現できるだろう。釣り目の上唇が上にとがっているのは、たぶん何かをしゃべっているからである。顎を引いて睨みつけていることから、その内容は咎めること、非難・叱責の類いと思われる。

2つの顔の人物はひとりで、ときとして垂れ目のやさしい顔になり、ときとして釣り目のこわい顔になって叱責する、埴輪工人は、そういう人物を意図している。その推測を裏づけるのが、2人の頬にある入れ墨である。入れ墨の形は、垂れ目が矢羽根、釣り目は鏃で、埴輪工人は2つ合わせて1本の矢になること、すなわち2つの表情はひとりのもので、2つに分かれることがあると示唆している。

ここまで読み進まれた読者なら、この人物が何者を意図しているかおわかりだろう。これは祖霊で、祖霊のもつ二面性、すなわち和魂と荒魂を表現している。古墳時代の終わりごろ、6世紀にもなると壁画に祖霊像が頻出することをみた。埴輪につくられても不思議ではない。人物埴輪の世界に彼我の共時空性という壁画のルールを導入すると、こうした想像を絶する人物埴輪もつくられるようになる。重要なことは、祖霊もまた現世を構成すると理解されていたことである。

余談だが、正月や季節のかわり目などに、仮面をつけて村や家々を訪れる「来訪神習俗」がある。そのルーツのひとつは祖霊信仰で、仮面がひとつであれば和魂か荒魂のどちらかを、顔の前後に2つあれば和魂と荒魂を表現しているのだろう。すると例えば、秋田県男鹿半島の〝なまはげ〟は、祖霊の荒魂と解すべきだろうか。

（2）祖霊埴輪

壁画で祖霊と考えた人物には特有のポーズがあった。一方の手を腰のあたりに置き、他方の手を挙上するポーズである（人物の窟、五郎山、清戸迫など）。祖霊が現世へ出張する際には、裸体や蓬髪の姿になることがあった（人物の窟、五郎山、猫淵9号）。また、頭だけ裸に描かれた祖霊もいた（後光の家）。祖霊が埴輪に造形されていれば、こうした姿につくられている可能性がある。

つぎに、祖霊には武具として甲冑が配当されたので、甲冑をつける人物埴輪すなわち「武人埴輪」は、祖霊と解することになる（五郎山、清戸迫）。

他方、壁画では、墓主霊は盾で暗喩され（珍敷塚、五郎山、王塚、虎塚）、現世へ出張する際には盾を与えられていた（五郎山）。祖霊には多種の武器が配当されたが、西日本では墓主霊には盾しか与えられなかったので、墓主霊は現世でも盾で暗喩されたはずである。

祖霊埴輪の判断基準の第一は、祖霊のポーズである。しかし、「腰のあたりに手を置き、他方の手を挙上するポーズ」の人物像は、少なくない。例えば馬曳き人もこの形につくられる。そこで第二の基準を考える。祖霊は畏敬すべき存在だから「全身像」でつくられているはずである。また「冠」をかぶるなど、それなりの威厳を示す装束で、高貴、柔和、親しげといった風情になるはずである。それに対して馬曳き人はふつう半身像で、手指は手綱をつかむ風情につくられる。埴輪工人は、知恵をしぼって個性的な祖霊像を考案した。以下はその例である。

①　水鳥のかぶりものをつけた男（図88　埼玉県岩鼻遺跡）

祖霊の条件に合致する人物埴輪として、まずこの人物像があげられる。この人物には衣服の表現がない。そのかわり腰の周囲に帯状のものがめぐり、帯の一部が正面でやや下行している。これはこの人物が裸で、帯状のものは下着の一部（例えば〝ふんどし〟）を意図しているのではないだろうか。つまりこの人物は祖霊のポーズで、頭部が渡り鳥（神霊の運搬手段）につくられていること、全身像であること、裸体であ

図90　人面付円筒埴輪

図89　冠をかぶった男

図88　水鳥のかぶりものをつけた男

ること、表情やしぐさが柔和であることなど祖霊のもつべき条件をすべて満たしている。こうした見方は、裸で〝ふんどし〟をつけていれば常に力士と考える定説に一石を投じるものである。

② 冠をかぶった男（図89　埼玉県鴻巣市新屋敷C区）

この人物は祖霊のポーズで、冠を着用し、上衣の表現がないことが祖霊の条件に一致している。下半身の造形があるので祖霊候補になりうる。

③ 円筒のひと

つぎは、円筒埴輪を体幹にする2体である。ひとつは群馬県境町で出土した「円筒のひと」と名づけられた像で、円筒の先に顔がある。もうひとつは群馬県小泉大塚越7号古墳から出土した人面付き円筒埴輪（図90）で、冠をかぶっている。この2体は祖霊の条件をほとんど備えていないが、円筒埴輪を体幹にしていることで祖霊と認められる。それは、主に古墳時代中期に円筒埴輪を棺にして葬られた墓主がいたからである。

そのほか『人物はにわの世界』（ものが語る歴史6

稲村繁著　森昭写真）では不可解な像が収められている。例えば「白毫(びゃくごう)をつけた女」（茨城県女方(おざかた)古墳群）と題する像で、白毫とは「仏の眉間(みけん)にあるという白い巻き毛」をいう。「仏像では玉を嵌入してこれを表す」（「大辞林」）ので、額に円文（玉）が浮き彫りになっている。乳房の表現があるので、これは女性の祖霊像である。また「はい廻(もとほ)ろう男のはにわ」と名づけられた像がある。これは地中から、たった今はいだしてきたご先祖様である。

（3）祖父霊埴輪

祖父霊は後継者（孫）に憑依する存在だから、立位で相対する人物埴輪にだけ存在し、隊列には登場しない。この点を明確にするのが、到来して間もない渡来人の古墳から出土する人物埴輪である。祖父をイメージすると〝年老いて髪が薄くなり、腰の曲がった男性〟といったものになりやすいが、立位で相対する人物埴輪では、祖父霊は正装男子（後継者）が憑依する重要人物だから左衽の全身像で、それなりに優雅な姿につくられているはずである。

埴輪工人は杖と前傾姿勢、顔の皺(しわ)といったマイナスイメージではなく、豊かなヒゲをたくわえ、あるいは髪を太い美豆良に束ねた男性につくった。しかし、祖霊ではないから祖霊のポーズでないこと、道中護身用以外の攻撃的武器・武具を装着していないことが条件になる。これらの条件に合致する人物埴輪が、茨城県や千葉県で出土している。

千葉県芝山古墳群の盟主的な前方後円墳とされる姫塚古墳から、顎ヒゲをたくわえて帽子をかぶる人物（図91）が出土している。全身像につくられ、祖霊のポーズではないので祖父霊埴輪の条件を満たしている。

祖父霊埴輪は、当然のことながら「長い筒袖の少年像」（図6）とともに出土している（図92　千葉県山倉1号墳）。この2人はよく似ているが、冠（帽子）、襟合わせ、袖の長さ、脚帯の有無などで異なっている。祖父霊像の衣服の袖はふつうの長さで、冠は格のちがいを表わしている。生身の存在である長い筒袖の少年（孫）を基準としたので、祖霊像はそれに似せてつくられた。

図91　ひげのある男

図92　祖父霊像と長い筒袖の少年像

関東にしばしば個性的な祖父霊像が出土するのは、原義をよく知る渡来系氏族がいたからである。注目すべきは祖父霊像の襟合わせと脚帯で、祖父霊像は祖父という故人をつくるので死装束の左衽になり、後継者である孫に憑依するため現世へ旅してきたので脚帯をつけている。これに対し後継者である孫は、生身の人物を模しているので右衽、かつ現世でこれからも生き、（あの世への）旅支度をする必要がないので脚帯をしていない。こうしてみると、到来して間もない渡来人のつくる人物像は、いちいち理にかなっている。この点、原義にうとい者が、人物像で祖霊と祖父霊をつくり分けるのはむずかしい。武門の一族であれば、祖父霊像を武人像につくった可能性がある。

（4）武人埴輪

どういう装束の人物を武人埴輪というかが問題になるが、壁画で甲冑をつけた人物を祖霊と考えたので（五郎山、清戸迫）、甲冑姿の人物像は祖霊候補になる。甲冑には短甲、挂甲などがある（図93）。

武人埴輪のなかには、袴（ズボン）に三角文と2重円の文様をつける像がある（図93の2）。多重円は墓主霊のマークだから、これは祖霊ではなく墓主霊（この場合は祖父霊）を意図している。また、右衽の装束にたすきをかける人物（図93の3）は、武人ではないと考えるべきだろう。武人像はふつう神妙な面持ちで、直立不動につくられるが、この人物には生活感ないし臨場感がある。おそらくこれは、形代を饗応する主人夫婦の主人を造形している。手に持つものは、犠牲動物の処理に必要な調理道具と考えておこう。

ヨロイだけをつける埴輪も出土している。これも武人埴輪と同様、祖霊を意図するもので、ヨロイに祖霊を憑依させると、武人埴輪と同様になる。

この点、金井東裏遺跡の「甲を着た古墳人」で先送りした問題がある。なぜ彼の周辺に実物の甲（よろい）や矛などがあったかである。虎塚で矛（槍）は、祖霊に配当された武器だった。つまりヨロイを着た古墳人は、彼ひとりではなく、ヨロイに招きおろした祖霊に武器を持たせて榛名の神に祈りを捧げていた。じぶんだけでは到底この事態に対処できず、祖霊の加護を求めたのではないだろうか。ヨロイに祖霊を憑依させたのは、おそらく彼の妻と想定されている首飾りの女性である。彼女は一家の主婦で、シャーマンの役割を担当していたのだろう。

ともあれ、この一家は全滅した。ヨロイを着た古墳人がはじめて一般公開されたとき、彼に花束を捧げたいという申し出があったという。その心情に賛意を表したい。

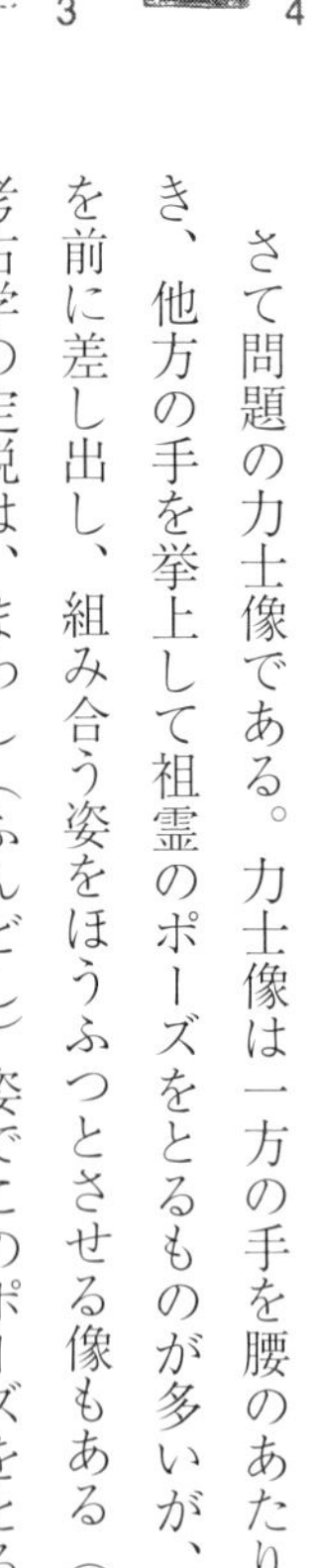

図93　武人埴輪

（5）力士埴輪

さて問題の力士像である。力士像は一方の手を腰のあたりに置き、他方の手を挙上して祖霊のポーズをとるものが多いが、両手を前に差し出し、組み合う姿をほうふつとさせる像もある（図94）。考古学の定説は、まわし（ふんどし）姿でこのポーズをとる人物をすべて力士とし、それ以外の意味を認めない。

論点を明確にするために結論を先にいえば、力士像は裸体につくられた祖霊像の一態様で、埴輪工人は〝祖霊像をつくるつもりで力士像をつくった〟ということである。この仮説では、力士像は生身の存在ではなく霊魂だから、姿態のどこかに、あの世の存在であることを示す徴表がついていることになる。

力士としか見えない像でも、ふんどし1本の裸体ではなく、多くの場合、何かを身につけている。若松良一さんによれば、力士像の多くは「脚帯」を結んでいる。和歌山県井辺八幡山の例（図94の1）は、髪に「蔓（かづら）」を巻いている。神奈川県登山古墳では「坊主頭」、福島県原山1号墳では「覆面」（図94の2）をかぶっているという。若松さんは、かねて不審だった〝力士像の頭頂部が扇形に突出する理由〟を、袋状の布製覆面をかぶったとき頭頂部に縫い合わせた部分が突出するためであることをつきとめた。覆面をかぶる力士像は、群馬県や大阪府、奈良県、和歌

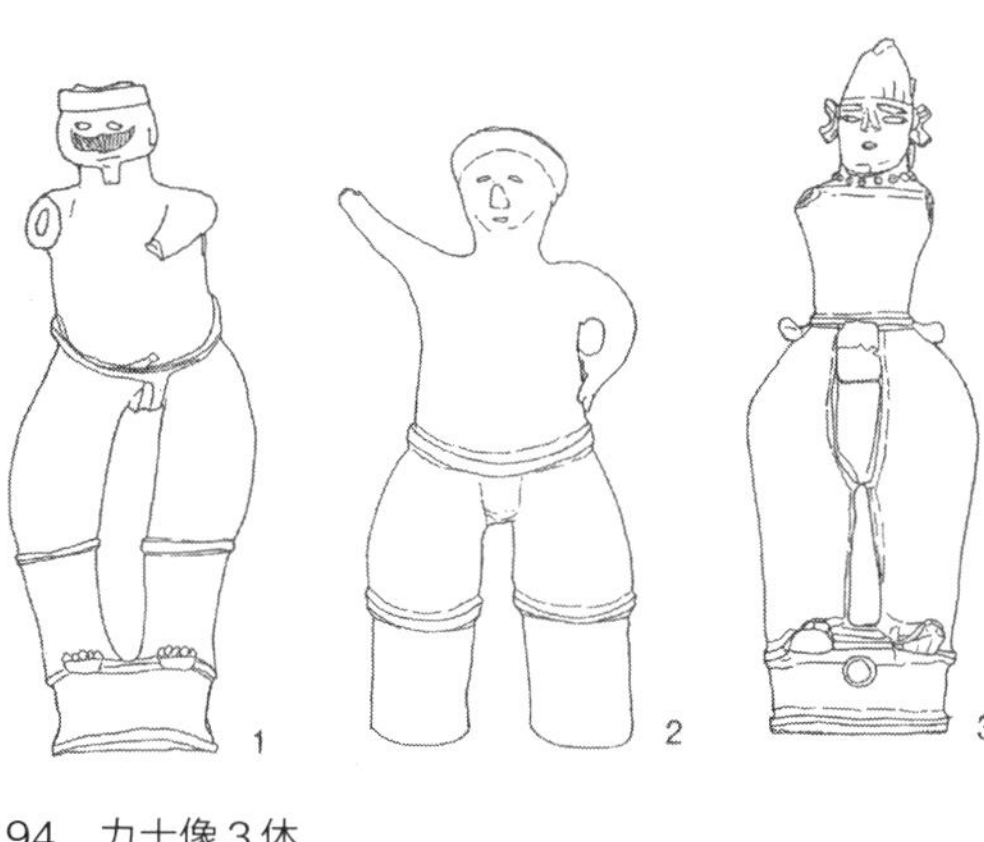

図 94　力士像３体

山県、福井県、熊本県などにも分布し、このタイプが主流とされている（若松前掲書）。

若松さんは、力士であることを認めつつも「腕には鈴釧、脚帯や腰巻にも鈴を付ける例があり、こうした特徴と片手を腰にあてがい、残りの手を高く上げる姿態から、取組を表現したものではなく、『古事記』では海幸彦が溺れる様を演技したと記すところの、隼人に由来する呪術的な所作（それは死者の霊魂を鎮める効能をもっていた）を行っている」と考える（若松前掲書）。国民的常識と思われた力士像も、その実、不可解な姿態で、今なお研究者を悩ませている問題なのである。

しかし、脚帯、坊主頭、覆面、蔓といったディテールから想像できることは、ひとつしかない。脚帯は旅姿、覆面は死装束、蔓は藤ノ木古墳の北側被葬者が頭にかぶっていたもので、あの世を象徴する植物である。この点をさらに確認しておこう。まず脚帯。脚帯はズボン状の下衣を膝あたりで縛(しば)るもので、動作が容易になる。これは旅姿で、力士像がこの世とあの世を往来する存在であることを示している。衣服を着ていれば左衽にできたが、それができないため他の徴表をつけざるをえなかった。

つぎに覆面。覆面は死者の顔をおおう白布で、力士は立ち姿のために、かぶせる方式にならざるをえなかった。つぎに蔓。『古事記』（神代）では、アメノウズメノミコトが神がかりして踊るとき髪にさし、イザナギは黄泉の国から逃げ帰るとき髪につけていた。蔓をつけた頭部や髪形で、あの世の存在であることを示した。最後に、坊主頭は「後光の家」の屋根裏にいたあの祖霊である。こうした徴表をみると、埴輪工人は力士像をつくりながら生身の存在ではないことを強調するために意匠をこらしたと考えざるをえない。埴輪工人は〝祖霊像をつくるつもりで力士像をつくった〟という帰結である。

力士の役割は地鎮、邪気払いなどとされているが、その根拠は必ずしも明確ではない。地鎮の所作は、しばしば引用した「甲を着た古墳人」のように、（鳴動し噴煙をあげる）土地神に向かい、（溝のなかで）額をつけ、平伏して祈るものである。「地つ祇伏して額づき」という『万葉集』（９０４）の姿態とぴたり一致している。記紀などに四股を踏むという説話がないため、アマテラスが高天原でスサノオを迎え撃つときの勇姿を、それに重ねる説もある。しかし、いかんせん力士像は裸体で、常に男性につくられる。これまでみてきた土地神は地下世界の支配者で、新穀の稔りとともに災異をもたらす万能の存在だった。それを踏みつけて鎮めることなど、ありえないというべきだろう。これまでみてきた壁画にも力士の出番はなかった。それは壁画が、地鎮や辟邪とは無縁の物語だったからである。

参考のために、まわしを着けていても力士とは考えにくい例をあげよう。それは埼玉県酒巻14号墳（行田市）から出土した一群（図95。図94の3）である。正装男子は手指のかくれる上衣を着ている後継者（左上）で、それに対応するのが巫女（左下）である。注目すべきは飾り馬（右下）で、飾り馬には鞍に取りつけられた旗があり、鞍の後部に〝旗を差しこむためのソケット〟が取りつけられている。蛇行状鉄器と呼ばれる実物が実際に出土していて、これまで用途不明だったが、この出土例で鞍に旗を取りつけるための金具とわかった。人物の窟や珍敷塚、五郎山では祖霊の目印として旗が描かれていた。旗も祖霊を指示するアイテムとすれば、これが４例目になる。

問題の、力士と解されている像（右上、図94の３）には、円領（えんりょう）という首の周囲を囲む丸い襟（えり）の表現があり、袴をはいたうえに、腰紐に鈴を着けたまわしを着用していると解されている。はたして、これが力士に見えるだろうか。これまで検討してきたところ、この人物は、旗つきの飾り馬に乗って登場した祖霊である。帽子をかぶり気品のある円領をまとう姿に、格闘家の風情はない。

この例では、人物の窟で具体的に描かれた人物像（人物X・Y・Z）が勢ぞろいしている。重要なことは、この飾り馬が大陸に出自があると示唆していることで（蛇行状鉄器は渡来系遺物とされる）、祖霊は大陸の人つまり造墓者は渡来人かその子孫だと宣言していることである。これは相対する人物埴輪の儀式のルーツが大陸にあり、酒巻14号墳の例は原義を正確に伝えていることを示している。

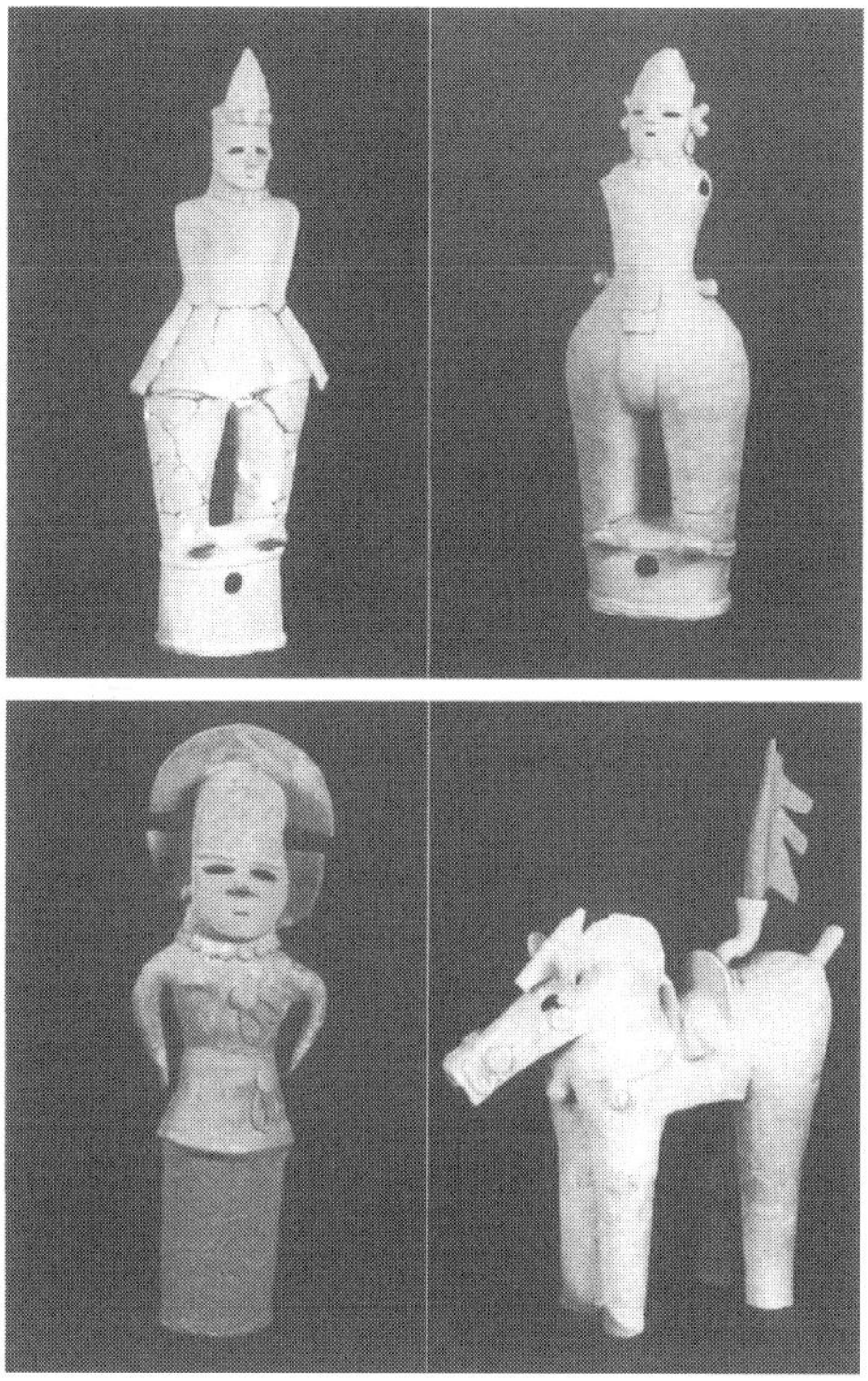

図95　酒巻14号墳の人物埴輪群

（6）画像石の裸体像

祖霊が鬼（鬼神）と呼ばれ、鬼が現世に示現するときは裸体または被髪（蓬髪）の姿をとると信じられていたことは前述した。人物の窟で、２人のお供は被髪と裸体に描かれた。漢墓画像石にも被髪、裸体の像がある。武氏祠左石室天井前坡西段の「天罰図」と名づけられた図像（図96）である。ここでも信立祥さんの前掲書によって要約しよう。その解説は、あたかも画工の蘊蓄を聞くようである。

画面の左端には、口から風を吹き出す風伯（風神）がいる。その右に、台に座っているのは雷神である。両手に槌を持っていて、左右の太鼓を打つ。その右手に、雷神の座る台を上下2列に並んだ5人の被髪の神が、引き縄を肩にかけて引いている。彼らの下には雲気（雲文）はあるが、翼はない。林巳奈夫さんは『淮南子』（覧冥訓）に「伏羲氏は、……雷車に乗って空中に浮かび……鬼神を導いて九天に登り、上帝（天帝）に面会した」という記述をもとに、雷神の座る台を雷車とする。上で引き縄を持つ人物の前にいるのは長頸壺を持った女神で、その右には髭のある男神が瓶を傾けている。これは雨の神（雨師）である。その右にはアーチ形の両頭龍がいるが、これは虹である。虹の上には一人の女神が腹ばいになり、右手に瓶を、左手に長い鞭を持つ。これは稲妻の神と思われる。虹の下には、太い楔と槌を持った男神が、地上に平伏する被髪の男に飛び乗り、楔を打ちこもうとしている。虹の両側には同様の役割の男神がいる。虹の右側の地上には、恐怖のため髪を逆立てた2人が、両手を差し上げて地面にひれ伏そうとしている。

この絵はおもしろい。発雷は、風神や雷神のほか、雨師や稲妻の神、雨水を瓶から落とす神などの分業とされている。問題は縄（綱）を引き、楔を打ちこむ神の姿態が被髪とされ、裸体に見えることである。

図96　天罰図（山東省嘉祥県の武氏祠左石室天井前坡西段）

『淮南子』にいう「鬼神を導いて九天に登り」とは、天に九つの方角があり、雷神が東へ西へと縄の引き手を導いてあちこちを駆けめぐることとすると、この引き手こそ鬼神（祖霊）である。祖霊も天界では、下働きをする身分の低い神だった。興味深いことに、楔を打ちこむ神も被髪、裸体であることである。これは、〝天罰〟が鬼神（祖霊）によってもたらされることを示唆している。

秦墓の木簡（睡虎地秦簡）で、鬼は裸体で出現するとされていた。天界の裸体像はこれを承けたもので、壁画の裸体像は、これに由来するという帰結である。鬼神は横から見て一本のベルトになっているが、人物埴輪の立体像では、まわしをつけて隠さざるをえなかったのである。

こう考えてくると、先にみた墓主の祠堂訪問図（図54）の祖霊との関係が問題になる。祠堂の住人は太祖、祖父、父といった鬼神（祖霊）であるにもかかわらず、なぜ裸体にしなかったかである。これはつぎのように考えておこう。漢の儒教文明では祖先は畏敬すべき存在である。墓主の祠堂訪問図を描くとき、墓主は死装束の盛装でいくが、これを迎える祖先が被髪や裸体では話にならないと。しかし、これはこれで困った問題が起こった。太祖は大物風に描かれるが、左衽でもなく旅姿でもないため、見る者にとってどちらが迎える側で、どちらが訪問者なのかがわからなくなってしまった（画像石の人物像に当時の注釈が書き加えられている例がある）。つまり、北西部九州の描き手はそうした経緯を承知していて、迷う余地のない秦以来の裸体像によったという想定である。

画像石と古墳壁画の間にはステータスやグレードに格段の差があるが、文様（◎、○、X、△）やテーマ（墓主と祖霊の共住、墓主と土地神との関係）などに無視できない一致があることを知った。壁画を伝えた渡来人は、画像石の裸体像を知っていたと考えるべきだろう。

以上さまざまな角度から、人物埴輪の裸体像は鬼神（祖霊）の裸体で、力士像はその一態様としてつくられたと論じてきた。裸体像にさまざまな態様があることを認め、裸体像という一群が存在することの意義を再検討する必要がある。

（7）土産を持つ人物埴輪

五郎山では、遺骸を石室へ搬入する際、被葬者霊は屋根裏から玄室空間へ持ち送られ、玄室では祖霊を招いて歓迎会が開かれると考えた。被葬者である「奔馬の射手」は、みずからイノシシを持参し、他の墓主霊たちは準備に取りかかっていた。祖霊を饗応する食糧はサカナや鳥獣肉で、彼我の共時空性のもとでは、獲物は現世で調達されるものと信じられていた。ふつうは訪問先の主人が来訪者をもてなすので、これは通常の接待の仕方とはずいぶん異なる。

こうした仮説では、鳥獣肉などの食糧調達場面を造形する人物埴輪は、被葬者本人か、あの世から現世に出張している墓主霊で、彼らはともに隊列を構成して墓主霊の世界へ行く、または帰ることになる。狩人埴輪、鷹狩り人埴輪、農夫埴輪などはこの範疇に入る。

動物埴輪のうち犠牲獣にはイノシシ、シカ、ウシ、サカナなどのほか裸馬もふくまれる。地域によってはサルやムササビなども犠牲獣につくられた。犠牲獣埴輪のうち重要なものはイノシシで、矢を受けて血を流す姿である。これは五郎山でみたように、イノシシが実物で、現世で調達されたことを示すために赤い血が必要だった。鷹狩り人埴輪のなかには、装束からみて高貴な人物と考えられるものがある。五郎山のイノシシは被葬者自身が持参したと考えたので、鷹狩り人埴輪のなかに被葬者を模している場合があることになる。

関東地方に分布する「肩に鍬をかつぐ農夫像」（図97）について、若松良一さんは「両手を胸に当てるものが目立つ」と指摘している（前掲書）。農夫は、なぜ両手を胸前にもってきているのだろう。ここまで読み進まれた読者なら、ピンとくるものがあるはずである。そう、農夫が抱えているのは〝穂束〟である。彼我の共時空性のもとでは食糧はすべて現世で調達される。埴輪工人のなかに〝シメは米の飯でなければ〟と考えた者がいて不思議ではない。

図97　肩に鍬をかつぐ農夫像

ここまでのところを整理しておこう。

人物埴輪群は、しばしば相対する人物埴輪と隊列で構成される。隊列を構成する人物の装束は左衽の正装に旅姿で、これは死装束である。頭につける冠や笠・帽子、手甲、脚帯、刀なども同様で、生業や身分によって異なる。すなわち人物埴輪の隊列は、被葬者をふくむ〝あの世への出行メンバー〟すなわち葬列をイメージしている。

葬列は、将来葬られる被葬者を先頭にして、祖霊埴輪

（武人像、力士像その他不可思議な人物像）、狩人埴輪、犠牲の動物埴輪などとつづく。同時に、これらの人物をあの世へ送り届けるための運搬手段（飾り馬、水鳥、船など）が配置される。祖霊像は、相対する人物埴輪にも隊列に存在する。

寿墓の完成時、後継者はじぶんが体験した後継者認証儀礼と、将来この墓に被葬者として入っていく姿を生存中に見ることができた。それは後述するように、相対する人物埴輪と葬列が、寿墓の完成時点で墳丘に展示されたからである。これに対して後継者が見ることができなかったのは、墳頂の家形埴輪と墳丘の裾などに配置された家形埴輪や水槽埴輪、水鳥埴輪など（家形埴輪群）である。これらは、寿墓が埋葬墓になったことを告知するモニュメントだからである。

6　埴輪配置の検討

（1）綿貫観音山

群馬県の保渡田八幡塚古墳や綿貫観音山古墳、大阪府今城塚（いましろづか）古墳などでは埴輪配置が復元されている。これまで、特定の人物像を任意に組み合わせて人物埴輪の意義を検討してきた。この段階では自由に構想をつむぐことができる。しかし実際の埴輪配置では、具体的な人物像をもとに、構想を具体的に説明する必要がある。

ここでは、綿貫観音山古墳（以下「観音山」などと略称する）と八幡塚の埴輪配置を検討する。古墳の築造順序は八幡塚→観音山とされていて、観音山のほうが新しいが、個体数をしぼって的確に相対する人物埴輪と葬列を表現している点に意義がある。とりわけ観音山は未盗掘で、原状が確認できる稀有の例とされ、資料価値は高い。

6世紀後半の築造とされる観音山では、くびれ部の2段目のテラスに展示された。右端に場面1（図98）、その左に場面2（図99）がつづく。場面1は、①座位で相対する男子と②高貴な婦人、③楽器を演奏する3人の小さな巫女、④半身像の巫女からなり、座位で相対する儀礼である。座位で相対する男子（以下「**座位男子**」という）を遇する高貴な婦人は、巫女の性格をもつ一家の主婦で、おそらく座位男子の母である。3人の小さな巫女は、祖父霊を憑依した座位男子を和（なご）ませるために楽器を演奏し、半身像の巫女は高貴な婦人を補佐するのだろう。

場面2（図99）の配置は便宜的なもので、⑤ふりわけ髪の正装男子を先頭に（以下「**先頭男子**」という）、⑥挂甲武人、⑦盾が一団となって場面1につづき、⑧盾持ち人や、⑨馬曳き人、⑩飾り馬はテラスの別の位置にある（したがって、例えば先頭男子は飾り馬の尻を見ているわけではない）。

場面1は横穴式石室の出入り口近くに配置され、それに近接して場面2の⑤～⑦の一団が配置された。この一団のなかには馬もいて、あたかも隊列のように見える。この群像の物語は、この配置のなかに語り尽くされているとみることができる。

この像を見る人の感覚を想像してみよう。ポイントは、性格の異なる2つの場面が存在することである。それは座位で相対する儀礼と隊列で、視線は、2つの場面の中心人物―座位男子と先頭男子―に向かう。座位男子の印象は、あどけない少年、先頭男子のそれは凛々しい青年である。視線は右から左へ移動した。そして2人を見比べた結果、2人が同一人物であることに気づく。先頭男子は、座位男子の成長した姿で

場面１

図 98　綿貫観音山古墳の埴輪配列

場面２

飾り馬　馬曳きの男　盾持ち人　盾　挂甲の武人　ふり分け髪の盛装男子

図99　綿貫観音山古墳の埴輪配列２

あると理解した。

しかし現代のわたしたちは、姿形がまるでちがう座位男子と先頭男子が同一人物とは思えない。しかし、そのちがいが、この墓が寿墓としてつくられたことを教えている。順を追って説明しよう。

２人のちがいは髪形と装束にある。髪形は座位男子が小さな美豆良で、先頭男子は、ふりわけ髪と大きな美豆良である。装束は、座位男子の下衣がスカート状で、足元が素足のようにつくられているのに対し、先頭男子は紐つきの上衣に脚帯を結んだズボンで、腰に剣を帯び沓をはいている。

死装束に太い美豆良、首飾り、左衽の襟合わせ、太い帯、脚帯、沓などがあったことは藤ノ木古墳でみた。座位男子は祖父霊を憑依して左衽につくられているので区別しにくいが、先頭男子の特徴は太い美豆良と脚帯で、もし復元でなければ沓も死装束といえる。つまり先頭男子は、死装束につくられている。これらのちがいを要約すれば、座位男子は生身の少年で、先頭男子は死装束をまとった青年といえる。

現在でも、生前に墓をつくることがある。墓石や墓標に名を刻んでその上を朱書し、亡くなると朱を黒で塗りつぶすそうである。では墓標がなく、ほとんどの人が文字を読めなかったとき、寿墓であることをどう説明したか、これが核心の問いである。⑤以下の隊列は、座位男子が成長後、凛々しい青年になったあとこの墓に入ること、すなわち座位男子の〝将来の葬列〟を造形している。寿墓の説明として、将来葬られる人物を成長した姿で示し、直截かつ即物的に横穴式石室の入り口付近に展示することが、最もわかりやすいと考えられたのである。

しかし、それでも半信半疑の読者のために補足しよう。先頭男子が、なぜ凛々しい青年につくられたかである。それは、座位男子がいつ亡くなるか誰にもわからなかったからである。当時の寿命を想定して、先頭男子を壮年や老年につくることもできたが、埴輪工人はそうしなかった。なぜか。先頭男子を壮年や老年につくると、座位男子とは別人と誤解されてしまうからである。埴輪工人は、少年が少なくとも青年期までは生きると踏んで青年像にした。

つぎは、葬列の意味である。葬列のほとんどは見えない存在を造形しているが、⑤の先頭男子だけは実在の人物すなわち座位男子を想定している。⑥の挂甲武人は、あの世（横穴式石室）へ付き添う祖霊、⑦の盾は葬列を護衛する墓主霊、馬は祖霊の乗物である。葬列のメンバーのうち、付き添いの祖霊の存在は五郎山や藤ノ木古墳で知った。なお、高貴な婦人像は生身の存在だが左衽につくられている。これは、死者（祖父霊を憑依した形代）を饗応する際の習俗を、忠実に再現しているためと考えられる。最後の設問。成長した座位男子も、やがて亡くなった。それを埴輪群像でどのように表現したかである。それは観音山の、それ以外の埴輪配置でわかる。前方部頂と後円部頂に家形埴輪や鶏形埴輪などが置かれ、前方部の他のテラスにも⑩飾り馬が展示された。これらは墳丘に祖霊などが到着したことを暗喩するもので、埋葬墓になったことを示すものである。

当時の人は場面1を見て、この墓は跡取りの墓と知る。つぎに場面2の葬列を見て、この墓は跡取りが将来（首長になったあと）葬られる寿墓と知る。そしてさらにめぐり、墳頂の家形や鶏形埴輪などを見て、（首長になった）跡取りも葬られたことを知る。観音山の埴輪配置の実質は「後継者の認証儀礼＋後継者の将来の葬列」で、その機能的意義は〝後継者の寿墓〟であることの告知と要約できる。

（2）保渡田八幡塚A区

八幡塚は5世紀後半の築造で、観音山より100年ほど前につくられたと考えられている。前方部前面の内堤A区と名づけられた展示場は第2章で検討した（図7）。全体を2つの区画に分け、区画1はシーン1（図8 招きおろした祖霊と祖父霊）、シーン2（図9 立位で相対する儀礼）、シーン3（図10 座位で相対する儀礼）で後継者の認証儀礼を造形している。シーン1〜3の儀式のルーツは中国葬制の虞祭で、列島では後継者の認証儀礼と理解された。またこれまでの検討結果から、シーン1の力士像は、祖霊が現世に示現した姿と解すべきこと、この一家が武門の出とすると挂甲武人像は祖父霊像と解すべきことになる。

他方、区画2では将来首長になる後継者の葬列を造形している。人物や動物は多いがテーマはかわらない。若狭徹さんの前掲書によって区画2を左から順に確認しておこう。

①　盛装の貴人を先頭にして武人→武具（甲冑）→飾り馬と馬曳き人→裸馬→鹿の順で並ぶ列（図100）

②　魚をくわえた鵜と人物が組み合う鵜飼場面

③　2体の四足獣と腰に猪形をつけた狩人が組み合わさる猪狩りの場面（図101）

④　鳥の列と盛装の男から成る場面（鷹狩か？）

①の「盛装の貴人」は先頭男子で、シーン2の立位で相対する男子、シーン3の鋸歯文つき冠をかぶった椅座男子と同一人物である。

上：図100　正装男子を先頭とする隊列
下：図101　イノシシ狩り

シーン3の椅座男子の成長後の姿が①の先頭男子と解すべきことは、観音山と同様である。①の飾り馬は武人の乗物、裸馬とシカはあの世への土産である。

②～④は、あの世へ到着後に開かれる宴会のために必要な鳥獣やサカナをえる場面である。五郎山では、被葬者自身がイノシシを現世で調達し、墓主霊の世界へ持参したと考えた。鷹狩をする男子像は、五郎山の「盾を持つ馬上の人物」のように墓主霊とも考えられるが、被葬者を造形している

可能性もある。鵜飼でえられたサカナも祖霊などへの土産である。鷹匠や狩人、鷹匠は獲物をえたあと葬列に加わるのだろう。区画2の水鳥は、この場にいる霊魂たちを墓主霊の世界へ送りとどける運搬手段である。八幡塚はその後、埋葬墓になるが、埋葬墓になったことを知らせる埴輪群は別にあることになる。

以上を要約しよう。八幡塚の区画1は、この墓が正統な後継者（椅座男子）の墓であることを示し、区画2の先頭男子以下の隊列は、将来、椅座男子が（先頭男子に）成長後、亡くなった場合の葬列を表現している。これらは寿墓であることを告知するための展示である。こうしてみると観音山の埴輪配置は、八幡塚の区画1のシーン3と区画2の葬列を抽出して構成していることがわかる。

以上で具体的な埴輪配置の検討を終えた。一点だけ補足しておこう。寿墓が完成し、相対する人物埴輪と葬列（隊列）を寿墓のシグナルとして展示したが、その後、後継者が政権を担当することなく亡くなることがある。また寿墓の完成後、後継者が不行跡などで後継者の地位を取り消されること（廃嫡）もあったことだろう。その場合、展示された埴輪配置はどうなるか。

これまでの仮説では、人物像は特定の後継者を模しているから、その展示は根拠を失う。埴輪群像の例外的な出土状況は、こういう場合に生まれる。後継者の身分のまま亡くなった場合には、埴輪配置一式を石室に持ちこむと、壁画に描いたのと同じ効果が生まれると信じられた（奈良県勢野茶臼山、同烏土塚古墳）。廃嫡などの場合には、展示を撤去して丁重に埋納された（鳥取県長瀬高浜遺跡）。従前の展示を撤去しないと、新旧の展示が2ヵ所に存在するケースが生まれる。

寿墓のシグナルとして埴輪群像でどういう場面をつくるかは、造墓者の裁量にゆだねられていた。後継者に指名されたものの、まだ当主が健在なうちは相対する人物埴輪をつくるほかなかったが、寿墓の造成中ないし完成後ただちに跡を襲った場合や、すでに政権を担当しているときに寿墓をつくった場合には、それに制約されない。今城塚古墳や福岡県岩戸山古墳（八女市）はその例である。

（3）画像石の少年像

列島の壁画や人物埴輪に、幼児や少年がいた。人物の窟の人物Y、長い筒袖の少年像、王塚袖石の2人の子、人物埴輪の乳飲み子、観音山の座位で相対する少年などである。漢墓画像石（図102）にも少年が登場する場面があるので確認しておこう。

信立祥さんによれば、4層の画面は、上から順に「西王母の仙人世界」、「周公輔成王」、「提彌明殺犬救趙盾」、「祠主車馬出行図」が描かれているという。周公（名は旦）は古代中国の周の文王の子で、兄の武王とともに殷を滅ぼし、武王の死後、その子、幼い成王を輔て王族の反乱を鎮圧した人物である。提彌明は、孔子編纂と伝えられる歴史書『春秋』の注釈書『春秋左氏伝』にある逸話の登場人物で、晋の霊公が、口うるさく諫言する趙盾を、犬をけしかけて殺そうとするのを、侍者の提彌明が打ち殺して主人を救う物語である。つまり、信説では4つの場面はまったく関係がない。はたしてそうか。

下から順に第一段、二段などとして、画工の発するシグナルを見ていこう。第一段は車馬出行図で、車の主賓である右端の人物の出行場面（葬列）である。左端に1人の人物がたたずみ、両手に何かを持って会釈しているようである。二段目はイヌの死骸を中にして、右側に3人の人物がいる。中央の1人は小さい。左側には4人いて、イヌの脇の人物は何かを手に取り（ウナギか）、右側で手を差しだす人物とやりとりしているようである。左から3番目の人物は、手に何かを持つ人物に耳打ちしている。その左の2人

図102　画像石の少年像（山東嘉祥宋山小祠堂西壁）

も立ち話をしているように見える。横たわっているのはイヌだけでなくトリもいるので、イヌの物語ではないと考えるべきだろう。

二段目右側の3人はほぼ同じポーズで、右手を斜め上に差し上げている。右端の人物の頭部には、髷（まげ）を意図する短い突起があるので女性と考えられる。

三段目には二段目と同数の人物（7人）が描かれている。右端の人物は女性で、左端の2人の人物も二段目と同じとすると、その他の人物も二段目と同じ人物と考えられる。ただし位置取りは異なり、二段目で右側中央にいた小さな人物は中央の台に登り、天蓋を差しかけられている。天蓋を差しかける人物を二段目で耳打ちしている人物とすると、小さな人物の右にいる人物は二段目でイヌの左脇にいた人物で、三段目では右側に移ったことになる。この人物の両手に持っているものが、だらりと垂れ下がっていることに留意しよう。

不明な図像は少なくないが、ポイントは一段目と三段目の人物が〝両手で持っているモノ〟と、二段目・三段目の〝小さな人物〟である。ここまで読み進められた読者なら、もうおわかりだろう。これは、祖父の衣服と、それを着て跡取りになった孫の物語なのである。

孫を基準にすると、一段目は墓主（祖父）のあの世への出行図で、左端で見送るのは喪主（父）である。祖父の衣服を墓場まで持っていくが、それは持ち帰るという虞祭の作法の一コマが描かれている（P49）。二段目の右側の3人は、喪主夫婦（父母）とその子（孫）である。イヌやトリなどの供物を前にして〝虞祭ではおいしく調理して差し上げま〜す〟などと声を合わせている。イヌの左脇にいる人物は筆頭先祖（太祖）で、供物を確認し、これを食べさせてくれるのかといぶかっている。その左脇で耳打ちしているのは墓主（祖父）で〝この3人は倅(せがれ)夫婦とその子（孫）で、孫をわたしの形代にしてほしいといっていますす〟と解説している。それを承けて三段目は、孫に着せていた衣服を筆頭先祖が脱がせると、晴れて形代が誕生する場面である。墓主（祖父）は、じぶんの形代になった孫をいつくしんで天蓋を差しかけている。一段目の衣服はきちんと折りたたまれているようで、三段目ではだらりと垂れ下がっている。これは孫が脱いだ祖父の衣服と解すべきだろう。墓主（祖父）が孫に天蓋を差しかけているのは、じぶんの生まれかわり（形代）だからである。

一段目は現世の出来事で、見送る喪主は生身の存在、二段目と三段目は祠堂内部の出来事で、喪主夫婦と孫が生身の存在であるのに対し、他の4人は祠堂の住人（霊魂）である。墓主（祖父）が祠堂にいるのはやや問題で（墓主が祠堂に合祭されるのは祔祭のあと）、この段階では墓主は祠堂の正規の住人ではなく、仮住まいなどとみることになる。

祠堂の住人のうち左の２人は画像石の常連で、墓主の父と祖父である。父は天蓋を差しかける息子（墓主）の隣で〝孫夫婦がご馳走してくれるらしいよ〟と左端の父に話しかける。すると父も嬉々として応じる。三段目で、筆頭先祖の介添えで形代が誕生すると、それを祖父に話しかけるが、ここでは祖父は反応しない。墓主の存在じたいが脅威だから、その孫のことなどにかまってはいられないのだろう。最上段で、降臨した西王母はこうした光景を見守っている。

三段目は周公が成王を補佐する場面とされているが、周公が補佐したのは軍務・政務で、衣服の脱ぎ着の世話までしたとは思えないし、台上の少年も中国風の〝お稚児さん〟といった風情である。また成王は幼少といえども王で、臣下が立位で天蓋を差しかけたり、周囲で立ち話をしたりすることなどありえないというべきだろう。

人物の窟の人物Ｙと長い筒袖の少年像は、祖父の衣服と孫という核心のテーマで漢墓画像石につながった。霊魂の描写や、生身の人物と霊魂が共在する描写（彼我の共時空性）などが、列島固有のものではなく、漢墓に由来することを確認した。これは古墳時代の列島が、広く漢の墓制を受容していたことを意味する。

最後に、埴輪群像にもどってその意義を要約しておこう。埴輪群像は家形埴輪群と人物埴輪群からなり、前者は古墳が墓として完成したことを告知するモニュメント、後者は古墳が寿墓であることを告知するモニュメントである。その意味で古墳は、見られることを前提としたもので、今風にいえば造墓者の用意した案内板といえる。

埴輪群像は古墳時代の諸要素の複合体で、最終章にもちこさざるをえなかった。ここまで辛抱づよくおつきあいいただいた読者に感謝したい。

終章　旅の終わりに

大塚初重さんは、壁画解釈の現状について、つぎのように締めくくっておられる。

日本列島内における古墳時代の五世紀、六世紀、七世紀代の古墳壁画の、本格的研究というか、その意味を問うのはこれからだと。私が生きているうちは無理かなという感じがしますけども、この頃そういうふうに思っております。

（『装飾古墳の世界をさぐる』）

この言葉は、これまでの研究状況を紹介したあとのもので、現状では古墳壁画を解読するめどが立たないと吐露されている。こういう率直な感慨に接すると心に響くものがある。本書の解読に一理あればという条件つきで心苦しいが、私感をまじえて解読過程をふりかえってみよう。

弥生時代の人々が神々を類型化して暗喩するという手法を知っていたので、個々の壁画のテーマは早い段階でつかむことができた。五郎山では、祖霊や墓主霊マークの○・◎、靫・盾が描かれ、描法上のルールがまとまって存在したので、五郎山からはじめる手もあった。しかし、それではほとんどの解読ルールを盛りこむことになり、消化不良になるのをおそれて人物の窟からはじめた。しかし、これはこれで人物埴輪の意義という課題を最初から負うことになった。

画期となったのは虎塚左壁の天秤図で、靫と盾が祖霊と墓主霊を暗喩しているという仮説に確信が生まれた。序章で、これらの仮説について半信半疑の状態にあるとか、信ぴょう性の程度が蓋然性にかわり、さらに確信が加わるなどと読者の心境を憶測したが、これらはすべてわたしに起こった変化である。

本書の方法は、個々の図像をシグナルとみて、その関連や展開を論理的に追求したことである。壁画解釈が、描き手の構想や意図を推測する作業である以上当然のことだが、必要なのはヒトとしての論理を読みとる能力で、専門的な知識ではない。これが、わたしのような新参者の参入できた理由である。

不明なモチーフについては、内外の文献に手がかりを求めた。シグナルを発見するセンサーは、多ければ多いほどよい。その過程で「岐佐理持（きさりもち）」や「葉非左思（はひさし）」、「誉母都俳遇比（ヨモツヘグヒ）」、「於箇美（おかみ）」など記紀や『万葉集』で新しい知見がえられた。この分野の専門家なら、もっと的確に論旨をまとめることができただろう。

つぎに、描き手と向きあうときの心構えである。壁画は形而上の産物で、壁画がわからないことは当時の人間がわからないことに等しい。描き手には、考古学の物差しでは推量できない何かがあり、わたしたちより賢いのは明らかだった。描き手が得意としたのは比喩、暗喩という手法である。靫や盾というモノを、祖霊や墓主霊という異次元の観念に置きかえて他界観を表現していた。壁画解釈は直接、描き手のアタマのなかをのぞき見る作業で、はじめから観念を対象とする。靫や盾は出土遺物のそれとは異なり、描かれた時点で、すでに観念的な操作を受けていた。考古学がモノに徹すれば徹するほど壁画解釈から遠ざかっていったのは、考古学に内在する方法が足かせになったと思わざるをえない。

壁画解釈は、玉ねぎの皮をむくような作業だった。この解読もひとつの過程にすぎない。もう終わったかと思うと新たなシグナルに気づいて、それまでの積み重ねは、ご破算になった。描き手に向かって〝あんたはすごい〟と、何度嘆息を漏らしたことだろう。

壁画解釈はまた、筋書きのない小説を読むようで、不平を漏らしつつも新鮮な驚きに心はずんだ。憑依という心的状況の描写、窓で暗喩される神、祖霊の和魂・荒魂という態様、キサリモチの姿態、真野古墳の副葬例、伊勢神宮外宮の心柱の文様、虎塚の天秤図、追葬を予定する古墳、両面埴輪、祖父霊像など枚挙にいとまがない。小さな発見を重ねて大きな仮説になったが、ふりかえってみると〝なんだ、そうだったのか〟というほどの感想になってしまった。壁画の語る他界観が、日本民俗学の成果に一致することに驚くが、〝そうか、そんなに古い習俗だったのか〟と妙に納得してしまう。小さな驚きをかき集めると、まったく驚かない結論になってしまうのは、なんとも不思議なことである。

本書の眼目は、壁画解釈である。弥生絵画や漢墓画像石にルーツを求め、壁画解釈を考古学のなかに位置づける作業に手間取ったが、それらはすべて壁画解釈を補足するためである。壁画解釈の結論はシンプルで、死者への憐憫または恐怖、地下をつかさどる神への恐怖と忌憚である。

この試案を吟味する方向は2つある。ひとつは、図像解釈の矛盾や破綻を指摘して別の結論を導くことである。もうひとつは、図像解釈に一理あるとしても、その後の推理を否定して別の結論を導くことである。例えば、五郎山の女性が傾頭していることは認めても、これが巫女でキサリモチと解することは二次的な推理で、この動作が霊魂を屋根裏から石室空間に持ち送っていると解することは三次的な推理になる。他界観の解釈にいたってはほとんど即物的で、民俗学や宗教学の知見をもってすれば別の、あるいは、より深化した解釈がありうる。

　ともあれ、描き手にわたし以上の教養がある場合、わたしは、わたしの知見の範囲内の理解にとどまる。他者の目線が必要な理由である。できればその際、断片的な感想ではなく、わたしが論点と見立てた点を経由してほしい。描き手の発するシグナルを過不足なく掬（すく）いとることが議論の出発点で、描き手の論理を再構成することが壁画解釈の本質と思われるからである。

　旅の終わりに、はるか彼方にいる描き手に問いかけてみたい。

　まず王塚。玄室左壁で下段の靫が、左端でひとつだけ着地せず浮いていました。あなたを四角四面の完全主義者と思っていましたが、あれは何ですか。後世では、あの遊び心をユーモアと呼びます。ユーモアを解する完全主義者がいたなんて驚きです。画像石のユーモアを見習われたのでしょうか。

　つぎに五郎山。屋根のない家の梁（はり）の撓（たわ）みには悩みました。あの状態の家は実在したのでしょうか、それとも想像によるものでしょうか。あなたの思いでは実在したのでしょう。見てくれといわんばかりのあの撓みは、とても想像とは思えません。あなたの蘊蓄をじっくり聞いてみたいものです。

　最後に竹原。壁画のなかで最も悲しい物語でした。前途ある若者が海で亡くなった。遺された家族はあとを追った。それだけの事実からあの絵を構想されるとは驚きです。それにしても5海神のモチーフはどこで習得されたのでしょうか。『文選』を読んだだけで描けるとは思えません。やはり、中国南朝の絵師ともお付き合いがあったのでしょうか。それともあなたは、渡来人そのものだったのでしょうか。いつの日か、そのあたりのことをお聞かせいただければと思います。

図版の出典・出所

口絵　図1、図3、図4、図8　王塚装飾古墳館（福岡県嘉穂郡桂川町。レプリカ）所蔵
　　　図2、図5、図6、図7、図10、図12、図13、図14、図15　国立歴史民俗博物館（千葉県佐倉市。日下八光さんの復元模写または現状模写）所蔵
　　　図9　柳沢一男『描かれた黄泉の世界・王塚古墳』新泉社（原図は京都大学小林行雄さん）
　　　図11　筑紫野市歴史博物館（福岡県。第1期整備調査時の映像資料）所蔵
　　　図16　ひたちなか市教育委員会（茨城県）所蔵

1章　図1、図2　辰巳和弘『他界へ翔る船』新泉社
　　　図3　大塚初重『装飾古墳の世界をさぐる』祥伝社
　　　図4　田原本町教育委員会（奈良県）
　　　図5　大阪府高槻市
　　　図6　辰巳和弘『他界へ翔る船』新泉社

2章　図7、図8、図9、図10　かみつけの里博物館（群馬県高崎市）『はにわ群像を読み解く』より図7を改変
　　　図11　辰巳和弘『他界へ翔る船』新泉社
　　　図12　ひたちなか市教育委員会（茨城県）所蔵
　　　図13　国立歴史民俗博物館『銅鐸の絵を読み解く』小学館

3章　図14、図15　辰巳和弘『他界へ翔る船』新泉社
4章　図16　国立歴史民俗博物館『銅鐸の絵を読み解く』小学館
図17　小南一郎「漢代の祖霊観念」『東方學報』第66冊　１９９４年
5章　図18　王塚装飾古墳館（福岡県嘉穂郡桂川町）所蔵
図19　和歌山県立紀伊風土記の丘（和歌山市）
6章　図20　田原本町教育委員会（奈良県）
図21　大阪府高槻市
図22　筑紫野市教育委員会（福岡県）提供図面を改変
図23、図24　筑紫野市歴史博物館（福岡県。第1期整備調査時の映像資料）所蔵
7章　図25　大塚初重『装飾古墳の世界をさぐる』祥伝社
8章　図26　林巳奈夫『中国古代の生活史』吉川弘文館
図27　岩永省三『金属器登場』講談社
図28、図29、図33、図35、図37　国立歴史民俗博物館『銅鐸の絵を読み解く』小学館
図30　佐原真『銅鐸の考古学』東京大学出版会
図31　大阪府文化財調査研究センター　和泉市教育委員会『史跡 池上曽根96』和泉市教育委員会

図32　中村 豊「結晶片岩製石棒と有柄式磨製石剣」『季刊考古学』86号　雄山閣

図34　井戸尻考古館（長野県富士見町）

図36　壱岐市立一支国博物館（長崎県）

図38　佐賀県教育委員会『佐賀県文化財調査報告書61　川寄吉原遺跡』

9章

図39　大和弥生文化の会『みずほ』第19号

図40　大阪府茨木市教育委員会

図41　国立歴史民俗博物館『銅鐸の絵を読み解く』小学館

図42　奈良県立橿原考古学研究所附属博物館（橿原市）

図43　佐原 真・春成秀爾『歴史発掘⑤原始絵画』講談社

図44　大垣市教育委員会（岐阜県）

図45　設楽博己「黥面土偶から黥面絵画へ」『国立歴史民俗博物館研究報告』第80集

図46　龍野市教育委員会『養久山・前地遺跡』１９９５年

図47、図48　大塚初重『装飾古墳の世界をさぐる』祥伝社

図49　備前市教育委員会（岡山県）

図50　辰巳和弘『埴輪と絵画の古代学』白水社

図51、図52、図53、図54、図55　信 立祥『中国漢代画像石の研究』同成社

10章

図56　浜松市博物館（静岡県）

図57　新富町教育委員会（宮崎県児湯郡）

11章　図58　滋賀県立安土城考古学博物館（大津市）提供
図59　丸山茂『心柱ノート』跡見学園短期大学紀要31
図60、図61　吉野裕子『天皇の祭り』講談社
12章　図62　ひたちなか市教育委員会（茨城県）所蔵
13章　図63　上田宏範『前方後円墳』（増補新版）学生社
図64　橿原考古学研究所・アジア航測ＫＫ
図65　大阪府文化財調査報告第17輯『弁天山古墳群の調査』（原口正三／西谷正「弁天山Ｃ1号墳」）
図66　都出比呂志『日本農耕社会の成立過程』岩波書店
図67、図68　国立歴史民俗博物館『銅鐸の絵を読み解く』小学館
図69　石野博信『古墳とは何か』新泉社
図70　楯築墳丘墓現地説明板（倉敷市教育委員会）
図71　一瀬和夫隆ほか編『古墳時代の考古学6／人々の暮らしと社会』（櫻井久之「5．祈り　直弧文と文様モチーフ」）同成社
図72　出雲弥生の森博物館（島根県出雲市）
図73　寺澤薫「日本列島における国家形成の枠組み」（桜井市纏向学研究センター『纏向学研究』1号）
図74　北條芳隆「黄泉国と高天原の成立過程」『季刊考古学』122号　雄山閣
図75、図76　小笠原好彦「家形埴輪の配置と古墳時代豪族の居館」考古学研究会『考古学研究』第31巻4号を改変

図77　高松雅文「木槨と竪穴式石室」一瀬和夫ほか編『古墳時代の考古学3　墳墓構造と葬送祭祀』同成社

図78　鈴木一有「横穴式石室」一瀬和夫ほか編『古墳時代の考古学3　墳墓構造と葬送祭祀』同成社

図79　前園実知雄『斑鳩に眠る二人の貴公子・藤ノ木古墳』新泉社

図80、図81、図82　吉野裕子『天皇の祭り』講談社

図83　岡山県古代吉備文化財センター（岡山市）提供

15章

図84　広陵町教育委員会（奈良県北葛城郡）

図85、図98、図99、図100、図101　若狭徹『もっと知りたいはにわの世界』東京美術

図86　国立歴史民俗博物館『銅鐸の絵を読み解く』小学館

図87　和歌山県立紀伊風土記の丘（和歌山県和歌山市）提供

図88　東松山市教育委員会（埼玉県）提供

図89　埼玉県教育委員会（さいたま市）提供

図90　群馬県文化振興課『ＨＡＮＩ-本』

図91　芝山仁王尊観音教寺（千葉県）所蔵

図92、図93、図94、図97　若松良一「職能の衣」一瀬和夫ほか編『古墳時代の考古学6　人々の暮らしと社会』同成社

図95　行田市教育委員会（埼玉県）

図96、図102　信立祥『中国漢代画像石の研究』同成社

参考文献

田中良之『古墳時代親族構造の研究―人骨が語る古代社会（ポテンティア叢書）』柏書房　１９９５年
中村豊「結晶片岩製石棒と有柄式磨製石剣」『季刊考古学』第86号　雄山閣　２００４年
直木孝次郎『日本の歴史2　古代国家の成立』中央公論新社　２００４年
設楽博己・藤尾慎一郎・松木武彦編『弥生時代の考古学２「弥生文化誕生」、同４「古墳時代への胎動」、同7「儀礼と権力」、同８「集落からよむ弥生社会」』同成社　２００８年〜
アクロス福岡文化誌編纂委員会編アクロス福岡文化誌３『古代の福岡』海鳥社　２００９年
広瀬和雄『カミ観念と古代国家』角川叢書　角川学芸出版　２０１０年
白川静・梅原猛著『呪の思想』平凡社ライブラリー　平凡社　２０１１年
高倉洋彰『箸の考古学（ものが語る歴史シリーズ）』同成社　２０１１年
鈴木靖民『倭国史の展開と東アジア』岩波書店　２０１２年
西谷正編『伊都国の研究』学生社　２０１２年
櫻井久之『古墳時代の考古学6　人々の暮らしと社会』「直弧文と文様モチーフ」同成社　２０１３年
設楽博己『東京大学考古学研究室紀要』第28号　２０１４年
吉村靖徳『九州の古墳』海鳥社　２０１５年
亀田修一・土生田純之編著「特集古墳時代・渡来人の考古学」『季刊考古学』１３７号　雄山閣　２０１６年

長尾　志朗（ながお しろう）

1948年、岐阜県生まれ。法政大卒。県職員（行政職）を経て鍼灸師に。
古代絵画の絵解き作家をめざし、『銅鐸ノート　雷神の輝く日々』を上梓。
治療家としては、友人、知人を相手に細々と営業中。

古墳壁画の解読

2022年3月30日　第1刷発行

著　者　長尾志朗
発行人　大杉　剛
発行所　株式会社 風詠社
〒553-0001　大阪市福島区海老江 5-2-2
大拓ビル 5 - 7 階
Tel 06（6136）8657　https://fueisha.com/
発売元　株式会社 星雲社
（共同出版社・流通責任出版社）
〒112-0005　東京都文京区水道 1-3-30
Tel 03（3868）3275
装幀　2 DAY
印刷・製本　シナノ印刷株式会社

ISBN978-4-434-30183-4 C0021